외국인법

-외국인의 이주와 법제도-

이 준 일

弘 文 社

1st

Law on Foreigner

– International Migration and Legal Institutions –

Prof. Dr. Zoonil Yi

Hongmoonsa Publishing Co.

머 리 말

너희는 나그네를 사랑하라.
전에 너희도 애굽 땅에서 나그네 되었음이라.
(성경 신명기 10장 19절)

And you are to love those who are aliens,
for you yourselves were aliens in Egypt.
(Bible, Deuteronomy, Chapter 10 Verse 19)

유럽에서 한 번, 미국에서 두 번, 외국인으로 장기간 체류한 적이 있다. 외국에서 산다는 것은 새로운 경험을 획득하는 신나는 시간이기도 하지만 꿔다놓은 보릿자루마냥 눈칫밥을 먹어야 하는 불편한 시간이기도 하다. 인종차별의 존재가 현실인 이상 백인들의 말과 행동에서 멸시와 비하를 수시로 느껴야 했다. 아무리 그 나라 말에 익숙해져도 완벽하지 못한 언어는 바보취급을 받기에 충분한 이유가 되었다. 그들의 낯선 문화만큼 그들의 진짜 삶에 접근하기에는 너무나 먼 간극이 존재했다. 몇 년 전 일주일 동안의 특강을 위해 일본을 방문한 적이 있다. 그저 강의도 하면서 여행도 좀 즐기려는 단순한 마음으로 비행기를 탔다. 공항에서 출입국관리 직원은 대가를 받는 강의는 노동이므로 비자가 필요하다고 했고, 비자 없이 입국하려는 필자는 잠시 근처 사무실에 억류되었다. 개인적 사정을 이야기하고 항공사 직원의 도움을 받아 임시체류자격을 얻기는 했지만 불법입국을 기도한 외국인으로 취급받았던 불편한 경험은 아직도 기억에 생생하다. 아마도 출입국 관련 법률을 위반하여 조바심으로 살아가야 하는 외국인들의 심정이 이렇지 않을까 싶다.

누구나 자신의 조국을 떠나는 순간 외국인이 된다. 모두가 외국인이 될 수는 있지만 모든 외국인에게 친절을 베풀기는 쉽지 않다. 심지어 낯선 존재에 대한 두려움은 외국인에게 공포와 혐오를 일으키는 원인이 되기도 한다. 국적에 따라 국민과 외국인이 구분되는 현실이지만 교통과 통신의 눈부신 발전으로 세계 어디서나 국민과 외국인은 다양하고 빈번하게 교류하며 함께 살아가고 있다. 굳이 국경이 없는 이상적인 세상을 꿈꾸지 않아도 국경을 넘는 순간 인간이면 누구나 경험해야 하는 보편적 감정을 담아 이 책을 기획하게 되었다. 국민과 외국인이 섞여서 살아가며 부딪혀야 하는 다양한 법적 쟁점들, 특히 분단된 한반도가 가지는 특수성과 최근에 세계적인 주목을 받고 있는 한류(韓流)와 관련된 법적 쟁점까지도 담아보고자 했다. 코로나(COVID)19로 모두가 불편을 감내하고 있는 이 시기에 누구보다도 이 책의 출간을 위해 수고해 주신 홍문사 편집진에게 감사의 말씀을 드리지 않을 수 없다.

2020년 겨울을 앞두고 안암동 연구실에서

저 자

이 준 일(YI Z.I.)

차 례

제 1 장 외국인의 개념과 국적法

제 2 장 외국인의 입국과 출입국관리법

제 3 장 외국인의 망명과 난민법

제 4 장 외국인의 노동과 외국인근로자법

제 5 장 외국인의 결혼과 다문화가족법

제 6 장 외국인의 선거

제 7 장 북한주민은 외국인인가?

제 8 장 재외동포는 국민인가?

제 9 장 외국인과 범죄

第10장 외국인과 다문화

CHAPTER 1 외국인의 개념과 국적법

제 1 장

외국인의 개념과 국적법

유승준과 안현수. 한 명은 2002년 미국 국적을 취득하여 병역을 면제받았고, 또 한 명은 2010년 러시아 국적을 취득하여 올림픽에 출전하였다. 한 명은 병역기피의 의심을 받아 본인이 간절하게 원하는 대한민국 입국이 계속해서 거부되고 있으며 다른 한 명은 이제 대한민국 국적의 회복을 신청하겠다는 의사를 언론에 표명한 바 있다. 오로지 하나의 국적만을 보유하는 것이 허용되는 법제도를 가진 나라에서 살고 있는 사람들은 외국 국적을 취득하려는 경우에 본래의 국적을 포기해야만 한다. 외국 국적 취득의 목적이 불순한 경우에 다시 본래의 국적을 회복하는 것은 물론 심지어 다시 입국하는 것조차도 거부당할 수 있다. 국민과 외국인의 구분은 국경의 구분만큼이나 명확하다. 국적의 보유 여부에 따라 개인에 대한 국가의 대우는 완전히 달라지는 것이다. 그렇게 중요한 국적을 부여하는 기준은 해당 국가에 거주한 기간, 해당 국가에 대한 충성도, 해당 국가에서 출생했는지 여부, 부모가 해당 국가의 국적을 가지고 있는지 여부 등 다양할 수 있다.

Ⅰ. 대한민국 국민이 아닌 사람

외국인은 소극적으로 정의하면 '국민이 아닌 사람'을, 적극적으로 정의하면 '외국 국적을 가진 사람'을 의미한다. 국적법에 따르면 대한민국의 국적을 가진 사람을 '국민'으로, 이러한 대한민국의 국민이 아닌 사람, 즉 대한민국의 국적을 가지지 않은 사람을 '외국인'으로 지칭한다(동법 제3조 제1항). 이처럼 국적법은 외국인을 국민이 아닌 사람으로 소극적으로 정의하여 이러한 정의에 따르면 외국인은 대한민국의 국적을 가지지 않은 모든 사람, 즉 외국 국적을 가진 사람은 물론 어떠한 국적도 갖지 않은 사람(무국적자)을 포함한다. 국내에 체류하는 외국인의 숫자는 2007년에 1백만 명을, 2016년에 2백만 명을 넘어섰다. 2019년에 2백5십만 명을 넘어섰던 체류 외국인의 숫자는 2020년에는 코로나19의 영향으로 단기체류자의 숫자가 줄면서 4월 말 현재 2백2십만 명에 근접한 숫자를 기록하고 있다(아래 [표 1-1] 참조). 이를 토대로 국내 인구를 어림잡아 5천만 명 정도로 추정할 때 대략 4.5~5퍼센트의 인구는 외국인임을 확인할 수 있다. 백 명의 사람들이 모여 있을 때 대략 네다섯 명은 외국인이라는 뜻이다.

[표 1-1] 체류 외국인 현황

연도	총계	장기(90일 초과) 체류			단기(90일 이내) 체류
		소계	등록	거소신고	
2006	910,149	660,607	631,219	29,388	249,542
2007	1,066,273	800,262	765,746	34,516	266,011
2008	1,158,866	895,464	854,007	41,457	263,402
2009	1,168,477	920,887	870,636	50,251	247,590
2010	1,261,415	1,002,742	918,917	83,825	258,673
2011	1,395,077	1,117,481	982,461	135,020	277,596
2012	1,445,103	1,120,599	932,983	187,616	324,504
2013	1,576,034	1,219,192	985,923	233,269	356,842
2014	1,797,618	1,377,945	1,091,531	286,414	419,673
2015	1,899,519	1,467,873	1,143,087	324,786	431,646
2016	2,049,441	1,530,539	1,161,677	368,862	518,902
2017	2,180,498	1,583,099	1,171,762	411,337	597,399
2018	2,367,607	1,687,733	1,246,626	441,107	679,874
2019	2,524,656	1,731,803	1,271,807	459,996	792,853
2020.4.	2,176,725	1,711,744	1,249,026	462,718	464,981

자료: 법무부 출입국 · 외국인정책본부, 〈출입국 · 외국인정책 통계연보〉(2020) 및 〈출입국 · 외국인정책 통계월보〉 각 월호.

특정 국가의 국민이 되기 위하여 국적을 취득하는 기준은 다양할 수 있다.1) 이를테면 해당 국가에서 태어날 것(출생)을 기준으로 하거나 해당 국가에 일정 기간 거주할 것(정주)을 기준으로 하는 것이다. 심지어 해당 국가에 대한 충성심(loyalty)을 기준으로

1) 국민이 되는 요건을 구성하는 이론적 분석에 대해서는 조한상(2012), 79면 이하 참조.

로 삼을 수도 있다. 대한민국 헌법은 국민이 되는 요건을 법률로 정하도록 규정하여(국적법정주의, 헌법 제2조 제1항) 이에 따라 제정된 「국적법」은 국적취득과 관련하여 '혈통주의(속인주의, Jus sanguinis)'를 채택함으로써[2)] 부모 둘 중의 한 사람만 대한민국의 국적을 가지고 있으면 그 자녀는 출생과 동시에 대한민국의 국적을 취득한다(동법 제2조 제1항 제1호). 따라서 출생 당시에 부모가 모두 대한민국 국적을 갖지 않고 있다면 대한민국 국민이 될 수 없다. 다만 외국의 입법례에서는 부모 중 한 사람만이 국적을 가지고 있는 경우에 자녀의 국적취득을 위해서는 부모가 혼인관계에 있을 것을 요구하고 있다는 점에서 우리 국적법은 이러한 요건을 요구하고 있지 않다는 점이 특징이다.

출생지에 따라 국적이 결정되는 '출생지주의(속지주의, Jus soli)'와 달리 「국적법」이 채택한 혈통주의는 출생 당시의 부모의 국적에 따라 국적이 결정되도록 하는 것인데 처음부터 부모의 국적이 모두 대한민국 국적일 필요 없이 부모 중 한 사람만 대한민국 국적을 가지는 것으로 충분했던 것은 아니다. 국적법은 1997년 법률이 개정되기 이전에 반드시 아버지(부친)의 국적이 대한민국 국적이어야 한다는 '부계혈통주의'를 채택한 적도 있지만[3)] 이것은 헌법적 원칙인 평등원칙에 위배된다는 사실을 헌법재판소는 2000년에 사후적으로 확인하였다(아래 [판례 1-1] 참조). 현재는 부모 중 적어도 한 사람만 대한민국 국적을 가지는 것으로 충분하여 '부모양계혈통주의'가 채택되어 있다.

[판례 1-1] 부계혈통주의의 위헌성

부계혈통주의 원칙을 채택한 구법조항은 출생한 당시의 자녀의 국적을 부의 국적에만 맞추고 모의 국적은 단지 보충적인 의미만을 부여하는 차별을 하고 있다. 이렇게 한국인 부와 외국인 모 사이의 자녀와 한국인 모와 외국인 부 사이의 자녀를 차별취급하는 것은, 모가 한국인인 자녀와 그 모에게 불리한 영향을 끼치므로 **헌법 제11조 제1항의 남녀평등원칙**에 어긋난다. 한국인과 외국인 간의 혼인에서 배우자의

---

2) 국적을 취득하는 원리에 대해서는 이철우(2014), 433면 이하 참조.

3) 일제로부터 해방 된 뒤 미군정이 지배하던 시기에 제정된 '국적에 관한 임시조례'(1948. 5. 11. 제정된 미군정법령 제11호)에 따르면 원칙적으로 "조선인을 부친으로 하여 출생한 자"는 조선의 국적을 가지는 것으로 규정하여 부계혈통주의를 선택하였다. 그 후에 대한민국 정부가 정식으로 출범하고 최초로 제정된 국적법(1948. 12. 20. 제정 · 공포된 법률 제16호)도 "출생한 당시에 부가 대한민국의 국민인 자"를 대한민국의 국민으로 규정함으로써 부계혈통주의를 그대로 계승하였다. 국적법의 제정배경에 대해서는 김수자(2009), 116면 이하; 최윤철(2010), 6면 이하 참조.

> 한쪽이 한국인 부인 경우와 한국인 모인 경우 사이에 성별에 따른 특별한 차이가 있는 것도 아니고, 양쪽 모두 그 자녀는 한국의 법질서와 문화에 적응하고 공동체에서 흠없이 생활해 나갈 수 있는 동등한 능력과 자질을 갖추었는데도 불구하고 전체 가족의 국적을 가부(家父)에만 연결시키고 있는 구법조항은 **헌법 제36조 제1항이 규정한 "가족생활에 있어서의 양성의 평등원칙"**에 위배된다. 모가 한국인인 자녀들은 외국인이므로 원칙적으로 대한민국의 공무원이 될 수 없고, 거주 · 이전의 자유, 직업선택의 자유, 재산권, 선거권 및 피선거권, 국가배상청구권 및 사회적 기본권 등을 누릴 수 없거나 제한적으로밖에 향유하지 못하게 된다. 그러므로 구법조항은 자녀의 입장에서 볼 때에도 한국인 모의 자녀를 한국인 부의 자녀에 비교하여 현저하게 차별취급을 하고 있으므로 헌법상의 평등원칙에 위배된다.(헌재 2000. 8. 31. 97헌가12)

예외적으로 국적법에 따라 출생지주의를 적용받는 경우도 있다. 우선 출생 당시에 부모가 누구인지 분명하지 않은 경우나 부모가 누구인지는 알아도 그들이 모두 국적을 가지고 있지 않은 경우에는 출생지주의를 적용받아 대한민국에서 출생한 사실만으로 대한민국 국적을 취득한다(동법 제2조 제1항 제3호). 또한 대한민국에서 발견된 기아(abandoned child), 즉 버려진 아동은 대한민국에서 출생한 것으로 추정되어 대한민국 국적을 취득한다(동법 제2조 제2항). 부모의 국적에 따라 국적이 결정되는 혈통주의를 원칙을 채택하고 있는 한 부모가 누군지 모르거나 부모가 국적을 가지고 있지 않아 국적을 부여하는 원칙적 기준을 적용할 수 없는 경우에 예외적으로나마 선택할 수밖에 없는 기준은 출생지이기 때문에 불가피하게 예외적인 출생지주의를 선택하고 있는 것으로 보인다.

Ⅱ. 외국인이 대한국민 국민이 되는 방식

외국인은 인지(recognition), 귀화(naturalization), 입양(adoption), 결혼(marriage) 등을 통하여 대한민국 국민이 될 수 있다. 인지에 의한 국적취득은 법정요건을 충족했을 때 단지 '신고'만 하면 가능하지만 귀화에 의한 국적취득은 법무부장관의 '허가'를 받아야만 가능하다는 점에서 차이가 있다.

1. 인 지

여성이 아이를 출산하면 그 여성은 당연히 그 아이의 어머니(모)가 되는 반면에 그 여성과 법적 혼인관계에 있는 남성은 그저 그 아이의 아버지(부)로 추정을 받을 뿐이다. 만약 여성이 혼인관계에 있지 않은(사실혼관계를 포함하여) 남성과의 사이에서 아이를 출산하였다면 상대방 남성은 그 아이를 자신의 아이(친생자)라고 인정해야만 법적으로 그 아이의 아버지로 인정받을 수 있는데 이처럼 남성이 법적 혼인관계에 있지 않은 여성과의 사이에서 태어난 아이를 자신의 아이라고 인정하는 의사표시를 '인지'[4] 라고 부른다. 이러한 인지에 의하여 대한민국 남성으로부터 자신의 자녀로 인정된 외국인은 대한민국의 국적을 취득할 수 있다. 다만 이 경우에는 인지된 외국인이 인지될 당시에 미성년자(만 19세 미만)이어야 하고(동법 제3조 제1항 제1호), 출생 당시에 부모 중 한 사람이 대한민국 국민이어야 한다(동조 동항 제2호). 따라서 성인(만 19세 이상)인 외국인이 대한민국 국민으로부터 인지를 받으면 다른 절차에 따라서만 국적을 취득할 수 있고, 아무리 현재 대한민국 국민인 부모로부터 인지를 받았다고 해도 출생 당시에는 그 부모가 모두 대한민국 국민이 아니었다면(출생 당시에는 대한민국 국민이 아니었으나 이후에 대한민국 국적을 취득한 부모로부터 태어난 자녀의 경우) 인지를 통해서는 대한민국 국적을 취득할 수 없게 된다.

2. 귀 화

통상적으로 외국인은 '귀화'의 절차를 통해 대한민국의 국적을 취득할 수 있다. 귀화는 ① 일반귀화(동법 제5조), ② 간이귀화(동법 제6조), ③ 특별귀화(동법 제7조)로 구별된다. 이 가운데 간이귀화는 입양이나 혼인에 의한 귀화절차를 의미한다. 따라서 입양과 혼인에 의하여 국적을 취득하는 경우에도 '허가'가 필수적이다.

'**일반귀화**'는 5년 이상 대한민국에 주소가 있으면서 영주권을 가진 성인인 외국

---

4) 인지는 부모가 자발적으로 혼인외의 출생자를 자로 인정하는 '임의인지'와 재판을 통해 강제적으로 혼인외의 자를 출생자로 인정하는 '강제인지'로 구분된다. 임의인지의 경우에는 신고함으로써 효력이 발생하지만(민법 제859조) 강제인지의 경우에는 자녀와 그 직계비속(손자녀) 또는 그 법정대리인은 자녀의 부친이나 모친을 상대로 인지청구의 소를 제기하여(민법 제863조) 가정법원의 판결에 따라 이루어진다.

인에게 인정되는 절차다. 2017년 법개정으로 영주권취득 요건이 추가되면서 일반귀화의 전단계로서 반드시 영주권취득이 요구되게 되었다(영주자격 전치주의). 그 밖에도 일반귀화를 위해서는 품행단정,[5] 생계유지능력,[6] 기본소양이 요구된다. 이러한 일반귀화에서 요구되는 거주기간보다 짧게 3년 혹은 2년 이상 대한민국에 주소가 있으면서 대한민국 국민과 혼인하거나 대한민국 국민에 의해 입양된 성년인 외국인 등에게 인정되는 귀화절차가 '**간이귀화**'다.[7] 부모 중 한 사람이 대한민국 국민이었던 적이 있는 외국인이나 부모 중 한 사람이 대한민국에서 출생했고 본인도 대한민국에서 출생한 외국인도 간이귀화에 의해 국적을 취득할 수 있다. 그 밖에 '**특별귀화**'는 대한민국 국민에 의해 인지된 성년 외국인이나 입양된 미성년 외국인, 대한민국 국민과 혼인한 뒤 귀화하여 대한민국 국적을 취득한 외국인의 혼인 전에 출산한 외국인 자녀 또는 대한민국에 특별한 공로가 있거나 특정분야 우수능력보유자로서 대한민국에 국익에 기여할 수 있는 외국인에게 거주기간과 상관없이 국적을 취득할 수 있도록 하는 절차다.

---

5) 대법원은 "외국인 甲이 법무부장관에게 귀화신청을 하였으나 법무부장관이 심사를 거쳐 '품행 미단정'을 불허사유로 국적법상의 요건을 갖추지 못하였다며 신청을 받아들이지 않는 처분을 하였는데, 법무부장관이 甲을 '품행 미단정'이라고 판단한 이유에 대하여 제1심 변론절차에서 자동차관리법위반죄로 기소유예를 받은 전력 등을 고려하였다고 주장하였다가 원심 변론절차에서 불법 체류한 전력이 있다는 추가적인 사정까지 고려하였다고 주장한 사안에서, 법무부장관이 처분 당시 甲의 전력 등을 고려하여 甲이 구국적법(2017. 12. 19. 법률 제15249호로 개정되기 전의 것, 이하 같다) 제5조 제3호의 '품행단정' 요건을 갖추지 못하였다고 판단하여 처분을 하였고, 그 처분서에 처분사유로 '품행 미단정'이라고 기재하였으므로, '품행 미단정'이라는 판단 결과를 위 처분의 처분사유로 보아야 하는데, 법무부장관이 원심에서 추가로 제시한 불법 체류 전력 등의 제반 사정은 불허가처분의 처분사유 자체가 아니라 그 근거가 되는 기초 사실 내지 평가요소에 지나지 않으므로, 법무부장관이 이러한 사정을 추가로 주장할 수 있다"고 판시하였다. 대판 2018. 12. 13. 선고 2016두31616.

6) 난민인정자의 경우에 생계유지능력 요건을 동일하게 요구하는 것이 가혹하다는 주장에 대해서는 전수연(2018), 350면 이하 참조.

7) 간이귀화에 필요한 국내거주요건과 관련하여 대법원은 "귀화신청인이 국내거주요건을 갖추었는지 여부를 판단하는 데에 출입국관리법 시행령 제12조에 정한 외국인의 체류자격에 따라 그 기간의 산정을 달리할 것은 아니"라고 하면서 다음과 같이 설시하였다. 대판 2010. 10. 28. 2010두6496: "방문동거(F-1-4) 및 특례고용허가자(E-19) 체류자격, 방문취업(H-2) 체류자격, 기타(G-1) 체류자격으로 대한민국 내에서 계속하여 3년 이상 거주한 외국인의 간이귀화신청에 대하여 법무부장관이 방문취업 체류자격이나 임시적·보충적 성격의 기타 체류자격을 이용하여 귀화신청을 하는 것은 간이귀화요건을 갖춘 것으로 볼 수 없다는 이유로 불허가처분을 한 사안에서, 법무부장관이 위 체류자격의 내용이나 성격 등을 이유로 귀화신청을 불허가한 처분이 재량권을 일탈·남용한 것인지 여부에 관하여 판단하지 않은 채, 방문취업 체류자격이나 기타 체류자격으로도 간이귀화의 국내거주요건을 갖출 수 있다는 이유만으로 위 귀화불허가 처분이 위법하다고 한 원심판단에 귀화허가의 법적 성질에 관한 법리를 오해하여 심리를 다하지 않은 위법이 있다."

따라서 인지의 경우에 인지된 외국인이 미성년인 경우에는 부모의 인지가 있으면 신고만으로도 국적을 취득하지만 인지된 외국인이 성년인 경우에는 특별귀화의 허가를 받아야만 국적을 취득할 수 있다. 또한 입양의 경우에 입양 당시 성년이었던 외국인은 간이귀화 절차에 따라 거주기간 요건을 충족하면, 입양 당시에 미성년이었던 외국인은 특별귀화 절차에 따라 거주기간 요건 없이 대한민국 국적을 취득할 수 있다.

일반귀화, 간이귀화, 특별귀화의 경우 모두 귀화허가가 필요한데[8] 심사절차[9]를 거쳐 귀화허가를 받은 외국인은 '국민선서'를 하고 '귀화증서'를 받았을 때 비로소 대한민국 국적을 취득하게 된다(동법 제4조 제3항). 다만 연령, 신체적 · 정신적 장애 등으로 국민선서의 의미를 이해할 수 없거나 이해한 것을 표현할 수 없다고 인정되는 사람에게는 국민선서가 면제될 수 있다. 거짓이나 그 밖의 부정한 방법으로 귀화허가를 받은 자에 대해서는 그 허가가 취소될 수 있다(동법 제21조 제1항).[10]

---

8) 귀화허가가 재량행위인지, 아니면 기속행위인지에 대한 논의는 이희정(2011), 113면 이하 참조. 이와 관련하여 대법원은 귀화허가를 재량행위로 보고 있다. 대판 2010. 7. 15. 2009두19069: "국적은 국민의 자격을 결정짓는 것이고, 이를 취득한 사람은 국가의 주권자가 되는 동시에 국가의 속인적 통치권의 대상이 되므로, 귀화허가는 외국인에게 대한민국 국적을 부여함으로써 국민으로서의 법적 지위를 포괄적으로 설정하는 행위에 해당한다. 한편 국적법 등 관계 법령 어디에도 외국인에게 대한민국의 국적을 취득할 권리를 부여하였다고 볼 만한 규정이 없다. 이와 같은 귀화허가의 근거 규정의 형식과 문언, 귀화허가의 내용과 특성 등을 고려하여 보면, 법무부장관은 귀화신청인이 법률이 정하는 귀화요건을 갖추었다고 하더라도 귀화를 허가할 것인지 여부에 관하여 재량권을 가진다."

9) 귀화요건을 갖추었는지에 관한 심사는 출입관리법 시행령에 따른 종합평가와 면접심사로 이루어진다(국적법시행령 제4조 제3항). 출입국관리법 시행령에 따르면 대한민국 국적이나 영주자격 등을 취득하려는 외국인의 사회적응을 지원하기 위하여 한국어 교육, 한국사회 이해 교육, 그 밖에 외국인의 사회적응 지원에 필요한 내용으로 구성된 '사회통합 프로그램'을 시행하는데(동시행령 제48조 제1항) 이러한 사회통합 프로그램에 참여하는 사람들에게 실시되는 평가 중의 하나로 이수 여부를 결정하는 종합평가가 포함된다. 귀화허가를 신청한 외국인은 신청일로부터 1년 이내에 종합평가에 응시하여 그 결과를 제출해야 하고(국적법시행령 제4조 제4항), 종합평가에서 100점 만점에 60점 미만을 득점하면 귀화허가를 받을 수 없다.

10) 헌법재판소는 귀화허가 취소권의 행사기간을 정하지 않은 것이 헌법에 위배되지 않는다고 판시하였다. 헌재 2015. 9. 24. 2015헌바26: "이 사건 법률조항은 국가의 근본요소 중 하나인 국민을 결정하는 기준이 되는 국적의 중요성을 고려하여, 귀화허가신청자의 진실성을 담보하고, 국적 관련 행정의 적법성을 확보하기 위한 것으로서 입법목적은 정당하고, 거짓이나 그 밖의 부정한 방법에 의해 귀화허가를 받은 경우 그 허가를 취소하는 것은 입법목적 달성을 위해 적절한 방법이다. 부정한 방법으로 귀화허가를 받았음에도 상당기간이 경과하였다고 하여 귀화허가의 효력을 그대로 둔 채 행정형벌이나 행정질서벌 등으로 제재를 가하는 것은 부정한 방법에 의한 국적 취득을 용인하는 결과가 된다. 이 사건 법률조항의 위임을 받은 시행령은 귀화허가취소사유를 구체적이고 한정적으로 규정하고 있을 뿐 아니라, 법무부장관의 재량으로 위법의 정도, 귀화허가 후 형성된 생활관계, 귀화허가취소 시 받게 될 당사자의 불이익 등은 물론 귀화허가 시부터 취소

[표 1-2] 귀화의 유형과 요건

유형	요건
일반귀화	① 5년 이상 계속하여 대한민국에 주소가 있을 것 ② 대한민국에서 영주할 수 있는 체류자격을 가지고 있을 것 ③ 대한민국의 「민법」상 성년일 것 ④ 법령을 준수하는 등 법무부령으로 정하는 품행 단정의 요건을 갖출 것 ⑤ 자신의 자산(資産)이나 기능(技能)에 의하거나 생계를 같이하는 가족에 의존하여 생계를 유지할 능력이 있을 것 ⑥ 국어능력과 대한민국의 풍습에 대한 이해 등 대한민국 국민으로서의 기본 소양(素養)을 갖추고 있을 것 ⑦ 귀화를 허가하는 것이 국가안전보장 · 질서유지 또는 공공복리를 해치지 아니한다고 법무부장관이 인정할 것
간이귀화	입양 등에 의한 귀화
	① 3년 이상 계속하여 대한민국에 주소가 있을 것 ② 부 또는 모가 대한민국의 국민이었던 사람 ③ 대한민국에서 출생한 사람으로서 부 또는 모가 대한민국에서 출생한 사람 ④ 대한민국 국민의 양자로서 입양 당시 대한민국의 「민법」상 성년이었던 사람
	혼인에 의한 귀화
	① 그 배우자와 혼인한 상태로 대한민국에 2년 이상 계속하여 주소가 있는 사람 ② 그 배우자와 혼인한 후 3년이 지나고 혼인한 상태로 대한민국에 1년 이상 계속하여 주소가 있는 사람 ③ 제1호나 제2호의 기간을 채우지 못하였으나, 그 배우자와 혼인한 상태로 대한민국에 주소를 두고 있던 중 그 배우자의 사망이나 실종 또는 그 밖에 자신에게 책임이 없는 사유로 정상적인 혼인 생활을 할 수 없었던 사람으로서 제1호나 제2호의 잔여기간을 채웠고 법무부장관이 상당하다고 인정하는 사람 ④ 제1호나 제2호의 요건을 충족하지 못하였으나, 그 배우자와의 혼인에 따라 출생한 미성년의 자(子)를 양육하고 있거나 양육하여야 할 사람으로서 제1호나 제2호의 기간을 채웠고 법무부장관이 상당하다고 인정하는 사람
특별귀화	① 부 또는 모가 대한민국의 국민인 사람. 다만, 양자로서 대한민국의 「민법」

시까지의 시간의 경과 정도 등을 고려하여 취소권 행사 여부를 결정하도록 하고 있으며, 귀화허가가 취소된다고 하더라도 외국인으로서 체류허가를 받아 계속 체류하거나 종전의 하자를 치유하여 다시 귀화허가를 받을 수 있으므로, 이 사건 법률조항이 귀화허가취소권의 행사기간을 제한하지 않았다고 하더라도 침해의 최소성원칙에 위배되지 아니한다. 한편, 귀화허가가 취소되는 경우 국적을 상실하게 됨에 따른 불이익을 받을 수 있으나, 국적 관련 행정의 적법성 확보라는 공익이 훨씬 더 크므로 법익균형성의 원칙에도 위배되지 아니한다. 따라서 이 사건 법률조항은 거주 · 이전의 자유 및 행복추구권을 침해하지 아니한다."

상 성년이 된 후에 입양된 사람은 제외한다.
② 대한민국에 특별한 공로가 있는 사람
③ 과학 · 경제 · 문화 · 체육 등 특정 분야에서 매우 우수한 능력을 보유한 사람으로서 대한민국의 국익에 기여할 것으로 인정되는 사람

대한민국의 국적을 취득하려면 반드시 대한민국에 영주할 수 있는 자격을 의미하는 영주자격을 먼저 취득해야 하는데 영주자격을 가진 외국인은 활동범위와 체류기간의 제한을 받지 않는다(동법 제10조의3 제1항). 영주자격은 계속해서 외국인의 지위를 유지하면서 대한민국에 영주할 수 있는 자격을 의미하기 때문에 대한민국의 국적을 취득하여 국민이 되는 것과는 구별된다. 영주자격을 취득하기 위해서는 대한민국의 법령을 준수하는 등 품행이 단정해야 하고, 본인 또는 생계를 같이하는 가족의 소득, 재산 등으로 생계를 유지할 능력이 있어야 하며, 한국어능력과 한국사회 · 문화에 대한 이해 등 대한민국에서 계속 살아가는 데 필요한 기본소양을 갖추어야 한다(동조 제2항).

[표 1-3] 귀화요건과 영주자격요건의 구별

	귀화요건	영주자격요건
근거법률	국적법 제5조 외국인이 귀화허가를 받기 위해서는 제6조나 제7조에 해당하는 경우 외에는 다음 각 호의 요건을 갖추어야 한다. 1. 5년 이상 계속하여 대한민국에 주소가 있을 것 1의2. 대한민국에서 영주할 수 있는 체류자격을 가지고 있을 것 2. 대한민국의 「민법」상 성년일 것 3. 법령을 준수하는 등 법무부령으로 정하는 품행 단정의 요건을 갖출 것 4. 자신의 자산이나 기능에 의하거나 생계를 같이하는 가족에 의존하여 생계를 유지할 능력이 있을 것 5. 국어능력과 대한민국의 풍습에 대한 이해 등 대한민국 국민으로서의 기본 소양을 갖추고 있을 것	출입국관리법 제10조의3 ② 영주자격을 취득하려는 사람은 대통령령으로 정하는 영주의 자격에 부합한 사람으로서 다음 각 호의 요건을 모두 갖추어야 한다. 1. 대한민국의 법령을 준수하는 등 품행이 단정할 것 2. 본인 또는 생계를 같이하는 가족의 소득, 재산 등으로 생계를 유지할 능력이 있을 것 3. 한국어능력과 한국사회 · 문화에 대한 이해 등 대한민국에서 계속 살아가는 데 필요한 기본소양을 갖추고 있을 것 출입국관리법 시행령 12조의2 ① 법 제10조의3 제2항 각 호 외의 부분에서 "대통령령으로 정하는 영주

	6. 귀화를 허가하는 것이 국가안전보장 · 질서유지 또는 공공복리를 해치지 아니한다고 법무부장관이 인정할 것	의 자격에 부합하는 사람"이란 별표 1의3(아래 별표 참조)에 해당하는 사람을 말한다.
품행단정	<u>국적법 시행규칙 제5조의2</u> 1. 귀화허가를 받으려는 외국인이 다음 각 목의 어느 하나에도 해당하지 않은 경우로서 법무부장관이 해당 외국인의 법령 위반행위를 한 경위 · 횟수, 법령 위반행위의 공익 침해 정도, 대한민국 사회에 기여한 정도, 인도적인 사정 및 국익 등을 고려해 품행이 단정한 것으로 인정하는 경우 가. 금고 이상의 형의 선고를 받은 사람이 그 형의 집행이 끝나거나 집행을 받지 않기로 한 날부터 10년이 지나지 않은 경우 나. 금고 이상의 형의 선고를 받고 그 형의 집행을 유예 받은 사람이 그 유예기간이 끝난 날부터 7년이 지나지 않은 경우 다. 벌금형의 선고를 받은 사람이 그 벌금을 납부한 날부터 5년이 지나지 않은 경우 라. 형의 선고유예나 기소유예의 처분을 받은 사람이 형의 선고유예를 받거나 기소유예의 처분을 받은 날부터 2년이 지나지 않은 경우 마. 「출입국관리법」 제59조 제2항에 따른 강제퇴거명령을 받은 사람이 출국한 날부터 10년이 지나지 않은 경우 바. 「출입국관리법」 제68조 제1항에 따른 출국명령을 받은 사람이 출국한 날부터 5년이 지나지 않은 경우 사. 국세 · 관세 또는 지방세를 납부하	<u>출입국관리법 시행규칙 제18조의4</u> ① 법 제10조의3 제2항 각 호에 따라 제10조 제2호에 따른 영주자격(이하 "영주자격"이라 한다)을 취득하려는 사람이 갖추어야 하는 요건의 기준 · 범위는 다음 각 호와 같다. 1. 법 제10조의3 제2항 제1호: 다음 각 목의 어느 하나에 해당하지 아니하는 사람일 것 가. 법 또는 다른 법률을 위반하여 금고 이상의 형의 선고를 받고 그 형의 집행이 종료되거나 집행을 받지 아니하기로 한 날부터 5년이 경과되지 아니한 사람 나. 법 또는 다른 법률을 위반하여 벌금형의 선고를 받고 벌금을 납부한 날부터 3년이 경과되지 아니한 사람 다. 법 제7조 제1항 또는 제4항을 위반하거나, 법 제12조 제1항 또는 제2항을 위반한 날부터 5년이 경과되지 아니한 사람 라. 신청일부터 최근 5년간 법을 3회 이상 위반한 사람. 이 경우 과태료 처분을 받은 사람은 제외한다. 마. 법 제59조 제2항에 따른 강제퇴거명령을 받고 출국한 날부터 7년이 경과하지 아니한 사람 바. 법 제68조에 따른 출국명령을 받고 출국한 날부터 5년이 경과하지 아니한 사람 사. 그밖에 가목부터 바목까지의 규정에 준하는 사유에 해당하는 사람으로

	지 않은 경우 아. 그밖에 가목부터 사목까지의 규정에 준하는 사유에 해당한다고 법무부장관이 인정하는 경우 2. 귀화허가를 받으려는 외국인이 제1호 각 목의 어느 하나에 해당하는 경우에도 불구하고 법무부장관이 해당 외국인의 제1호 각 목의 어느 하나에 해당하게 된 경위나 그로 인한 공익 침해 정도, 대한민국 사회에 기여한 정도, 인도적인 사정 및 국익 등을 고려해 품행이 단정한 것으로 인정하는 경우	서 법무부장관이 따로 정하는 사람
생계능력	국적법 시행규칙 제3조 제2항 2. 다음 각 목의 어느 하나에 해당하는 서류로서 본인 또는 생계를 같이하는 가족이 생계유지능력을 갖추고 있음을 증명하는 서류. 다만, 「국적법」(이하 "법"이라 한다) 제7조 제1항에 해당하는 사람은 제외한다. 가. 제5조에 따른 일반귀화허가 신청자는 다음의 어느 하나에 해당하는 서류 1) 한국은행이 고시하는 전년도 일인당 국민총소득(GNI) 이상의 소득금액 증명원(세무서장이 발급한 것을 말한다) 2) 6천만원 이상의 금융재산(예금 · 적금 · 증권 등) 증명 서류 3) 공시지가, 실거래가 또는 시중은행 공표 시세가 6천만원 이상에 해당하는 부동산 소유 증명 서류나 6천만원 이상에 해당하는 임대차보증금 등 부동산임대차계약서 사본 4) 그밖에 1)부터 3)까지에 상당하다고 법무부장관이 인정하는 서류	출입국관리법 시행규칙 제18조의4 제1항 2. 법 제10조의3 제2항 제2호: 본인 또는 생계를 같이하는 가족의 소득을 합산한 금액이 한국은행이 고시하는 전년도 일인당 국민총소득(GNI) 이상 또는 가계 자산이 중위수준 이상에 해당되는 등 그 체류가 국가재정에 부정적 영향을 미치지 아니한다고 법무부장관이 인정하는 사람

	나. 법 제6조에 따른 간이귀화허가 신청자는 다음의 어느 하나에 해당하는 서류 1) 3천만원 이상의 금융재산(예금 · 적금 · 증권 등) 증명 서류 2) 공시지가, 실거래가 또는 시중은행 공표 시세가 3천만원 이상에 해당하는 부동산 소유 증명 서류나 3천만원 이상에 해당하는 임대차보증금 등 부동산임대차계약서 사본 3) 재직증명서 또는 취업예정사실증명서 4) 그 밖에 1)부터 3)까지에 상당하다고 법무부장관이 인정하는 서류	
기본소양	<u>국적법 시행령</u> ③ 법무부장관은 법 제4조 제2항에 따라 귀화허가 신청자에 대하여 「출입국관리법 시행령」 제48조 제2항 제3호에 따른 종합평가(이하 "종합평가"라 한다)와 면접심사를 실시한다. 다만, 법무부령으로 정하는 사람에 대해서는 종합평가 또는 면접심사를 면제할 수 있다. <u>출입국관리법 시행령 제48조</u> ① 법 제39조 제1항에 따른 사회통합프로그램(이하 "사회통합 프로그램"이라 한다)은 다음 각 호의 내용으로 구성한다. 1. 한국어 교육 2. 한국사회 이해 교육 3. 그 밖에 외국인의 사회적응 지원에 필요하다고 법무부장관이 인정하는 교육, 정보 제공, 상담 등 ② 법무부장관은 사회통합 프로그램에 참여하는 사람(이하 "사회통합 프로그램 참여자"라 한다)에 대하여 다음 각 호의 평가를 실시할 수 있다.	<u>출입국관리법 시행규칙 제18조의4 제1항</u> 3. 법 제10조의3 제2항 제3호: 법 제39조 제1항에 따른 사회통합프로그램을 이수하였거나 영 제48조 제2항 제3호에 따른 종합평가에서 100점을 만점으로 하여 60점 이상을 득점한 사람

	1. 사전 평가 2. 학습성과 측정을 위한 단계별 평가 3. 이수 여부를 결정하는 종합평가	

[법령 1-1] 출입국관리법 시행령 [별표 1의3]

영주자격에 부합하는 사람(제12조의2 제1항 관련)	
체류자격 (기호)	영주자격에 부합하는 사람의 범위
영주 (F-5)	법 제46조 제1항 각 호의 어느 하나에 해당하지 않는 사람으로서 다음 각 호의 어느 하나에 해당하는 사람 1. 대한민국 「민법」에 따른 성년으로서 별표 1의2 중 10. 주재(D-7)부터 20. 특정활동(E-7)까지의 체류자격이나 별표 1의2 중 24. 거주(F-2) 체류자격으로 5년 이상 대한민국에 체류하고 있는 사람 2. 국민 또는 영주자격(F-5)을 가진 사람의 배우자 또는 미성년 자녀로서 대한민국에 2년 이상 체류하고 있는 사람 및 대한민국에서 출생한 것을 이유로 법 제23조에 따라 체류자격 부여 신청을 한 사람으로서 출생 당시 그의 부 또는 모가 영주자격(F-5)으로 대한민국에 체류하고 있는 사람 중 법무부장관이 인정하는 사람 3. 「외국인투자 촉진법」에 따라 미화 50만 달러를 투자한 외국인투자가로서 5명 이상의 국민을 고용하고 있는 사람 4. 별표 1의2 중 26. 재외동포(F-4) 체류자격으로 대한민국에 2년 이상 계속 체류하고 있는 사람으로서 대한민국에 계속 거주할 필요가 있다고 법무부장관이 인정하는 사람 5. 「재외동포의 출입국과 법적 지위에 관한 법률」 제2조 제2호의 외국국적동포로서 「국적법」에 따른 국적 취득 요건을 갖춘 사람 6. 종전 「출입국관리법 시행령」(대통령령 제17579호로 일부개정되어 2002. 4. 18. 공포·시행되기 이전의 것을 말한다) 별표 1 제27호란의 거주(F-2) 체류자격(이에 해당되는 종전의 체류자격을 가진 적이 있는 사람을 포함한다)이 있었던 사람으로서 대한민국에 계속 거주할 필요가 있다고 법무부장관이 인정하는 사람 7. 다음 각 목의 어느 하나에 해당하는 사람으로서 법무부장관이 인정하는 사람 가. 국외에서 일정 분야의 박사 학위를 취득한 사람으로서 영주자격(F-5) 신청 시 국내 기업 등에 고용된 사람 나. 국내 대학원에서 정규과정을 마치고 박사학위를 취득한 사람 8. 법무부장관이 정하는 분야의 학사 학위 이상의 학위증 또는 법무부장관이

	정하는 기술자격증이 있는 사람으로서 국내 체류기간이 3년 이상이고, 영주자격(F-5) 신청 시 국내기업에 고용되어 법무부장관이 정하는 금액 이상의 임금을 받는 사람 9. 과학 · 경영 · 교육 · 문화예술 · 체육 등 특정 분야에서 탁월한 능력이 있는 사람 중 법무부장관이 인정하는 사람 10. 대한민국에 특별한 공로가 있다고 법무부장관이 인정하는 사람 11. 60세 이상으로서 법무부장관이 정하는 금액 이상의 연금을 국외로부터 받고 있는 사람 12. 별표 1의2 중 29. 방문취업(H-2) 체류자격으로 취업활동을 하고 있는 사람으로서 같은 표 중 24. 거주(F-2)란의 사목 1)부터 3)까지의 요건을 모두 갖추고 있는 사람 중 근속기간이나 취업지역, 산업 분야의 특성, 인력 부족 상황 및 국민의 취업 선호도 등을 고려하여 법무부장관이 인정하는 사람 13. 별표 1의2 중 24. 거주(F-2) 자목에 해당하는 체류자격으로 대한민국에서 3년 이상 체류하고 있는 사람으로서 대한민국에 계속 거주할 필요가 있다고 법무부장관이 인정하는 사람 14. 별표 1의2 중 24. 거주(F-2) 차목에 해당하는 체류자격을 받은 후 5년 이상 계속 투자 상태를 유지하고 있는 사람으로서 대한민국에 계속 거주할 필요가 있다고 법무부장관이 인정하는 사람과 그 배우자 및 자녀(법무부장관이 정하는 요건을 갖춘 자녀만 해당한다) 15. 별표 1의2 중 11. 기업투자(D-8) 다목에 해당하는 체류자격으로 대한민국에 3년 이상 계속 체류하고 있는 사람으로서 투자자로부터 3억원 이상의 투자금을 유치하고 2명 이상의 국민을 고용하는 등 법무부장관이 정하는 요건을 갖춘 사람 16. 5년 이상 투자 상태를 유지할 것을 조건으로 법무부장관이 정하여 고시하는 금액 이상을 투자한 사람과 그 배우자 및 자녀로서 법무부장관이 정하는 요건을 갖춘 사람 17. 별표 1의2 중 11. 기업투자(D-8) 가목에 해당하는 체류자격을 가지고 「외국인투자촉진법 시행령」 제25조 제1항 제4호에 따른 연구개발시설의 필수전문인력으로 대한민국에 3년 이상 계속 체류하고 있는 사람으로서 법무부장관이 인정하는 사람 18. 별표 1의2 중 24. 거주(F-2) 다목에 해당하는 체류자격으로 2년 이상 대한민국에 체류하고 있는 사람

3. 결 혼

매년 1만 명 이상의 외국인이 귀화하여 대한민국 국적을 취득하고 있으며 이 가운데 혼인에 의하여 귀화한 외국인(혼인귀화자)의 숫자는 대략 7천여 명으로 가장 많은 비중을 차지한다. 국적취득을 목적으로 진실된 결혼의사가 없음에도 불구하고 혼인신고를 하는 경우, 즉 이른바 '위장결혼'이 발생할 수 있으므로 국적법은 일정기간의 혼인기간(2년/3년) 및 거주기간(2년/1년)을 요구하고 있다(동법 제6조 제2항 제1호 및 제2호). 다만 결혼 당시에는 진실된 결혼의사가 있었지만 결혼생활 후 한국인 배우자와 이혼의 의사가 생긴 외국인이 계속해서 한국에서 거주하기를 원하는 경우에 혼인으로 인한 국적취득을 위해 요구되는 혼인기간 및 거주기간을 채우지 못하였다면 이러한 의무적 혼인기간이나 거주기간은 해당 외국인에게 가혹할 수 있다. 이에 따라 국적법은 예외적으로 대한민국 국민인 배우자와 혼인한 상태로 대한민국에 주소를 두고 있던 중에 그 배우자의 사망이나 실종 또는 본인의 책임이 아닌 사유로 정상적인 혼인생활이 유지될 수 없는 경우에는 예외적으로 의무적 혼인기간이나 거주기간에 해당하는 기간만 지나면 국적을 취득할 수 있는 길을 열어놓고 있다(동조 동항 제3호). 또한 한국인 배우자와 결혼하여 자녀가 출생한 경우에도 그 자녀의 현재 또는 미래의 양육자이면 의무적 혼인기간이나 거주기간에 해당하는 기간이 충족되면 국적을 취득할 수 있다(동조 동항 제4호). 결혼에 의한 국적취득을 위해서는 반드시 귀화허가가 필요하고, 특히 의무적 혼인기간이나 거주기간을 충족하지 못했음에도 불구하고 예외적으로 국적취득이 허용되는 경우에는 '상당성'이 인정되어야만 귀화허가를 받을 수 있다. 2020년 4월 현재 결혼을 통해 국적을 취득한 혼인귀화자의 숫자는 총 136,311명이다(아래 [표 1-4] 참조).

[표 1-4] 귀화자 통계 (단위: 명)

	2014	2015	2016	2017	2018	2019	2020.4.
귀화자	11,314	10,924	10,108	10,086	11,556	9,914	2,349
국적회복자	2,886	2,610	2,303	2,775	2,698	2,443	424
혼인귀화자 (누계)	7,607 (101,560)	6,966 (108,526)	6,375 (114,901)	6,438 (121,339)	7,689 (129,028)	6,027 (135,056)	-* (136,311)

자료: 법무부 출입국 · 외국인정책본부, 〈출입국 · 외국인정책 통계월보〉 각 월호.
* 연도별 혼인귀화자 숫자는 통계연보에서 확인할 수 있는데 아직 2020년도 통계연보는 발간되지 않음.

4. 그 밖의 국적취득 방식

외국인인 부모가 귀화허가를 신청할 때 역시 외국인인 그들의 미성년 자녀는 동시에 국적취득을 신청할 수 있고, 부모가 국적을 취득하면 그 자녀도 함께 국적을 취득하게 되는데 이것을 '수반취득'이라고 부른다(동법 제8조 제1항). 또한 이전에 대한민국 국민이었지만 현재는 외국인인 사람은 '국적회복허가'를 받아 다시 대한민국 국적을 취득할 수 있다. 다만 ① 국가나 사회에 위해를 끼친 사실이 있는 사람, ② 품행이 단정하지 못한 사람, ③ 병역을 기피할 목적으로 대한민국 국적을 상실하였거나 이탈하였던 사람, ④ 국가안전보장 · 질서유지 또는 공공복리를 위하여 국적회복을 허가하는 것이 적당하지 않다고 인정되는 사람은 국적회복허가를 받을 수 없다(동조 제2항). 국적회복의 경우에도 원칙적으로 국민선서를 하고, 국적회복증서를 받아야만 국적을 취득하게 되고, 수반취득에 관한 규정은 국적회복에도 그대로 적용된다. 거짓이나 그 밖의 부정한 방법으로 국적회복허가를 받은 경우에 취소될 수 있는데 이와 관련하여 헌법재판소는 합헌결정을 내린 바 있다(아래 [판례 1-2] 참조). 그 밖에도 대한민국 국적을 취득한 외국인이 법정 기간 내에 외국 국적을 포기하지 않으면 대한민국 국적을 상실하게 되는데 이 경우에 국적상실 후 1년 내에 그 외국 국적을 포기하면 '국적의 재취득'이 가능해진다(동법 제11조 제1항).

[판례 1-2] 국적회복허가의 취소

심판대상조항(국적회복허가의 취소에 관한 규정)은 국적 취득에 있어 진실성을 담보하고 사회구성원 사이의 신뢰를 확보하며 나아가 국가질서를 유지하기 위한 것으로 입법목적의 정당성이 인정되며, 하자 있는 국적회복허가를 취소하도록 하는 것은 위와 같은 입법목적을 달성하기 위한 적합한 방법이다. 또한 국적취득 과정에서 발생한 위법상태를 해소하여 국가, 사회질서에 위해가 되는 요소들을 차단하는 것은 국가공동체의 유지와 운영에 있어 매우 중요한 문제이므로 국적회복허가에 애초 허가가 불가능한 불법적 요소가 개입되어 있었다면 상당기간이 경과한 후에 불법적 요소가 발견되었다고 할지라도 그 허가를 취소함으로써 국법질서를 회복할 필요성이 매우 크고, 법무부장관은 국적회복허가의 취소 여부를 결정하면서 개입된 위법성의 정도, 위법한 행위가 발생한 시점부터 국적회복허가에 대한 취소권을 행사하는 시점까지 경과된 시간, 국적회복 후 형성된 생활관계나 국적회복허가취소 시 당사자가 받게 될 불이익 등을 충분히 고려하여 국적회복허가취소 여부를 결정할 수 있으므로 심판대상조항은 침해의 최소성에도 반하지 아니한다. 나아가 국적취득에 있어서 적법성 확보가 사회구성원들 사이의 신뢰를 확보하고 국가질서를 유지하는 근간이 됨을 고려할 때 심판대상조항을 통하여 달성하고자 하는 공익이 제한되는 사익에 비해 훨씬 크다고 할 것이므로 심판대상조항은 법익의 균형성도 갖추었다. 따라서 심판대상조항은 과잉금지원칙에 위배하여 거주 · 이전의 자유 및 행복추구권을 침해하지 아니한다.(헌재 2020. 2. 27. 2017헌바434, 공보 제281호, 391)

5. 복수국적금지의 원칙

원칙적으로 대한민국 국민이 복수국적을 갖는 것은 허용되지 않는다.[11] 따라서 만 20세가 되기 전에 복수국적자가 된 사람은 만 22세가 되기 전까지, 만 20세가 된 후에 복수국적자가 된 사람은 그때부터 2년 내에 하나의 국적을 선택해야만 한다(동법 제12조 제1항). 복수국적자로 대한민국 국적을 선택하려는 사람은 외국 국적을 포기하거나 대한민국에서 외국 국적을 행사하지 않겠다는 뜻을 서약(**외국국적 불행사 서약**)한 뒤 대한민국 국적을 선택한다는 뜻을 신고할 수 있다(동법 제13조 제1항). 법정 기간이 지난 후에 대한민국 국적을 선택하려는 복수국적자는 외국 국적을 포기한 경우에만 대한민국 국적을 선택한다는 뜻을 신고할 수 있다(동조 제2항).

남성의 경우에는 국적선택에서 병역의무에 따른 제한이 가해진다. 대한민국 남성은 누구나 18세부터 '병역준비역'에 편입되는데(병역법 제8조) 이러한 병역준비역에 편입되면 원칙적으로 편입된 때부터 3개월 이내에 하나의 국적을 선택해야 하고, 그렇지 않으면 현역이나 보충역 등으로 복무를 마치거나 마친 것으로 보게 되는 경우, 전시근로역에 편입된 경우, 병역면제처분을 받은 경우, 즉 병역문제를 해결하고 그때부터 2년 이내에 하나의 국적을 선택해야 한다(국적법 제12조 제2항). 특히 이른바 국적취득 목적의 '원정출산'을 방지하기 위하여 직계존속이 외국에서 영주할 목적 없이 체류한 상태에서 출생한 자는 현역이나 보충역 등으로 복무를 마치거나 마친 것으로 보게 되는 경우, 전시근로역에 편입되거나 병역면제처분을 받을 경우와 같이 병역의무의 이행과 관련된 문제가 해결되어야만 국적이탈신고를 할 수 있다(동조 제3항). 이처럼

11) 국가경쟁력의 강화라는 측면에서 복수국적의 허용 확대가 바람직하다는 견해로 최윤철(2015), 286면 이하 참조.

병역의무를 해소해야만 국적을 이탈할 수 있도록 규정한 것에 대해서는 위헌 논란이 있는데 헌법재판소는 합헌이라고 결정하였지만(아래 [판례 1-3] 참조) 국적이탈의 자유가 헌법상 보장된 거주 · 이전의 자유로부터 도출되는 것인지,[12] 그리고 병역의무의 해소를 전제로 하는 국적이탈의 허용은 헌법이 보장하는 국적이탈의 자유를 침해하는 것이 아닌지에 대해서는 여전히 논란이 있었다.[13] 최근에 헌법재판소는 판례를 변경하여 복수국적자의 국적선택 기간이 경과되어 병역의무를 해소해야만 국적선택을 할 수 있도록 하는 것은 헌법에 합치하지 않는다고 결정하였다(아래 [판례 1-4] 참조).

[판례 1-3] 국적이탈과 병역의무

① 국적법 제12조 제1항 단서 및 그에 관한 제14조 제1항 단서는 이중국적자라 하더라도 대한민국 국민인 이상 병역의무를 이행하여야 한다는 것을 원칙적인 전제로 하여, 이중국적자로서 구체적인 병역의무 발생(제1국민역 편입) 시부터 일정기간(3월) 내에 한국 국적을 이탈함으로써 한국의 병역의무를 면하는 것은 허용하되, 위 기간 내에 국적이탈을 하지 않은 이중국적자는 병역문제를 해소하지 않는 한 한국 국적을 이탈하지 못하게 함으로써 국적선택제도를 통하여 병역의무를 면탈하지 못하게 하려는 데에 그 입법취지가 있다.

② 현행 법제상 한국 국적의 이탈로 인한 불이익 · 불편이 병역면탈 의도의 국적이탈을 저지할 만큼 심각하지 않아서 위 조항들과 같은 규제가 없다면 국적선택제도를 이용한 병역 면탈이 보다 용이하게 되어, 첫째, 병역자원의 일정한 손실을 초래하고, 둘째, 이중국적 자가 생활의 근거를 한국에 두면서 한국인으로서 누릴 각종 혜택을 누리다가 정작 국민으로서 의무를 다해야 할 때에는 한국 국적을 버리는 기회주의적 행태가 허용되는 결과가 되어 병역부담평등의 원칙이 심각하게 훼손된다.

③ 위 조항들에 의하더라도 국적선택의 자유가 완전히 박탈되는 것이 아니라 부분적인 제한을 받을 뿐이다. 18세가 되어 제1국민역에 편입된 때부터 3월이 지나기

---

12) 세계인권선언(Universal Declaration of Human Rights)은 거주 · 이전의 자유(right to freedom of movement and residence)를 보장하면서도(제13조) 국적을 가질 권리(right to a nationality)와 함께 국적을 변경할 권리(right to change his nationality)도 독립적인 권리로 보장하고 있다(제15조)는 점에서 국적을 변경할 권리 또는 국적을 이탈할 권리는 거주 · 이전의 자유와 구별되는 독자적인 권리로 이해될 여지가 충분히 있다. 한편 국적의 이탈(expatriation)은 국적의 포기(renunciation)와 박탈(deprivation)을 모두 포함하므로 국적을 자발적으로 상실시키는 행위는 국적의 포기 또는 국적의 자발적 이탈(voluntary expatriation)로 부르는 것이 적절하다는 견해도 제시된다. 김효권(2020), 46면 참조.

13) 위헌의견에 대해서는 김종세(2018), 113면 이하; 김효권(2020), 76면 이하 참조.

전이라면 자유롭게 국적을 이탈할 수 있고, 그 이후부터 입영의무 등이 해소되는 시점(36세)까지만 국적이탈이 금지되므로 일정한 시기적인 제약을 받을 뿐이며, 제1국민역에 편입된 때부터 3월이 지났더라도 병역의무를 이행하거나 면제받는 등으로 병역문제를 해소한 때에는 역시 자유롭게 국적을 이탈할 수 있다.

④ 주된 생활의 근거를 외국에 두고 있는 이중국적자들의 경우 적극적으로 국적이탈을 함으로써 병역의무를 조기에 해소할 수도 있고, 관련 병역법 규정에 따라 소극적인 방법으로 병역의 문제를 자연스럽게 해결할 수도 있어서, 이들에 대하여 국적선택제한조항의 적용을 명시적으로 배제하는 규정을 두지 않았다 하더라도 그 점만으로 이들의 국적이탈의 자유를 침해하는 것이라 할 수 없다.(헌재 2006. 11. 30. 2005헌마739, 판례집 18-2, 528; 헌재 2015. 11. 26. 2013헌마805 등, 판례집 27-2하, 346)

[판례 1-4] 병역의무와 연계된 국적이탈의 위헌성

심판대상 법률조항(복수국적자의 국적선택 기간이 경과된 경우 병역의무가 해속되어야만 국적이탈을 허용하는 병역법 조항)의 입법목적은 병역준비역에 편입된 사람이 병역의무를 면탈하기 위한 수단으로 국적을 이탈하는 것을 제한하여 병역의무 이행의 공평을 확보하려는 것이다. 복수국적자의 주된 생활근거지나 대한민국에서의 체류 또는 거주 경험 등 구체적 사정에 따라서는 사회통념상 심판대상 법률조항이 정하는 기간 내에 국적이탈 신고를 할 것으로 기대하기 어려운 사유가 인정될 여지가 있다. 주무관청이 구체적 심사를 통하여, 주된 생활근거를 국내에 두고 상당한 기간 대한민국 국적자로서의 혜택을 누리다가 병역의무를 이행하여야 할 시기에 근접하여 국적을 이탈하려는 복수국적자를 배제하고 병역의무 이행의 공평성이 훼손되지 않는다고 볼 수 있는 경우에만 예외적으로 국적선택 기간이 경과한 후에도 국적이탈을 허가하는 방식으로 제도를 운용한다면, 병역의무 이행의 공평성이 훼손될 수 있다는 우려는 불식될 수 있다. 병역준비역에 편입된 복수국적자의 국적선택 기간이 지났다고 하더라도, 그 기간 내에 국적이탈 신고를 하지 못한 데 대하여 사회통념상 그에게 책임을 묻기 어려운 사정 즉, 정당한 사유가 존재하고, 병역의무 이행의 공평성 확보라는 입법목적을 훼손하지 않음이 객관적으로 인정되는 경우라면, 병역준비역에 편입된 복수국적자에게 국적선택 기간이 경과하였다고 하여 일률적으로 국적이탈을 할 수 없다고 할 것이 아니라, 예외적으로 국적이탈을 허가하는 방안을 마련할 여지가 있다. 심판대상 법률조항의 존재로 인하여 복수국적을 유지하게 됨으로써 대상자가 겪어야 하는 실질적 불이익은 구체적 사정에 따라 상당히 클 수 있다. 국가에 따라서는 복수국적자가 공직 또는 국가안보와 직결되는 업무나 다른 국적국과 이익충돌 여지가 있는 업무를 담당하는 것이 제한될 가능성이 있다. 현실적으로 이러한 제한이 존재하는 경우, 특정 직업의 선택이나 업무 담당이 제한되는 데 따르는 사익 침해를 가볍게 볼 수 없다. 심판대상 법률조항은 과잉금지원칙에 위배되어 청구인의 국적이탈의 자유를 침해한다.(헌재 2020. 9. 24. 2016헌마889)

국민은 동시에 외국의 국적을 가질 수 없다는 '복수국적금지의 원칙'에 따라 대한민국 국적을 취득한 외국인이 여전히 이전의 외국 국적을 가지고 있는 경우에는 대한민국 국적을 취득한 날로부터 1년 이내에 반드시 그 외국 국적을 포기해야만 한다(동법 제10조 제1항). 다만 예외적으로 복수국적이 허용되는 경우가 있다. ① 부 또는 모가 대한민국 국민이었던 사람이나 대한민국에서 출생한 사람으로서 부 또는 모가 대한민국에서 출생한 사람으로 귀화허가를 받은 외국인, ② 대한민국에 특별한 공로가 있는 사람이나 과학·경제·문화·체육 등 특정 분야에서 매우 우수한 능력을 보유한 사람으로서 대한민국의 국익에 기여할 것으로 인정되는 사람에 해당하여 귀화허가를 받은 외국인, ③ 국적회복을 받은 자로서 부 또는 모가 대한민국 국민이었던 사람이나 대한민국에서 출생한 사람으로서 부 또는 모가 대한민국에서 출생한 사람에 해당한다고 법무부장관이 인정하는 외국인, ④ 대한민국의 민법 상 성년이 되기 전에 외국인에게 입양된 후 외국 국적을 취득하고 외국에서 계속 거주하다가 국적회복허가를 받은 외국인, ⑤ 외국에서 거주하다가 영주할 목적으로 만 65세 이후에 입국하여 국적회복허가를 받은 외국인, ⑥ 본인의 뜻에도 불구하고 외국의 법률 및 제도로 인하여 국적포기가 어려운자로서 대통령령으로 정하는 자는 '대한민국에서 외국 국적을 행사하지 않겠다는 뜻을 서약'하면 복수국적을 인정받을 수 있다(동조 제2항).

Ⅲ. 국적취득요건의 완화와 복수국적의 허용

국적의 취득을 혈연과 연결시키는 속인주의는 이제 국가와 민족이 구별되는 다민족국가가 늘어나고 단일민족국가가 지향하는 폐쇄성과 배타성이 비판받으면서 수정과 보완을 요구받고 있다. 출생 당시의 부모의 국적을 기준으로 국적을 부여하는 혈통주의가 반드시 잘못된 것이 아니고, 또한 그것이 오랫동안 유지되어온 전통이라면 여전히 혈통주의를 유지하면서도 출생한 장소를 기준으로 국적을 부여하는 출생지주의에 의한 보완은 이민자가 증가하는 오늘날의 현실에 부합한다. 또한 국적을 달리하는 사람들의 국가간 이동이 증가하면서 다문화현상이 확산되고 노동의 국제적 이동이 증가하는 시대 상황과 외국인 노동력을 필요로 하는 국내적 현실을 고려할 때 국적을 취득하려는 외국인에게 굳이 국적취득요건을 엄격하게 요구할 필요는 없다고 보인다. 어쩌면 가장 바람직한 방향은 복수국적에 대한 폭넓은 인정이 될 것이다. 오로지 한국 국적만을 가지도록 강요할 것이 아니라 원칙적으로 외국 국적을 가지면서도 동시에 한국 국적을 가질 수 있도록 허용한다면 외국인이 한국 국적을 취득하는 귀화의 요건도 반드시 그렇게 엄격할 필요는 없다.

참고문헌

김수자(2009), 대한민국 정부수립 전후 국적법 제정 논의 과정에 나타난 ‘국민’의 경계 설정, ≪한국근현대사연구≫(한국근현대사학회), 제49집(2009), 114~144면.

김종세(2018), 국적법상 국적이탈 제한의 위헌성－헌법재판소 2015. 11. 26. 2013헌마805, 2014헌마788－, ≪법과 정책연구≫(한국법정책학회), 제18집 제4호(2018), 105~118면.

김효권(2020), 국제법상 자연인이 가지는 국적포기(이탈)의 권리, ≪국제법학회논총≫(대한국제법학회), 제65권 제1호(2020), 45~87면.

이철우(2014), 국적법의 세계적 동향과 한국의 현실: 시민권정책지수에 기초하여, ≪법과 사회≫(법과 사회이론학회), 제46호(2014), 425~468면.

이현수(2019), 개정 국적법상 귀화허가의 주요 쟁점, ≪토지공법연구≫(한국토지공법학회), 제87집(2019), 409~430면.

이희정(2011), 귀화허가의 법적 성질, ≪행정법연구≫(행정법이론실무학회), 제31호(2011), 101~129면.

전수연(2018), 귀화요건 중 ‘생계유지능력’을 중심으로 살펴본 난민인정자의 일반귀화: 서울고등법원 2017. 7. 21.선고 2017누34881 판결의 분석을 중심으로, ≪공익과 인권≫(서울대학교 공익인권법센터), 329~362면.

조한상(2012), 국민의 헌법적 의미－객관주의와 주관주의를 중심으로, ≪법학연구≫(한국법학회), 제48집(2012), 75~97면.

최윤철(2010), 대한민국 국적법의 현황과 문제점, ≪일감법학≫(건국대학교 법학연구소), 제17호(2010), 3~35면.

최윤철(2015), 이주사회에서의 법제와 사법－국적법과 국적 관련 법원의 판결을 중심으로, ≪저스티스≫(한국법학원), 통권 제146-2호(2015), 272~292면.

CHAPTER 2 외국인의 입국과 출입국관리법

제 2 장

외국인의 입국과 출입국관리법

루마니아 출신의 여성 감독 이오아나 유리카루(Ioana Uricaru)가 연출한 〈레모네이드〉(Lemonade, 2018)는 '더 나은 삶'을 꿈꾸며 6개월짜리 고용허가를 받아 미국에 이주한 싱글맘 간호사 마라의 팍팍한 삶을 끔찍하리만큼 사실적으로 그린다. 그녀는 합법적 체류기간을 조금 남긴 시점에서 환자로 만난 미국인 남성과 위장결혼으로 판단될 여지가 있는 동거를 시작하고, 영주권을 신청한 상태에서 루마니아에 남아 있던 아들을 미국으로 부른다. 하지만 영주권 발급 권한을 가진 이민국 직원은 위장결혼의 의심을 받을만한 그녀의 사정을 이용하여 그녀에게 성적 모욕감을 주는 행동을 감행한다. 미국 영주권, 더 나아가 미국 시민권은 전재산을 팔아 이주해서 짧은 시간 안에 그녀가 주장하는 사랑에 빠지게 한 미국인 남성을 남편으로 맞은 그녀에게 행복한 삶을 보장할 수 있을까? 만약 그녀의 결혼이 영주권을 획득하기 위한 위장에 불과하다면 그녀가 모욕감을 느끼면서 이민국 직원에게 거부하는 성적 행위와 위장으로 결혼한 남성과 함께 하는 성적 행동 사이에는 어떠한 차이가 있는 것일까?

Ⅰ. 외국인의 입국과 체류의 증가

2019년을 기준으로 연말까지 대한민국에 입국한 외국인의 누적 숫자는 1천8백만 명에 육박하고 있다(아래 [표 2-1] 참조). 이 가운데 체류외국인은 2백5십만 명을 넘어서 전체 인구의 5퍼센트 정도를 차지하고 있으며 영주권을 취득한 외국인도 14만2천 명을 상회하고 있다. 국적별로 살펴보면 전체 입국자 가운데 중국, 일본, 대만, 미국 국적 순으로 많은 비중을 차지하고 있다(아래 [표 2-2] 참조). 상당히 많은 비중을 차지하는 동남아시아 국가 국적의 입국자는 베트남, 태국, 필리핀, 말레이시아, 인도네시아 국적 순으로 많다. 한편 국내 외국인 체류자를 기준으로 해도 비슷한 수치를 볼 수 있는데 특이한 것은 베트남, 우즈베키스탄, 몽골, 캄보디아 등 외국인근로자가 많은 국가의 국적을 가진 외국인 체류자가 많은 비중을 차지하고 있다는 점이다(아래 [표 2-3] 참조).

[표 2-1] 외국인 통계

	2011	2012	2013	2014	2015	2016	2017	2018	2019
전체 인구	49,936,638	50,199,853	50,428,893	51,327,916	51,014,947	51,217,803	51,361,911	51,606,633	51,709,098
체류외국인 총계	1,395,077	1,445,103	1,576,034	1,797,618	1,899,519	2,049,441	2,180,498	2,367,607	2,524,656
장기 체류외국인	1,117,481	1,120,599	1,219,192	1,377,945	1,467,873	1,530,539	1,583,009	1,687,733	1,731,803
단기 체류외국인	277,596	324,504	356,842	419,673	431,646	518,902	597,399	679,874	792,853
영주자격자 (F-5)	64,979	84,140	100,171	112,742	123,255	130,237	136,334	142,151	153,291
외국인 입국자	9,765,902	11,129,305	12,200,473	14,264,508	13,359,701	17,418,307	13,569,509	15,630,522	17,880,503

자료: 통계청, 추계인구; 출입국·외국인정책본부, 〈출입국·외국인정책 통계연보〉 및 〈출입국·외국인정책 통계월보〉.

[표 2-2] 외국인 입국자 국적별 통계

	2011	2012	2013	2014	2015	2016	2017	2018	2019
합계	9,765,902	11,129,305	12,200,473	14,264,508	13,359,701	17,418,307	13,569,509	15,630,522	17,880,503
중국(한국계 포함)	2,328,977	2,960,030	4,465,201	6,275,916	6,154,730	8,268,262	4,393,936	5,032,905	6,284,486
- 한국계 중국인	287,430	246,116	233,120	275,624	251,916	267,130	649,225	1,046,060	1,004,319
일본	3,306,311	3,538,287	2,767,293	2,300,161	2,300,161	2,321,842	2,337,588	2,976,445	3,303,088
대만	465,896	581,798	578,141	676,328	551,362	865,948	957,836	1,146,215	1,290,683
미국	742,028	780,784	800,837	855,615	859,361	960,683	969,277	1,068,173	1,139,150
홍콩	281,119	360,388	400,845	558,934	524,116	651,639	659,182	679,942	685,569
베트남	127,342	130,104	143,422	169,849	199,323	299,084	380,929	519,448	624,640
태국	311,291	389,773	375,270	469,619	375,021	474,262	503,777	565,784	580,191
필리핀	412,197	566,693	459,588	471,532	343,247	337,952	407,957	442,549	412,197
말레이시아	156,596	178,447	208,108	244,902	223,782	311,686	308,152	383,467	409,254
러시아	157,188	169,298	178,212	217,060	191,214	238,171	275,779	308,665	350,093
인도네시아	125,000	149,851	189,813	209,042	194,472	296,377	231,908	250,249	280,146
싱가포르	124,771	154,342	174,819	201,337	160,402	221,844	216,574	232,359	246,736
캐나다	124,094	130,135	135,513	148,400	147,715	178,023	178,761	196,859	208,280
호주	123,490	129,851	124,586	142,237	134,357	153,125	151,583	154,390	174,681
영국	105,973	111,689	122,205	132,516	124,833	136,900	128,046	133,149	146,132

인도	2,744	92,610	123,926	148,314	154,294	196,773	124,458	120,975	144,758
독일	100,678	103,528	101,833	101,544	101,251	111,413	111,077	117,173	121,989
몽골	49,849	63,279	66,489	64,096	81,201	82,780	108,139	118,783	118,977
프랑스	70,523	72,343	77,098	81,580	85,093	93,039	94,013	101,854	112,588
우즈베키스탄	32,370	43,969	46,484	51,190	59,453	71,299	81,711	89,391	95,634
미얀마	70,425	68,120	63,722	60,112	59,237	68,822	70,288	71,517	74,243
카자흐스탄	7,827	10,439	12,691	20,323	29,661	35,080	46,185	55,104	56,011

자료: 출입국 · 외국인정책본부, 〈출입국 · 외국인 통계연보〉 및 〈출입국 · 외국인 통계월보〉.

[표 2-3] 외국인 체류자 국적별 통계

	2011	2012	2013	2014	2015	2016	2017	2018	2019
합계	1,395,077	1,445,103	1,576,034	1,797,618	1,899,519	2,049,441	2,180,498	2,367,607	2,524,656
중국(한국계 포함)	677,954	698,444	778,113	898,654	955,871	1,016,607	1,018,074	1,070,566	1,101,782
- 한국계 중국인	470,570	447,877	497,989	590,856	626,655	627,004	679,729	708,082	701,098
베트남	116,219	120,254	120,069	129,973	136,758	149,384	169,738	196,633	224,518
태국	45,634	45,945	55,110	94,314	93,348	100,860	153,259	197,764	209,909
미국	132,133	130,562	134,711	136,663	138,660	140,222	143,568	151,018	156,982
일본	58,169	57,174	56,081	49,152	47,909	51,297	53,670	60,878	86,196
우즈베키스탄	29,742	34,688	38,515	43,852	47,103	54,490	62,870	68,433	75,320

필리핀	47,542	42,219	47,514	53,538	54,977	56,980	58,480	60,139	62,398
러시아	10,547	11,361	12,804	14,425	19,384	32,372	44,851	54,064	61,427
인도네시아	36,971	38,018	41,599	46,945	46,538	47,606	45,328	47,366	48,854
몽골	28,634	26,461	24,175	24,561	30,527	35,206	45,744	46,286	48,185
캄보디아	17,320	24,610	31,986	38,395	43,209	45,832	47,105	47,012	47,565
네팔	13,256	18,908	22,015	26,790	30,185	34,108	36,627	40,456	42,781
대만	26,316	30,413	27,698	31,200	30,002	34,003	36,168	41,306	42,767
카자흐스탄	2,153	2,618	2,967	3,865	6,341	11,895	22,322	30,717	34,638
미얀마	6,479	9,218	12,678	15,921	19,209	22,455	24,902	28,074	29,294
캐나다	21,812	23,051	23,655	24,353	25,177	26,107	25,692	25,934	26,789
스리랑카	21,554	22,354	23,383	26,057	26,678	27,650	26,916	25,828	25,064
홍콩	5,398	5,958	7,144	10,762	13,506	16,728	13,303	12,119	20,018
방글라데시	13,465	13,584	13,600	14,644	14,849	15,482	16,066	16,641	18,340
호주	9,711	10,093	12,203	12,468	12,303	13,870	13,008	14,279	15,222
말레이시아	3,522	3,818	4,960	7,165	7,698	9,484	12,516	12,227	14,790
파키스탄	10,341	10,027	10,423	11,209	11,987	12,639	12,697	13,275	13,990
인도	7,500	8,317	9,174	10,196	10,414	10,515	11,244	11,945	12,929

자료: 출입국 · 외국인정책본부, 〈출입국 · 외국인 통계연보〉 및 〈출입국 · 외국인 통계월보〉.

Ⅱ. 외국인의 출입국과 체류를 위한 요건 및 절차

1. 여권과 사증 및 입국심사

출입국관리법[1]은 대한민국의 국적을 가지지 않은 사람을 '외국인'으로 지칭한다(동법 제2조 제2호). 이러한 외국인이 대한민국에 입국하기 위해서는 **'여권'**과 **'사증(비자)'**이 필요하다(동법 제7조 제1항).[2] 여권과 사증을 소지했다고 곧바로 입국이 허용되는 것은 아니다.[3] 외국인은 입국하려면 출입국항(항구 및 공항)에서 반드시 **'입국심사'**를 받아야 한다(동법 제3조 제1항). 입국심사 절차에서는 ① 여권과 사증이 유효한지(출입국관리법에서 사증을 요구하지 않는 경우는 제외), ② 사전여행허가서가 유효한지, ③ 입국목적이 체류자격에 맞는지, ④ 체류기간이 법무부령이 정하는 바에 의하여 정해지 있는지, ⑤ 입국의 금지나 거부의 대상이 아닌지에 대하여 심사가 진행된다(동조 제3항). 입국심사를 할 때는 지문이나 얼굴에 관한 정보를 제공하고 본인임을 확인받아야 하는데(동법 제12조의2 제1항) 법률의 개정으로 2020년 12월 10일부터는 제공을 요구받을 수 있는 개인정보는 지문이나 얼굴뿐만 아니라 홍채와 손바닥 정맥을 포함하는 신체정보로 확대되었다. 입국심사 후 입국허가를 받아 체류자격이 부여되고 체류기간이 정해진 외국인만 입국할 수 있다. 다음에 해당하는 외국인에 대해서는 입국이 금지될 수 있다(동법 제11조 제1항).

[법령 2-1] 입국이 금지되는 외국인: 출입국관리법 제11조 제1항

법무부장관은 다음 각 호의 어느 하나에 해당하는 외국인에 대하여는 입국을 금지할 수

---

1) 출입국관리법에 대한 자세한 설명은 문병효, 한국 출입국관리법의 쟁점과 발전방향, 〈강원법학〉(강원대학교 비교법학연구소), 제55권(2018), 246면 이하 참조.

2) 사증발급과 관련하여 대법원은 외국인에게 사증발급 거부처분의 취소를 구할 법률상 이익을 인정하지 않는다. 대판 2018. 5. 15. 2014두42506: "사증발급의 법적 성질, 출입국관리법의 입법목적, 사증발급 신청인의 대한민국과의 실질적 관련성, 상호주의원칙 등을 고려하면, 우리 출입국관리법의 해석상 외국인에게는 사증발급 거부처분의 취소를 구할 법률상 이익이 인정되지 않는다."

3) 대법원에 따르면 외국인이 이미 사증을 발급받은 경우에도 출입국항에서 입국심사가 면제되는 것은 아니라고 한다. 왜냐하면 "사증발급은 외국인에게 대한민국에 입국할 권리를 부여하거나 입국을 보장하는 완전한 의미에서의 입국허가결정이 아니라, 외국인이 대한민국에 입국하기 위한 예비조건 내지 입국허가의 추천으로서의 성질을 가진다고" 보아야 하기 때문이다. 대판 2018. 5. 15. 2014두42506 참조.

있다.

1. 감염병환자, 마약류중독자, 그밖에 공중위생상 위해를 끼칠 염려가 있다고 인정되는 사람
2. 「총포 · 도검 · 화약류 등의 안전관리에 관한 법률」에서 정하는 총포 · 도검 · 화약류 등을 위법하게 가지고 입국하려는 사람
3. 대한민국의 이익이나 공공의 안전을 해치는 행동을 할 염려가 있다고 인정할 만한 상당한 이유가 있는 사람
4. 경제질서 또는 사회질서를 해치거나 선량한 풍속을 해치는 행동을 할 염려가 있다고 인정할 만한 상당한 이유가 있는 사람
5. 사리 분별력이 없고 국내에서 체류활동을 보조할 사람이 없는 정신장애인, 국내체류 비용을 부담할 능력이 없는 사람, 그밖에 구호(救護)가 필요한 사람
6. 강제퇴거명령을 받고 출국한 후 5년이 지나지 아니한 사람
7. 1910년 8월 29일부터 1945년 8월 15일까지 사이에 다음 각 목의 어느 하나에 해당하는 정부의 지시를 받거나 그 정부와 연계하여 인종, 민족, 종교, 국적, 정치적 견해 등을 이유로 사람을 학살 · 학대하는 일에 관여한 사람
   가. 일본 정부
   나. 일본 정부와 동맹 관계에 있던 정부
   다. 일본 정부의 우월한 힘이 미치던 정부
8. 제1호부터 제7호까지의 규정에 준하는 사람으로서 법무부장관이 그 입국이 적당하지 아니하다고 인정하는 사람

2002년 국외여행허가를 받고 출국한 후 미국 시민권을 취득한 가수 유승준은 제3호와 제4호를 이유로 오랫동안 한국 내 입국이 금지되고 있다. 이와 관련하여 대법원에 따르면 "비례의 원칙은 법치국가 원리에서 당연히 파생되는 헌법상의 기본원리로서, 모든 국가작용에 적용"되어야 하므로 "행정목적을 달성하기 위한 수단은 목적달성에 유효 · 적절하고, 가능한 한 최소침해를 가져오는 것이어야 하며, 아울러 그 수단의 도입에 따른 침해가 의도하는 공익을 능가하여서는 안 된다." 따라서 "처분상대방의 의무위반을 이유로 한 제재처분의 경우 의무위반 내용과 제재처분의 양정 사이에 엄밀하게는 아니더라도 어느 정도는 비례 관계가 있어야" 하므로 "제재처분이 의무위반의 내용에 비하여 과중하여 사회통념상 현저하게 타당성을 잃은 경우에는 재량권 일탈 · 남용에 해당하여 위법하다"고 한다. 이에 따라 대법원은 가수 유승준에 대한 재외동포 체류자격(F-4) 사증발급 거부처분에 대한 적법 여부를 판단하면서 비례

의 원칙 위반 여부를 판단하지 않은 원심판결을 파기하고 사건을 다시 심리 · 판단하도록 원심법원에 환송하는 판결을 하였다(아래 [판례 2-1] 참조).

[판례 2-1] 대법원 2019. 7. 11. 2017두38874 판결: 비례의 원칙을 고려하지 않은 입국거부처분의 위법성

병무청장이 법무부장관에게 '가수 갑이 공연을 위하여 국외여행허가를 받고 출국한 후 미국 시민권을 취득함으로써 사실상 병역의무를 면탈하였다'는 이유로 입국금지를 요청함에 따라 법무부장관이 갑의 입국금지결정을 하였는데, 갑이 재외공관의 장에게 재외동포(F-4) 체류자격의 사증발급을 신청하자 재외공관장이 처분이유를 기재한 사증발급 거부처분서를 작성해 주지 않은 채 갑의 아버지에게 전화로 사증발급이 불허되었다고 통보한 사안에서, 갑의 재외동포(F-4) 체류자격 사증발급 신청에 대하여 재외공관장이 6일 만에 한 사증발급 거부처분이 문서에 의한 처분 방식의 예외로 행정절차법 제24조 제1항 단서에서 정한 '신속히 처리할 필요가 있거나 사안이 경미한 경우'에 해당한다고 볼 수도 없으므로 사증발급 거부처분에는 행정절차법 제24조 제1항을 위반한 하자가 있음에도, 외국인의 사증발급 신청에 대한 거부처분이 성질상 행정절차를 거치기 곤란하거나 불필요하다고 인정되는 처분에 해당하여 행정절차법의 적용이 배제된다고 판단하고, 재외공관장이 자신에게 주어진 재량권을 전혀 행사하지 않고 오로지 13년 7개월 전에 입국금지결정이 있었다는 이유만으로 그에 구속되어 사증발급 거부처분을 한 것이 비례의 원칙에 반하는 것인지 판단했어야 함에도, 입국금지결정에 따라 사증발급 거부처분을 한 것이 적법하다고 본 원심판단에 법리를 오해한 잘못이 있다.

예외적이지만 ① 부득이한 사유로 유효한 여권이나 사증을 제시하지 못하였으나 일정 기간 내에 여권이나 사증을 제시할 수 있다고 인정되는 사람, ② 입국금지사유에 해당된다고 의심되거나 체류목적에 맞는 체류자격을 갖추지 못하였다고 의심되어 특별히 심사할 필요가 있다고 인정되는 사람, ③ 지방출입국 · 외국인관서의 장이 조건부 입국을 허가할 필요하가 있다고 인정되는 사람에게는 '**조건부 입국허가**'를 하고, '조건부 입국허가서'가 발급되어야 한다(동법 제13조 제1항 및 제2항).

외국인승무원이나 외국인선박승객 등에게는 '상륙허가'를 할 수 있다. 우선 승선 중인 선박 등이 대한민국의 출입국항에 정박하고 있는 동안 휴양 등의 목적으로 상륙하려는 외국인승무원, 대한민국의 출입국항에 입항할 예정이거나 정박 중인 선박 등으로 옮겨 타려는 외국인승무원에게는 입국금지사유에 해당하지 않으면 15일의 범위에서 '**승무원상륙**'을 허가할 수 있고(동법 제14조 제1항), '승무원상륙 허가서'를 발급한다. 이 경우에도 외국인승무원의 여권이나 선원신분증명서를 확인해야 하고, 지문과 얼굴에 관한 정보의 제공이 요구될 수 있다. 한편 관광을 목적으로 대한민국과 외국 해상을 국제적으로 순회하여 운항하는 여객운송선박 중 법무부령으로 정하는 선박에 승선한 외국인승객에 대해서는 3일의 범위에서 '**관광상륙**'을 허가할 수 있고(동법 제14조의2), '관광상륙 허가서'를 발급한다. 이 경우에도 여권을 확인해야 하고, 외국인승객의 지문과 얼굴에 관한 정보의 제공이 요구될 수 있다.

그 밖에도 질병이나 사고를 당한 외국인이나 조난을 당한 외국인 또는 난민과 같이 긴급한 상륙이 필요한 외국인에게도 상륙허가를 할 수 있다. 먼저 선박 등에 타고 있는 외국인(승무원 포함)이 질병이나 그 밖의 사고로 긴급히 상륙할 필요가 있다고 인정되면 30일의 범위에서 '**긴급상륙**'을 허가할 수 있다(동법 제15조 제1항). 또한 조난을 당한 선박 등에 타고 있는 외국인(승무원 포함)을 긴급히 구조할 필요가 있다고 인정되면 30일의 범위에서 '**재난상륙**'을 허가할 수 있다(동법 제16조 제1항). 그리고 선박 등에 타고 있는 외국인이 난민법의 난민 정의조항에 규정된 이유나 그 밖에 이에 준하는 이유로 그 생명 · 신체 또는 신체의 자유를 침해받을 공포가 있는 영역에서 도피하여 곧바로 대한민국에 비호를 신청하는 경우 그 외국인을 상륙시킬 만한 상당한 이유가 인정되면 90일의 범위에서 '**난민상륙**'을 허가할 수 있다(동법 제16조의2 제1항). 난민상륙의 경우에는 법무부장관의 승인이 필요하다.

2. 체류자격

외국인의 체류자격은 ① 일반체류자격과 ② 영주자격으로 구분된다(동법 제10조). 기간이 제한되는 체류자격을 의미하는 일반체류자격은 다시 '단기체류자격'과 '장기체류자격'으로 구분된다. 단기체류자격은 90일 이하의 기간 동안 체류할 수 있는 자격을, 장기체류자격은 90일을 초과하는 기간 동안 체류할 수 있는 자격을 의미한다(동법 제10조의2 제1항). 장기체류자격을 가진 외국인은 반드시 '외국인등록'을 해야만 한다(동법 제31조 제1항).[4] 출입국관리법 시행령은 단기체류자격을 사증면제, 관광통과, 일시취재, 단기방문, 단기취업 5가지 구분하고 있고(아래 [별표1] 참조), 장기체류자격을 외교, 문화예술, 유학, 취재, 주재, 결혼이민 등 31가지로 구분하고 있다(아래 [별표 1의2] 참조).[5] 한편 영주자격을 취득한 외국인은 체류기간은 물론 활동범위에도 제한을 받지 않는다.[6] 외국인이 영주자격을 취득하기 위해서는 대통령령(출입국관리법 시행령)으로 정하는 영주의 자격에 부합한 사람으로서 ① 대한민국의 법령을 준수하는 등 품행이 단정하고, ② 본인 또는 생계를 같이하는 가족의 소득, 재산 등으로 생계를 유지할 능력이 있으며, ③ 한국어능력과 한국사회 · 문화에 대한 이해 등 대한민국에서 계속 살아가는 데 필요한 기본소양을 갖추고 있어야만 한다(동법 제10조의3 제2항). 이처럼 품행단정, 생계유지능력, 기본소양은 영주자격요건으로 요구되기도 하지만 앞서 제1장에서 살펴본 것처럼 국적취득요건으로도 동일하게 요구된다. 외국인이 애초에 받은 체류자격과 다른 체류자격에 해당하는 활동을 하려면 미리 '체류자격 변경허가'를 받아야 한다(동법 제24조 제1항).[7] 체류자격 및 체류기간과 관련하여 이에 관한 내용은 법률에 규정되어야 한다는 비판이 제기된다.[8] 기본권과 관련된 중요한 사항을 제한할 때는 반드시 법률에 의하거나 법률에 근거해야 한다는 '법률유보원칙'에 따라 체류자격과 체류기간에 관한 내용은 법률에 규정되거나 적어도 법률적 근거를 둘 필요는 있다고 판단된다.

---

4) 대법원은 외국인등록에 대하여 주택임대차의 대항요건인 주민등록과 같은 법적 효과를 인정하고 있다. 대판 2019. 4. 11. 2015다254507 참조.

5) 체류자격의 규율방식에 대한 비판으로 노호창(2018), 254면 이하 참조.

6) 영주자격 취득요건을 완화하여 영주자격제도를 활성화해야 한다는 주장으로 한태희(2016), 41면 이하 참조.

7) 체류자격 변경허가와 관련하여 대법원은 허가권자에게 재량권을 인정하고 있다. 대판 2016. 7. 14. 2015두48846: "체류자격 변경허가는 신청인에게 당초의 체류자격과 다른 체류자격에 해당하는 활동을 할 수 있는 권한을 부여하는 일종의 설권적 처분의 성격을 가지므로, 허가권자는 신청인이 관계 법령에서 정한 요건을 충족하였더라도, 신청인의 적격성, 체류 목적, 공익상의 영향 등을 참작하여 허가 여부를 결정할 수 있는 재량을 가진다. 다만 재량을 행사할 때 판단의 기초가 된 사실인정에 중대한 오류가 있는 경우 또는 비례 · 평등의 원칙을 위반하거나 사회통념상 현저하게 타당성을 잃는 등의 사유가 있다면 이는 재량권의 일탈 · 남용으로서 위법하다."

8) 김현미/김경제(2017), 89면 이하 참조.

[법령 2-2] 출입국관리법 시행령 [별표 1]

단기체류자격(제12조 관련)	
체류자격(기호)	체류자격에 해당하는 사람 또는 활동범위
1. 사증면제 (B-1)	대한민국과 사증면제협정을 체결한 국가의 국민으로서 그 협정에 따른 활동을 하려는 사람
2. 관광 · 통과 (B-2)	관광 · 통과 등의 목적으로 대한민국에 사증 없이 입국하려는 사람
3. 일시취재 (C-1)	일시적인 취재 또는 보도활동을 하려는 사람
4. 단기방문 (C-3)	시장조사, 업무 연락, 상담, 계약 등의 상용(商用)활동과 관광, 통과, 요양, 친지 방문, 친선경기, 각종 행사나 회의 참가 또는 참관, 문화예술, 일반연수, 강습, 종교의식 참석, 학술자료 수집, 그 밖에 이와 유사한 목적으로 90일을 넘지 않는 기간 동안 체류하려는 사람(영리를 목적으로 하는 사람은 제외한다)
5. 단기취업 (C-4)	가. 일시 흥행, 광고 · 패션 모델, 강의 · 강연, 연구, 기술지도 등 별표 1의2 중 14. 교수(E-1)부터 20. 특정활동(E-7)까지의 체류자격에 해당하는 분야에 수익을 목적으로 단기간 취업활동을 하려는 사람 나. 각종 용역계약 등에 의하여 기계류 등의 설치 · 유지 · 보수, 조선 및 산업설비 제작 · 감독 등을 목적으로 국내 공공기관 · 민간단체에 파견되어 단기간 영리활동을 하려는 사람 다. 법무부장관이 관계 중앙행정기관의 장과 협의하여 정하는 농작물 재배 · 수확(재배 · 수확과 연계된 원시가공 분야를 포함한다) 및 수산물 원시가공 분야에서 단기간 취업 활동을 하려는 사람으로서 법무부장관이 인정하는 사람

[법령 2-3] 출입국관리법 시행령 [별표 1의2]

장기체류자격(제12조 관련)	
체류자격(기호)	체류자격에 해당하는 사람 또는 활동범위
1. 외교 (A-1)	대한민국정부가 접수한 외국정부의 외교사절단이나 영사기관의 구성원, 조약 또는 국제관행에 따라 외교사절과 동등한 특권과 면제를 받는 사람과 그 가족
2. 공무 (A-2)	대한민국정부가 승인한 외국정부 또는 국제기구의 공무를 수행하는 사람과 그 가족
3. 협정 (A-3)	대한민국정부와의 협정에 따라 외국인등록이 면제되거나 면제할 필요가 있다고 인정되는 사람과 그 가족

4. 문화예술 (D-1)	수익을 목적으로 하지 않는 문화 또는 예술 관련 활동을 하려는 사람(대한민국의 전통문화 또는 예술에 대하여 전문적인 연구를 하거나 전문가의 지도를 받으려는 사람을 포함한다)
5. 유학 (D-2)	전문대학 이상의 교육기관 또는 학술연구기관에서 정규과정의 교육을 받거나 특정 연구를 하려는 사람
6. 기술연수 (D-3)	법무부장관이 정하는 연수조건을 갖춘 사람으로서 국내의 산업체에서 연수를 받으려는 사람
7. 일반연수 (D-4)	법무부장관이 정하는 요건을 갖춘 교육기관이나 기업체, 단체 등에서 교육 또는 연수를 받거나 연구활동에 종사하려는 사람[연수기관으로부터 체재비를 초과하는 보수(報酬)를 받거나 유학(D-2)·기술연수(D-3) 체류자격에 해당하는 사람은 제외한다]
8. 취재 (D-5)	외국의 신문사, 방송사, 잡지사 또는 그 밖의 보도기관으로부터 파견되거나 외국 보도기관과의 계약에 따라 국내에 주재하면서 취재 또는 보도활동을 하려는 사람
9. 종교 (D-6)	가. 외국의 종교단체 또는 사회복지단체로부터 파견되어 대한민국에 있는 지부 또는 유관 종교단체에서 종교활동을 하려는 사람 나. 대한민국 내의 종교단체 또는 사회복지단체의 초청을 받아 사회복지활동을 하려는 사람 다. 그 밖에 법무부장관이 인정하는 종교활동 또는 사회복지활동에 종사하려는 사람
10. 주재 (D-7)	가. 외국의 공공기관·단체 또는 회사의 본사, 지사, 그 밖의 사업소 등에서 1년 이상 근무한 사람으로서 대한민국에 있는 그 계열회사, 자회사, 지점 또는 사무소 등에 필수 전문인력으로 파견되어 근무하려는 사람[기업투자(D-8) 체류자격에 해당하는 사람은 제외하며, 국가기간산업 또는 국책사업에 종사하려는 경우나 그 밖에 법무부장관이 필요하다고 인정하는 경우에는 1년 이상의 근무요건을 적용하지 않는다] 나. 「자본시장과 금융투자업에 관한 법률」 제9조 제15항 제1호에 따른 상장법인 또는 「공공기관의 운영에 관한 법률」 제4조 제1항에 따른 공공기관이 설립한 해외 현지법인이나 해외지점에서 1년 이상 근무한 사람으로서 대한민국에 있는 그 본사나 본점에 파견되어 전문적인 지식·기술 또는 기능을 제공하거나 전수받으려는 사람(상장법인의 해외 현지법인이나 해외지점 중 본사의 투자금액이 미화 50만 달러 미만인 경우는 제외한다)
11. 기업투자 (D-8)	가. 「외국인투자 촉진법」에 따른 외국인투자기업의 경영·관리 또는 생산·기술 분야에 종사하려는 필수전문인력으로서 법무부장관이 인정하는 사람(국내에서 채용하는 사람은 제외한다) 나. 지식재산권을 보유하는 등 우수한 기술력으로 「벤처기업육성에 관

	한 특별조치법」 제2조의2 제1항 제2호 다목에 따른 벤처기업을 설립한 사람 중 같은 법 제25조에 따라 벤처기업 확인을 받은 사람 또는 이에 준하는 사람으로서 법무부장관이 인정하는 사람 다. 다음의 어느 하나에 해당하는 사람으로서 지식재산권을 보유하거나 이에 준하는 기술력 등을 가진 사람 중 법무부장관이 인정한 법인 창업자 1) 국내에서 전문학사 이상의 학위를 취득한 사람 2) 외국에서 학사 이상의 학위를 취득한 사람 3) 관계 중앙행정기관의 장이 지식재산권 보유 등 우수한 기술력을 보유한 사람으로 인정하여 추천한 사람
12. 무역경영 (D-9)	대한민국에 회사를 설립하여 경영하거나 무역, 그 밖의 영리사업을 위한 활동을 하려는 사람으로서 필수 전문인력에 해당하는 사람[수입기계 등의 설치, 보수, 조선 및 산업설비 제작 · 감독 등을 위하여 대한민국 내의 공공기관 · 민간단체에 파견되어 근무하려는 사람을 포함하되, 국내에서 채용하는 사람과 기업투자(D-8) 체류자격에 해당하는 사람은 제외한다]
13. 구직 (D-10)	가. 교수(E-1)부터 특정활동(E-7)까지의 체류자격[예술흥행(E-6) 체류자격 중 법무부장관이 정하는 공연업소의 종사자는 제외한다]에 해당하는 분야에 취업하기 위하여 연수나 구직활동 등을 하려는 사람으로서 법무부장관이 인정하는 사람 나. 기업투자(D-8) 다목에 해당하는 법인의 창업 준비 등을 하려는 사람으로서 법무부장관이 인정하는 사람
14. 교수 (E-1)	「고등교육법」 제14조 제1항 · 제2항 또는 제17조에 따른 자격요건을 갖춘 외국인으로서 전문대학 이상의 교육기관이나 이에 준하는 기관에서 전문 분야의 교육 또는 연구 · 지도 활동에 종사하려는 사람
15. 회화지도 (E-2)	법무부장관이 정하는 자격요건을 갖춘 외국인으로서 외국어전문학원, 초등학교 이상의 교육기관 및 부설어학연구소, 방송사 및 기업체 부설 어학연수원, 그 밖에 이에 준하는 기관 또는 단체에서 외국어 회화지도에 종사하려는 사람
16. 연구 (E-3)	대한민국 내 공공기관 · 민간단체으로부터 초청을 받아 각종 연구소에서 자연과학 분야의 연구, 사회과학 · 인문학 · 예체능 분야의 연구 또는 산업상 고도기술의 연구 · 개발에 종사하려는 사람[교수(E-1) 체류자격에 해당하는 사람은 제외한다]
17. 기술지도 (E-4)	자연과학 분야의 전문지식 또는 산업상 특수한 분야에 속하는 기술을 제공하기 위하여 대한민국 내 공공기관 · 민간단체로부터 초청을 받아 종사하려는 사람
18. 전문직업 (E-5)	대한민국 법률에 따라 자격이 인정된 외국의 변호사, 공인회계사, 의사, 그 밖에 국가공인 자격이 있는 사람으로서 대한민국 법률에 따라 할

	수 있도록 되어 있는 법률, 회계, 의료 등의 전문업무에 종사하려는 사람 [교수(E-1) 체류자격에 해당하는 사람은 제외한다]
19. 예술흥행 (E-6)	수익이 따르는 음악, 미술, 문학 등의 예술활동과 수익을 목적으로 하는 연예, 연주, 연극, 운동경기, 광고 · 패션 모델, 그 밖에 이에 준하는 활동을 하려는 사람
20. 특정활동 (E-7)	대한민국 내의 공공기관 · 민간단체 등과의 계약에 따라 법무부장관이 특별히 지정하는 활동에 종사하려는 사람
20의2. 계절근로 (E-8)	법무부장관이 관계 중앙행정기관의 장과 협의하여 정하는 농작물 재배 · 수확(재배 · 수확과 연계된 원시가공 분야를 포함한다) 및 수산물 원시가공 분야에서 취업 활동을 하려는 사람으로서 법무부장관이 인정하는 사람
21. 비전문취업 (E-9)	「외국인근로자의 고용 등에 관한 법률」에 따른 국내 취업요건을 갖춘 사람(일정 자격이나 경력 등이 필요한 전문직종에 종사하려는 사람은 제외한다)
22. 선원취업 (E-10)	다음 각 목에 해당하는 사람과 그 사업체에서 6개월 이상 노무를 제공할 것을 조건으로 선원근로계약을 체결한 외국인으로서 「선원법」 제2조 제6호에 따른 부원(部員)에 해당하는 사람 가. 「해운법」 제3조 제1호 · 제2호 · 제5호 또는 제23조 제1호에 따른 사업을 경영하는 사람 나. 「수산업법」 제8조 제1항 제1호, 제41조 제1항 또는 제57조 제1항에 따른 사업을 경영하는 사람 다. 「크루즈산업의 육성 및 지원에 관한 법률」 제2조 제7호에 따른 국적 크루즈사업자로서 같은 조 제4호에 따른 국제순항 크루즈선을 이용하여 사업을 경영하는 사람
23. 방문동거 (F-1)	가. 친척 방문, 가족 동거, 피부양(被扶養), 가사정리, 그 밖에 이와 유사한 목적으로 체류하려는 사람으로서 법무부장관이 인정하는 사람 나. 다음의 어느 하나에 해당하는 사람의 가사보조인 1) 외교(A-1), 공무(A-2) 체류자격에 해당하는 사람 2) 미화 50만 달러 이상을 투자한 외국투자가(법인인 경우 그 임직원을 포함한다)로서 기업투자(D-8), 거주(F-2), 영주(F-5), 결혼이민(F-6) 체류자격에 해당하는 사람 3) 인공지능(AI), 정보기술(IT), 전자상거래 등 기업정보화(e-business), 생물산업(BT), 나노기술(NT) 분야 등 법무부장관이 정하는 첨단 · 정보기술 업체에 투자한 외국투자가(법인인 경우 그 임직원을 포함한다)로서 기업투자(D-8), 거주(F-2), 영주(F-5), 결혼이민(F-6) 체류자격에 해당하는 사람 4) 취재(D-5), 주재(D-7), 무역경영(D-9), 교수(E-1)부터 특정활동(E-7)까지의 체류자격에 해당하거나 그 체류자격에서 거주

	(F-2) 바목 또는 별표 1의3 영주(F-5) 제1호의 체류자격으로 변경한 전문인력으로서 법무부장관이 인정하는 사람 다. 외교(A-1)부터 협정(A-3)까지의 체류자격에 해당하는 사람의 동일한 세대에 속하지 않는 동거인으로서 그 체류의 필요성을 법무부장관이 인정하는 사람 라. 그 밖에 부득이한 사유로 직업활동에 종사하지 않고 대한민국에 장기간 체류하여야 할 사정이 있다고 인정되는 사람
24. 거주 (F-2)	가. 국민의 미성년 외국인 자녀 또는 별표 1의3 영주(F-5) 체류자격을 가지고 있는 사람의 배우자 및 그의 미성년 자녀 나. 국민과 혼인관계(사실상의 혼인관계를 포함한다)에서 출생한 사람으로서 법무부장관이 인정하는 사람 다. 난민의 인정을 받은 사람 라. 「외국인투자 촉진법」에 따른 외국투자가 등으로 다음의 어느 하나에 해당하는 사람 1) 미화 50만 달러 이상을 투자한 외국인으로서 기업투자(D-8) 체류자격으로 3년 이상 계속 체류하고 있는 사람 2) 미화 50만 달러 이상을 투자한 외국법인이 「외국인투자 촉진법」에 따른 국내 외국인투자기업에 파견한 임직원으로서 3년 이상 계속 체류하고 있는 사람 3) 미화 30만 달러 이상을 투자한 외국인으로서 2명 이상의 국민을 고용하고 있는 사람 마. 별표 1의3 영주(F-5) 체류자격을 상실한 사람 중 국내 생활관계의 권익보호 등을 고려하여 법무부장관이 국내에서 계속 체류하여야 할 필요가 있다고 인정하는 사람(강제퇴거된 사람은 제외한다) 바. 외교(A-1)부터 협정(A-3)까지의 체류자격 외의 체류자격으로 대한민국에 5년 이상 계속 체류하여 생활 근거지가 국내에 있는 사람으로서 법무부장관이 인정하는 사람 사. 비전문취업(E-9), 선원취업(E-10) 또는 방문취업(H-2) 체류자격으로 취업활동을 하고 있는 사람으로서 과거 10년 이내에 법무부장관이 정하는 체류자격으로 4년 이상의 기간 동안 취업활동을 한 사실이 있는 사람 중 다음 요건을 모두 갖춘 사람 1) 법무부장관이 정하는 기술·기능 자격증을 가지고 있거나 일정 금액 이상의 임금을 국내에서 받고 있을 것(기술·기능 자격증의 종류 및 임금의 기준에 관하여는 법무부장관이 관계 중앙행정기관의 장과 협의하여 고시한다) 2) 법무부장관이 정하는 금액 이상의 자산을 가지고 있을 것 3) 대한민국 「민법」에 따른 성년으로서 품행이 단정하고 대한민국

	에서 거주하는 데 필요한 기본 소양을 갖추고 있을 것 아. 「국가공무원법」 또는 「지방공무원법」에 따라 공무원으로 임용된 사람으로서 법무부장관이 인정하는 사람 자. 나이, 학력, 소득 등이 법무부장관이 정하여 고시하는 기준에 해당하는 사람 차. 투자지역, 투자대상, 투자금액 등 법무부장관이 정하여 고시하는 기준에 따라 부동산 등 자산에 투자한 사람 또는 법인의 임원, 주주 등으로서 법무부장관이 인정하는 외국인. 이 경우 법인에 대해서는 법무부장관이 투자금액 등을 고려하여 체류자격 부여인원을 정한다. 카. 자목이나 차목에 해당하는 사람의 배우자 및 자녀(법무부장관이 정하는 요건을 갖춘 자녀만 해당한다)
25. 동반 (F-3)	문화예술(D-1)부터 특정활동(E-7)까지의 체류자격에 해당하는 사람의 배우자 및 미성년 자녀로서 배우자가 없는 사람[기술연수(D-3) 체류자격에 해당하는 사람은 제외한다]
26. 재외동포 (F-4)	「재외동포의 출입국과 법적 지위에 관한 법률」 제2조 제2호에 해당하는 사람(단순 노무행위 등 이 영 제23조 제3항 각 호에서 규정한 취업활동에 종사하려는 사람은 제외한다)
27. 결혼이민 (F-6)	가. 국민의 배우자 나. 국민과 혼인관계(사실상의 혼인관계를 포함한다)에서 출생한 자녀를 양육하고 있는 부 또는 모로서 법무부장관이 인정하는 사람 다. 국민인 배우자와 혼인한 상태로 국내에 체류하던 중 그 배우자의 사망이나 실종, 그 밖에 자신에게 책임이 없는 사유로 정상적인 혼인관계를 유지할 수 없는 사람으로서 법무부장관이 인정하는 사람
28. 관광취업 (H-1)	대한민국과 "관광취업"에 관한 협정이나 양해각서 등을 체결한 국가의 국민으로서 협정 등의 내용에 따라 관광과 취업활동을 하려는 사람(협정 등의 취지에 반하는 업종이나 국내법에 따라 일정한 자격요건을 갖추어야 하는 직종에 취업하려는 사람은 제외한다)
29. 방문취업 (H-2)	가. 체류자격에 해당하는 사람: 「재외동포의 출입국과 법적 지위에 관한 법률」 제2조 제2호에 따른 외국국적동포(이하 "외국국적동포"라 한다)에 해당하고, 다음의 어느 하나에 해당하는 18세 이상인 사람 중에서 나목의 활동범위 내에서 체류하려는 사람으로서 법무부장관이 인정하는 사람[재외동포(F-4) 체류자격에 해당하는 사람은 제외한다] 1) 출생 당시에 대한민국 국민이었던 사람으로서 가족관계등록부, 폐쇄등록부 또는 제적부에 등재되어 있는 사람 및 그 직계비속 2) 국내에 주소를 둔 대한민국 국민 또는 별표 1의3 영주(F-5) 제5호에 해당하는 사람의 8촌 이내의 혈족 또는 4촌 이내의 인척으로부터 초청을 받은 사람

3) 「국가유공자 등 예우 및 지원에 관한 법률」 제4조에 따른 국가유공자와 그 유족 등에 해당하거나 「독립유공자예우에 관한 법률」 제4조에 따른 독립유공자와 그 유족 또는 그 가족에 해당하는 사람
4) 대한민국에 특별한 공로가 있거나 대한민국의 국익 증진에 기여한 사람
5) 유학(D-2) 체류자격으로 1학기 이상 재학 중인 사람의 부모 및 배우자
6) 국내 외국인의 체류질서 유지를 위하여 법무부장관이 정하는 기준 및 절차에 따라 자진하여 출국한 사람
7) 1)부터 6)까지의 규정에 해당하지 않는 사람으로서 법무부장관이 정하여 고시하는 한국어시험, 추첨 등의 절차에 따라 선정된 사람

나. 활동범위
1) 방문, 친척과의 일시 동거, 관광, 요양, 견학, 친선경기, 비영리 문화예술활동, 회의 참석, 학술자료 수집, 시장조사 · 업무연락 · 계약 등 상업적 용무, 그 밖에 이와 유사한 목적의 활동
2) 한국표준산업분류표에 따른 다음의 산업 분야에서의 활동
가) 작물 재배업(011)
나) 축산업(012)
다) 작물재배 및 축산 관련 서비스업(014)
라) 연근해 어업(03112)
마) 양식 어업(0321)
바) 천일염 생산 및 암염 채취업(07220)
사) 제조업(10~34). 다만, 상시 사용하는 근로자 수가 300명 미만이거나 자본금이 80억원 이하인 경우에만 해당한다.
아) 하수, 폐수 및 분뇨 처리업(37)
자) 폐기물 수집, 운반, 처리 및 원료재생업(38)
차) 건설업(41~42). 다만, 발전소 · 제철소 · 석유화학 건설현장의 건설업체 중 업종이 산업 · 환경설비 공사인 경우는 제외한다.
카) 육지동물 및 애완동물 도매업(46205)
타) 기타 산업용 농산물 도매업(46209)
파) 생활용품 도매업(464)
하) 기계장비 및 관련 물품 도매업(465)
거) 재생용 재료 수집 및 판매업(46791)
너) 기타 생활용품 소매업(475)
더) 기타 상품 전문 소매업(478)

	러) 무점포 소매업(479) 머) 육상 여객 운송업(492) 버) 냉장 및 냉동 창고업(52102). 다만, 내륙에 위치한 업체에 한정한다. 서) 호텔업(55101). 다만, 「관광진흥법」에 따른 호텔업은 1등급 · 2등급 및 3등급의 호텔업으로 한정한다. 어) 여관업(55102) 저) 한식 음식점업(5611) 처) 외국인 음식점업(5612) 커) 기타 간이 음식점업(5619) 터) 서적, 잡지 및 기타 인쇄물 출판업(581) 퍼) 음악 및 기타 오디오물 출판업(59201) 허) 사업시설 유지관리 서비스업(741) 고) 건축물 일반 청소업(74211) 노) 산업설비, 운송장비 및 공공장소 청소업(74212) 도) 여행사 및 기타 여행보조 서비스업(752) 로) 사회복지 서비스업(87) 모) 자동차 종합 수리업(95211) 보) 자동차 전문 수리업(95212) 소) 모터사이클 수리업(9522) 오) 욕탕업(96121) 조) 산업용 세탁업(96911) 초) 개인 간병 및 유사 서비스업(96993) 코) 가구 내 고용활동(97)
30. 기타 (G-1)	별표 1, 이 표 중 외교(A-1)부터 방문취업(H-2)까지 또는 별표 1의3의 체류자격에 해당하지 않는 사람으로서 법무부장관이 인정하는 사람

2010년에 1천만 명에 육박하던 외국인 입국자는 2011년에 1천1백만 명을 넘어섰고, 2019년에는 1천8백만 명에 근접했다. 체류자격별로 볼 때 2019년 외국인 입국자를 기준으로 하면 사증면제(B-1), 관광통과(B-2), 단기방문(C-3)이 대부분을 차지한다(아래 [표 2-4] 참조). 다음으로 유학(D-2), 비전문취업(E-9), 재외동포(F-4), 결혼이민(F-6), 방문취업(H-2)의 체류자격을 가진 외국인 입국자가 많은 비중을 차지한다. 결혼이민 체류자격과 관련하여 대법원에 따르면 "자신에게 책임이 없는 사유로 정상적인 혼인관계를 유지할 수 없는 사람"은 혼인파탄의 주된 책임이 자신이 아니라 국민인 배우자에게 있는 외국인을 의미한다고 한다(아래 [판례 2-1] 참조). 체류자격에서

'기타(G-1)'로 분류된 인원은 대부분 승무원이다.

[표 2-4] 외국인 입국자 체류자격별 현황 (단위: 명)

체류자격	2011	2012	2013	2014	2015	2016	2017	2018	2019
총계	9,765,902	11,129,305	12,200,473	14,264,508	13,359,701	17,418,307	13,569,509	15,630,522	17,880,503
사증면제 (B-1)	909,930	1,066,334	1,090,907	1,426,293	1,249,506	1,556,536	1,634,095	1,908,616	2,053,173
관광통과 (B-2)	4,969,884	5,524,120	5,040,354	5,335,626	4,632,293	5,833,225	5,269,825	6,378,362	7,158,538
단기방문 (C-3)	1,507,044	2,102,677	2,728,573	3,725,073	3,635,898	5,026,435	3,319,579	4,127,283	5,184,417
단기취업 (C-4)	11,799	11,671	10,736	9,302	12,218	12,920	20,617	22,618	24,507
유학 (D-2)	112,291	111,219	114,818	117,836	140,160	169,715	212,295	248,472	291,007
일반연수 (D-4)	37,432	34,413	37,282	45,624	62,550	81,033	90,357	83,538	84,653
상사주재 (D-7)	8,469	8,908	9,234	9,103	8,991	9,160	8,548	8,460	9,072
기업투자 (D-8)	38,102	39,584	39,859	40,550	40,795	42,007	41,984	41,886	42,442
무역경영 (D-9)	18,191	17,456	32,326	38,867	33,958	26,302	18,288	9,705	8,669
교수 (E-1)	7,824	8,181	8,186	7,323	7,555	7,550	7,491	7,160	6,904
회화지도 (E-2)	44,108	40,848	38,572	34,567	32,299	32,158	30,922	27,291	29,115
연구 (E-3)	8,023	8,525	9,223	9,670	9,810	9,494	9,618	9,508	9,212
기술지도 (E-4)	1,077	1,051	1,122	1,093	1,202	1,336	1,345	1,339	1,577
전문직업 (E-5)	1,894	2,057	1,978	1,926	2,087	2,285	2,206	2,404	2,526

예술흥행(E-6)	3,655	4,162	4,368	4,710	4,596	3,996	3,765	4,570	5,436
특정활동(E-7)	29,143	35,907	36,904	39,260	43,300	46,324	47,528	46,661	46,475
비전문취업(E-9)	106,442	99,140	105,738	115,294	123,433	134,764	140,072	145,174	151,116
선원취업(E10)	8,900	7,173	8,281	9,574	9,431	9,877	10,720	11,737	11,634
방문동거(F-1)	29,597	38,883	41,740	41,043	49,310	69,742	82,857	88,747	97,159
거주(F-2)	117,377	19,099	24,948	30,189	35,728	43,041	48,924	53,672	58,425
동반(F-3)	27,671	31,704	36,544	40,173	43,222	43,684	40,048	38,402	40,284
재외동포(F-4)	190,212	227,836	280,130	349,137	405,948	468,337	515,587	565,636	579,52
영주(F-5)	58,805	70,890	87,497	101,184	118,553	134,138	151,115	162,760	177,531
결혼이민(F-6)	3,965	97,504	98,965	98,364	106,318	118,883	130,834	143,092	159,499
방문취업(H-2)	295,464	245,471	230,739	278,600	259,484	229,300	251,674	258,067	250,655
기타	1,218,603	1,274,513	2,081,449	2,354,127	2,290,756	3,306,065	1,479,215	1,235,362	1,396,955

자료: 출입국 · 외국인정책본부, 〈출입국 · 외국인 통계연보〉 및 〈출입국 · 외국인 통계월보〉.

[판례 2-2] 대법원 2019. 7. 4. 선고 2018두66869판결 – 한국인과 결혼 1년 후 이혼한 외국인 여성의 계속체류허가

결혼이민[F-6 (다)목] 체류자격에 관한 구 출입국관리법 시행령(2018. 9. 18. 대통령령 제29163호로 개정되기 전의 것) 제12조 [별표 1] 제28호의4의 입법 취지는, 대한민국 국민과 혼인하여 당초 결혼이민[F-6 (가)목] 체류자격을 부여받아 국내에서 체류하던 중 국민인 배우자의 귀책사유로 정상적인 혼인관계를 유지할 수 없게 된 외국인에 대하여는 인도주의적 측면에서 결혼이민[F-6 (다)목] 체류자격을 부여하여 국내에서 계속 체류할 수 있도록 허용하기 위한 것이다. 한편 부부 사이의 혼인파탄이 어느 일방의 전적인 귀책사유에서 비롯되었다고 평가할 수 있는 경우는 현실적으로 드물거나 많지 않을 것으로 보이는데, 결혼이민[F-6 (다)목] 체류자격에 관한 위 규정을 엄격하게 해석하여 '정상적인 혼인관계를 유지할 수 없어 이혼에 이르게 된 것이 오로지 국민인 배우자의 귀책사유 탓이고 외국인 배우자에게는 전혀 귀책사유가 없는 경우'에 한하여 적용할 수 있다고 한다면 외국인 배우자로서는 재판상 이혼 등 우리 민법에서 정한 절차에 따라 혼인관계를 적법하게 해소할 권리를 행사하는 것에 소극적일 수밖에 없게 되고 국민인 배우자가 이를 악용하여 외국인 배우자를 부당하게 대우할 가능성도 생길 수 있다. 이러한 사정들에다가 결혼이민[F-6 (다)목] 체류자격은 1회에 3년 이내의 체류기간을 부여함으로써 기간 만료 시 그 체류자격의 요건을 유지하고 있는지에 관하여 다시 실질적 심사를 거쳐야 하는 것으로서 중대한 범죄를 저지르지 않는 한 영구적인 체류를 허용하는 영주(F-5) 체류자격이나 대한민국 국적을 부여하는 귀화허가와는 성질을 달리하는 점 등을 고려하면, 결혼이민[F-6 (다)목] 체류자격의 요건인 '자신에게 책임이 없는 사유로 정상적인 혼인관계를 유지할 수 없는 사람'이란 '자신에게 주된 책임이 없는 사유로 정상적인 혼인관계를 유지할 수 없는 사람', 즉 '혼인파탄의 주된 귀책사유가 국민인 배우자에게 있는 경우'를 의미한다.

3. 출 국

국내에 입국한 외국인은 유효한 여권을 가지고 출국심사를 받은 뒤에 출국할 수 있다. 입국심사에 제공받은 신체정보는 출국심사에서 활용할 수 있다. ① 형사재판이 계속 중인 외국인, ② 징역형이나 금고형의 집행이 끝나지 않은 외국인, ③ 대통령령으로 정하는 금액 이상의 벌금이나 추징금을 내지 않은 외국인, ④ 대통령령으로 정하는 금액 이상의 국세관세 또는 지방세를 정당한 사유 없이 그 납부기한까지 내지 않은 외국인, ⑤ 그 밖에 ①부터 ④의 규정에 준하는 사람으로서 대한민국의 이익이나 공공의 안정 또는 경제질서를 해칠 우려가 있어 그 출국이 적당하지 않다고 법무부령으로 정하는 외국인에 대해서는 6개월 이내의 기간을 정하여 '**출국정지**'가 가능하다(동법 제29조 제1항 및 제4조 제1항). 또한 범죄 수사를 위하여 출국이 적당하지 않다고 인정되는 외국인에 대해서는 1개월 이내의 기간을 정하여 출국이 정지될 수 있다(동법 제29조 제1항 및 제4조 제2항). 다만 소재를 알 수 없어 기소중지결정이 된 외국인 또는 도주 등 특별한 사유가 있어 수사진행이 어려운 외국인은 3개월 이내의 기간을 정하여, 그리고 기소중지결정이 된 경우로서 체포영장 또는 구속영장이 발부된 외국인은 영장 유효기간 이내에서 출국이 정지될 수 있다.

한편 범죄 피의자로서 사형무기 또는 장기 3년 이상의 징역이나 금고에 해당하는 죄를 범하였다고 의심할 만한 상당한 이유가 있고 피의자가 증거를 인멸한 염려가 있는 때 또는 피의자가 도망하거나 도망할 우려가 있는 때에는 긴급한 필요가 있으면 출국심사를 하는 출입국관리공무원에게 출국정지를 요청할 수 있다(동법 제29조의2 제1항 제4조의6 제1항). 이러한 '**긴급출국정지**'를 요청하면 그때로부터 6시간 이내에 긴급출국정지의 승인을 요청해야 한다. 수사기관이 6시간 이내에 이러한 승인의 요청을 하지 않으면 출국정지는 해제되며 수사기관으로부터 긴급출국정지의 승인을 요청받은 법무부장관이 승인의 요청이 있는 때부터 12시간 이내에 승인을 받지 못한 경우에도 출국정지는 해제된다.

외국인등록을 하거나 그 등록이 면제된 외국인이 체류기간 내에 출국하였다가 재입국하려는 경우에 그의 신청을 받아 재입국이 허가될 수 있다(동법 제30조 제1항). 이러한 '재입국허가'는 1회만 재입국할 수 있는 '단수재입국허가'와 2회 이상 재입국할 수 있는 '복수재입국허가'로 구분된다. 영주자격을 가진 외국인에게는 재입국허가 면제될 수 있다. 외국인이 질병이나 그 밖의 부득이한 사유로 허가받은 기간 내에 재입국할 수 없는 경우에는 그 기간이 끝나기 전에 재입국허가기간 연장허가를 받아야 한다(동조 제3항).

4. 강제퇴거

(1) 요 건

외국인이 여권이나 비자 없이 입국하려 하였거나 체류자격 외의 활동을 하였거나 체류기간을 넘겨 체류하였거나 장기체류자격을 가지고 있으면서 외국인등록을 하지 않는 등 출입국관리법에 규정된 사항에 해당하는 위법사실이 확인되면 강제로 퇴거시킬 수 있다(동법 제46조 제1항). 또한 금고 이상의 형을 선고받고 석방된 사람에 대해서도 강제퇴거가 가능하다. 영주자격을 가진 사람은 원칙적으로 강제퇴거가 되지는 않지만 내란의 죄 또는 외환의 죄를 범하거나 5년 이상의 징역 또는 금고의 형을 선고받고 석방된 사람 중 법무부령으로 정하는 사람에 해당하거나 불법출입국을 위한 선박 등의 제공금지를 위반하거나 이를 교사 또는 방조한 사람은 강제퇴거가 가능하다(동조 제2항).

[법령 2-4] 출입국관리법 제46조 제1항 (강제퇴거의 대상자)

지방출입국 · 외국인관서의 장은 이 장에 규정된 절차에 따라 다음 각 호의 어느 하나에 해당하는 외국인을 대한민국 밖으로 강제퇴거시킬 수 있다.

1. 제7조(외국인의 입국)를 위반한 사람
2. 제7조의2(허위초청 등의 금지)를 위반한 외국인 또는 같은 조에 규정된 허위초청 등의 행위로 입국한 외국인
3. 제11조 제1항(입국의 금지 등) 각 호의 어느 하나에 해당하는 입국금지 사유가 입국 후에 발견되거나 발생한 사람
4. 제12조(입국의 심사) 제1항 · 제2항 또는 제12조의3(선박 등의 제공금지)을 위반한 사람
5. 제13조(조건부 입국허가) 제2항에 따라 지방출입국 · 외국인관서의 장이 붙인 허가조건을 위반한 사람
6. 제14조(승무원의 상륙허가) 제1항, 제14조의2(관광상륙허가) 제1항, 제15조(긴급상륙허가) 제1항, 제16조(재난상륙허가) 제1항 또는 제16조의2(난민 임시상륙허가) 제1항에 따른 허가를 받지 아니하고 상륙한 사람
7. 제14조(승무원의 상륙허가) 제3항(제14조의2 제3항에 따라 준용되는 경우를 포함한다), 제15조(긴급상륙허가) 제2항, 제16조(재난상륙허가) 제2항 또는 제16조의2(난민 임시상륙허가) 제2항에 따라 지방출입국 · 외국인관서의 장 또는 출입국관리공무원이 붙인 허가조건을 위반한 사람
8. 제17조(외국인의 체류 및 활동범위) 제1항 · 제2항, 제18조(외국인 고용의 제한), 제20조(체류자격 외 활동), 제23조(체류자격 부여), 제24조(체류자격 변경허가) 또는 제25조(체류기간 연장허가)를 위반한 사람
9. 제21조(근무처의 변경 · 추가) 제1항 본문을 위반하여 허가를 받지 아니하고 근무처를 변경 · 추가하거나 같은 조 제2항을 위반하여 외국인을 고용 · 알선한 사람
10. 제22조(활동범위의 제한)에 따라 법무부장관이 정한 거소 또는 활동범위의 제한이나 그 밖의 준수사항을 위반한 사람

10의2. 제26조(허위서류 제출 등의 금지)를 위반한 외국인

11. 제28조(출국심사) 제1항 및 제2항을 위반하여 출국하려고 한 사람
12. 제31조(외국인등록)에 따른 외국인등록 의무를 위반한 사람

12의2. 제33조의3(외국인등록증 등의 채무이행 확보수단 제공 등의 금지)을 위반한 외국인

13. 금고 이상의 형을 선고받고 석방된 사람
14. 그밖에 제1호부터 제10호까지, 제10호의2, 제11호, 제12호, 제12호의2 또는 제13호에 준하는 사람으로서 법무부령으로 정하는 사람

강제퇴거 대상자에 해당한다고 의심되는 외국인(용의자)에 대해서는 먼저 사실조사가 이루어진다(동법 제47조). 사실조사는 용의자에 대한 출석요구와 신문, 참고인에 대한 출석요구와 진술, 용의자의 주거나 물건에 대한 검사 및 물건의 제출을 통해 시행된다.

(2) 보 호

외국인이 이와 같은 강제퇴거 대상자에 해당된다고 의심할 만한 상당한 이유가 있고 도주하거나 도주할 염려가 있으면 출입국관리공무원은 지방출입국 · 외국인관서의 장으로부터 보호명령서를 발급받아 그 외국인에 대한 '보호'를 할 수 있다(동법 제51조 제1항).[9] 심지어 외국인이 강제퇴거 대상자에 해당된다고 의심할 만한 상당한 이유가 있고 도주하거나 도주의 염려가 있는 긴급한 경우라서 보호명령서를 발급받을 여유가 없으면 긴급하게 보호할 수 있고(동조 제2항), 이 경우 48시간 이내에 보호명령서를 발급받으면 된다. 여기서 문제는 명칭이 '보호'로 되어 있으나 사실상 인신구금을 의미하는 조치를 법관의 영장이 아니라 행정기관의 보호명령서에 근거하여 취할 수 있고,[10] 심지어 이러한 보호명령서조차 없어도 48시간 이내에서는 그러한 조치가 가능하다는 점이다. 보호기간은 원칙적으로 10일을 초과할 수 없지만 1회에 한하여 10일 이내에서 연장도 가능하므로(동법 제52조 제1항) 최대 20일까지 보호가 가능하도록 되어 있다. 보호명령서에 따라 보호된 사람은 보호에 대한 '이의신청'이 가능하다(동법 제55조).

---

9) 외국인에 대한 보호제도가 적법절차원칙에 위반되는지 여부에 대한 검토로 공진성(2013), 230면 이하; 김종세(2018), 42면 이하 참조. 한편 외국인에 대한 보호의 법적 성격을 형사구금으로 구성하는 법리에 대해서는 김희정(2018), 124면 이하 참조.
10) 같은 비판으로 전영순/김경제(2019), 359면 참조.

(3) 결정 및 이의신청

강제퇴거 대상자에 해당하는지 여부에 대한 심사가 종료되면 강제퇴거 대상자에 해당하는지 여부와 해당한다면 어떠한 사유에 해당하는지를 결정해야 한다. 강제퇴거 대상자에 해당하면 '강제퇴거명령'을 할 수 있다. 강제퇴거명령에 대해서는 강제퇴거 명령서를 받을 날부터 7일 이내에 '이의신청'이 가능하다(동법 제60조 제1항).

(4) 집 행

강제퇴거명령은 원칙적으로 출입국관리공무원이 집행하지만 사법경찰관리에게 그 집행을 의뢰할 수도 있다. 강제퇴거명령의 집행은 해당 외국인을 송환국으로 송환하는 것을 의미한다. 여기서 송환국은 강제퇴거명령을 받은 사람이 국적이나 시민권을 가진 국가를 의미한다(동법 제64조). 강제퇴거명령을 받은 사람이 여권 미소지 또는 교통편 미확보 등의 사유로 즉시 대한민국 밖으로 송환될 수 없으면 송환될 수 있을 때까지 그 사람을 보호시설에 보호할 수 있다. 이러한 보호는 3개월을 초과할 경우에는 3개월마다 법무부장관의 승인이 필요하다. 결국 강제퇴거 대상자에 해당하는지 여부를 심사하기 위한 보호가 최장 20일로 제한되어 있는 데 비하여 강제퇴거명령의 집행의 경우에는 "송환될 수 있을 때까지"라는 표현에서도 알 수 있듯이 기간의 제한 없이 보호가 가능하다는 점에서 인신에 관한 외국인의 인권이 과도하게 침해될 수 있다는 문제점[11]이 지적될 수 있다. 이와 관련하여 헌법재판소는 합헌결정을 하였다(아래 [판례 2-2] 참조).

[판례 2-3] 강제퇴거명령을 받은 외국인에 대한 보호기간 상한이 없는 보호의 위헌성 여부(헌재 2018. 2. 22. 2017헌가29)

출입국관리법상 보호는 국가행정인 출입국관리행정의 일환이며, 주권국가로서의 기능을 수행하는 데 필요한 것이므로 일정부분 입법정책적으로 결정될 수 있다.

심판대상조항은 외국인의 출입국과 체류를 적절하게 통제하고 조정하여 국가의 안전보장 · 질서유지 및 공공복리를 도모하기 위한 것으로 입법목적이 정당하다. 강제퇴거대상자를 출국 요건이 구비될 때까지 보호시설에 보호하는 것은 강제퇴거명령의 신속하고 효율적인 집행과 외국인의 출입국 · 체류관리를 위한 효과적인 방법

11) 기간의 제한이 없는 보호제도의 문제점에 대한 지적으로 여경수(2018), 78면 이하 참조.

이므로 수단의 적정성도 인정된다.

강제퇴거대상자의 송환이 언제 가능해질 것인지 미리 알 수가 없으므로, 심판대상조항이 보호기간의 상한을 두지 않은 것은 입법목적 달성을 위해 불가피한 측면이 있다. 보호기간의 상한이 규정될 경우, 그 상한을 초과하면 보호는 해제되어야 하는데, 강제퇴거대상자들이 보호해제 된 후 잠적할 경우 강제퇴거명령의 집행이 현저히 어려워질 수 있고, 그들이 범죄에 연루되거나 범죄의 대상이 될 수도 있다. 강제퇴거대상자는 강제퇴거명령을 집행할 수 있을 때까지 일시적·잠정적으로 신체의 자유를 제한받는 것이며, 보호의 일시해 제, 이의신청, 행정소송 및 집행정지 등 강제퇴거대상자가 보호에서 해제될 수 있는 다양한 제도가 마련되어 있다. 따라서 심판대상조항은 침해의 최소성 및 법익의 균형성 요건도 충족한다. 그러므로 심판대상조항은 과잉금지원칙에 위배되어 신체의 자유를 침해하지 아니한다.

[재판관 5인의 위헌의견]

기간의 상한이 정해져 있지 않은 보호는 피보호자로 하여금 자신이 언제 풀려날지 전혀 예측할 수 없게 하여 심각한 정신적 압박감을 가져온다. 단지 강제퇴거명령의 집행을 용이하게 하기 위하여 기간의 제한 없는 보호를 가능하게 하는 것은 행정의 편의성과 획일성만을 강조한 것으로 그 자체로 피보호자의 신체의 자유에 대한 과도한 제한이다. 보호기간의 상한을 초과하여 석방된 강제퇴거대상자들이 잠적하거나 범죄를 저지르는 것은 아직 현실화되지 않은 잠재적인 가능성에 불과하고, 이를 뒷받침할만한 실증적 근거도 충분하다고 볼 수 없다. 보호기간의 상한을 초과하여 보호를 해제하더라도, 출국 요건이 구비될 때까지 이들의 주거지를 제한하는 방법, 신원보증인을 지정하거나 보증금을 내도록 하는 방법 등을 통하여 도주나 추가적인 범법행위를 상당 부분 방지할 수 있다. 보호일시해제제도는 장기 구금의 문제를 보완할 수 있는 장치로서 기능한다고 보기 어렵고, 이의신청 등 사후적 구제수단 역시 실효성이 있다고 볼 수 없다. 심판대상조항이 달성하고자 하는 공익의 중대성을 감안하더라도, 기간의 상한 없는 보호로 인하여 피호보자의 신체의 자유가 제한되는 정도가 지나치게 크므로, 심판대상조항은 침해의 최소성 및 법익의 균형성 요건을 충족하지 못한다. 따라서 심판대상조항은 과잉금지원칙에 위배되어 피보호자의 신체의 자유를 침해한다.

Ⅲ. 거주 · 이전의 자유의 현실과 이상

자신이 원하는 장소에 거주지나 체류지를 정하거나 이미 정한 거주지나 체류지를 변경할 수 있는 자유를 의미하는 '거주 · 이전의 자유'는 인권에 속하고, 우리 헌법도 이를 보장하고 있다. 물론 이러한 거주 · 이전의 자유는 원칙적으로 자신이 국적을 가진 국가 안에서의 자유를 의미한다. 국민의 경우 자신이 국적을 가지고 있는 국가 밖으로 출국했다가 다시 입국할 수 있는 자유도 거주 · 이전의 자유에 의해 보장된다. 하지만 외국인이 자신이 국적을 가진 국가 아닌 다른 국가로 입국하는 경우에는 현실적으로 많은 제약이 따를 수밖에 없다. 시민적 · 정치적 권리에 관한 국제협약(International Covenant on Civil and Political Rights)도 거주 · 이전의 자유(right to liberty of movement and freedom to choose his residence)를 인권의 하나로 언급하면서도 이러한 자유가 원칙적으로 영토(territory) 안에서의 자유를 의미한다고 규정한다(동협약 제12조). 외국인의 입국의 자유를 인권으로 주장하기 어려운 점이 여기서도 확인된다.

모든 사람은 자신의 조국을 포함하여 어떤 나라에서도 출국의 자유를 향유하지만 입국의 자유와 관련해서는 오로지 국민만이 자신의 조국으로 입국할 권리(right to enter his own country)를 자의적으로 박탈당하지 않을 뿐이다(동조 제4항). 세계 시민에게 모든 국가를 자유롭게 입국할 수 있는 자유를 인정하자는 주장은 매우 비현실적일지도 모른다. 모든 국가는 국가안보나 공공질서 또는 국민보건과 같은 국익을 이유로 외국인의 입국을 제한할 수 있기 때문이다. 하지만 국익을 이유로 외국인의 입국을 제한할 때도 외국인의 입국과 국익의 침해 사이에 상당한 인과관계가 존재해야 하고, 국익의 침해는 구체적이어야 하며 외국인의 입국제한조치는 과도한 것이 되어서는 안 된다. 사실 국내에서도 국민에게 공익을 이유로 자유로운 이동이 제한될 수 있고, 이러한 제한에는 일정한 헌법적 원칙이 적용된다. 마찬가지로 외국인의 입국에도 이러한 헌법적 원칙이 적용될 수 있다면 국익이라는 현실적 제약에도 불구하고 상당한 자유가 보장될 수 있을 것이다.

참고문헌

공진성(2013), 출입국관리법상 '보호' 및 '강제퇴거'와 외국인의 기본권 보호 – 헌재 2012. 8. 23. 2008헌마430 결정에 대한 평석, ≪공법학연구≫(한국비교공법학회), 제14권 제1호(2013), 221~248면.

김종세(2018), 강제퇴거대상 외국인의 보호명령에 대한 위헌성, ≪한양법학≫(한양법학회), 제29권 제29권 제4집(2018), 31~48면.

김현미/김경제(2017), 체류 관련 출입국관리법의 문제점, ≪세계헌법연구≫(세계헌법학회 한국학회), 제23권 제1호(2017), 73~100면.

김희정(2018), 행정구금을 실질적 형사구금으로 볼 수 있는 법리의 검토 – 출입국관리법의 외국인 '보호'문제를 중심으로 –, ≪인권법평론≫(전남대학교 공익인권법센터), 제20호(2018), 113~135면.

노호창(2018), 체류자격의 규정방식에 관한 검토, ≪행정법연구≫(행정법이론실무학회), 제54호(2018), 245~274면.

문병효(2018), 한국 출입국관리법의 쟁점과 발전방향, ≪강원법학≫(강원대학교 비교법학연구소), 제55권(2018), 243~281면.

여경수(2018), 출입국관리법상 외국인 보호제도의 개선방안, ≪일감법학≫, 제41호(2018), 73~92면.

이준일(2019), 강제퇴거 대상자에 대한 보호제도의 위헌성, ≪세계헌법연구≫(세계헌법학회 한국학회), 제25권 제2호(2019), 39~63면.

전영순/김경제(2019), 외국인 강제퇴거 절차의 개선방안, ≪유럽헌법연구≫(유럽헌법학회), 제31호(2019), 337~370면.

한태희(2016), 출입국관리법상 영주자격제도 개선방안 연구: 캐나다 사례와 비교를 중심으로, ≪다문화와 평화≫(성결대학교 다문화평화연구소), 제10권 제1호(2016), 20~49면.

CHAPTER 3 외국인의 망명과 난민법

Ⅰ. 난민의 개념
Ⅱ. 난민인정 절차
Ⅲ. 난민에 대한 인도주의적 포용의 시각

제 3 장

외국인의 망명과 난민법

2018년 무비자 입국이 가능한 제주도로 5백 명에 가까운 예맨인들이 들어와 난민 신청을 했다. 극히 일부만 난민으로 인정을 받았고, 상당수는 인도적 체류자로 한국에 머물게 되었다. 한국 사람도 경제적 지원을 충분히 받지 못하는 상황에서 외국인 난민에게 쓸데없이 재정이 투여된다는 볼멘소리도 여기저기서 들린다. 적은 수라도 난민을 계속해서 받다보면 한국이 난민에 의해 점령당할 것이라는 매우 현실성 없는 걱정도 제기된다. 미얀마에서 발생한 집단 학살을 피해 방글라데시로 도망친 수십만의 로힝야(rohingya)족은 세계에서 가장 큰 콕스 바자르(Cox's Bazar) 난민캠프를 만들게 하는데 이들 중 절반 이상은 아동이다. 이들이 수용되어 있는 기간이 길어지면서 난민캠프에서 태어난 10만 명이 넘는 아이들은 기본적인 교육이나 보건은 고사하고 비위생적인 환경에서 겨우 아사를 피하고 있는 형편에 놓여 있다. 끊임없이 난민이 발생하는 것도 현실이고, 어느 나라에서든 난민에 우호적이지 않은 것도 현실이다. 우리 앞에 놓인 두 가지 현실 속에서 우리는 어떠한 선택을 해야 할 것인가?

Ⅰ. 난민의 개념

2012년에 아시아에서는 최초로 제정되어 2013년부터 시행된 「난민법」[1]은 난민을 "인종, 종교, 국적, 특정 사회집단의 구성원인 신분 또는 정치적 견해를 이유로 박해를 받을 수 있다고 인정할 충분한 근거가 있는 공포로 인하여 국적국의 보호를 받을 수 없거나 보호받기를 원하지 아니하는 외국인 또는 그러한 공포로 인하여 대한민국에 입국하기 전에 거주한 국가(이하 "상주국"이라 한다)로 돌아갈 수 없거나 돌아가기를

1) 난민법의 제정 역사에 대해서는 김종철/김재원(2012), 138면 이하 참조.

원하지 아니하는 무국적자인 외국인"으로 정의한다(동법 제2조).[2] 이것은 1951년 7월 28일 유엔총회에서 가결되고 1954년 4월 22일부터 발효되었으며 대한민국이 1992년에 가입한[3] '난민의 지위에 관한 협약'(Convention relating to the Status of Refugees: 이하 '난민협약(CSR)'으로 약칭)[4]의 내용을 그대로 수용한 것이다. 난민협약(CSR) 제1조는 난민(refugee)을 다음에 해당하는 사람으로 정의하고 있다:

(1) 1926년 5월 12일과 1928년 6월 30일에 체결된 조약, 1933년 10월 28일과 1938년 2월 10일에 체결된 협약 및 1939년 9월 14일 의정서 또는 국제난민기구 헌장에 따라 난민으로 인정된 사람(Has been considered a refugee under the Arrangements of 12 May 1926 and 30 June 1928 or under the Conventions of 28 October 1933 and 10 February 1938, the Protocol of 14 September 1939 or the Constitution of the International Refugee Organization);
국제난민기구가 그 활동기간 동안 내린 자격 없음 결정으로 인하여 제2항의 조건을 충족한 사람이 난민의 지위를 부여받는 데 지장을 받지 않는다(Decisions of non-eligibility taken by the International Refugee Organization during the period of its activities shall not prevent the status of refugee being accorded to persons who fulfil the conditions of paragraph 2 of this section);

(2) 1951년 1월 1일 전에 발생한 사건으로 인종, 종교, 국적, 특정 사회집단의 구성원 또는 정치적 견해를 이유로 박해를 당하고 있다는 공포심을 가지고 있고 이러한 공포심이 충분한 근거가 있을 때 이러한 공포심으로 말미암은 사건의 결과로 인하여 본인의 국적 국가 바깥에 거주하고 있으면서 해당 국가의 보호를 받을 수 없거나 그러한 공포 때문에 그 보호를 받기 원치 않는 사람 또는 그러한 사건의 결과로 국적을 가지지 않은 채 이전의 상시 거주지이던 국가 바깥에 거주하고 있는 사람으로 해당 국가에 돌아갈 수 없거나 그 공포 때문에 돌아가기를 원치 않는 사람(As a result of events occurring before 1 January 1951 and owing to well-founded fear of being persecuted for reasons of race, religion, nationality,

---

2) 난민인정 요건에 대한 자세한 설명은 박인현(2016), 91면 이하 참조.

3) 대한민국이 난민협약에 가입함에 따라 1993년 '출입국관리법'에 처음으로 난민 관련 조항이 신설되었다.

4) 난민협약은 1951년 7월 2일부터 7월 25일까지 제네바에서 개최된 난민과 무국적자의 지위에 관한 협약의 초안을 기초하기 위해 소집된 유엔총회 회의에서 의결되었다.

membership of a particular social group or political opinion, is outside the country of his nationality and is unable or, owing to such fear, is unwilling to avail himself of the protection of that country ; or who, not having a nationality and being outside the country of his former habitual residence as a result of such events, is unable or, owing to such fear, is unwilling to return to it).

하나 이상의 국적을 가진 사람의 경우에 여기서 말하는 "본인의 국적 국가"는 국적을 가진 각각의 국가들을 의미하고, 충분한 근거가 있는 공포심에 기초하여 타당한 이유가 없이 국적을 가진 국가들 가운데 하나의 보호를 받을 수 없다면 국적 국가의 보호가 결여되어 있는 것으로 인정되지 않는다(In the case of a person who has more than one nationality, the term "the country of his nationality" shall mean each of the countries of which he is a national, and a person shall not be deemed to be lacking the protection of the country of his nationality if, without any valid reason based on well-founded fear, he has not availed himself of the projection of one of the countries of which he is a national).

난민인정의 핵심적 요건인 "박해"의 의미와 관련하여 대법원은 다음과 같이 해석한다.

"난민 인정의 요건이 되는 '박해'는 '생명, 신체 또는 자유에 대한 위협을 비롯하여 인간의 본질적 존엄성에 대한 중대한 침해나 차별을 야기하는 행위'를 의미하는 것으로서, 난민인정의 신청을 하는 외국인은 그러한 박해를 받을 '충분한 근거 있는 공포'가 있음을 증명하여야 한다. 따라서 파룬궁 수련자들이 난민으로 인정받기 위하여는 중국 내에서 처벌 대상이 되는 파룬궁 관련 활동으로 체포 또는 구금과 같은 박해를 받아 한국에 입국한 사람으로서 중국으로 돌아갈 경우 중국 정부로부터 박해를 받을 우려가 있다는 충분한 근거 있는 공포를 가진 사람이거나, 한국에 체류하면서 파룬궁과 관련한 적극적이고 주도적인 활동으로 중국 정부가 주목할 정도에 이르러 중국으로 돌아갈 경우 중국 정부로부터 박해를 받을 우려가 있다는 충분한 근거 있는 공포를 가진 사람에 해당하여야 한다."(대판 2013. 4. 25. 2012두14378)

또한 난민인정의 또 다른 요건인 "박해에 관한 충분한 근거가 있는 공포"의 증명과 관련하여 난민신청자에게 증명할 책임이 있다고 보는[5] 대법원은 다음과 같은 견해를 가지고 있다.

> "박해의 경험에 관한 난민신청인의 진술을 평가할 때 진술의 세부내용에서 다소간의 불일치가 발견되거나 일부 과장된 점이 엿보인다고 하여 곧바로 신청인 진술의 전체적 신빙성을 부정해서는 안 되고, 그러한 불일치 · 과장이 진정한 박해의 경험에 따른 정신적 충격이나 난민신청인의 궁박한 처지에 따른 불안정한 심리상태, 시간 경과에 따른 기억력의 한계, 우리나라와 서로 다른 문화적 · 역사적 배경에서 유래한 언어감각의 차이 등에서 비롯되었을 가능성도 충분히 염두에 두고 **진술의 핵심내용을 중심으로 전체적인 일관성 및 신빙성을 평가**해야 하며, 특히 난민신청인이 여성으로서 심각한 박해의 피해자라고 주장하는 경우에는 그 가능성과 이에 따른 특수성도 진술의 신빙성을 평가하는 과정에서 염두에 두어야 한다. 그리고 만일 위와 같은 평가에 따라 난민신청인이 주장하는 과거의 박해사실이 합리적으로 수긍되는 경우라면 출신국의 상황이 현저히 변경되어 박해 가능성이 명백히 소멸했다고 볼 만한 특별한 사정이 인정되지 않는 한, 난민 인정 요건인 박해에 관한 충분한 근거 있는 공포가 있다고 보아야 한다."(대판 2012. 4. 26. 2010두27448; 2016. 1. 28. 2015두53954; 2019. 2. 14. 2018두41723)

한편 난민으로 인정받기 위한 또 다른 요건인 "특정 사회집단"의 의미를 다음과 같이 이해하고 있다.

> "이때 '특정 사회집단'이란 한 집단의 구성원들이 선천적 특성, 바뀔 수 없는 공통적인 역사, 개인의 정체성 및 양심의 핵심을 구성하는 특성 또는 신앙으로서 이를 포기하도록 요구해서는 아니 될 부분을 공유하고 있고, 이들이 사회환경 속에서 다른 집단과 다르다고 인식되고 있는 것을 말하며, 동성애라는 성적 지향이 난민신청자의 출신국 사회의 도덕규범이나 법규범에 어긋나 그것이 외부로 드러날 경우 그로 인해 박해에 노출되기 쉬우며, 이에 대해 출신국 정부에서 보호를 거부하거나 보호가 불가능한 경우에는 특정 사회집단에 해당한다고 볼 수 있다."(대판

---

5) 대판 2017. 7. 11. 2016두56080 참조.

2017. 7. 11. 2016두56080)

같은 맥락에서 대법원은 여성 할례가 특정 사회집단의 구성원이라는 이유로 가해지는 박해에 해당한다고 본다.

> "'여성 할례'(Female genital mutilation)는 의료 목적이 아닌 전통적 · 문화적 · 종교적 이유에서 여성 생식기의 전부 또는 일부를 제거하거나 여성 생식기에 상해를 입히는 행위를 의미한다. 이는 여성의 신체에 대하여 극심한 고통을 수반하는 직접적인 위해를 가하고 인간의 존엄성을 침해하는 행위로서, 특정 사회집단의 구성원이라는 이유로 가해지는 '박해'에 해당한다. 따라서 난민신청인이 국적국으로 송환될 경우 본인의 의사에 반하여 여성 할례를 당하게 될 위험이 있음에도 국적국으로부터 충분한 보호를 기대하기 어렵다는 사정이 인정된다면, 국적국을 벗어났으면서도 박해를 받을 수 있다고 인정할 충분한 근거가 있는 공포로 인하여 국적국의 보호를 받을 수 없는 경우에 해당한다. 그리고 여기에서 '여성 할례를 당하게 될 위험'은 일반적 · 추상적인 위험의 정도를 넘어 난민신청인이 개별적 · 구체적으로 그러한 위험에 노출되어 있는 경우를 의미하고, 여성 할례를 당하게 될 개별적 · 구체적인 위험이 있다는 점은 난민신청인이 속한 가족적 · 지역적 · 사회적 상황에 관한 객관적인 증거에 의하여 합리적으로 인정되어야 한다."
> (대판 2017. 12. 5. 2016두42913)

Ⅱ. 난민인정 절차

1. 난민인정 신청

난민인정 신청은 법무부장관에게 하는데 두 가지 유형이 있다. 우선 이미 대한민국에 입국하여 체류하고 있는 외국인은 난민인정을 신청할 수 있다(**체류지에서의 난민인정 신청**). 이 경우에 지방출입국이나 외국인관서의 장에게 난민인정신청서를 제출한다(동법 제5조 제1항). 또한 대한민국에 입국하기 위하여 출입국항(항구 및 공항)에서 입국심사를 받는 과정에서도 외국인은 난민인정을 신청을 할 수 있다(**출입국항에서의 난민인정 신청**). 이 경우에는 출입국항을 관리하는 지방출입국이나 외국인관서의 장에게 난민인정신청서를 제출할 수 있다(동법 제6조 제1항). 출입국항에서 난민인정신청서를 제출한 사람은 7일 이내에서 출입국항에 있는 일정한 장소에서 머무르게 할 수 있고(동조 제2항), 이때 난민인정신청서를 제출한 사람에게는 기본적인 의식주가 제공되어야 한다(동조 제6항). 난민인정신청서를 제출한 사람이 출입국항에 머무르는 7일 이내에 난민인정 심사에 회부될 것인지 여부가 결정되어야 하고, 그 기간 안에 결정되지 못하면 그 신청자의 입국을 허가해야 한다(동조 제3항). 출입국항에서 머무는 기간 동안의 인권침해가능성, 난민인정 심사회부 여부의 결정에 필요한 요건이 시행령에 규정되어 있다는 점, 난민인정 심사불회부 결정에 대한 이의신청이 인정되고 있지 않다는 점 등이 문제점으로 지적된다.6)

난민법 시행령에 따르면 ① 대한민국의 안전 또는 사회질서를 해칠 우려가 있다고 인정할 만한 상당한 이유가 있는 경우, ② 인적사항 관련 질문 등에 응하지 아니하여 신원을 확인할 수 없는 경우, ③ 거짓 서류를 제출하는 등 사실을 은폐하여 난민인정을 받으려는 경우(본인이 지체 없이 자진하여 그 사실을 신고한 경우는 제외), ④ 박해의 가능성이 없는 안전한 국가 출신이거나 안전한 국가로부터 온 경우, ⑤ 난민인정을 받지 못한 사람 또는 난민인정이 취소된 사람이 중대한 사정의 변경 없이 다시 난민인정을 받으려는 경우, ⑥ 난민법 제19조 각 호의 어느 하나에 해당된다고 인정할만한 상당한 이유가 있는 경우, ⑦ 그 밖에 오로지 경제적인 이유로 난민인정을 받으려는 등 난민인정 신청이 명백히 이유 없는 경우 중 하나에 해당하면 난민인정 심사불회부 결정을 할 수 있다(동시행령 제5조 제1항). 난민인정 심사불회부 결정이 되면 신청자는 송환의 위험에 놓일 수 있어 신청자의 기본적 인권을 중대하게 제한하므로 이러한 불회부 요건들은 헌법이 요구하는 법률유보원칙에 따라 시행령이 아니라 법률에 규정될 필요가 있다.7)

난민인정을 신청한 사람을 '난민신청자'라고 부르는데 난민신청자에게는 생계비, 주거시설, 의료서비스, 교육서비스 등이 제공될 수 있다. 특히 난민신청자는 난민인정 여부에 관한 결정이 확정될 때까지(난민불인정결정에 대한 행정심판이나 행정소송이 진행 중인 경우에는 그 절차가 종료될 때까지) 대한민국에 체류할 수 있는 권리(제5조 제6항)와

6) 박인현(2016), 105면 이하 참조.
7) 같은 견해로 김종세(2019), 49면 참조.

'변호사의 조력을 받을 권리'를 가진다(난민법 제12조). 또한 난민신청자는 그 의사에 반하여 강제로 송환되지 않을 권리도 향유한다(동법 제3조). 국제법적으로 '강제송환금지원칙(prohibition of refouler)'이 확고하게 자리 잡고 있기 때문이다.[8] 난민신청자뿐만 아니라 난민인정자와 인도적 체류자에게도 인정되는 강제송환금지원칙에 대하여 난민협약은 이 원칙이 해당 국가에 위험이 되는 경우를 제외하고는 기본적으로 인정되어야 함을 다음과 같이 규정하고 있다(제33조).

1. 체결국은 어떤 방식으로든 난민을 그의 생명이나 자유가 그의 인종, 종교, 국적, 특정한 사회집단의 구성원 또는 정치적 견해를 이유로 위협받을 수도 있는 영역의 국경 바깥으로 추방되거나 송환해서는 아니 된다(No Contracting State shall expel or return ("refouler") a refugee in any manner whatsoever to the frontiers of territories where his life or freedom would be threatened on account of his race, religion, nationality, membership of a particular social group or political opinion).

2. 하지만 난민이 거주하는 국가의 안전에 대한 위험으로 간주되는 데 합리적인 근거가 존재하는 경우 또는 매우 심각한 범죄의 확정판결이 선고되어 그 국가공동체에 위험이 되고 있는 경우에는 강제송환금지의 혜택을 주장할 수 없다(The benefit of the present provision may not, however, be claimed by a refugee whom there are reasonable grounds for regarding as a danger to the security of the country in which he is, or who, having been convicted by a final judgment of a particularly serious crime, constitutes a danger to the community of that country).

난민신청자의 범위에는 난민인정을 신청하여 심사가 진행중인 사람뿐만 아니라 난민불인정결정이나 난민불인정결정에 대한 이의신청의 기각결정을 받고 이의신청의 제기기간이나 행정심판 또는 행정소송의 제기기간이 지나지 않은 사람 및 난민불인정결정에 대한 행정심판 또는 행정소송이 진행중인 사람도 포함된다(동법 제2조 제4호).

난민신청자는 2014년 한 해에만 3천 명에 육박했고, 예맨 난민들로 떠들썩했던 2018년에는 1만6천 명을 넘어서기도 했다(아래 [표 3-1] 참조). 이제 한국은 인권친화

8) 강제송환금지원칙에 대해서는 노동영(2019), 473면 이하 참조.

적이고 경제적으로도 부유한 국가라는 이미지에 힘입어 난민으로 인정받고 싶은 외국인들에게 특별히 주목받고 있는 국가라고 해도 지나친 말이 아니다. 2020년 4월 말까지 총 6만8천7백여 명이 난민신청을 했고, 그 가운데 1,052명이 난민인정을 받았으며 2,294명이 인도적 체류허가를 받았다. 난민인정률은 1.5퍼센트 정도로 다른 국가들과 비교하면 매우 낮은 수준으로 평가할 수 있다.

[표 3-1] 한국의 난민 현황

	'94~'12	2013	2014	2015	2016	2017	2018	2019	2020.4.	총계
난민 신청자	5,069	1,574	2,896	5,711	7,541	9,942	16,173	15,451	4,404	68,761
난민 인정자	324	57	94	105	98	121	144	79	30	1,052
인도적 체류 허가자	171	6	533	198	252	317	508	231	78	2,294

난민신청자에게는 생계비 등이 지원될 수 있고, 난민인정 신청일부터 6개월이 지난 경우에는 난민신청자에게 취업이 허가될 수도 있다(동법 제40조). 난민법 시행령에 따르면 난민신청자에게는 난민인정 신청서를 제출한 날로부터 6개월을 넘지 않는 범위에서 생계비 등이 지원될 수 있다(중대한 질병이나 신체장애 등으로 생계비 등의 지원이 계속 필요한 부득이한 경우에는 6개월 이내에서 연장가능, 동시행령 17조 제1항). 또한 난민신청자를 위한 주거시설이 설치 · 운영될 수 있고, 난민신청자에게는 의료지원이 제공될 수 있으며 난민신청자 및 그 가족 중 미성년자인 외국인에게는 국민과 같은 수준의 초등교육 및 중등교육이 제공될 수도 있다(동법 제43조). 다만 난민불인정결정에 대한 행정심판 또는 행정소송이 진행중인 사람(동법 제2조 제4호 다목)과 난민인정을 받지 못한 사람 또는 난민인정이 취소된 사람으로 중대한 사정의 변경 없이 다시 난민인정을 신청한 사람 및 대한민국에서 1년 이상 체류하고 있는 외국인으로 체류기간 만료일에 임박하여 난민인정 신청을 하거나 강제퇴거 대상 외국인으로 그 집행을 지연시킬 목적으로 난민인정 신청을 한 사람(동법 제8조 제5항 제2호 및 제3호)은 취업허가 외의 처

우는 제한될 수 있다(동법 제44조). 난민신청자에 대한 생계비 등 지원은 법적 의무가 아니라 재량사항인데 난민신청자의 여러 궁박한 상황을 고려할 때 난민신청자의 인권보호 차원에서 모든 난민신청자에 대한 생계비 등 지원을 의무화할 필요가 있다고 보인다. 비록 난민신청자는 난민인정 심사가 진행되는 동안만 인정되는 임시적 체류자격을 가지고 있지만 상당한 기간 동안 심사기간이 지연될 수 있고, 사후적으로 난민인정자나 인도적 체류자가 될 수 있다는 점에서 이들에 대한 생계비 지원 등은 적극적으로 검토될 필요가 있다.[9]

2. 난민인정 심사

난민인정을 신청한 외국인에 대해서는 '면접'을 실시하고 '사실조사'가 진행된다. 이러한 면접과 사실조사를 전담하기 위하여 '난민조사관'이 임명된다. 면접 과정에서 난민신청자가 충분한 의사표현을 할 수 없는 경우에는 '일정한 자격을 갖춘 통역인의 통역을 받을 수 있도록 해야 하는 의무'가 법무부장관에게 있다(동법 제14조). 그리고 면접이 종료된 후 난민면접조서에 기재된 내용을 난민신청자가 이해하지 못하는 경우에는 난민신청자가 이해할 수 있는 언어로 통역 또는 번역을 제공하여 '난민면접조서의 내용을 이해할 수 있도록 해야 하는 의무'가 난민심사관에 있다(동법 제15조). 그 밖에도 난민신청자는 본인이 제출한 자료와 난민면접조서의 열람이나 복사를 요구할 수 있는 권리를 가진다(동법 제16조 제1항). 이러한 요청에 대하여 출입국관리공무원은 지체 없이 이에 응하여야 할 의무가 있고, 다만 심사의 공정성에 현저한 지장을 초래한다고 인정할만한 명백한 이유가 있는 경우에만 열람이나 복사를 제한할 수 있을 뿐이다(동조 제2항). 난민신청자와 그의 난민심사를 위한 면접에 동석하는 사람의 주소 · 성명 · 연령 · 직업 · 용모, 그 밖에 해당 난민신청자 등을 특정하여 파악할 수 있게 하는 인적사항과 사진 등을 공개하거나 타인에게 누설하는 행위는 본인의 동의가 있는 경우를 제외하고는 원칙적으로 금지된다(동법 제17조 제1항). 또한 난민신청자 등의 인적사항과 사진 등을 난민신청자의 동의를 받지 않고 출판물에 게재하거나 방송매체 또는 정보통신망을 이용하여 공개하는 행위도 금지된다(동조 제2항). 특히 난민인정 신청

9) 김연주(2020), 101면 이하 참조.

에 대한 어떠한 정보도 출신국에 제공하는 행위는 금지된다(동조 제3항). 난민신청자 등의 인적사항과 사진 등의 공개나 누설 또는 출판물게재 등의 금지 및 출신국 제공의 금지를 위반하면 1년 이하의 징역 또는 1천만 원 이하의 벌금에 처해진다(동법 제47조).

2020년의 경우에 난민신청자를 국적별로 살펴보면 러시아, 카자흐스탄, 이집트, 인도, 말레이시아, 중국, 네팔, 방글라데시, 파키스탄, 터키 순으로 많다. 특정한 시기에 특정한 국가의 사정에 따라 해당 국가 출신의 난민신청자가 급증하는 것을 확인할 수 있다.[10]

[표 3-2] 난민신청자 국적별 현황

1994년~2016년		2017년		2018년		2019년		2020년 1~4월	
총 계	22,791	총 계	9,942	총 계	16,173	총 계	15,451	총 계	4,404
파키스탄	3,601	중국	1,413	카자흐스탄	2,496	러시아	2,829	러시아	927
이집트	2,503	카자흐스탄	1,223	러시아	1,916	카자흐스탄	2,236	카자흐스탄	559
중국	2,227	이집트	741	말레이시아	1,236	중국	2,000	이집트	417
나이지리아	1,345	러시아	692	중국	1,200	말레이시아	1,438	인도	367
시리아	1,221	인도	691	인도	1,120	인도	959	말레이시아	349
방글라데시	1,073	파키스탄	667	파키스탄	1,120	파키스탄	790	중국	189
네팔	1,067	나이지리아	486	이집트	870	방글라데시	491	네팔	154
스리랑카	802	말레이시아	448	방글라데시	608	베트남	381	방글라데시	140
우간다	645	방글라데시	383	예멘공화국	602	모로코	365	파키스탄	130
인도	587	타이	296	필리핀	507	터키	320	터키	126
기타	7,720	기타	2,902	기타	4,498	기타	3,642	기타	1,046

10) 예컨대 2018년 제주도에 입국한 예멘 난민의 경우가 대표적이다. 예멘 난민과 관련된 난민법의 문제점에 대해서는 홍정화/김은혜(2019), 55면 이하 참조.

3. 난민인정 결정

(1) 난민인정 여부의 결정과 이의신청

법무부장관은 난민인정신청이 이유가 있다고 인정되면 난민신청자에게 난민인정을 결정할 수 있다. 난민인정을 받은 사람에게는 '난민인정 증명서'가 교부되어야 한다(동법 제18조 제1항). 난민에 해당하지 않는다는 결정에 따라 난민인정을 받지 못한 사람에게는 '난민불인정 통지서'가 교부되어야 하고, 이 통지서에는 난민불인정의 사유와 30일 이내에 이의신청을 제기할 수 있다는 내용이 포함되어야 한다(동조 제2항). 난민인정 여부에 관한 결정은 원칙적으로 난민인정신청서를 접수한 날부터 6개월 안에 해야 하고, 예외적으로 부득이한 경우에만 6개월의 범위 안에서 기간을 정하여 연장할 수 있다(동조 제4항). 예외적 연장이 필요한 경우에는 종전의 기간이 만료되기 7일 전까지 난민신청자에게 통지되어야 한다(동조 제5항).

난민신청자가 난민에 해당된다고 인정되는 경우에도 다음 중 하나의 사유에 해당된다고 인정할만한 상당한 이유가 있는 경우에는 난민불인정결정이 내려질 수 있다: ① 유엔난민기구 외에 유엔의 다른 기구 또는 기관으로부터 보호 또는 원조를 현재 받고 있는 경우(그러한 보호 또는 원조를 현재 받고 있는 사람의 지위가 국제연합총회에 의하여 채택된 관련 결의문에 따라 최종적으로 해결됨이 없이 그러한 보호 또는 원조의 부여가 어떠한 이유로 중지되는 경우에는 제외), ② 국제조약 또는 일반적으로 승인된 국제법규에서 정하는 세계평화에 반하는 범죄, 전쟁범죄 또는 인도주의에 반하는 범죄를 저지를 경우, ③ 대한민국에 입국하기 전에 대한민국 밖에서 중대한 비정치적 범죄를 저지른 경우, ④ 국제연합의 목적과 원칙에 반하는 행위를 한 경우(동법 제19조).

(2) 난민인정 결정의 취소와 철회

난민인정 결정이 거짓 서류의 제출이나 거짓 진술 또는 사실의 은폐에 따른 것으로 밝혀진 경우에 난민인정은 취소될 수 있다(동법 제22조 제1항).[11] 또한 ① 자발적으

11) 대법원에 따르면 법무부장관이 난민인정 결정의 취소 여부를 결정할 재량이 인정된다고 한다. 대판 2017. 3. 15. 2013두16333: "법무부장관은 난민인정 결정을 취소할 공익상의 필요와 취소로 당사자가 입을 불이익 등 여러 사정을 참작하여 취소 여부를 결정할 수 있는 재량이 있다. 그러나 그 취소처분이 사회통념상 현저하게 타당성을 잃거나 비례 · 평등의 원칙을 위반하였다면 재량권을 일탈 · 남용한 것으로서 위법하다."

로 국적국의 보호를 다시 받고 있는 경우, ② 국적을 상실한 후 자발적으로 국적을 회복한 경우, ③ 새로운 국적을 취득하여 그 국적국의 보호를 받고 있는 경우, ④ 박해를 받을 것이라는 우려 때문에 거주하고 있는 국가를 떠나거나 또는 그 국가 밖에서 체류하고 있다가 자유로운 의사로 그 국가에 재정착한 경우, ⑤ 난민인정 결정의 주된 근거가 된 사유가 소멸하여 더 이상 국적국의 보호를 받는 것을 거부할 수 없게 된 경우, ⑥ 무국적자로서 나님으로 인정된 사유가 소멸되어 종전의 상주국으로 돌아갈 수 있는 경우 중 하나에 해당하는 때에는 난민인정 결정은 철회될 수 있다(동조 제2항). 난민인정 결정이 취소되거나 철회된 경우에는 그 사유와 30일 이내에 이의신청을 할 수 있다는 내용이 기재된 '난민인정취소통지서' 또는 '난민인정철회통지서'를 통해 그 사실이 통지되어야 한다(동조 제3항).

(3) 난민불인정결정 등에 대한 이의신청

난민불인정결정을 받은 사람 또는 난민인정결정이 취소되거나 철회된 사람은 그 통지를 받은 날로부터 30일 이내에 이의신청을 할 수 있다(동법 제21조 제1항). 이의신청을 한 사람은 행정심판을 청구할 수 없고(동조 제2항), 이의신청이 있으면 '난민위원회'의 심의를 거쳐 법무부장관이 난민인정 여부를 결정하는데 이 결정은 신청서가 접수된 날로부터 6개월 이내에 이루어져야 한다(동조 제6항). 행정심판을 대체하여 준사법적 업무를 담당하는 난민위원회가 독립된 기구로서 상설화되어 있지 않아 전문성이 떨어진다는 비판이 제기된다.[12)]

(4) 난민인정자에 대한 처우

난민인정을 받은 사람은 '난민인정자'로 부르는데 난민인정자에게는 난민협약에 따른 처우가 제공된다(동법 제30조 제1항). 우선 난민인정자에게는 거주(F-2) 체류자격이 부여되어 3년의 체류기간이 보장된다. 또한 대한민국 국민과 같은 수준의 사회보장을 받는다(동법 제31조). 특히 '국민기초생활 보장법' 제7조부터 제15조까지의 보호를 받는다(동법 제32조). 그리고 난민인정자나 그 자녀가 민법에 따른 미성년자인 경우에는 국민과 동일하게 초등교육과 중등교육을 받을 수 있다(동법 제33조 제1항). 한편

12) 정금심(2018), 679면 이하 참조.

난민인정자에게는 한국어 교육 등 사회적응교육 및 직업훈련이 제공될 수 있다(동법 제34조). 그리고 난민인정자가 외국에서 이수한 학력이나 취득한 자격도 인정받을 수 있다(동법 제35조 및 제36조). '가족결합원칙'에 따라 난민인정자의 배우자나 한국 민법에 따른 미성년인 자녀가 입국을 신청하는 경우에 원칙적으로 입국이 허가되어야 한다(동법 제37조 제1항).[13] 난민인정자에 대해서는 상호주의원칙의 적용이 배제된다(동법 제38조). 출입국관리법에 따라 난민인정자가 출국하려고 할 때에는 본인이 신청하면 유효기간 3년의 '난민여행증명서'가 발급되어야 하고(동법 제76조의5 제1항 및 제2항), 난민여행증명서를 발급받은 사람은 그 유효기간 만료일까지 횟수에 제한 없이 대한민국에서 출국하거나 대한민국으로 입국할 수 있다(동조 제3항).

2019년의 경우 79명이 난민인정을 받았는데 국적별로 보면 미얀마 34명, 방글라데시, 에티오피아, 이란 각각 6명, 예멘공화국 4명, 기타 23명으로 확인되고 있다. 한국은 난민신청자 대비 난민인정자의 비율을 의미하는 난민인정률이 비교적 낮다는 평가를 받는다.[14] 인권의 관점에서 난민인정률을 적어도 현재보다는 높일 필요성이 있다고 보인다.

[표 3-3] 국적별 난민인정자 현황

연도	총계	국가	인원	국가	인원	국가	인원	국가	인원	국가	인원	국가	인원
1994 ~ 2016	678	미얀마	230	방글라데시	98	에티오피아	88	파키스탄	47	콩고 DR	32	기타	183
2017	121	미얀마	35	에티오피아	23	예멘공화국	11	이란	11	파키스탄	9	기타	32
2018	144	미얀마	36	에티오피아	14	부룬디	13	파키스탄	13	예멘공화국	8	기타	60
2019	79	미얀마	34	방글라데시	6	에티오피아	6	이란	6	예멘공화국	4	기타	23
2020	30	수단	7	파키스탄	7	이집트	6	부룬디	5	예멘공화국	3	기타	2

자료: 법무부 출입국 · 외국인정책본부, 〈출입국 · 외국인정책 통계연보〉 및 〈출입국 · 외국인정책 통계월보〉

13) 난민법의 원칙인 '가족결합원칙'에 대한 자세한 설명은 한종현/황승종(2018), 3면 이하 참조.
14) 정금심(2018), 662면 이하 참조.

(5) 인도적 체류허가

난민에 해당하지는 않지만 고문 등의 비인도적인 처우나 처벌 또는 그 밖의 상황으로 인하여 생명이나 신체의 자유 등을 현저히 침해당할 수 있다고 인정할만한 합리적인 근거가 있는 사람은 인도적 체류허가를 받을 수 있다(동법 제2조 제3호). 난민법 시행령에 따르면 난민불인정결정 또는 난민불인정결정에 대한 이의신청의 기각결정을 받은 사람에게 인도적 체류허가가 내려질 수 있다(동시행령 제2조 제1항). 인도적 체류허가를 받은 사람에게는 기타(G-1) 체류자격이 부여되어 '1년의 체류기간'이 부여되고 1년 단위로 연장될 수 있다. 그리고 인도적 체류자에게는 취업활동이 허가될 수 있다(동법 제39조). 건강보험법 시행규칙에 따라 인도적 체류자는 지역가입이 가능하다(동시행규칙 제61조의2 제2항 관련 [별표 9] 제4호). 「건강보험법」은 외국인등록을 한 사람으로서 '보건복지부령으로 정하는 체류자격'이 있는 사람은 지역가입자가 될 수 있도록 규정하고 있고(동법 제109조 제3항 제1호 및 제2호 나목), 보건복지부령인 건강보험법 시행규칙은 '보건복지부령이 정하는 체류자격'을 동시행규칙 [별표 9]의 체류자격을 말하는 것으로 규정하고 있는데(동법 시행규칙 제61조의2 제2항), 여기에 인도적 체류허가를 받은 사람이 포함되어 있다. 하지만 인도적 체류자의 지역건강보험 가입에 대해서는 건강보험료, 세대구성, 보험료체납에 따른 보험급여중단 등과 관련하여 불합리한 차별이 존재한다는 비판이 제기된다.[15)]

(6) 재정착희망난민

대한민국 밖에 있는 난민 가운데 대한민국에서 정착을 희망하는 외국인을 '재정착희망난민'으로 부른다(동법 제2조 제5호). 재정착희망난민의 수용 여부와 규모 및 출신지역 등 주요 사항에 대해서는 '외국인정책위원회'의 심의를 거쳐 법무부장관이 재정착희망난민의 국내 정착을 허가할 수 있다(동법 제24조 제1항). 이러한 정착허가는 난민인정과 같은 법적 효력이 있다.

15) 김연주(2020), 120면 이하 참조.

Ⅲ. 난민에 대한 인도주의적 포용의 시각

난민은 어쩌면 '초대받지 못한 손님(the uninvited Guest)'이다. 물론 합법적으로 입국하여 난민신청을 하는 외국인도 있지만 아직 입국하지도 않은 상태에서 난민신청을 하는 외국인도 있다. 정치적 박해를 받아 조국을 떠난 난민도 있지만 경제적 빈곤이나 재난, 전쟁, 환경오염 등을 피해 조국을 떠나 떠도는 난민도 있다. 현재는 정치적 박해를 이유로 한 난민만 인정되기 때문에 그 밖의 이유로 난민이 된 사람들은 전 세계를 정처 없이 떠돌 수밖에 없다. 사실 개인에게 책임을 돌릴 수 없는 정치적 박해나 경제적 빈곤 또는 재난이나 전쟁 등을 이유로 난민이 될 수 있는 가능성은 지구상의 어떤 국가에 사는 국민에게도 존재한다. 따라서 다른 모든 것을 떠나서 인류애나 인도주의의 관점에서 난민에 대한 따뜻한 시선이 필요하다.[16] 초대받지는 못했지만 난민으로 인정된 사람들이 한국사회의 구성원으로 인정되었을 때 그들이 한국사회에 충분히 긍정적인 영향을 미칠 수 있는 가능성도 배제할 수는 없다. 국가를 구성하는 민족과 문화의 다양성이라는 측면에서도 오히려 다른 민족적 · 문화적 배경을 가진 사람에 대한 포용의 태도가 요구될 수도 있다.

16) 난민의 포용과 관련하여 외국의 난민법제는 우리 법제에 주는 시사점이 많은데 우선 독일의 난민법제에 대해서는 안성경(2017), 399면 이하 참조. 한편 미국의 난민법제에 대해서는 최유경(2018), 400면 이하 참조.

참고문헌

김연주(2020), 난민법상 난민에 대한 사회보장제도와 관련 쟁점, ≪사회보장법연구≫(서울대 사회보장법연구회), 제9권 제1호(2020), 97~144면.

김종세(2019), 현행 난민법의 개선점, ≪법이론실무연구≫(한국법이론실무학회), 제7권 제2호(2019), 37~59면.

김종철/김재원(2012), 난민법 입법과정과 제정법의 의의 및 향후 과제, ≪공익과 인권≫(서울대학교 공익인권법센터), 제12호(2012), 135~187면.

노동영(2019), 난민법 개정방향과 강제송환금지원칙, ≪법과 정책연구≫(한국법정책학회), 제19집 제3호(2019), 471~496면.

박인현(2016), 인권 보호 차원에서 본 우리나라 난민법, ≪법과인권교육연구≫(한국법과인권교육학회), 제9권 제2호(2016), 89~114면.

안성경(2017), 독일의 난민법(AsylG) 개혁의 현황과 시사점, ≪유럽헌법연구≫(유럽헌법학회), 제23호(2017), 389~425면.

정금심(2018), 난민 인권 보호를 위한 난민법 개정 방향 연구－난민 심사 및 난민 처우를 중심으로－, ≪법조≫(법조협회), 제67권 제3호(2018), 645~698면.

최유경(2017), 미국 난민법 체계와 시사점－전문 비호심사관 제도의 확충을 위한 제언, ≪공법학연구≫(한국비교공법학회), 제18권 제4호(2018), 397~430면.

한종현/황승종(2018), 우리 난민법제에서 가족결합 원칙의 의의와 한계－대법원 2017. 12. 5. 선고 2016두42913 판결을 중심으로, ≪법학연구≫(부산대학교 법학연구소), 제59권 제2호(2018), 287~320면.

홍정화/김은혜(2019), 한국 난민정책의 한계와 대안, －제주 예멘 난민 사례를 중심으로－, 제15권 제4호(2019), 47~62면.

CHAPTER 4 외국인의 노동과 외국인근로자법

Ⅰ. 현 황

Ⅱ. 외국인근로자법

Ⅲ. 근로자로서 외국인 근로자의 권리

제 4 장

외국인의 노동과 외국인근로자법

외국인이 한국에 입국하는 목적은 다양하다. 여행, 유학, 방문, 비즈니스, 관광 등 여러 가지 목적으로 사람들은 한국을 출입한다. 최근에는 케이팝(K-pop)을 비롯한 한류의 인기가 외국인의 이주를 증가시키는 주요한 원인이 되기도 한다. 하지만 아마도 외국인의 입국 목적 가운데 가장 현실적인 것은 경제활동이나 소득활동일 것이다. 자국기업의 한국 지사로 발령을 받아 이주하거나 한국에 사업이나 영업을 목적으로 이주하는 것 이외에도 본국에서 일자리를 구하기 어려울 때 일자리를 구하기 위하여 한국에 입국하는 것이 대표적이다. 1988년 올림픽 이후에 힘들거나 더럽거나 위험한 기피(3D)업종이 증가하면서 이러한 일자리를 찾는 외국인들의 국내 입국이 급증하였다. 조국을 떠나서 일자리를 찾아 낯선 이국땅으로 이주한 외국인근로자의 고단한 삶은 이제는 이전보다 잘 살게 된 대한민국의 국민들이 얼마 전까지만 해도 살아내야 했던 그런 삶이라는 점에서 특별한 관심과 배려가 필요할 것으로 보인다.

Ⅰ. 현 황

일자리를 찾아 한국에 입국하는 외국인의 숫자가 매년 증가하고 있다. 2020년 4월말 기준으로 '전문인력'과 '단순기능인력'을 모두 합하면 60만 명에 이르고, 이 가운데 비전문취업(E-9), 선업취업(E-10), 방문취업(H-2)의 체류자격을 받은 단순기능인력만 해도 50만 명에 육박한다(아래 [표 4-1] 참조). 40만 명에 이르는 불법체류 외국인들 가운데 대략 10~15퍼센트 정도인 불법체류율을 고려하여(아래 [표 4-2] 참조) 전문인력과 단순기능인력으로 분류되는 외국인 취업자 중 불법체류자(4만에서 6만 명 정도)로 예상되는 인원을 제외하더라도 대략 30만 명 이상의 불법체류 외국인들은 대부분 국내에서 취업을 하고 있다고 추정되고, 심지어 16만 명이 넘는 유학생의 상당수도 본래의 체류목적과 달리 취업활동을 하고 있다고 본다면 취업을 목적으로 한국에 체류하는 외국인은 적어도 100만 명 수준이라고 보아도 지나치지 않다. 출입국관리법에 따르면 외국인이 대한민국에서 취업하려면 취업활동을 할 수 있는 체류자격을 받아야 하고(동법 제18조 제1항), 이러한 체류자격을 갖지 않은 외국인을 고용하는 행위는 금지된다(동조 제3항).[1] 1991년 '산업기술연수생제도'가 도입되어 합법적인 해외 노동력 수입이 가능해졌지만 외국인 연수생들에 대한 인권침해가 사회문제로 부각되면서 2003년에 제정되어 2004년부터 시행된 '외국인근로자의 고용 등에 관한 법률'(이하 '외국인근로자법'으로 약칭)에 따른 '고용허가제'로 변화하게 된다.[2] 또한 2007년부터 방문취업제가 도입되어 법적으로는 외국인에 해당하는 재외동포(외국국적동포)의 국내 노동도 증가하게 된다.

[표 4-1] 외국인근로자 현황 (단위: 명)

연도	2011	2012	2013	2014	2015	2016	2017	2018	2019	2020.4.
전문 인력	47,774	50,264	50,166	49,503	48,607	48,334	47,404	46,851	46,581	45,460

1) 대법원은 취업활동을 할 수 있는 체류자격을 갖지 않은 외국인을 고용한 행위와 관련된 대표이사의 법적 책임에 대하여 다음과 같이 설시하였다. 대판 2017. 6. 29. 2017도3005: "출입국관리법은 제94조 제9호에서 "제18조 제3항을 위반하여 취업활동을 할 수 있는 체류자격을 가지지 아니한 사람을 고용한 사람"을 처벌하도록 규정하고, 제18조 제3항에서 누구든지 대통령령으로 정하는 바에 따라 취업활동을 할 수 있는 체류자격을 받지 아니한 외국인을 고용하여서는 아니 된다고 규정하고 있다. 출입국관리법이 제94조 제9호의 '고용한 사람'은 외국인 근로자에 관한 사항에 대하여 사업주를 위하여 행위하는 자를 모두 포함한다는 별도의 규정을 두고 있지 아니한 점, 출입국관리법 제99조의3에서 취업활동을 할 수 있는 체류자격을 가지지 아니한 외국인을 고용한 행위의 이익귀속주체인 사업주를 처벌하는 양벌규정을 두고 있지만, 주식회사의 경우 대표이사가 아니라 회사가 위 규정의 적용대상인 점, 죄형법정주의의 원칙상 형벌법규는 특별한 사정이 없는 한 문언에 따라 엄격하게 해석하여야 하는 점, 출입국관리법의 입법 취지와 외국인 근로자의 고용을 제한하는 규정을 두게 된 입법경위 등을 종합하면, 주식회사의 종업원이 취업활동을 할 수 있는 체류자격을 가지지 아니한 외국인을 고용한 행위와 관련하여, 그 대표이사가 종업원의 그와 같은 행위를 알 수 있는 지위에 있었다는 사정만으로 출입국관리법 제94조 제9호에서 정한 '고용한 사람'에 해당한다고 볼 수 없다."

2) 외국인근로자 고용정책의 변화에 대해서는 손영화(2018), 11면 이하; 최윤철(2018), 257면 이하; 조성혜(2019), 250면 이하 참조.

단순 기능 인력	547,324	479,426	499,036	567,642	576,522	549,449	534,076	548,140	520,680	496,944
불법 체류자	167,780	177,854	183,106	208,778	214,168	208,971	251,041	355,126	390,281	390,814
외국인 유학생	88,648	84,711	81,847	86,410	96,357	115,927	135,087	160,671	180,131	165,743

자료: 법무부 출입국 · 외국인정책본부. 〈출입국 · 외국인정책 통계월보〉.

[표 4-2] 불법체류 외국인 현황 (단위: 명)

	2011	2012	2013	2014	2015	2016	2017	2018	2019	2020.4.
등록	82,848	92,562	95,637	93,924	84,969	75,241	82,837	90,067	95,815	97,303
단기 체류	84,354	324,504	85,936	112,788	128,085	132,789	167,140	264,044	293,150	292,401
거소 신고	578	1,579	1,533	2,066	1,114	941	1,064	1,015	1,316	1,110
합계	167,780	177,854	183,106	208,778	214,168	208,971	251,041	355,126	390,281	390,814
총 체류 외국인	1,395, 077	1,445, 103	1,576, 034	1,797, 618	1,899, 519	2,049, 441	2,180, 498	2,367, 607	2,524, 656	2,176, 725
불법 체류율	12.0%	12.3%	11.6%	11.6%	11.3%	10.2%	11.5%	15.0%	15.5%	18.0%

자료: 법무부 출입국 · 외국인정책본부. 〈출입국 · 외국인정책 통계월보〉.

Ⅱ. 외국인근로자법

헌법재판소는 근로의 권리를 "일할 자리에 관한 권리"와 "일할 환경에 관한 권리"로 구분하면서 적어도 자유권의 성격도 가지고 있는 "일할 환경에 관한 권리"의 경우에는 외국인근로자도 기본권의 주체가 될 수 있음을 확인하였다.

> "근로의 권리란 인간이 자신의 의사와 능력에 따라 근로관계를 형성하고, 타인의 방해를 받음이 없이 근로관계를 계속 유지하며, 근로의 기회를 얻지 못한 경우에는 국가에 대하여 근로의 기회를 제공하여 줄 것을 요구할 수 있는 권리를 말하며, 이러한 근로의 권리는 생활의 기본적인 수요를 충족시킬 수 있는 생활수단을 확보해 주고 나아가 인격의 자유로운 발현과 인간의 존엄성을 보장해 주는 것으로서 사회권적 기본권의 성격이 강하므로 이에 대한 외국인의 기본권주체성을 전면적으로 인정하기는 어렵다. 그러나 근로의 권리가 '**일할 자리에 관한 권리**'만이 아니라 '**일할 환경에 관한 권리**'도 함께 내포하고 있는바, 후자(後者)는 인간의 존엄성에 대한 침해를 방어하기 위한 자유권적 기본권의 성격도 갖고 있어 건강한 작업환경, 일에 대한 정당한 보수, 합리적인 근로조건의 보장 등을 요구할 수 있는 권리 등을 포함한다고 할 것이므로 외국인 근로자라고 하여 이 부분에까지 기본권 주체성을 부인할 수는 없다. 즉 근로의 권리의 구체적인 내용에 따라, 국가에 대하여 고용증진을 위한 사회적·경제적 정책을 요구할 수 있는 권리는 사회권적 기본권으로서 국민에 대하여만 인정해야 하지만, 자본주의 경제질서 하에서 근로자가 기본적 생활수단을 확보하고 인간의 존엄성을 보장받기 위하여 최소한의 근로조건을 요구할 수 있는 권리는 자유권적 기본권의 성격도 아울러 가지므로 이러한 경우 외국인 근로자에게도 그 기본권 주체성을 인정함이 타당하다."(헌재 2007. 8. 30. 2004헌마670, 판례집 19-2, 297)

외국인이 실제로 근로자가 될 수 있도록 사회권의 하나인 일자리를 요구할 수 있는 권리를 향유하지는 않지만 적어도 외국인근로자도 근로자인 이상 모든 근로자에게 보장되는 자유권의 주체가 될 수 있다는 뜻이다.

1. 고용허가제

(1) 개념과 현황

'고용허가제'에 따라 외국인근로자는 고용허가를 받아야 국내에서 취업활동이 가능한데 고용허가의 신청은 사용자가 할 수 있다. 따라서 고용허가제는 국내에서 노동을 원하는 근로자가 허가를 받아야 하는 '노동허가제'와 구분될 수 있다.[3] 고용허가제에 따라 고용될 수 있는 외국인근로자는 주로 단순기능인력에 속하는 비전문취업 체류자격(E-9)과 선원취업 체류자격(E-10) 및 방문취업(H-2) 체류자격을 부여받는다.[4] 한편 '특례고용제도'가 인정되어 ① 건설업으로서 외국인력정책위원회가 일용근로자 노동시장의 현황, 내국인근로자 고용기회의 침해 여부 및 사업장 규모 등을 고려하여 정하는 사업 또는 사업장, ② 서비스업, 제조업, 농업 또는 어업으로서 외국인력정책위원회가 산업별 특성을 고려하여 정하는 사업 또는 사업장의 사용자는 특례고용가능확인을 받을 후 대통령령(제19조 제1항)으로 정하는 사증(H-2)을 발급받고 입국한 외국인으로서 국내에서 취업하려는 사람을 고용할 수 있다(동법 제12조 제1항). 방문취업 체류자격(H-2)은 재외동포에게만 인정되는 체류자격이므로 특례고용이 가능한 외국인은 결국 재외동포로 한정된다. 특례고용을 원하는 외국인은 외국인 취업교육을 받은 후에 직업안정기관의 장에게 구직 신청을 하고, 고용노동부장관은 '외국인구직자 명부'를 작성 · 관리하여야 한다(동조 제2항). 최근 10년 동안의 통계를 보면 매년 20~30만 명의 외국인근로자가 고용허가제에 따라 입국하고 있고, 이에 따라 매년 외국인등록을 한 근로자는 50만 명 내외로 확인되고 있다(아래 [표 4-5] 참조).

[표 4-3] 고용허가제 관련 외국인근로자 체류자격별 입국 현황 (단위: 명)

	2011	2012	2013	2014	2015	2016	2017	2018	2019	2020.4
비전문	106,442	99,140	105,738	115,294	123,433	134,764	140,072	145,174	151,116	220,172

3) 고용허가제와 노동허가제의 구분에 대해서는 노호창(2019), 189면 이하 참조.

4) 외국인근로자법에 따르면 「선원법」의 적용을 받는 선박에 승무하는 선원 중 대한민국 국적을 가지지 않은 선원 및 그 선원을 고용하고 있거나 고용하려는 선박의 소유자에 대하여는 이 법이 적용되지 않기 때문에(동법 제2조 단서) 단순기능인력 가운데 선원취업 체류자격을 가진 외국인 근로자는 외국인근로자법의 적용대상에서 제외된다.

취업 (E-9)										
선원 취업 (E-10)	8,900	7,173	8,281	9,574	9,431	9,877	10,720	11,737	11,634	3,110
방문 취업 (H-2)	295,464	245,471	230,739	278,600	259,484	229,300	251,674	258,067	250,655	37,017

자료: 법무부 출입국 · 외국인정책본부, 〈출입국 · 외국인정책 통계월보〉.

[표 4-4] 고용허가제 관련 외국인근로자 체류자격별 체류 현황 (단위: 명)

	2011	2012	2013	2014	2015	2016	2017	2018	2019	2020.4
비전문 취업 (E-9)	234,295	234,295	230,237	246,695	276,042	279,187	279,127	280,312	276,755	264,959
선원 취업 (E-10)	9,661	9,661	10,424	12,163	15,138	15,312	16,069	17,447	17,603	17,129
방문 취업 (H-2)	303,668	303,368	238,765	240,178	285,342	254,950	238,880	250,381	226,322	214,856

자료: 법무부 출입국 · 외국인정책본부, 〈출입국 · 외국인정책 통계월보〉.

[표 4-5] 고용허가제 관련 외국인근로자 체류자격별 체류 현황 (단위: 명)

	2011	2012	2013	2014	2015	2016	2017	2018	2019	2020.4
비전문 취업 (E-9)	231,248	231,248	225,001	241,098	271,310	274,168	273,406	274,727	270,751	262,065
선원 취업 (E-10)	8,512	8,512	9,400	11,171	14,310	14,612	15,334	16,875	17,131	16,710
방문 취업 (H-2)	300,554	300,554	235,147	235,182	282,995	250,005	225,455	246,189	223,513	213,726

자료: 법무부 출입국 · 외국인정책본부, 〈출입국 · 외국인정책 통계월보〉.

(2) 절 차

사용자가 외국인근로자를 고용하려면 우선 직업안정기관에 내국인 구인 신청을 해야 한다(동법 제6조 제1항). 사용자가 내국인 구인 신청을 하고, 직업안정기관의 직업 소개를 받고도 인력을 채용하지 못한 경우에만 외국인근로자 고용허가를 신청할 수 있다(동법 제8조). 외국인근로자를 송출할 수 있는 국가(송출국가)는 국무총리 소속의 '외국인력정책위원회'에서 지정되는데(동법 제4조 제2항 제3호) 고용노동부장관은 송출국가로 지정된 국가의 노동행정을 관장하는 정부기관의 장과 협의하여 '외국인구직자 명부'를 작성한다(동법 제7조 제1항). 외국인근로자는 입국한 날로부터 '3년의 범위'(최대 3년)에서 취업활동을 할 수 있고, 한 차례만 2년 미만의 범위에서 취업활동 기간을 연장받을 수 있다(동법 제18조 및 제19조). 따라서 외국인근로자는 '최장 5년까지' 국내에서 취업활동이 가능하다. 외국인근로자가 국내에서 취업한 후 출국하면 출국한 날로부터 '6개월이 지나야' 다시 취업활동이 가능해진다(동법 제18조의3).

다만 외국인근로자가 ① 취업활동 기간 중에 사업 또는 사업장 변경을 하지 않고(외국인근로자의 책임이 아닌 사유로 인하여 사회통념상 그 사업 또는 사업장에서 근로를 계속할 수 없게 되었다고 인정되어 고용노동부장관이 고시한 경우에 해당하여 사업 또는 사업장 변경을 한 때에는 재입국 후의 고용허가를 신청하는 사용자와 취업활동 기간 만료까지의 근로계약 기간이 1년 이상), ② 외국인력정책위원회가 도입 업종이나 규모 등을 고려하여 내국인을 고용하기 어렵다고 정하는 사업 또는 사업장에서 근로하고 있으며, ③ 재입국하여 근로를 시작하는 날부터 효력이 발생하는 1년 이상의 근로계약을 해당 사용자와 체결하고 있으면 '재취업의 특례'가 인정되어 해당 외국인근로자는 출국한 날부터 '3개월이 지나면' 다시 취업할 수 있다. 물론 이 경우에 연장된 취업활동 기간이 만료되어 출국하기 전에 사용자가 재입국 후의 고용허가를 신청해야 한다. 이러한 재입국 취업의 특례는 단지 한 차례만 허용되지만 이에 따라 취업한 외국인근로자는 원칙적으로 3년 이내의 취업활동 및 2년 이내의 취업활동기간 연장이 가능하다(동조 제3항). 결국 내국인 고용이 어려운 사업장에서 사업장 이동 없이 일한 외국인근로자는 최초 입국 후 5년과 재입국 후 5년까지 '최장 10년까지'의 취업활동이 가능해진다.

(3) 사업장 이동 제한

외국인근로자가 사업이나 사업장을 변경하려면 허가를 받아야 한다(동법 제25조 제1항).[5] 사업 또는 사업장 변경허가를 위한 신청은 ① 사용자가 정당한 사유로 근로계약기간 중 근로계약을 해지하려고 하거나 근로계약이 만료된 후 갱신을 거절하려는 경우, ② 휴업, 폐업, 고용허가의 취소, 고용의 제한, 법정 요건을 위반한 기숙사의 제공, 사용자의 근로조건 위반 또는 부당한 처우 등 외국인근로자의 책임이 아닌 사유로 인하여 사회통념상 그 사업 또는 사업장에서 근로를 계속할 수 없게 되었다고 인정하여 고용노동부장관이 고시한 경우, ③ 그 밖에 대통령령으로 정하는 사유가 발생한 경우로 한정된다. 이러한 사업이나 사업장 변경은 원칙적으로 '3회 이내'로 제한된다(동조 제4항). 다만 외국인근로자의 책임이 아닌 사유로 인하여 사회통념상 그 사업 또는 사업장에서 근로를 할 수 없게 되었다고 고용노동부장관이 고시한 경우에는 변경회수에 포함되지 않는다. 이러한 사업장 이동 제한은 헌법재판소에 따르면 헌법에 위배되지 않는다(아래 [판례 4-1] 참조). 하지만 총 체류기간에 따라 사업이나 사업장 변경을 제한 없이 또는 지금보다는 확대하여 허용할 필요가 있다는 견해도 제시된다.[6] 또한 사업장 이동 제한은 헌법과 국제법이 보장하는 강제노동금지원칙에 위반될 수 있다는 견해[7]도 주목할 만하다.

[판례 4-1] 외국인근로자의 사업장 이동 3회 제한

이 사건 법률조항(외국인근로자의 사업장 이동을 3회로 제한하는 법률조항)은 외국인근로자의 무분별한 사업장 이동을 제한함으로써 내국인근로자의 고용기회를 보호하고 외국인근로자에 대한 효율적인 고용관리로 중소기업의 인력수급을 원활히 하여 국민경제의 균형 있는 발전이 이루어지도록 하기 위하여 도입된 것이다. 나아가 이 사건 법률조항은 일정한 사유가 있는 경우에 외국인근로자에게 3년의 체류기간 동안 3회까지 사업장을 변경할 수 있도록 하고 대통령령이 정하는 부득이한 사유가 있는 경우에는 추가로 사업장변경이 가능하도록 하여 외국인근로자의 사업장 변경을 일정한 범위 내에서 가능하도록 하고 있으므로 이 사건 법률조항이 입법자의 재량의 범위를 넘어 명백히 불합리하다고 할 수는 없다. 따라서 이 사건 법률조항은

---

5) 사업장변경허가제도와 관련된 자세한 현황은 이희성(2017), 208면 이하 참조.
6) 이희성(2017), 215면 이하; 조성혜(2018), 263면 이하; 노호창(2019), 202면 참조.
7) 김지혜(2016), 202면 이하 참조.

청구인들의 직장 선택의 자유를 침해하지 아니한다.(헌재 2011. 9. 29. 2007헌마1083 등, 판례집 23-2상, 623)

한편 외국인근로자가 사업이나 사업장 변경을 신청한 경우에 신청한 날로부터 '3개월 이내'에 출입국관리법에 따른 '근무처 변경허가'를 받지 못하면 해당 외국인근로자는 출국해야만 한다(동조 제3항). 이러한 변경허가의 시한과 관련하여 헌법재판소는 "이 사건 심판대상조항은 내국인근로자의 고용기회를 보장하고, 외국인근로자가 근로의사 없이 국내에 장기간 체류하는 것을 방지함으로써 효율적인 고용관리를 도모하기 위한 것이며, 외국인근로자의 사업장 변경 자체를 금지하는 것이 아니라 허가기간을 제한한 것에 불과하여 지나치게 불합리하여 자의적이라고 할 수 없으므로 청구인의 직장 선택의 자유를 침해하지 아니한다."[8]고 판시하였다. 하지만 이미 일정기간의 고용허가를 받은 외국인근로자에게 변경불허가 결정을 받은 사유를 구체적으로 고려하지 않은 채 단지 근무처 변경허가를 받지 못했다는 사유만으로 출국을 강제하는 것은 부당하다는 견해[9]가 타당해 보인다.

(4) 고용변동신고

사용자는 외국인근로자와의 근로계약을 해지하거나 그 밖에 고용과 관련된 중요사항을 변경하는 등 대통령령으로 정하는 사유가 발생했을 때, 즉 ① 외국인근로자가 사망한 경우, ② 외국인근로자가 부상 등으로 해당 사업에서 계속 근무하는 것이 부적합한 경우, ③ 외국인 근로자가 사용자의 승인을 받는 등 정당한 절차 없이 5일 이상 결근하거나 그 소재를 알 수 없는 경우, ④ 외국인근로자와의 근로계약을 해지하는 경우, ⑤ 사용자 또는 근무처의 명칭이 변경된 경우, ⑥ 사용자의 변경 없이 근무 장소를 변경한 경우(동시행령 제23조 제1항)에는 직업안정기관의 장에게 신고해야 할 의무를 부담한다(동법 제17조 제1항). 이 가운데 외국인 근로자가 정당한 절차 없이 5일 이상 결근하거나 그 소재를 알 수 없는 경우와 관련하여 이 경우에 근로계약이 종료된 것으로 취급되어 사용자와 근로계약이 종료된 날로부터 1개월 이내에 다른 사업 또는 사업장으로의 변경을 신청하지 않은 외국인근로자는 반드시 출국해야 한다는 조항(동

8) 헌재 2011. 9. 29. 2009헌마351, 판례집 23-2상, 659, 660면.
9) 조성혜(2018), 265면 이하 참조.

법 제25조 제3항)을 적용받는 문제점이 지적된다.[10] 외국인근로자의 예상치 못한 개인적 사정과 불충분한 한국어 구사능력에 기인한 의사소통의 문제 및 법률적 지식의 불충분 등으로 인하여 사업장 이동 신청을 못하는 경우가 빈번하게 발생하고 있기 때문이다.

(5) 대행기관

사용자 또는 외국인근로자는 내국인 구인 신청, 사용자의 재고용 허가 요청, 재입국 후의 고용허가 신청, 사업이나 사업장 변경 신청 등과 관련된 신청이나 서류의 수령 등 외국인근로자의 고용에 관한 업무를 고용노동부장관이 지정하는 '대행기관'에 대행하게 할 수 있다(동법 제27조의2). 대행기관이 거짓이나 그 밖의 부정한 방법으로 지정을 받은 경우, 지정요건에 미달하게 된 경우, 지정받은 업무범위를 벗어나 업무를 한 경우, 그 밖에 선량한 관리자의 주의를 다하지 않거나 업무처리 절차를 위배한 경우에는 지정취소, 6개 이내의 업무정지 또는 시정명령이 가해질 수 있다(동법 제27조의3). 일정한 요건을 충족한 경우에만 외국인근로자 관련 업무를 대행하는 기관으로 지정될 수 있도록 한 것에 대해서 헌법재판소는 헌법에 위반되지 않는다고 본다(아래 [판례 4-2] 참조).

[판례 4-2] 외국인근로자 고용 관련 대행기관의 지정요건

1. 이 사건 고시 조항(대행기관의 지정요건에 관한 고용노동부 고시의 별표)은 대행업무 수행의 공공성 및 운영의 투명성을 확보하고, 부수적으로 외국인 근로자의 인권보호 등을 도모하려는 것을 목적으로 하고 있어서 그 입법목적의 정당성이 인정되고, 국가가 사업수행 능력, 경험, 지원 실적, 공공성 등 엄격하고도 구체적인 요건을 갖춘 자를 대행기관으로 지정하여 이러한 기관으로 하여금 외국인 근로자의 고용에 관한 업무를 대행하도록 하는 것은 위와 같은 입법목적을 달성하기 위하여 효과적이고 적절한 수단의 하나라고 할 수 있어서 수단의 적정성도 인정된다. 또한 이 사건 고시 조항은 행정사 등인 기존 대행업무 수행자들의 업무의 일부를 제한하고 있을 뿐이고, 이 사건 고시 조항보다 덜 기본권 제한적인 입법수단도 보이지 아니하여 침해의 최소성 원칙에 위배되지 아니하며, 이 사건 고시 조항으로 인해 얻게 될 대행

10) 노호창(2019), 204면 이하 참조.

업무 수행의 공공성 및 운영의 투명성 확보, 외국인 근로자의 인권보호 등의 공익이 큰 반면, 제한되는 사익은 기존에 대행 업무를 수행하던 행정사 등을 포함하여 대행 업무를 수행하려는 자는 일정한 요건을 갖추어 대행기관 지정을 받아야 한다는 정도의 제한에 불과하므로, 법익의 균형성도 갖추었다. 따라서 이 사건 고시 조항은 과잉금지원칙을 위반하여 기존에 대행 업무를 수행하던 행정사 등인 청구인들의 직업수행의 자유를 침해하지 않는다. 그리고 대행업무와 관련하여 부당한 금품수수 혹은 송출비리 등을 발생시킬 수 있는 우려가 있는 요인은 가능한 한 이를 조속히 제거하는 것이 공익에 적합한 반면에, 기존에 대행 업무를 수행하고 있던 자들은 그 신뢰의 근거가 된 법령의 순차 개정으로 인해 그 규율 상태의 변경 가능성에 대한 예측가능성이 충분하였고, 그 신뢰의 기간 또한 6년 정도로 그리 길지 아니하여, 이들이 입게 되는 불이익의 내용이 이 사건 고시 조항을 통해 달성하려는 공익적 가치에 비해 결코 우월하다고 할 수 없다. 따라서 이 사건 고시 조항은 신뢰보호원칙에 위반하여 기존에 대행 업무를 수행하던 행정사 등인 청구인들의 직업수행의 자유를 침해하지 않는다.

2. 이 사건 고시 조항 및 관련조항들에 의하여 일정한 요건을 갖추어 대행기관으로 지정받은 자는 외국인 근로자의 고용에 관한 업무에 있어서 상당한 조직, 인력, 시설, 재무건전성 등의 사업수행능력과 경험 및 공공성 등을 갖추고 있고, 국가에 의한 사전, 사후의 감독 하에 대행 업무를 수행하며, 관련 회계의 투명성도 유지, 관리되는 측면이 있어서 대행업무 수행의 공공성 및 운영의 투명성 등을 확보한다고 하는 입법목적을 달성하는 데 있어서 위와 같은 요건을 갖추지 못한 자보다 더 적합하다. 따라서 기존에 대행 업무를 수행하고 있던 행정사 등으로서 이러한 대행기관 지정요건을 갖추지 못한 자가 이 사건 고시 조항의 시행 이후에 대행업무 및 수수료 징수를 하지 못하더라도 이는 위와 같은 입법목적에 따른 것으로서 합리적 이유가 있는 차별에 해당한다고 할 것이므로, 이 사건 고시 조항은 기존에 대행 업무를 수행하던 행정사 등인 청구인들의 평등권을 침해하지 아니한다.(헌재 2011. 10. 25. 2010헌마661, 판례집 23-2하, 101)

2. 외국인근로자의 권리 보호

외국인근로자는 단지 외국인근로자라는 이유만으로 사용자로부터 부당하게 차별받지 않아야 한다(동법 제22조). 하지만 법률 자체에서부터 외국인근로자는 내국인근로자와 비교하여 차별받고 있고, 또한 외국인근로자 안에서도 단순기능직과 전문직,

재외동포와 그 밖의 외국인근로자가 차별적 대우를 받고 있다는 비판이 제기되기도 한다.[11] 실제로 외국인근로자를 포함한 이민자는 근로와 관련하여 차별받고 있는 것으로 보인다(아래 [표 4-5], [표 4-6], [표 4-7] 참조). 또한 외국인근로자에게 기숙사가 제공되는 경우에는 근로기준법에 정한 기준을 준수하여 외국인근로자의 건강과 안전을 지킬 수 있도록 해야 한다(동법 제22조의2).

한편 외국인근로자의 퇴직금 지급과 관련하여 '출국만기보험제도'가 도입되어 있다.[12] 이에 따라 외국인근로자를 고용한 사업 또는 사업장의 사용자는 외국인근로자의 출국 등에 따른 퇴직금 지급을 위하여 외국인근로자를 피보험자 또는 수익자로 하는 보험이나 신탁에 가입해야 할 의무가 있다(동법 제13조 제1항). 출국만기보험이나 신탁은 피보험자나 수익자가 '출국한 때로부터 14일 이내'로 지급시기가 정해져야 한다(동조 제2항). 퇴직 후 출국만기보험금을 지급받고도 불법적 체류하며 국내에서 취업활동을 하는 것을 예방하려는 입법취지가 있는 것으로 보인다. 하지만 근로기준법[13]이나 근로자퇴직급여 보장법[14]에 따른 퇴직금 지급시기가 '퇴직 후' 14일 이내라는 점에서 출국만기보험이나 신탁의 지급시기를 '출국 후' 14일 이내 정한 것은 위헌이라는 주장이 제기된다. 그러나 헌법재판소는 이에 대하여 합헌결정을 한 바 있다(아래 [판례 4-3] 참조). 출국만기보험이나 신탁의 지급사유 발생에 따라 피보험자나 수익자가 받을 금액의 청구권은 소멸시효가 3년이다(동조 제4항).

[판례 4-3] 외국인근로자 출국 후 14일 이내의 출국만기보험금 지급

[법정의견] 외국인근로자의 경우 체류기간 만료가 퇴직과 직결되고, 체류기간이 만료되면 출국한다는 것을 전제로 고용허가를 받았다는 점에서 출국만기보험금의 지급시기를 출국 후 14일 이내로 정한 것이 근로자퇴직급여보장법이나 근로기준법상의 퇴직금 지급시기와 다르게 정한 것이라고 보기 어렵다. 즉, 심판대상조항은 고용

11) 조성혜(2018), 266면 이하 참조.
12) 출국만기보험제도와 그 문제점에 대한 자세한 설명은 여경수(2017), 260면 이하 참조.
13) 근로기준법 제36조: 사용자는 근로자가 사망 또는 퇴직한 경우에는 그 지급 사유가 발생한 때부터 14일 이내에 임금, 보상금, 그 밖의 모든 금품을 지급하여야 한다. 다만, 특별한 사정이 있을 경우에는 당사자 사이의 합의에 의하여 기일을 연장할 수 있다.
14) 근로자퇴직급여 보장법 제9조: 사용자는 근로자가 퇴직한 경우에는 그 지급사유가 발생한 날부터 14일 이내에 퇴직금을 지급하여야 한다. 다만, 특별한 사정이 있는 경우에는 당사자 간의 합의에 따라 지급기일을 연장할 수 있다.

허가를 받아 국내에 들어온 외국인근로자의 특수한 지위에서 기인하는 것이므로, 심판대상조항이 외국인근로자에 대하여 내국인근로자와 달리 규정하였다고 하여 청구인들의 평등권을 침해한다고 볼 수 없다.

[재판관 3인의 반대의견]

심판대상조항은 외국인근로자의 불법체류를 방지한다는 목적으로 퇴직금의 성질을 가진 출국만기보험금의 지급시기를 출국한 때부터 14일 이내로 정하고 있는데, 이러한 입법목적은 기본적으로 출국만기보험금이 가진 퇴직금의 성질을 전혀 고려하지 않은 것으로서 그 정당성을 인정하기 어렵다. 근로관계가 종료된 후 퇴직금이 신속하게 지급되지 않는다면 퇴직근로자 및 그 가족의 생활은 곤경에 빠질 수밖에 없는데, 이러한 퇴직금의 성질을 가진 출국만기보험금의 지급시기를 무조건 출국과 연계하는 것은 퇴직금의 본질적 성격에 반하므로 심판대상조항은 청구인들의 근로의 권리를 침해한다. 한편, 외국인근로자도 생계보호를 위해 퇴직 후 조속한 시일 내에 퇴직금에 해당하는 출국만기보험금을 지급받을 필요가 있다는 점에서 내국인근로자와 다르지 않다. 인간 존엄성의 기초가 되는 생계는 그것이 내국인인지 외국인인지 여부에 따라 달라지는 것이 아니라 인간이라면 누구에게나 보편적으로 보장되어야 한다. 따라서 출국만기보험금의 지급시기를 출국한 때부터 14일 이내로 정하여 외국인근로자에게 퇴직금으로서의 기능을 전혀 하지 못하게 하는 것은 외국인근로자와 내국인근로자를 불합리하게 차별하는 것으로서 청구인들의 평등권을 침해한다.(헌재 2016. 3. 31. 2014헌마367, 판례집 28-1상, 471)

퇴직금과 관련된 출국만기보험 이외에도 사용자는 임금과 관련된 '보증보험'에 가입해야 한다(동법 제23조). 사업의 규모 및 산업별 특성 등을 고려하여 대통령령으로 정하는 사업 또는 사업장[15]의 사용자는 임금체불을 대비하여 그가 고용하는 외국인근로자를 위한 보증보험에 가입해야 하는 것이다. 외국인근로자의 입장에서는 귀국 시 필요한 비용에 충당하기 위하여 보험이나 신탁('귀국비용보험 · 신탁')에 가입해야 하고(동법 제15조 제1항), 산업별 특성 등을 고려하여 대통령령으로 정하는 사업 또는 사업

15) ① 「임금채권보장법」이 적용되지 아니하는 사업 또는 사업장, ② 상시 300명 미만의 근로자를 사용하는 사업 또는 사업장(특례고용이 인정되는 건설업에 해당하는 사업이나 사업장은 제외)으로 이러한 사업 또는 사업장의 사용자는 근로계약의 효력발생일로부터 15일 이내에 ① 체불된 임금의 지급을 위하여 고용노동부장관이 정하여 고시하는 금액 이상을 보증하고, ② 보증보험회사가 외국인근로자에게 해당 보증보험 가입 사실을 통지하며, ③ 사용자가 임금을 체불하는 경우 외국인근로자가 보증보험회사에 보증보험의 보험금을 청구할 수 있는 내용의 보증보험에 가입해야 한다(동법 시행령 제27조).

장16)에서 취업하는 외국인근로자는 질병 · 사망 등에 대비한 '상해보험'에 가입해야 한다(동법 제23조 제2항).

[표 4-6] 이민자 월평균 임금 현황 (단위: 천 명)

	2017					2018					2019				
체류자격	S	A	B	C	D	S	A	B	C	D	S	A	B	C	D
비전문취업 (E-9)	255.6	0.0	106.7	141.5	7.4	262.0	–	91.2	153.9	16.9	260.8	–	70.4	162.2	28.2
방문취업 (H-2)	165.4	1.8	59.6	81.4	22.6	168.8	2.7*	49.5	92.8	23.7	156.8	5.3	38.9	82.4	30.3
전문인력 (E-1 ~E-7)	38.2	0.3	10.1	18.8	9.0	36.6	–	6.5	19.5	10.6	38.2	0.1**	8.8	19.8	9.5
유학생 (D-2, D-4-1, D-4-7)	12.2	8.6	3.0	0.6	0.0	19.4	12.4	5.9	1.0	0.1	22.5	15.2	6.9	0.4*	–
재외동포 (F-4)	170.8	6.6	62.5	80.8	20.9	183.6	5.1	61.0	91.7	25.8	179.5	8.8	47.3	92.1	31.4
영주 (F-5)	68.1	3.8	23.5	29.6	11.3	70.5	2.6	21.9	30.9	15.0	68.2	4.2	16.5	30.3	17.3
결혼이민 (F-2-1, F-6)	45.3	6.1	23.5	9.9	5.7	53.3	6.1	27.6	15.1	4.5	49.0	4.9	19.9	16.4	7.8
기타	43.5	4.8	20.2	12.5	5.9	51.7	3.3	24.6	13.3	10.6	50.2	3.9	16.0	20.3	9.9

16) 외국인근로자를 고용한 모든 사업 또는 사업장을 의미하고, 이러한 사업 또는 사업장의 외국인근로자는 근로계약의 효력발생일부터 15일 이내에 ① 외국인근로자가 사망하거나 질병 등이 발생한 경우 고용노동부장관이 정하여 고시하는 보험금액을 지급하고, ② 외국인근로자가 사망하거나 질병 등이 발생한 경우 본인 또는 유족이 보험회사에 상해보험의 보험금액을 청구할 수 있다는 내용의 상해보험에 가입해야 한다(동법 시행령 제28조).

귀화 허가자	29.1	3.7	16.6	6.8	2.0	29.9	4.0	15.5	7.8	2.6	27.0	3.0	13.4	7.8	2.8

S: 합계(천 명), A: 100만 원 미만, B: 200만 원 이상 ~ 200만 원 미만,
C: 200만 원 이상 ~ 300만 원 미만, D: 300만원 이상
자료: 통계청/법무부, 〈이민자 체류실태 및 고용 조사〉 2020.

[표 4-7] 이민자 고용보험 가입 현황 (단위: %)

	2017			2018			2019		
체류자격	가입	미가입	모름	가입	미가입	모름	가입	미가입	모름
비전문취업(E-9)	37.7	54.6	7.7	43.3	49.2	7.4	30.4	59.8	9.8
방문취업(H-2)	23.3	71.6	5.0	21.3	64.5	14.3	17.3	73.4	9.4
전문인력 (E-1~E-7)	34.3	44.8	20.7	44.3	29.5	26.2	40.6	39.0	20.4
유학생(D-2, D-4-1, D-4-7)	4.1	88.5	8.2	0.0	82.5	17.5	3.1	80.4	16.4
재외동포(F-4)	33.0	62.6	4.4	33.2	53.8	13.0	43.0	51.8	5.3
영주(F-5)	39.9	55.8	4.4	50.8	39.9	9.4	56.3	40.2	3.5
결혼이민 (F-2-1, F-6)	36.0	59.2	4.9	46.3	46.7	6.9	50.8	44.5	4.9
기타	26.7	63.9	9.2	27.3	56.1	16.6	31.7	58.8	9.4
귀화허가자	58.4	39.9	1.7	57.5	38.5	4.0	64.4	33.0	2.6

자료: 통계청/법무부, 〈이민자 체류실태 및 고용 조사〉 2020.

[표 4-8] 이민자 산재보험 가입 현황 (단위: %)

	2017			2018			2019		
체류자격	가입	미가입	모름	가입	미가입	모름	가입	미가입	모름
비전문취업(E-9)	90.2	7.3	2.5	91.9	5.2	2.9	91.0	6.4	2.7
방문취업(H-2)	40.9	54.3	4.8	42.1	46.9	11.0	44.9	48.9	6.3
전문인력	61.5	20.4	17.8	70.5	11.2	18.3	73.6	14.1	12.3

(E-1~E-7)									
유학생(D-2, D-4-1, D-4-7)	4.9 *	86.9	8.2 *	7.7 *	74.2	18.0	8.9	74.7	16.4
재외동포(F-4)	9.4	46.5	4.2	52.3	37.9	9.9	56.1	39.2	4.7
영주(F-5)	51.7	43.5	4.8	56.6	35.2	8.2	61.7	33.1	5.1
결혼이민 (F-2-1, F-6)	49.0	48.3	2.4 *	53.1	39.0	7.9	55.9	38.6	5.5
기타	46.0	47.8	6.2	47.4	38.3	14.3	57.0	35.1	8.0
귀화허가자	59.8	38.5	1.7	57.5	36.5	6.0	65.2	30.7	4.1

자료: 통계청/법무부, 〈이민자 체류실태 및 고용 조사〉 2020.

외국인의 사회적 기본권과 관련하여 외국인근로자가 공공부조제도와 사회보험제도의 수혜자가 될 수 있는지 여부는 개별 제도에 따라 상이하게 규정되고 있다. 먼저 경제적 약자를 재정적으로 지원하는 '공공부조제도'의 경우에 '국민기초생활 보장법'은 국내에 체류하고 있는 외국인 중 대한민국 국민과 혼인하여 본인 또는 배우자가 임신 중이거나 대한민국 국적의 미성년 자녀를 양육하고 있거나 배우자의 대한민국 국적인 직계존속과 생계나 주거를 같이하고 있는 사람으로서 대통령령으로 정하는 사람은 국민기초생활 보장법에 따른 급여를 받을 수 있는 자격을 가진 경우에 수급권자가 될 수 있다고 규정한다(동법 제5조의2). 대통령령인 '국민기초생활보장법시행령'은 국민기초생활보장 수급권자가 될 수 있는 외국인을 외국인 등록을 한 사람으로서 ① 대한민국 국민과 혼인 중인 사람으로서 본인 또는 대한민국 국적의 배우자가 임신 중인 사람이나 대한민국 국적의 미성년 자녀(계부자 · 계모자 관계와 양친자관계를 포함)를 양육하고 있는 사람 또는 배우자의 대한민국 국적인 직계존속과 생계나 주거를 같이 하는 사람, ② 대한민국 국민인 배우자와 이혼하거나 그 배우자가 사망한 사람으로서 대한민국 국적의 미성년 자녀를 양육하고 있는 사람 또는 사망한 배우자의 태아를 임신하고 있는 사람 중 어느 하나에 해당하는 사람으로 규정하고 있다(동시행령 제4조). 따라서 외국인근로자는 그 사실만으로 국민기초생활보장 수급권자가 될 수는 없고, 대한민국 국민과의 혼인 여부와 임신 여부 또는 대한민국 국민인 자녀의 양육 여부와 대한민국 국민인 배우자 직계존속과의 동거 여부, 그리고 임금소득이 있기 때문에 소득의 수준에 따라 국민기초생활보장 수급권자가 될 수 있다.

다음으로 사망, 질병, 노령, 실업 등 인간의 보편적 위험에 대비하기 위한 공적 보험제도로서 '사회보험제도'와 관련하여 우선 외국인근로자법에 따르면 사용자 및 사용자에게 고용된 외국인근로자에게 「국민건강보험법」을 적용하는 경우에 사용자에게 고용된 외국인근로자는 '직장가입자'로 본다(동법 제14조). 국민건강보험법에 따라 원칙적으로 국내에 거주하는 국민만이 건강보험의 가입자 또는 피부양자가 될 수 있지만(동법 제5조 제1항) 예외적으로 외국인근로자도 직장가입자가 될 수 있기 때문이다(동법 제109조 제2항). 국내에 체류하는 외국인이 건강보험 적용대상사업장의 근로자, 공무원 또는 교직원이면서 국민건강보험법에 따라 직장가입자에서 제외되는 사람에 해당하지 않으면 ① 「재외동포의 출입국과 법적 지위에 관한 법률」 제6조에 따라 '국내거소신고를 한 외국국적동포' 또는 ② 「출입국관리법」 제31조에 따라 '외국인등록을 한 외국인'에 해당하는 경우에 직장가입자가 될 수 있다.

[법령 4-1] 직장가입자에서 제외되는 사람: 국민건강보험법 제6조 제2항

모든 사업장의 근로자 및 사용자와 공무원 및 교직원은 직장가입자가 된다. 다만, 다음 각 호의 어느 하나에 해당하는 사람은 제외한다.

1. 고용 기간이 1개월 미만인 일용근로자
2. 「병역법」에 따른 현역병(지원에 의하지 아니하고 임용된 하사를 포함한다), 전환복무된 사람 및 군간부후보생
3. 선거에 당선되어 취임하는 공무원으로서 매월 보수 또는 보수에 준하는 급료를 받지 아니하는 사람
4. 그밖에 사업장의 특성, 고용 형태 및 사업의 종류 등을 고려하여 대통령령으로 정하는 사업장의 근로자 및 사용자와 공무원 및 교직원

직장가입자에 해당하지 않는 국내체류 외국인은 지역가입자가 될 수 있다(동조 제3항). 보건복지부령으로 정하는 기간 동안 국내에 거주하였거나 해당 기간 동안 국내에 지속적으로 거주할 것으로 예상할 수 있는 사유로서 보건복지부령으로 정하는 사유에 해당하고, ① 「재외동포의 출입국과 법적 지위에 관한 법률」 제6조에 따라 '국내거소신고를 한 외국국적동포'이거나 ② 「출입국관리법」 제31조에 따라 '외국인등록을 한 외국인'으로서 보건복지부령으로 정하는 체류자격을 가진 사람은 직장가입자가 된

다. 보건복지부령에 따르면 국내체류 외국인이 지역가입자가 되려면 '6개월 이상'의 기간 동안 국내에 거주해야 되고, 6개월 이상 거주할 것으로 예상할 수 있는 사유는 '결혼이민의 체류자격'을 받은 경우를 말한다(동시행규칙 제61조의2 제1항). 그리고 보건복지부령에 따라 외국인등록을 한 외국인이 직장가입자가 되기 위해 가져야 하는 체류자격은 아래와 같다(동조 제2항).

[법령 4-2] 국민건강보험법 시행규칙 [별표 9]

체류자격(제61조의2 제2항 관련)
외국인의 체류자격(기호)
1. 문화예술(D-1), 산업연수(D-3), 취재(D-5), 종교(D-6), 주재(D-7), 기업투자(D-8), 무역경영(D-9), 구직(D-10) 2. 교수(E-1), 회화지도(E-2), 연구(E-3), 기술지도(E-4), 전문직업(E-5), 예술흥행(E-6), 특정활동(E-7), 비전문취업(E-9), 선원취업(E-10) 3. 방문동거(F-1), 거주(F-2), 동반(F-3), 재외동포(F-4), 영주(F-5), 결혼이민(F-6) 4. 기타(G-1)(「난민법」에 따라 인도적 체류 허가를 받은 사람과 공단이 정하는 사람으로 한정한다) 5. 관광취업(H-1), 방문취업(H-2)

한편 고용보험의 경우에는 「고용보험법」에 따라 외국인근로자법의 적용을 받은 외국인근로자는 원칙적으로 고용보험법을 적용받는다(고용보험법 제10조의2 제1항).[17] 다만 실업급여와 육아휴직 급여와 관련해서는 고용노동부령에 따른 신청이 있는 경우에만 적용된다. 다음으로 산재보험의 경우에는 「산업재해보상보험법」에 따라 원칙적으로 근로자를 사용하는 모든 사업 또는 사업장에 적용되므로(동법 제6조) 외국인근로자도 산재보험의 적용을 받는다. 그리고 국민연금의 경우에는 「국민연금법」에 따라 18세 이상 60세 미만이 국민만이 가입대상이 되므로(동법 제6조) 외국인근로자는 국민연금에 가입할 수 없다. 다만 국민연금법의 적용을 받는 사업장에 사용되고 있거나 국내에 거주하는 외국인으로서 대통령령이 정하는 자에 해당하지 않으면 사업장가입자 또는 지역가입자가 된다.

17) 외국인근로자에 대한 고용보험법의 적용과 관련된 문제점에 대해서는 조성혜(2020), 67면 이하 참조.

Ⅲ. 근로자로서 외국인 근로자의 권리

외국인 근로자도 내국인 근로자와 마찬가지로 근로자이고, 더 근본적으로는 인간이다. 따라서 모든 근로자에게 보장된 권리는 외국인 근로자에게도 보장되어야 하고, 모든 인간에게 보장된 인권은 외국인 근로자에게도 보장되어야 한다. 「근로기준법」도 근로자를 "직업의 종류와 관계없이 임금을 목적으로 사업이나 사업장에 근로를 제공하는 사람"으로 정의하면서(동법 제2조 제1항 제1호) 사용자에게 "국적"을 이유로 근로조건에 대한 차별적 처우를 하지 못하도록 규정하고 있다(동법 제6조). 따라서 임금을 목적으로 사업이나 사업장에 근로를 제공하는 외국인도 근로자이며 사용자가 근로자의 국적을 이유로 근로조건에 대한 차별적 처우를 하는 행위는 금지된다. 이에 따라 무엇보다도 사용자가 폭행, 협박, 감금, 그 밖에 정신상 또는 신체상의 자유를 부당하게 구속하는 수단으로서 근로자의 자유의사에 어긋나는 근로를 강요하지 못하도록 하는 '강제근로금지원칙'(동법 제7조)과 사용자가 사고의 발생이나 그 밖의 어떠한 이유로도 근로자에게 폭행을 하지 못하도록 하는 '폭행금지원칙'(동법 제8조)은 외국인 근로자에게 적용되어야 한다. 그 밖에도 근로계약, 임금, 근로시간과 휴식, 여성과 소년에 해당하는 근로자, 안전과 보건 및 직장 내 괴롭힘, 재해보상, 취업규칙 등에 관한 근로기준법의 규정은 외국인 근로자에게도 동일하게 적용되어야 한다. 이에 따라 특히 근로자는 정당한 이유 없이 해고당하지 않고(동법 제23조 제1항) 임금은 매월 1회 이상 일정한 날짜에 정하여 직접 근로자에게 전액 지급되어야 한다(동법 제43조 제1항)는 원칙은 외국인 근로자에게 동일하게 적용된다.[18] 또한 근로자의 기본권을 침해하는 취업규칙이 무효가 될 수 있다는 점[19]은 외국인 근로자에게도 마찬가지다. 한편 근로

---

18) 대법원은 "외국인 근로자에 대하여도 국내의 근로자들과 마찬가지로 근로기준법상의 퇴직금 지급에 관한 규정이나 최저임금법상의 최저임금의 보장에 관한 규정이 그대로 적용된다."고 판시한 바 있다. 대법원 2006. 12. 7. 2006다53627 판결 참조.

19) 대법원 2018. 9. 13. 2017두38560 판결; "국내외 항공운송업을 영위하는 갑 주식회사가 턱수염을 기르고 근무하던 소속 기장 을에게 '수염을 길러서는 안 된다'고 정한 취업규칙인 '임직원 근무복장 및 용모규정' 제5조 제1항 제2호를 위반하였다는 이유로 비행업무를 일시 정지시킨 데 대하여, 을이 부당한 인사처분에 해당한다며 노동위원회에 구제신청을 하였고 중앙노동위원회가 위 비행정지가 부당한 처분임을 인정하는 판정을 하자, 갑 회사가 중앙노동위원회위원장을 상대로 재심판정의 취소를 구한 사안에서, 위 취업규칙 조항은 항공운송업을 영위하는 사기업으로서 항공사에 대한 고객의 신뢰와 만족도 향상, 직원들의 책임의식 고취와 근무기강 확립 등을 위하여 소속 직원들의 용모와 복장들을 제한할 수 있는 갑 회사의 영업의 자유와 을의 일반적 행동자

자를 "직업의 종류를 불문하고 임금 · 급료 기타 이에 준하는 수입에 의하여 생활하는 자"로 정의하고 있는 「노동조합 및 노동관계조정법」(노동조합법)은 외국인 근로자에게도 적용되므로 노동조합의 설립과 가입, 단체교섭 및 단체협약, 쟁의행위에 관한 노동조합법의 규정은 외국인 근로자에게 동일하게 적용된다.

[판례 4-4] 대법원 2015. 6. 25. 2007두4995 전원합의체 판결

노동조합 및 노동관계조정법(이하 '노동조합법') 제2조 제1호, 제5조, 제9조, 구 출입국관리법(2010. 5. 14. 법률 제10282호로 개정되기 전의 것)의 내용이나 체계, 취지 등을 종합하면, 노동조합법상 근로자란 타인과의 사용종속관계 하에서 근로를 제공하고 그 대가로 임금 등을 받아 생활하는 사람을 의미하며, 특정한 사용자에게 고용되어 현실적으로 취업하고 있는 사람뿐만 아니라 일시적으로 실업 상태에 있는 사람이나 구직 중인 사람을 포함하여 노동3권을 보장할 필요성이 있는 사람도 여기에 포함되는 것으로 보아야 한다. 그리고 출입국관리 법령에서 외국인고용제한규정을 두고 있는 것은 취업활동을 할 수 있는 체류자격(이하 '취업자격') 없는 외국인의 고용이라는 사실적 행위 자체를 금지하고자 하는 것뿐이지, 나아가 취업자격 없는 외국인이 사실상 제공한 근로에 따른 권리나 이미 형성된 근로관계에서 근로자로서의 신분에 따른 노동관계법상의 제반 권리 등의 법률효과까지 금지하려는 것으로 보기는 어렵다. 따라서 타인과의 사용종속관계 하에서 근로를 제공하고 그 대가로 임금 등을 받아 생활하는 사람은 노동조합법상 근로자에 해당하고, 노동조합법상의 근로자성이 인정되는 한, 그러한 근로자가 외국인인지 여부나 취업자격의 유무에 따라 노동조합법상 근로자의 범위에 포함되지 아니한다고 볼 수는 없다.

유권이 충돌하는 결과를 가져오는데, 위 취업규칙 조항이 두 기본권에 대한 이익형량이나 조화로운 조정 없이 영업의 자유와 관련한 필요성과 합리성의 범위를 넘어 **일률적으로 소속 직원들의 일반적 행동자유권을 전면적으로 제한**하고 있는 것은 기본권 충돌에 관한 형량과 기본권의 상호조화 측면에서 문제가 있는 점, 오늘날 개인 용모의 다양성에 대한 사회 인식의 변화 등을 고려할 때 갑 회사 소속 직원들이 수염을 기른다고 하여 반드시 고객에게 부정적인 인식과 영향을 끼친다고 단정하기 어려운 점, 더욱이 기장의 업무 범위에 항공기에 탑승하는 고객들과 직접적으로 대면하여 서비스를 제공하는 것이 당연히 포함되어 있다고 볼 수 없으며, 을이 자신의 일반적 행동자유권을 지키기 위해서 선택할 수 있는 대안으로는 갑 회사에서 퇴사하는 것 외에는 다른 선택이 존재하지 않는데도 수염을 일률적 · 전면적으로 기르지 못하도록 강제하는 것은 합리적이라고 볼 수 없는 점 등에 비추어 보면, 갑 회사가 헌법상 영업의 자유 등에 근거하여 제정한 위 취업규칙 조항은 을의 헌법상 일반적 행동자유권을 침해하므로 근로기준법 제96조 제1항, 민법 제103조 등에 따라서 무효다."

참고문헌

김지혜(2016), 외국인근로자의 사업장 변경제한과 강제노동금지의 원칙, ≪공법연구≫(한국공법학회), 제44집 제3호(2016), 189~210면.

노호창(2019), 외국인근로자 고용에 있어서의 법적정책적 쟁점, ≪노동법학≫(한국노동법학회), 제70호(2019), 179~230면.

손영화(2018), 외국인노동자에 대한 법정책의 연구－인권침해의 방지 및 사회통합을 중심으로－, ≪법과 정책연구≫(한국법정책학회), 제18집 제1호(2018), 3~33면.

여경수(2017), 외국인고용법상 출국만기보험 지급시기의 위헌성－헌재 2016. 3. 31. 2014헌마367 평석을 중심으로－, ≪사회법연구≫(한국사회법학회), 제32호(2017), 257~279면.

이희성(2016), 외국인 근로자의 사업장변경의 문제점과 개선방안, ≪원광법학≫(원광대학교 법학연구소), 제32집 제2호(2016), 199~226면.

조성혜(2019), 외국인고용법에 대한 비판적 검토－규제와 보호를 중심으로, ≪서울법학≫(서울시립대학교 법학연구소), 제27권 제3호(2019), 233~287면.

조성혜(2020), 외국인근로자의 사회보장법상 지위－외국인고용법이 사회보장법에 미치는 영향을 중심으로, ≪사회법연구≫(한국사회법학회), 제40호(2020), 35~84면.

최윤철(2018), 고용허가제에 대한 비판적 연구－법제와 사법판단을 중심으로, ≪공법학연구≫(한국비교공법학회), 제19권 제1호(2018), 253~275면.

CHAPTER 5

외국인의 결혼과 다문화가족법

제 5 장

외국인의 결혼과 다문화가족법

– 결혼이주여성, 혼혈인, 미등록이주아동

2019년 7월 한국어가 서투르다고 학대를 받아오던 베트남 출신 여성이 자신의 두 살짜리 아이가 보는 앞에서 한국인 남편으로부터 주먹과 발, 둔기 등으로 무차별적인 폭행을 당해 갈비뼈가 부러졌고, 이 상황을 담은 동영상이 인터넷을 통해 공개되자 수많은 시민들은 분노했다. 같은 해 12월 오십대 후반의 한국인 남편이 신혼생활 3개월 만에 삼십대의 베트남 출신 아내를 살해한 뒤 시신을 유기한 혐의로 체포되었다는 언론기사는 많은 사람들에게 충격을 안겨 주었는데 그들은 평소에 언어소통에 문제가 있었고, 경제적 문제로 다투는 일이 많았다고 한다. 국가인권위원회의 실태조사에 따르면 결혼이주여성 열 명 중 네 명은 가정폭력을 경험했다고 한다. 1990년대 중반 산업연수생으로 입국한 베트남인 아버지는 장시간의 노동과 열악한 근로조건 때문에 사업장을 이탈해 불법체류자가 되었고, 같은 베트남 출신 아내를 만나 세 명의 아이를 낳았다. 무릎 수술을 받았지만 건강보험의 적용을 받지 못하던 어머니는 베트남으로 돌아가고, 두 명의 동생을 돌보며 중학교와 고등학교까지 다닌 소녀는 강제퇴거를 앞두고 미등록 이주아동의 부당한 현실을 알리기 위해 국가인권위원회에 진정을 냈다. 결혼을 위해 이주한 여성들과 그들의 자녀, 그리고 국내 체류와 관련된 부모의 불법으로 마찬가지로 불법체류자가 되어 버린 아동들이 우리 주변에 평범한 이웃으로 살아가고 있다.

Ⅰ. 결혼이민자와 다문화가정의 증가

결혼을 목적으로 한국에 이주한 외국인(결혼이민자)의 숫자는 2020년 4월말을 기준으로 총 17만 명에 가까워지고 있다(아래 [표 5-1] 참조). 성별로 보면 여성이 80퍼센트 이상을 차지하고, 국적별로는 중국, 베트남, 일본, 필리핀, 기타 순으로 많다. 결혼목적 이주민 가운데 14만 명에 이르는 외국인은 이미 귀화하여 한국 국적을 취득하였다(아래 [표 5-2] 참조). 국적이 다른 사람들의 결혼을 흔히 '국제결혼'이라고도 부르기도 하는데 이렇게 형성된 가정을 '다문화가정'이라고 지칭한다. 다문화가족의 사회통합을 위하여 2008년에 제정된 「다문화가족지원법」(이하 '다문화가족법'으로 약칭)[1]은 '다문화가정'이라는 표현 대신에 '다문화가족'이라는 표현을 사용하면서 이 개념을 다음과 같이 정의한다(동법 제2조 제1호).

가. 「재한외국인 처우 기본법」 제2조 제3호의 결혼이민자와 「국적법」 제2조부터 제4조까지의 규정에 따라 대한민국 국적을 취득한 자로 이루어진 가족
나. 「국적법」 제3조 및 제4조에 따라 대한민국 국적을 취득한 자와 같은 법 제2조부터 제4조까지의 규정에 따라 대한민국 국적을 취득한 자로 이루어진 가족

부부 중 한 명이 출생시부터 대한민국 국민이고 다른 한 명이 외국인인 부부 또는 현재 부부 모두 대한민국 국민이지만 그 가운데 한 명이 귀화를 통해 국적을 취득한 사람인 부부가 다문화가족의 범위에 포함되는 것이다. 여기서 다문화가족법에 앞서 2007년에 제정된 「재한외국인 처우 기본법」(이하 '재한외국인법'으로 약칭)[2]에 따르면 '결혼이민자'는 대한민국의 국적을 가지지 아니한 자로서 대한민국에 거주할 목적을 가지고 합법적으로 체류하고 있는 '재한외국인'으로서 대한민국 국민과 혼인한 적이 있거나 혼인관계에 있는 사람을 의미한다(동법 제2조 제1호 및 제3호). 이에 따라 현재 한국인과 혼인관계에 있는 이주민뿐만 아니라 이전에 한국인과 결혼했다가 이혼한 이주민도 법적 보호를 받을 수 있다. 또한 한국인과 사실혼 관계에서 출생한 자녀를 양육하고 있는 이주민 및 이혼 등으로 해체된 가족의 자녀에게도 법적 보호를 제공하고 있다(동법 제14조 및 제14조의2). 하지만 기본적으로 법적 보호를 받는 재한외국인은 합법적 체류자에 한정되기 때문에 합법적 체류자격을 갖지 못한 재한외국인(불법체류

1) 다문화가족 지원법이 제정된 국내외적 배경에 대해서는 이광원(2018), 34면 이하; 이우영(2019), 21면 이하 참조.
2) 재한외국인 처우 기본법의 제정 배경에 대해서는 이광원(2018), 29면 이하; 이우영(2019), 18면 이하 참조.

외국인)과 그 자녀는 법적 보호의 사각지대에 놓이게 된다는 점, 그리고 외국인으로만 구성된 가족은 법적 보호를 받지 못한다는 점이 꾸준히 문제로 지적된다. 이미 앞(제1장)에서 살펴본 것처럼 결혼을 통한 국적취득(귀화)이 가능한데 2020년 4월말을 기준으로 결혼을 통해 국적을 취득한 귀화자는 총 13만6천여 명에 달한다.

[표 5-1] 결혼이민자 현황

	2011	2012	2013	2014	2015	2016	2017	2018	2019	2020.4
결혼 이민자	144,681	148,498	150,865	150,994	151,608	152,374	155,457	159,206	166,025	167,860
혼인 귀화자	77,203	84,933	93,953	101,560	108,526	114,901	121,339	129,028	135,056	136,311

자료: 법무부 출입국 · 외국인정책본부. 〈출입국 · 외국인정책 통계월보〉.

[표 5-2] 결혼이민자 국적별 현황

		2010	2011	2012	2013	2014	2015	2016	2017	2018	2019	2020.4.
전체		141,654	144,681	148,498	150,865	150,994	151,608	152,374	155,457	159,206	166,025	167,860
성별	남성	18,561	19,650	20,958	22,039	22,801	23,272	23,856	25,230	26,815	28,931	29,282
	여성	123,093	125,031	127,540	128,826	128,193	128,336	128,518	130,227	132,391	137,094	138,578
국적	중국 (한국계)	66,687 (31,664)	64,173 (29,184)	63,035 (27,895)	62,400 (26,274)	60,663 (24,604)	58,788 (23,130)	56,930 (21,328)	57,644 (21,521)	58,706 (21,984)	13,539 (8,056)	60505 (22,757)
	베트남	35,355	37,516	39,352	39,854	39,725	40,847	41,803	42,205	42,460	44,172	44,951
	일본	10,451	11,162	11,746	12,220	12,603	12,861	13,110	13,400	13,738	14,184	14,252
	필리핀	7,476	8,367	9,611	10,383	11,052	11,367	11,606	11,783	11,836	12,030	12,099
	태국	2,533	2,603	2,618	2,643	2,675	2,821	3,182	3,671	4,411	5,130	5,353
	캄보	4,195	4,583	4,541	4,650	4,618	4,555	4,473	-	4,496	4,641	4,731

디아											
미국	2,177	-	-	-	-	3,192	-	-	-	3,883	3,940
기타	21,685	23,463	24,754	26,008	26,951	27,745	28,925	30,425	32,466	21661	22,029

자료: 법무부 출입국 · 외국인정책본부, 〈출입국 · 외국인정책 통계월보〉.
* '–'로 표기된 부분은 기타에 포함.
** 2010년부터 2018년의 미국 통계는 〈출입국 · 외국인정책 통계월보〉와 〈국민의 배우자(지역별 · 국적별) 현황〉 간에 차이가 있어 기타에 포함.

Ⅱ. 결혼이주여성

1. 현 황

이미 앞서 살펴본 것처럼 2020년 4월말을 기준으로 대한민국 국민과 결혼하기 위하여 한국에 입국한 17만 명에 이르는 결혼이민자들 가운데 여성은 82퍼센트 정도를 차지하는 13만8천여 명이다. 결혼이주여성이 결혼이주남성보다 4배 이상 많다는 뜻이고, 결혼이주는 한국인 남성과 결혼을 원하는 외국인 여성에 의해 주로 이루어진다는 의미이다. 물론 미국이나 캐나다 국적의 결혼이민자의 경우에는 여성보다 남성이 훨씬 높은 비율을 차지한다. 출신국가(국적)별로 보면 중국(36퍼센트)과 베트남(27퍼센트) 순으로 가장 많고, 그 다음으로는 일본, 필리핀, 태국, 캄보디아, 몽골, 우크라이나 순이다. 재일교포가 많은 비중을 차지하는 일본을 제외하면 대체로 경제적으로 빈곤한 제3세계 국가 출신의 경우 여성이 압도적인 비율을 차지하고 있어 이들 국가에서 많은 여성이 추정컨대 경제적 빈곤으로부터의 탈출을 위하여 한국으로 결혼이주를 하고 있음을 확인할 수 있다.

[표 5-3] 결혼이민자 국적별 · 성별 현황 (단위: 명)

		2012	2013	2014	2015	2016	2017	2018	2019	2020.4.
통계월보	합계	148,498	150,865	150,994	151,608	152,374	155,457	159,206	166,025	167,860
	남성	20,958	22,039	22,801	23,272	23,856	25,230	26,815	28,931	29,282

	여성		127,540	128,826	128,193	128,336	128,518	130,227	132,391	137,094	138,578
결혼이민자 현황	합계		147,591	149,764	149,165	149,872	150,605	153,648	157,418	–	–
	남성		20,887	21,953	22,632	23,107	23,682	25,064	26,676	–	–
	여성		126,704	127,811	126,533	126,765	126,923	128,582	130,742	–	–
	중국	남	4,109	4,468	4,614	35,453	4,717	4,930	5,162	13,539	1,3620
		여	30,907	31,549	31,195	4,665	30,722	31,019	31,482	46,785	46,885
	한국계	남	7,699	7,591	7,444	7,188	6,889	7,156	7,522	8,056	8,108
		여	20,194	18,682	17,116	15,901	14,417	14,339	14,347	14,624	14,649
	베트남	남	282	424	618	884	1,308	1,743	2,171	2,742	2885
		여	38,772	39,018	38,620	39,442	39,867	39,764	39,517	41,430	42,066
	일본	남	1,124	1,179	1,221	1,218	1,213	1,221	1,228	1,235	1216
		여	10,608	11030	11,372	11,631	11,875	12,157	12,485	12,949	13,036
	필리핀	남	263	285	299	313	327	358	410	463	474
		여	9,071	9,754	10,199	10,572	10,813	10,999	11,037	11,567	11,625
	태국	남	50	62	70	74	76	83	96	99	102
		여	2,554	2,570	2,585	2,730	3,073	3,541	4,276	5,031	5,251
	캄보디아	남	6	12	15	44	59	116	216	369	402
		여	4,517	4,590	4,535	4,448	4,326	4,250	4,201	4,272	4,329
	미국	남	2,031	2,193	2,316	2,433	2,533	2,592	2,676	2,801	2,825
		여	618	650	675	745	813	870	971	1,082	1,115
	몽골	남	69	80	82	104	117	129	145	–	–
		여	2,319	2,278	2,240	2,215	2,203	2,211	2,239	–	–
	우즈베키스탄	남	53	62	67	75	83	96	110	–	–
		여	1,939	2,028	2,053	2,066	2,137	2,207	2,267	–	–
	러시아	남	71	74	76	81	81	86	96	–	–
		여	1,100	1,089	1,059	1,053	1,081	1,129	1,242	–	–
	캐나다	남	1,076	1,093	1,121	1,109	1,112	1,127	1,099	–	–
		여	162	174	179	185	206	217	217	–	–

자료: 법무부 출입국 · 외국인정책본부 〈출입국 · 외국인정책 통계월보〉와 〈결혼이민자 현황〉 간에 차이가 있어 총계는 양자를 모두 게시함. 2019년과 2020년의 경우에 성별 현황은 〈출입국 · 외국인정책 통계월보〉에 근거함.

앞서(제1장) 살펴본 것처럼 대한민국 국민과 결혼한 외국인은 원칙적으로 그 배우자와 혼인한 상태로 대한민국에 2년 이상 계속하여 주소가 있는 경우 또는 그 배우자와 혼인한 후 3년이 지나고 혼인한 상태로 1년 이상 계속하여 주소가 있는 경우에 귀화허가를 받을 수 있다(국적법 제6조 제2항 제1호 및 제2호). 위장결혼을 방지하기 위한 목적에서 귀화에 필요한 의무적 결혼기간 및 거주기간을 설정하고 있는 것이다. 따라서 대한민국 국민과 결혼한 외국인은 귀화허가를 받아 대한민국 국적을 취득하기 전까지 결혼이민(F-6) 체류자격으로 국내에 체류할 수 있다(출입국관리법 시행령 별표1의2 제27호).[3] 그 밖에 대한민국 국민과 혼인관계(사실혼 포함)에서 출생한 자녀를 양육하고 있는 외국인 부 또는 모, 그리고 국민인 배우자와 혼인한 상태로 국내에 체류하던 중 그 배우자의 사망이나 실종, 그 밖에 자신에게 책임이 없는 사유로 정상적인 혼인관계를 유지할 수 없는 외국인도 결혼이민 체류자격으로 체류할 수 있다.

결혼이주여성의 결혼기간이 상대적으로 짧다는 연구결과가 있다.[4] 무엇보다도 대부분 결혼정보업체(결혼중개업체)의 소개를 통해 이루어지는 결혼인 관계로[5] 결혼에 이르게 되는 기간이 비교적 짧기 때문이다. 결혼이주여성들이 불충한 정보나 심지어 의도적으로 과장되거나 감춰진 정보를 기초로 결혼을 결정하는 것이다.[6] 또한 언어

3) 이와 관련하여 대구고등법원은 불법체류를 해오던 외국인이 결혼이민자와 결혼 후 신청한 체류자격 변경허가를 기각한 바 있다. 대구고법판결 2016. 8. 5. 2016누4527: "베트남 국적으로 비전문취업(E-9) 자격을 받고 대한민국에 입국한 갑이 체류기간이 만료되었는데도 7년 이상 불법체류를 해오다가 베트남 출신 혼인귀화자인 을과 혼인신고를 하고 국민의 배우자(F-6-1) 자격으로 체류자격 변경허가 신청을 하였으나 관할 출입국관리사무소장이 '배우자 국적취득 후 3년 미만, 7년 4개월의 불법체류'를 이유로 신청을 반려하고 자진출국할 것을 통보한 사안에서, 혼인귀화자가 국적을 취득한 후 3년 이내에 다른 외국인을 결혼이민자로 초청하는 행위를 제한한 것은 혼인귀화자가 국민과의 혼인을 이유로 대한민국 국적을 취득한 후 단기간 내에 이혼하고 다른 외국인을 결혼이민자로 초청하지 못하도록 함으로써 건전한 국제결혼 문화를 정착시키고, 다문화가정의 조기해체를 방지하고자 하는 취지인데, 국내에서 장기간 불법체류를 한 외국인이 혼인귀화로 대한민국 국적을 취득한 사람과 결혼하여 임신이나 출산을 하였다는 이유로 배우자의 국적취득 후 3년 경과 여부에 관계없이 체류자격 변경을 허가할 경우 위와 같은 제도의 취지가 몰각될 뿐만 아니라 강제퇴거가 예정되어 있는 불법체류자들이 국내에서의 체류를 연장하기 위한 방편으로 혼인귀화자를 상대로 결혼과 임신을 시도하는 현상이 발생할 우려도 있는 점 등을 종합하면, 처분으로 갑 등이 입는 불이익이 그로 인하여 달성하려는 공익에 비하여 지나치게 커서 처분이 재량권을 일탈·남용한 경우에 해당하지 않는다."

4) 박은경(2017), 28면 이하 참조.

5) 이를 "매매혼적 결혼성립"으로 이해하는 견해도 있다. 이무선(2014), 135면 참조.

6) 결혼정보업체를 통한 결혼성립 과정에서 발생하는 다양한 문제 상황들에 대해서는 권행운/강병노(2016), 42면 이하 참조.

적 · 문화적 차이로 인한 가족 내 갈등이나 불화도 짧은 결혼생활의 원인이 되기도 한다. 대를 이을 자식을 낳아줄 신부를 구하는 남성과 지독한 빈곤에서 탈출을 원하는 여성 사이의 애초부터 불평등한 관계에서 성립된 결혼은 그 과정에서도 남편의 가부장적 폭력을 매개로 가정을 해체로 이르게 만들기도 한다.[7] 그리고 가정 내 경제적 궁핍도 결혼의 해체를 불러일으키는 원인으로 작동하기도 한다. '농촌총각'으로도 불리는 한국인 남편의 경제적 취약성이 드러나면 처음부터 경제적 목적이 강했던 결혼이주여성은 이혼을 선택하지 않을 수 없는 것이다. 결혼이주여성에게는 우선 경제적 독립을 위해 일과 가정의 양립을 위한 보육시설, 직업훈련과정의 확충이 필요하다. 또한 가정을 유지하고 있는 이주여성뿐만 아니라 가정이 해체된 이주여성에 대한 지원이 요구된다.

2. 다문화가족지원법에 따른 지원

다문화가족지원법은 결혼이민자 등에 대한 생활정보의 제공과 교육의 지원에 관하여 근거를 마련하고 있다. 이에 따라 국가와 지방자치단체는 결혼이민자 등이 대한민국에서 생활하는 데 필요한 기본적 정보(아동 · 청소년에 대한 학습 및 생활지도 관련 정보를 포함)를 제공하고, 사회적응교육과 직업교육 · 훈련 및 언어소통 능력 향상을 위한 한국어교육 등을 받을 수 있도록 필요한 지원을 할 수 있다(동법 제6조 제1항). 이러한 교육 지원과 관련하여 국가와 지방자치단체에 대해서는 거주지 및 가정환경 등으로 인하여 서비스에서 소외되는 결혼이민자 등이 없도록 방문교육이나 원격교육 등 다양한 방법으로 교육을 지원하고, 교재와 강사 등의 전문성을 강화하기 위한 시책을 수립 · 시행해야 할 의무가 부과된다.

다문화가족지원법은 다문화가족 내 가정폭력과 관련하여 우선 국가와 지방자치단체에 대해서 「가정폭력방지 및 피해자보호 등에 관한 법률」에 따라 다문화가족 내 가정폭력을 예방하기 위하여 노력해야 할 의무를 부과하고 있다(동법 제8조 제1항). 또한 국가와 지방자치단체가 가정폭력으로 피해를 입은 결혼이민자 등을 보호 · 지원할 수 있도록 규정하면서 가정폭력의 피해를 입은 결혼이민자 등에 대한 보호 및 지원을

7) 결혼이주여성에 대한 가정폭력의 문제에 대해서는 안진(2013), 62면 이하 참조.

위하여 외국어 통역 서비스를 갖춘 가정폭력 상담소 및 보호시설의 설치를 확대하도록 노력해야 할 의무도 부과하고 있다(동조 제2항 및 제3항). 한편 국가와 지방자치단체는 결혼이민자 등이 가정폭력으로 혼인관계를 종료하는 경우 의사소통의 어려움과 법률체계 등에 관한 정보의 부족 등으로 불리한 입장에 놓이지 아니하도록 의견진술 및 사실확인 등에 있어서 언어통역, 법률상담 및 행정지원 등 필요한 서비스를 제공할 수 있다(동조 제4항).

다음으로 의료 및 건강관리와 관련해서 다문화가족지원법은 국가와 지방자치단체가 결혼이민자 등이 건강하게 생활할 수 있도록 영양 · 건강에 대한 교육, 산전 · 산후 도우미 파견, 건강검진 등의 의료서비스를 지원할 수 있도록 규정하면서 결혼이민자 등이 이러한 의료서비스를 제공받을 경우 외국어 통역 서비스를 제공할 수 있도록 규정하고 있다(동법 제9조).

Ⅲ. 혼혈인

다문화가정에서 태어난 아동을 흔히 '혼혈아'로 불러왔다. 그들은 성년이 되어서도 아동이라는 지위에서 벗어나지 못한 채 여전히 혼혈아로 불린다. 적어도 그들을 '혼혈인'이라고 부르고 인격적으로 독립적인 주체로 인정해야 하는 이유가 여기에 있다. 물론 같은 민족에 속하는 부모 사이에서 태어난 아동을 '순혈'이라고 전제하면서 서로 다른 민족에 속하는 부모 사이에서 태어난 아동을 '혼혈'이라고 지칭하는 것 자체가 이미 차별적 편견을 담고 있다. 동일한 민족이나 인종 또는 국적의 부모에게서 태어난 아동만이 순혈이라는 고정관념이 애초에 문제가 있는 것이다. 다문화가정에서 태어난 아동은 언어와 문화가 다른 부모 사이에서 성장하는 과정에서 언어발달이 늦어지고 정서적 불안정과 가치관의 혼란을 겪을 수 있다는 점에서 이들에 대한 지원이 필요하다.[8)]

다문화가족지원법은 아동 · 청소년의 보육이나 교육과 관련하여 국가와 지방자치단체에 대해서 다문화가족 구성원인 아동 · 청소년을 차별하지 않도록 요청한다(동법

8) 다문화가정의 아동을 위한 언어발달 지원정책에 대해서는 김영숙/우정한(2012), 88면 이하 참조.

제10조 제1항). 또한 국가와 지방자치단체가 다문화가족 구성원인 아동 · 청소년이 학교생활에 신속히 적응할 수 있도록 교육지원대책을 마련해야 할 의무를 부과하면서 특별시 · 광역시 · 특별자치시 · 도 · 특별자치도의 교육감은 다문화가족 구성원인 아동 · 청소년에 대하여 학과 외 또는 방과 후 교육 프로그램 등을 지원할 수 있도록 규정한다(동조 제2항). 그리고 국가와 지방자치단체가 다문화가족 구성원인 18세 미만인 사람의 초등학교 취학 전 보육 및 교육 지원을 위하여 노력해야 할 의무를 부과하면서 그 구성원의 언어발달을 위하여 한국어 및 결혼이민자 등인 부 또는 모의 모국어 교육을 위한 교재지원 및 학습지원 등 언어능력 제고를 위하여 필요한 지원을 할 수 있도록 규정하고 있다. 한편 어린이집의 원장, 유치원의 장, 각급 학교의 장, 그 밖에 대통령령으로 정하는 기관의 장에게 아동 · 청소년 보육 · 교육을 실시함에 있어 다문화가족 구성원인 아동 · 청소년이 차별을 받지 아니하도록 필요한 조치를 해야 할 의무를 부과하고 있다(동조 제4항).

Ⅳ. 미등록 이주아동

불법체류 외국인의 자녀는 그 부모의 체류가 불법적이 되는 순간 동시에 불법체류 외국인이 된다. 본인의 의사와는 상관없이 불법으로 체류하는 외국인의 신분을 갖게 되는 것이다. 심지어 부모가 불법체류자가 된 이후에 태어나면 애초에 공적 기록부에 등록되지도 않은 채 존재하지 않은 사람으로 살아갈 수 있는 위험성도 있다. 이러한 '미등록 이주아동'이 불법체류 외국인으로서 오랫동안 국내에 거주하다가 어느 날 갑자기 그 사실이 발각되어 강제퇴거명령을 받으면 그는 자신의 정체성이 형성된 한국을 떠나 낯선 부모의 조국으로 돌아갈 수밖에 없는 형편에 처하게 된다. 더욱이 미등록 외국인을 외국인보호시설에 수용하는 것과 관련하여 성인과 아동을 구분하지 않아 아동도 사실상 구금시설과 다르지 않는 외국인보호시설에 수용될 수밖에 없다. 여기서 미등록 이주아동이 계속해서 국내에 체류할 수 있는 권리가 인정되어야 한다는 주장이 제기되는 것이다.[9] 물론 지금도 출입국관리법에 따라 '체류허가의 특례'가 인

9) 미등록이주아동이 국내에 계속해서 체류할 수 있는 권리의 이론적, 법적 근거에 대해서는 이탁건(2019), 166면 이하 참조.

정되므로(동법 제61조) 법무부장관은 강제퇴거명령에 대한 이의신청에 따른 결정을 할 때 이의신청이 이유 없다고 인정되는 경우라도 용의자가 대한민국 국적을 가졌던 사실이 있거나 그 밖에 대한민국에 체류하여야 할 특별한 사정이 있다고 인정되면 그의 체류를 허가할 수 있다. "대한민국에 체류하여 할 특별한 사정"의 의미가 매우 포괄적이기는 하지만 여전히 허가권자의 재량영역이 넓게 인정된다는 점에서 현실적으로 그러한 사정은 매우 제한적으로 해석될 여지가 있다.

[표 5-4] 체류외국인 연령별 현황 (단위: 명)

구분	2011	2012*	2013	2014	2015	2016	2017	2018	2019	2020.4.
합계	1,395,077	1,445,103	1,576,034	1,797,618	1,899,519	2,049,441	2,180,498	2,367,607	2,524,656	2,176,725
등록 외국인	982,461	932,983	985,923	1,091,531	1,143,087	1,161,677	1,171,765	1,246,626	1,271,807	1,249,026
거소 신고 동포	135,020	187,616	233,269	286,414	324,786	368,866	411,337	441,107	459,996	462,718
불법 체류자	167,738	177,854	183,106	208,778	214,168	208,971	251,041	355,126	390,281	357,106
19세 이하	82,388 (6%)	71,462 (5%)	91,888 (6%)	108,554 (6%)	119,400 (6%)	141,991 (7%)	157,217 (7%)	179,164 (7.6%)	193,224 (7.6%)	139,887 (6.4%)
20-29세	407,400 (29%)	424,578 (30%)	466,629 (30%)	511,924 (28%)	525,912 (28%)	552,036 (27%)	573,428 (26%)	613,451 (25.9%)	650,033 (25.7%)	500,436 (23.0%)
30-39세	337,231 (24%)	340,217 (24%)	377,626 (24%)	435,446 (24%)	462,669 (24%)	505,519 (25%)	561,335 (26%)	617,541 (26.1%)	664,515 (26.3%)	596,922 (27.4%)
40-49세	281,713 (20%)	275,685 (19%)	287,556 (18%)	318,182 (18%)	322,198 (17%)	336,044 (16%)	357,582 (16%)	383,875 (16.2%)	405,809 (16.0%)	355,142 (16.3.%)
50-59세	196,064 (14%)	205,643 (14%)	224,379 (14%)	268,421 (15%)	290,757 (15%)	308,344 (15%)	310,308 (14%)	332,405 (14.0%)	349,413 (13.8%)	316,943 (14.6%)
60세	90,281	108,162	127	154,791	178,583	205,507	220,608	241,171	266,267	267,395

이상	(7%)	(8%)	(8%)	(9%)	(10%)	(10%)	(10%)	(10.2%)	(10.5%)	(12.3%)

자료: 법무부 출입국 · 외국인정책본부, 〈출입국 · 외국인정책 통계월보〉 2011년~2020년 각 월호.
* 2012년의 경우 11월 말 통계.

사실 불법체류 외국인에게 붙여진 '불법(illegal)'이라는 딱지는 출입국관리법에 대한 위반을 의미하는 것으로 형사법적 불법과는 다른 의미이기 때문에 '미등록(undocumented)'이나 '비정규(irregular)'라는 수식어의 사용이 권장되기도 한다. 미등록 이주아동은 공적으로 등록되지 않았다는 이유로 학교진학에 문제가 생길 수 있다. 이에 따라 '초 · 중등교육법 시행령'은 외국인인 아동이나 학생이 초등학교나 중학교에 입학이나 전학 신청을 할 수 있고(동시행령 제19조 제1항 및 제75조 제1항), 신청을 받은 초등학교나 중학교에 '출입국에 관한 사실이나 외국인등록 사실을 증명할 수 있는 서류'를 제출할 수 없으면 '임대차계약서, 거주사실에 대한 인우보증서 등 거주사실을 확인할 수 있는 서류'를 제출하면 되도록 규정하여 입학기회를 부여하고 있다(동시행령 제19조 제2항 및 제75조 제2항).

[법령 5-1] 초 · 중등교육법 시행령
제19조 (귀국 학생 및 다문화학생 등의 입학 및 전학)
① 다음 각 호의 어느 하나에 해당하는 아동이나 학생(이하 이 조에서 "귀국학생 등"이라 한다)의 보호자는 제17조 및 제21조에 따른 입학 또는 전학 절차를 갈음하여 거주지가 속하는 학구 안에 있는 초등학교의 장에게 귀국학생 등의 입학 또는 전학을 신청할 수 있다.
  1. 외국에서 귀국한 아동 또는 학생
  2. 재외국민의 자녀인 아동 또는 학생
  3. 「북한이탈주민의 보호 및 정착지원에 관한 법률」 제2조 제1호에 따른 북한이탈주민인 아동 또는 학생
  4. 외국인인 아동 또는 학생
  5. 그밖에 초등학교에 입학하거나 전학하기 전에 국내에 거주하지 않았거나 국내에 학적이 없는 등의 사유로 제17조 및 제21조에 따른 입학 또는 전학 절차를 거칠 수 없는 아동 또는 학생
② 제1항의 신청을 받은 초등학교의 장은 「전자정부법」 제36조 제1항에 따른 행정정보의 공동이용을 통하여 「출입국관리법」 제88조에 따른 출입국에 관한 사실증명 또는

외국인등록 사실증명의 내용을 확인하여야 한다. 다만, 귀국학생 등의 보호자가 그 확인에 동의하지 않을 때에는 다음 각 호의 어느 하나에 해당하는 서류를 첨부하게 하여야 한다.

1. 출입국에 관한 사실이나 외국인등록 사실을 증명할 수 있는 서류
2. 임대차계약서, 거주사실에 대한 인우보증서 등 거주사실을 확인할 수 있는 서류

제75조 (귀국학생 및 다문화학생 등의 입학 · 전학 및 편입학)

① 다음 각 호의 어느 하나에 해당하는 아동이나 학생의 보호자는 제68조 및 제73조 제1항에 따른 입학 · 전학 또는 편입학 절차를 갈음하여 거주지를 학구로 하는 초등학교가 속하는 학교군 또는 중학구에 있는 중학교의 장에게 입학 · 전학 또는 편입학을 신청할 수 있다.

1. 제19조 제1항 제1호부터 제4호까지의 아동 또는 학생
2. 그밖에 중학교에 입학 · 전학 또는 편입학하기 전에 국내에 거주하지 않았거나 국내에 학적이 없는 등의 사유로 제68조 및 제73조 제1항에 따른 입학 · 전학 또는 편입학 절차를 거칠 수 없는 아동 또는 학생

② 제1항의 신청을 받은 중학교의 장은 「전자정부법」 제36조 제1항에 따른 행정정보의 공동이용을 통하여 「출입국관리법」 제88조에 따른 출입국에 관한 사실증명 또는 외국인등록 사실증명의 내용을 확인하여야 한다. 다만, 제1항 각 호에 따른 아동 또는 학생의 보호자가 그 확인에 동의하지 아니할 때에는 다음 각 호의 어느 하나에 해당하는 서류를 첨부하게 하여야 한다.

1. 출입국에 관한 사실이나 외국인등록 사실을 증명할 수 있는 서류
2. 임대차계약서, 거주사실에 대한 인우보증서 등 거주사실을 확인할 수 있는 서류

제89조의2 (귀국학생 등의 입학 · 전학 및 편입학)

다음 각 호의 어느 하나에 해당하는 아동이나 학생의 보호자는 제81조 제1항 및 제89조 제2항에 따른 입학 · 전학 또는 편입학 절차를 갈음하여 학칙이 정하는 바에 따라 고등학교에 입학 · 전학 또는 편입학할 수 있다.

1. 제19조 제1항 제1호부터 제4호까지의 아동 또는 학생
2. 그밖에 고등학교에 입학 · 전학 또는 편입학하기 전에 국내에 거주하지 않았거나 국내에 학적이 없는 등의 사유로 제81조 제1항 및 제89조 제2항에 따른 입학 · 전학 또는 편입학 절차를 거칠 수 없는 아동 또는 학생

[법령 5-2] 출입국관리법 시행령

제92조의2 (통보의무의 면제) 법 제84조 제1항 단서에서 "대통령령으로 정하는 사유"란 다음 각 호의 어느 하나에 해당하는 사유를 말한다.

1. 「초 · 중등교육법」 제2조에 따른 학교에서 외국인 학생의 학교생활과 관련하여 신상정보를 알게 된 경우

2. 「공공보건의료에 관한 법률」 제2조 제3호에 따른 공공보건의료기관에서 담당 공무원이 보건의료 활동과 관련하여 환자의 신상정보를 알게 된 경우
3. 그밖에 공무원이 범죄피해자 구조, 인권침해 구제 등 법무부령으로 정하는 업무를 수행하는 과정에서 해당 외국인의 피해구제가 우선적으로 필요하다고 인정하는 경우

Ⅴ. 결혼이주여성과 그 자녀에 대한 차별없는 시선

국적이 다른 사람들의 결혼이 특별히 이상하게 받아들여질 필요는 없다. 다만 한국인 남성과 결혼하는 외국인 여성, 특히 경제적으로 빈곤한 제3세계 국가 출신의 외국인 여성이 한국인 남성과 결혼하는 경우에 문제는 그렇게 단순하지 않다. 물론 한국인 남성과 외국인 여성의 모든 결혼이 그런 것은 아니겠지만 그러한 결혼에 대하여 매매혼의 시선이 쉽게 거두어들여지지는 않는 것으로 보인다. 결혼성사과정에서부터 결혼유지과정에 이르기까지 다른 국제결혼과 비교하여 특이한 성격들이 확인되기 때문이다. 결혼이주여성, 그리고 그들과 한국인 배우자 사이에서 태어난 아동은 그 자체로 독립된 인격적 주체로 인정될 필요가 있다. 그들이 어떠한 형태의 결혼과 가정을 선택했든, 특히 그러한 선택조차 자신의 것이 될 수 없는 아동이 어떠한 형태의 결혼으로 구성된 가족에서 태어났든 그들은 인권의 주체일 뿐만 아니라 심지어 그들도 국민이다. 혈통의 순수성을 강조하는 단일민족국가의 환상에서 벗어나 민족이나 출신국가는 다르지만 결혼을 통해 한국인과 가정을 이룬 외국인에 대하여 편견이나 고정관념을 버리고 차별없는 시선을 가질 필요가 있다. 심지어 그 부모에게 체류의 불법성이 인정된다고 해도 그로 인해 불법체류자가 된 채 혹은 아예 등록되지도 않은 채 살아가야 하는 아동에 대해서는 그들을 한국사회의 구성원으로 인정하는 적극적 태도가 요구된다.

참고문헌

강명원(2019), 한국의 다문화가족 지원법에 관한 비판적 고찰－프랑스 다문화 통합정책 관점에서, ≪공법학연구≫(한국비교공법학회), 제20권 제3호(2019), 273~293면.

권행운/강병노(2016), 아시아 다문화 여성의 국제결혼 중개과정 문제와 인권보호, ≪아태연구≫(경희대학교 국제지역연구원), 제23권 제1호(2016), 31~60면.

김영숙/우정한, 다문화가정의 실태와 지원정책 개선방안에 관한 고찰, ≪다문화콘텐츠연구≫(중앙대학교 문화콘텐츠기술연구원), 제13집(2012), 69~103면.

김지혜(2018), 미등록 이주아동의 교육권－미국 Plyer v. Doe 판결을 중심으로, ≪미국헌법연구≫(미국헌법학회), 제29권 제1호(2018), 67~96면.

류경혜(2018), 한국의 다문화－국제결혼여성들의 현실적 어려움－, ≪비교법학≫(부산외국어대학교 비교법연구소), 제29집(2018), 3~23면.

박은경(2017), 현행 다문화가족지원법의 개정 방향에 관한 연구, ≪경성법학≫(경성대학교 법학연구소≫, 제26집(2017), 21~49면.

안 진(2013), 결혼이주관련 법제의 문제점과 개선방안에 대한 일고찰－결혼이주여성의 인권의 관점에서, ≪법학논총≫(한양대학교 법학연구소), 제30권 제1호(2013), 41~74면.

이광원(2017), 신제도주의적 관점을 통해 살펴본 다문화 정책의 제도화 과정에 관한 연구－'재한외국인 처우 기본법'과 '다문화가족 지원법'을 중심으로, ≪한국정책과학학회보≫(한국정책과학학회), 제22권 제3호(2018), 21~46면.

이무선(2014), 인권차원에서의 결혼이주여성 보호법제의 재정비 방안, ≪법학논총≫(숭실대학교 법학연구소), 제32집(2014), 131~159면.

이우영(2019), 인권보장과 체계정합성 관점에서의 외국인 관련 법제의 입법적 분석과 개정방향, ≪입법학연구≫(한국입법학회), 제16집 제1호(2019), 1~37면.

이탁건(2019), 미등록 이주아동의 머무를 권리－아동권리보장의 관점에서, ≪이화젠더법학≫(이화여자대학교 젠더법학연구소), 제11권 제1호(2019), 161~194면.

CHAPTER 6 외국인의 선거

제 6 장

외국인의 선거

선거는 '민주주의의 꽃'이라고도 불린다. 하지만 민주주의 안에서 '민'은 오로지 국민으로만 이해되어 공휴일로 지정된 선거일은 외국인에게 그저 한국의 명절날처럼 하루 쉬는 날로 기억될 뿐이다. 해외로 이주하여 외국의 영주권을 획득한 국민은 혈통적으로 한국인일지 모르지만 주된 거주지를 외국으로 하고 있기 때문에 사실상 외국인이나 다름없음에도 불구하고 그들에게는 선거권이 부여된다. 반대로 한국에 이주하여 상당한 기간 동안 체류하고 있거나 심지어 영주권을 취득한 외국인은 국민이 아니기 때문에 선거권을 부여받지 못한다. 국가의사를 결정하는 대표를 선출하는 절차를 의미하는 선거와 관련된 권리(참정권)는 반드시 국민에게 한정할 필요는 없다. 참정권을 부여하는 기준이 되는 '국가의 구성원'이라는 자격이 국적을 가진 국민에게는 당연히 인정되어야 하지만 일정한 기간 이상을 거주하는 외국인에게도 국가의 구성원이라는 자격을 부여할 수 있기 때문이다. 해당 국가에 오랫동안 거주하면서 그 국가공동체에 대한 관심과 이해를 가지고 있는 구성원이면 국적과 상관없이 참정권이 부여될 수 있을 것으로 보인다.

Ⅰ. 민주주의와 선거

1. 제도화된 민주주의와 선거

제도를 법적 제도로 한정했을 때 제도의 틀 안에서 민주주의(democracy)는 흔히 '국민이 국가의 주인'이 되어 국가의 의사를 결정하는 주체가 되어야 한다는 원리로 이해된다. 이런 의미에서 민주주의는 무엇보다도 '주권은 국민에게 있고, 모든 권력은 국민으로부터 나온다'는 '국민주권'의 원리와 같은 의미로 이해되기도 한다.[1] 이러한

민주주의는 크게 구분하면 두 가지 형태, 즉 국민이 직접 참여하여 국가의사를 결정하는 '직접민주제'와 국가의사는 대표(representative)가 결정하고 국민은 대표를 통해 간접적으로만 국가의사결정에 참여하는 '간접민주제'로 구체화된다. 많은 국가에서 민주주의는 간접민주제로 구체화되고, 국민을 대신하여 국가의사를 결정하는 대표를 국민 스스로 선거를 통해 선출하는 '대의제(representative system)'가 간접민주주제의 주류를 이루고 있다.

이와 같은 대의제 민주주의에서 '선거'는 민주주의의 본질적 요소가 된다. 바로 이 선거를 통해 국민은 대표에게 '민주적 정당성(legitimacy)'을 부여하고, 대표는 선거를 통해 국민으로부터 민주적 정당성을 획득하기 때문이다. 물론 정부형태에 따라 의원내각제(의회중심제)에서는 국민이 부여하는 민주적 정당성이 의회로 '일원화'되기도 하지만 대통령제(대통령중심제)에서는 국민이 민주적 정당성을 의회와 행정부로 '이원화'하여 부여하기도 한다. 의원내각제에서는 국민이 선거를 통해 의회를 구성하고, 의회가 행정부의 수반(수상/총리)을 선출하는 반면에 대통령제에서 국민은 선거를 통해 의회를 구성할 뿐만 아니라 행정부의 수반(대통령)도 선출하기 때문이다.[2] 또한 선거는 임기가 만료된 대표의 '정치적 책임'을 묻는 수단으로 작동하기도 한다. 임기가 만료된 대표를 선출하는 선거에서 유권자는 다시 출마한 현재의 대표를 낙선시킴으로써 대표에게 정치적 책임을 묻는 것이다. 당연히 다시 출마하여 당선된 현재의 대표는 국민의 신임을 다시 얻어 임기 동안 민주적 정당성을 또 한 번 획득하게 되는 것이다.

대의제 민주주의에서 차지하는 선거의 역할에 비추어 대표가 되기 위해 선거에 후보로 출마할 수 있는 권리(피선거권)와 선거에서 자신의 대표를 선출할 수 있는 권리(선거권)는 민주주의를 실현하기 위하여 필수적인 권리가 된다. 따라서 헌법도 선거권

---

1) 민주주의와 국민주권의 관계에 대해서는 김광재(2019), 47면 이하 참조.

2) 대통령제와 의원개각제의 장점과 단점을 절충하여 행정부의 권력을 대통령과 총리(수상)에게 분산시키는 이른바 절충형 정부형태 또는 분권형 정부형태인 '이원정부제'는 민주적 정당성을 분리하여 대통령과 의회에 이원적으로 부여한다는 점에서는 대통령제와 같다. 실제로 이원정부제의 전형적인 모델로 언급되는 프랑스의 경우처럼 내각의 수반인 총리의 임명권을 대통령이 가지게 되면 정당을 매개로 대통령과 총리의 권한은 실질적으로 통합되어 이원정부제는 대통령제처럼 운영될 가능성도 배제할 수 없다. 물론 이원정부제 하에서 야당이 의회의 다수를 차지하는 경우에 대통령은 정국의 안정을 위하여 다수당이 지지하는 총리를 임명함으로써 이른바 '동거정부'를 구성할 수 있는 가능성이 없는 것은 아니다. 이원정부제는 바로 이 경우에만 행정부의 권력을 분산시켜 대통령제가 제왕적 대통령제로 운영될 위험을 막을 수 있다.

(헌법 제24조)과 함께 피선거권(헌법 제25조)을 헌법적 권리를 의미하는 기본권으로 보장하고 있다. 제도적 의미에서 민주주의는 국민이 국가의사결정의 주체가 되는 원리이므로 원칙적으로 '국민'만이 선거권과 피선거권을 총칭하는 '참정권'의 주체가 될 수 있다. 이것은 원칙적으로 '외국인'이 참정권의 주체가 될 수 없음을 의미한다. 물론 외국인도 귀화하여 국적을 취득하고 국민이 되면 참정권을 가질 수 있다. 참정권을 "모든 사람(everyone)"에게 인정되는 인권의 하나로 열거하고 있는 '세계인권선언(Universal Declaration of Human Rights)'도 참정권은 "자국(his country)"에서 인정되는 권리라고 규정하고 있고, 시민적 · 정치적 권리에 관한 국제협약(International Convention on Civil and Political Rights)은 참정권의 주체를 국적을 가진 국민을 의미하는 '시민(citizen)'으로 한정하고 있다.

[참조] 세계인권선언(UDHR) 제21조: 인권으로서 참정권

1. 모든 사람은 직접적으로 또는 자유롭게 선출된 대표를 통해 자국의 정치에 참여할 수 있는 권리를 가진다(Everyone has the right to take in the government of his country, directly or through freely chosen representatives).
2. 모든 사람은 자국의 공적 서비스에 평등하게 접근할 수 있는 권리를 가진다(Everyone has the right to equal access to public service in his country).
3. 국민의 의지는 정치기관의 기초가 된다; 국민의 의지는 보통 · 평등선거원칙에 따라 실시되고, 평등하고 자유로운 선거절차에 따라 진행되는 진정한 의미의 주기적 선거에서 표출되어야 한다(The will of the people shall be the basis of the authority of government; this will shall be expressed in periodic and genuine elections which shall be by universal and equal suffrage and shall be held secret vote or by equivalent free voting procedures).

[조약] 시민적 · 정치적 권리에 관한 국제협약(ICCPR) 제25조: 인권으로서 참정권

모든 시민은 제2조에 규정된 차별 없이, 그리고 합리적이지 않은 제한 없이 다음과 같은 권리와 기회를 가진다(Every citizen shall have the right and the opportunity, without any of the distinctions mentioned in article 2 and without unreasonable restrictions):

(a) 공적 업무의 수행에 직접적으로 또는 자유롭게 선출된 대표를 통해 참여할 수 있는 권리와 기회(To take part in the conduct of public affairs, directly or through freely chosen representatives);

(b) 보통 · 평등선거원칙에 따라 실시되고, 비밀투표에 의해 진행되며 유권자의 자유로운 의지표현이 보장되는 진정한 의미의 주기적 선거에서 투표하고 후보를 선출할 수 있는 권리와 기회(To vote and to be elected at genuine periodic elections which shall be by universal and equal suffrage and shall be held by secret ballot, guaranteeing the free expression of the will of the electors);

(c) 일반적 의미의 평등의 관점에서 자국의 공적 서비스에 접근할 수 있는 권리와 기회(To have access, on general terms of equality, to public service in his country).

2. 민주주의의 의미 확장과 선거

민주주의는 법적 제도 안에서 이해되는 의미를 넘어서 그 의미를 확장하여 국가를 포함한 모든 공동체에서 그 의사를 결정할 때 해당 공동체의 모든 구성원이 주체가 되어야 한다는 원리로 이해될 수도 있다. 민주주의에서 말하는 '민(demo)'의 의미가 굳이 국민으로 축소될 필요는 없고, 공동체의 구성원을 의미하는 '민'이 공동체의 주인이 되어 공동체를 지배(cracy)할 수 있다면, 즉 공동체의 의사를 결정하는 주체가 될 수 있다면 그것이 바로 민주주의가 지향하는 목표이기 때문이다. 그렇다면 국경을 기준으로 지역적으로 한정된 국가공동체의 경우에도 의사결정의 주체는 국가공동체의 모든 구성원으로 확장될 수 있고, 굳이 국가의사결정의 주체를 국민으로 한정한다고 해도 국민의 자격을 획득하는 기준을 달리 결정하여 국민의 범위는 확장될 수 있다.

이처럼 민주주의의 의미를 확장시키면 민주주의의 핵심적 요소인 선거에 참여할 수 있는 선거권이나 피선거권을 향유할 수 있는 자격요건도 달리 규정될 수 있다. 전국적으로 실시되는 선거에서도 선거권이나 피선거권은 국적과 상관없이 국가의 영토 안에 일정 기간 거주하고 있는 모든 구성원에게 부여될 수도 있는 것이다.[3] 적어도 특정한 지역에 한정된 지방선거에서는 해당 지방자치단체의 구성원을 의미하는 주민이라면 누구나 국적과 상관없이 해당 지역의 의사를 결정하는 과정에 참여할 수 있어야 한다.

---

3) 예컨대 칠레 헌법은 5년 이상 합법적으로 칠레에 거주하고 있는 외국인에게도 선거권을 부여하고 있다(칠레 헌법 제14조).

Ⅱ. 지방선거에서 외국인의 선거권과 피선거권

1. 선거권

지방자치법에 따르면 지방자치단체의 구역 안에 주소를 가진 사람은 그 지방자치단체의 주민이 된다(동법 제12조). 이처럼 주민이 되는 자격은 '주소'이기 때문에 국적은 주민이 되는 요건과 상관이 없다. 다만 주소의 존재를 확인하기 위해서는 등록이 필요한데 주민등록법에 따르면 해당 관할 구역에 30일 이상 거주할 목적이 있는 사람은 외국인을 제외하고 반드시 주소를 등록해야 한다(동법 제6조 제1항). 외국인의 경우에는 90일을 초과하여 대한민국에 체류하려면 외국인등록을 해야 하는데(출입국관리법 제31조 제1항) 그 등록사항에 체류지가 포함된다. 이처럼 필수적 주소등록에 요구되는 거주기간이나 체류기간에는 차이가 있지만 국민이든 외국인이든 주민은 소속 지방자치단체의 재산과 공공시설을 이용할 권리와 그 지방자치단체로부터 균등하게 행정의 혜택을 받을 권리를 향유한다(지방자치법 제13조 제1항). 더욱이 주민이면 누구나 지방의회의원과 지방자치단체장의 선거에 참여할 권리도 부여받는다(동조 제2항). 이처럼 지방선거에 참여할 수 있는 권리도 헌법적 권리를 의미하는 기본권으로 이해할 수 있다.

[판례 6-1] 헌법적 권리로서 지방선거참여권: 헌재 2016. 10. 27. 2014헌마797

헌법에서 지방자치제를 제도적으로 보장하고 있고, 지방자치는 지방자치단체가 독자적인 자치기구를 설치해서 그 자치단체의 고유사무를 국가기관의 간섭 없이 스스로의 책임 아래 처리하는 것이라는 점에서 지방자치단체의 대표인 단체장은 지방의회의원과 마찬가지로 주민의 자발적 지지에 기초를 둔 선거를 통해 선출되어야 한다. 공직선거 관련법상 지방자치단체의 장 선임방법은 '선거'로 규정되어 왔고, 지방자치단체의 장을 선거로 선출하여 온 우리 지방자치제의 역사에 비추어 볼 때, 지방자치단체의 장에 대한 주민직선제 이외의 다른 선출방법을 허용할 수 없다는 관행과 이에 대한 국민적 인식이 광범위하게 존재한다고 볼 수 있다. 주민자치제를 본질로 하는 민주적 지방자치제도가 안정적으로 뿌리내린 현 시점에서 지방자치단체의 장 선거권을 지방의회의원 선거권, 나아가 국회의원 선거권 및 대통령 선거권과 구별하여 하나는 법률상의 권리로, 나머지는 헌법상의 권리로 이원화하는 것은 허용될 수 없다. 그러므로 지방자치단체의 장 선거권 역시 다른 선거권과 마찬가지로 헌법 제24조에 의해 보호되는 기본권으로 인정하여야 한다.

그렇다고 모든 외국인이 지방선거에서 선거권을 부여받는 것은 아니다. '영주의 체류자격을 취득한 날부터 3년이 경과한 외국인'으로 '외국인등록대장'에 올라 있는 사람은 '18세 이상'이 되면 지방선거의 선거권을 가진다(공직선거법 제15조 제2항). 앞서 언급한 대로 출입국관리법에 따르면 입국한 날부터 90일을 초과하여 대한민국에 체류하려는 외국인(장기체류자)은 입국한 날부터 90일 이내에 그의 체류지를 관할하는 지방출입국 · 외국인 관서(장)에 '외국인등록'을 해야만 한다(동법 제31조 제1항). 그리고 외국인등록을 받은 지방출입국 · 외국인 관서는 '등록외국인기록표'를 작성 · 비치함과 동시에 '외국인등록표'를 작성하여 그 외국인이 체류하는 시 · 군 · 구(장) 및 읍 · 면 · 동(장)에 보내야 한다(동법 제34조 제1항). 바로 이 외국인등록표를 받은 시 · 군 · 구 및 읍 · 면 · 동이 그 등록사항을 적어 관리하는 서류가 바로 '외국인등록대장'이다. 2005년 선거법 개정으로 영주권을 가진 외국인에게 선거권이 인정되었고,4) 2018년에 실시된 전국동시지방선거의 경우에 외국인 선거권자는 106,205명이었다(아래 [표 6-1] 참조). 전체 선거인수가 4천2백9십여 만 명이었으니까 0.25퍼센트 정도밖에 되지 않은 적은 숫자다.

[표 6-1] 지방선거 선거권자 현황 (단위: 명)

전국동시지방선거	전체 선거인수	재외국민	외국인	전체 투표율
제4회(2006.05.31.)	37,046,282	0	6,726	51.6%
제5회(2010.06.02.)	38,851,159	57,128	12,878	54.5%
제6회(2014.06.04.)	41,196,228	71,981	48,428	56.8%
제7회(2018.06.13.)	42,907,715	58,124	106,205	60.2%

자료: 중앙선거관리위원회 웹사이트(www.nec.go.kr).

공직선거법에 따르면 18세 이상의 '국민'은 누구나 대통령선거와 국회의원선거에서 선거권을 가진다(동법 제15조 제1항). 선거권 부여와 관련하여 연령에 따른 제한을 하는 것에 대하여 헌법재판소는 합헌으로 판단하고 있다(아래 [판례 6-2] 참조). 물론

4) 외국인 지방선거권 도입과 관련된 배경에 대해서는 정인섭(2005), 34면 이하; 유숙란/오혜진(2012), 174면 이하; 윤진희(2019), 112면 이하 참조.

선거인명부를 작성하는 기준일 현재 해당 국회의원지역선거구 안에 '주민등록'이 되어 있는 국민에 한정되어 선거권이 부여된다.[5] 재외국민의 경우에는 영주신고를 하지 않은 사람으로 주민등록이 말소되었던 사람이 귀국 후 재등록 신고를 하는 경우나 주민등록이 없었던 사람이 귀국 후 최초로 주민등록 신고를 하는 경우에 30일 이상 거주할 목적을 가진 경우에 주소나 거소를 등록해야 한다(주민등록법 제6조 제1항 제3호). 이렇게 주민등록표에 3개월 이상 계속하여 올라 있고 해당 국회의원지역선거구 안에 주민등록이 되어 있는 재외국민은 18세 이상이면 선거권을 가진다(공직선거법 제15조 제1항 제2호). 따라서 외국인은 대통령선거나 국회의원선거에서 선거권을 가지려면 귀화절차를 통해 대한민국 국적을 취득해야만 한다. 물론 선거권의 경우에 연령 제한은 있지만 거주기간에 대한 제한이 없기 때문에 외국인이 대한민국 국적을 취득하여 국민이 되면 그 이후에 실시되는 모든 선거에서 곧바로 선거권을 가진다고 해석할 수 있다.

[판례 6-2] 선거권 연령제한

◇ 헌재 2013. 7. 25. 2012헌마174: 보통선거의 원칙은 일정한 연령에 도달한 사람이라면 누구라도 당연히 선거권을 갖는 것을 요구하는데 그 전제로서 일정한 연령에 이르지 못한 국민에 대하여는 선거권을 제한하는바, 선거권 행사는 일정한 수준의 정치적인 판단능력이 전제되어야 하기 때문이다. 헌법 제24조는 "모든 국민은 '법률이 정하는 바'에 의하여 선거권을 가진다."라고 규정함으로써, 선거권 연령을 어떻게 정할 것인지는 입법자에게 위임하고 있다. 입법자는 우리의 현실상 19세 미만의 미성년자의 경우, 아직 정치적 · 사회적 시각을 형성하는 과정에 있거나, 일상생활에 있어서도 현실적으로 부모나 교사 등 보호자에게 의존할 수밖에 없는 상황이므로 **독자적인 정치적 판단을 할 수 있을 정도로 정신적 · 신체적 자율성을 충분히 갖추었다고 보기 어렵다**고 보고, 선거권 연령을 19세 이상으로 정한 것이다. 또한 많은 국가에서 선거권 연령을 18세 이상으로 정하고 있으나, 선거권 연령은 국가마다 특수한 상황 등을 고려하여 결정할 사항이고, 다른 법령에서 18세 이상의 사람에게 근로능력이나 군복무능력 등을 인정한다고 하여 선거권 행사능력과 반드시 동일한 기준에 따라 정하여야 하는 것은 아니므로 선거권 연령을 19세 이상으로 정한 것이 불합리하다고 볼 수 없다. 따라서 선거권 연령을 19세 이상으로 정한 것이 입법

5) 주민등록법은 거주자와 거주불명자를 구분하여 주소나 거소의 등록의무를 부여하고 있는데 여기서 '거주자'는 거주지가 분명한 사람(재외국민 제외)을, '거주불명자'는 거주불명으로 등록된 사람을 의미한다(동법 제6조 제1항).

자의 합리적인 입법재량의 범위를 벗어난 것으로 볼 수 없으므로, 19세 미만인 사람의 선거권 및 평등권을 침해하였다고 볼 수 없다.

◇ 헌재 2014. 4. 24. 2012헌마287: 선거권 행사는 일정한 수준의 정치적 판단능력이 전제되어야 하는데, 입법자는 우리나라의 현실상 19세 미만의 미성년자의 경우, 아직 정치적 · 사회적 시각을 형성하는 과정에 있거나, 독자적인 정치적 판단을 할 수 있을 정도로 정신적 · 신체적 자율성을 충분히 갖추었다고 보기 어렵다고 보고, 지방의회의원 등의 선거권 행사 연령을 19세 이상으로 정한 것이다. 선거권 행사 연령은 국가마다 특수한 상황 등을 고려하여 결정할 사항이고, 다른 법령에서 18세 이상의 사람에게 근로능력이나 군복무능력 등을 인정한다고 하여 선거권 행사능력도 반드시 동일한 기준에 따라 정하여야 하는 것은 아니므로 선거권 행사 연령을 19세 이상으로 정한 것이 불합리하다고 볼 수 없다. 따라서 지방의회의원 등의 선거권 행사 연령을 19세 이상으로 정한 것이 입법자의 합리적인 입법재량의 범위를 벗어난 것으로 볼 수 없으므로, 19세 미만인 사람의 선거권 등을 침해하였다고 볼 수 없다.

2. 피선거권

피선거권의 경우에는 대통령선거나 국회의원선거든 지방선거든 외국인은 피선거권을 갖지 못한다. 국민의 경우에는 25세 이상이면 국회의원선거의 피선거권을 가지고, 40세 이상이면 대통령선거의 피선거권을 가진다(공직선거법 제16조 제1항 및 제2항). 헌법재판소는 이러한 피선거권 연령제한에 대하여 일관되게 합헌으로 결정하고 있다. 하지만 대통령선거나 국회의원선거와 달리 지방선거의 경우에는 지방에 대한 이해를 위하여 필수적인 거주기간이라면 모르지만 피선거권을 갖기 위하여 선거권보다 높은 연령을 요구하는 것은 합리적이지 않다고 판단된다. 지방선거의 경우에는 선거인 현재 60일 이상(공무로 외국에 파견되어 선거일 전 60일 후에 귀국한 자는 선거인명부 작성 기준일부터 계속하여 선거일까지) 해당 지방자치단체의 관할구역에 주민등록이 되어 있어야만 한다(동법 제16조 제3항).

[판례 6-3] 피선거권 연령제한: 헌재 2005. 4. 28. 2004헌마219; 헌재 2013. 8. 29. 2012헌마288; 헌재 2014. 4. 24. 2012헌마287; 헌재 2016. 12. 29. 2016헌마227; 헌재 2017. 10. 26. 2016헌마623; 헌재 2018. 6. 28. 2017헌마1362 등

헌법 제25조 및 제118조 제2항에 따라 국회의원 및 지방의회의원 등의 피선거권을 누구에게 어떤 조건으로 부여할 것인지는 입법형성권에 맡겨져 있다. 입법자는 피선거권 연령을, 대의제 민주주의에서 선거가 가지는 의미와 기능, 국회의원 등의 지위와 직무, 국민의 정치의식과 교육 수준 등의 여러 요소들을 종합적으로 고려하여 정책적으로 정할 수 있다. 여기에는 연령 설정을 통하여 달성하려는 공익과 그로 인한 공무담임권 등의 제한 사이에 균형과 조화를 이루어야 한다는 헌법적 한계가 있다. 다만, 구체적인 연령 기준이 입법형성권의 한계 내로서 현저히 높거나 불합리하지 않다면, 헌법에 위반된다고 할 수 없다.

기관구성권과 정책결정권을 분리하고 정책결정권을 대의기관에게 자유위임하는 대의제 민주주의에서 국회의원 등 대의기관에는 그 지위와 권한에 상응하는 대의활동능력 및 정치적 인식능력이 요청된다. 이에 상응하는 능력과 자질을 갖추기 위하여 요구되는 정규 또는 비정규적인 교육과정과 직접 또는 간접적인 경험을 쌓는 데 소요되는 최소한의 기간, 국민 또는 주민의 대표자로서 국가 또는 지방의 정책결정에 관여하는 선출직 공무원의 후보자에 대하여 기대되는 납세 또는 병역의무의 성실한 이행에 필요한 기간, 선거권 연령에 비하여 피선거권 연령을 높게 정하는 다른 국가들의 입법례 등을 고려할 때, 국회의원 등의 피선거권 연령을 25세 이상으로 정한 것은 입법형성권의 한계 내의 것으로 25세 미만인 국민의 공무담임권 등을 침해한 것으로 볼 수 없다.

지방자치제도가 지방에 관한 사무를 주민이 직접 선출한 기관을 통하여 스스로 처리하게 하는 제도라고 하더라도, 주민의 의사를 대표하는 대의기관으로서의 지방의회의원의 지위와 권한, 복잡화되고 전문화되어 가는 지방자치단체의 사무 등을 고려할 때, 지방의회의원의 피선거권 연령이 반드시 국회의원의 피선거권 연령보다 낮아야 한다고 보기 어렵다. 지방자치단체의 장도 지방자치단체를 대표하고 사무를 통할하는 폭넓은 권한이 있고, 주민의 복리를 좌우하는 정책의 결정과 집행에 큰 영향력을 가진 자치기관이자 선출직 공무원으로서, 그 선거에 있어서도 이러한 취지는 동일하게 적용될 수 있다.

대통령선거의 경우에는 선거일 현재 5년 이상 국내에 거주해야 하는 요건이 추가된다. 따라서 외국인이 귀화하여 국민이 된 경우에는 국회의원선거에서는 거주요건의 제한 없이 피선거권을 갖지만 대통령선거의 경우에는 국민이 된 후 5년 이상 국내에 거주해야 하는 요건을 충족해야만 피선거권을 가진다고 해석할 수 있다. 한편 지방선거의 경우에는 선거일 현재 60일 이상 해당 지방자치단체의 관할구역에 주민등록이 되어 있어야만 해당 지방자치단체의 선거에서 피선거권이 부여되기 때문에 외국인이 국민이 되어 지방선거에 출마하려면 국민이 된 후부터 선거일까지 60일 이상 해당 지방자치단체의 관할구역 안에 주민등록이 되어 있어야 해당 지방자치단체의 선거에서 피선거권을 가질 수 있다.

Ⅲ. 민주주의의 의미를 고려한 참정권의 확대

현재 대한민국에 거주하는 외국인은 '3년 이상 영주권'을 가지고 있어야 지방선거에서 선거권을 가질 수 있을 뿐이다. 앞서 언급한 대로 민주주의의 의미를 공동체의 의사결정을 다름 아닌 공동체의 모든 구성원이 하도록 요청하는 원리로 이해하면 민주주의의 핵심인 선거에 참여할 수 있는 권리는 국민에 한정될 필요가 없다. 공동체의 구성원으로 인정되면 누구나 선거에 참여할 수 있는 권리를 가져야 하는 것이다. 물론 여기서 누구를 공동체의 구성원으로 인정할 수 있는지의 문제는 남는다. 국가공동체의 경우에는 흔히 공동체의 구성원으로 인정하는 자격요건을 국민으로 정한다. 하지만 그렇다고 해도 국민이 아닌 사람, 즉 외국인이나 무국적자를 공동체의 구성원에서 완전히 배제할 필요는 없고, 이것은 국제적 추세에도 부합한다.[6] 정주 외국인,[7] 즉 영주자격을 취득하였거나 일정 기간 이상 실제로 국가공동체 안에 거주하고 있는 외국인이나 무국적자도 공동체의 구성원으로 인정하여 선거에 참여할 수 있는 권리를 부여할 수 있는 것이다. 적어도 민주주의와 선거의 관계를 고려했을 때 선거에 참여하는 주체를 국민으로 한정하는 경우에조차 국민의 자격요건을 결정하면서 거주기간을 고려하여 국민의 자격을 부여할 수도 있다. 선거에 참여할 수 있는 권리는 선거권뿐만 아니라 피선거권도 의미하기 때문에 선거권에 한정하지 않고 피선거권에 대해서도 외

---

6) 외국인 참정권의 인정과 관련된 외국의 입법례에 대해서는 김광재(2019), 59면 이하; 김민정(2019), 68면 이하; 윤진희(2019), 125면 이하; 이윤환(2013), 15면 이하; 임형백(2014), 53면 이하; 정상기(2018), 224면 이하 참조.

7) 정주 외국인의 개념에 대해서는 오동석(2005), 53면 이하 참조.

국인이나 무국적자에게 일정한 요건만 갖추면 그것을 인정할 수 있을 것이다. 또한 선거는 대통령선거나 국회의원선거는 물론 지방선거를 포함한 모든 선거에서 일정한 자격을 갖춘 외국인이나 무국적자에게도 선거권뿐만 아니라 피선거권도 인정될 수 있다고 보인다.

참고문헌

김광재(2019), 다문사회와 민주주의의 실현방안－외국인이 정치적 권리의 확대를 중심으로－, ≪법조≫(법조협회), 제68권 제4호(2019), 42~76면.

김민정(2019), 이주민의 정치적 권리, ≪정치정보연구≫(한국정치정보학회), 제22권 제1호(2019), 63~98면.

박진완(2019), 독일에서의 외국인 선거권 인정 논의, ≪법학논고≫(경북대학교 법학연구원), 제67집(2019), 1~30면.

오동석(2005), 한국에서 외국인 참정권 문제의 헌법적 검토, ≪공익과 인권≫(서울대학교 공익인권법센터), 제2권 제1호(2005), 45~66면.

유숙란/오혜진(2012), 지방 정치공동체 구성원과 지방 선거권: 한국과 일본의 외국인 지방선거권 정책을 중심으로, ≪한국정치학회보≫(한국정치학회), 제46집 제2호(2012), 163~185면.

윤진희(2019), 초국가시대 로컬 시티즌십 구현 방안에 관한 연구－외국인 선거권을 중심으로－, ≪유럽헌법연구≫(유럽헌법학회), 제30호(2019), 107~135면.

이윤환(2013), 정주 외국인의 피선거권 도입 가능성에 관한 연구, ≪디지털융복합연구≫(한국디지털정책학회), 제11권 제3호(2013), 13~22면.

임형백(2014), 지방자치선거와 이주민의 참정권, ≪다문화와 평화≫(성결대학교 다문화평화연구소), 제8권 제2호(2014), 48~66면.

정상기(2018), 국내체류외국인의 참정권과 법적 보호, ≪과학기술법연구≫(한남대학교 과학기술법연구원), 제24집 제1호(2018), 221~261면.

정인섭(2005), 한국에서의 외국인 지방선거권 논의 현황, ≪공익과 인권≫(서울대학교 공익인권법센터), 제2권 제1호(2005), 33~44면.

CHAPTER 7 북한주민은 외국인인가?

Ⅰ. 영토조항과 평화통일조항

Ⅱ. 북한이탈주민의 보호 및 정착지원에 관한 법률

Ⅲ. 북한이탈주민의 인권 보호를 위한 논의

Ⅳ. 통일시대의 거울로서 탈북민

제 7 장

북한주민은 외국인인가?

– 북한이탈주민법

2020년 4월에 실시된 제21대 국회의원선거에서 한국 선거역사 상 처음으로 지역구에서 북한 외교관 출신의 탈북민이 당선되었다. 탈북한 지 5년이 지나지 않아 경찰의 신변보호를 받고 있던 한 남성 탈북민이 성폭행 혐의로 경찰의 수사를 받자 한강하구를 건너 월북(재입북)했다. 북한에서 약대를 나온 여성이 노모와 두 딸을 데리고 탈북하여 한국 약대에 편입한 뒤 쉰의 나이에 한국 약사 자격을 취득하였다. 임대아파트에 살던 탈북민 모자가 사망한 지 두 달만에 발견되었는데 집안에 있던 냉장고에 식료품이 떨어져 있는 정황 등을 살펴보았을 때 아사했을 것으로 추정되었다. 일명 '삐라'로 불리는 대북전단이 심각한 남북갈등을 일으키자 정부는 대북전단의 살포를 주도하던 탈북민단체에 대하여 비영리법인 설립허가를 취소하였다. 언론에 보도된 탈북민의 살아가는 모습은 다양하게 비추어진다. 같은 혈통과 언어를 가졌음에도 분단으로 인하여 다른 삶을 살아야 했던 북한주민이 탈북하여 한국으로 입국한 뒤 자연스럽게 국민의 범주에 편입되고 있음에도 불구하고 여전히 그들은 외국인처럼 낯선 존재로 살아가고 있다. 그들은 어떻게 한국 국민으로서의 정체성을 찾아갈 수 있을까?

Ⅰ. 영토조항과 평화통일조항

헌법은 대한민국의 영토를 한반도와 그에 부속된 도서(섬)로 규정함으로써(헌법 제3조: 영토조항) 북한 지역도 대한민국의 영토임을 분명히 밝히고 있다. 대한민국의 영토가 '한반도 전체'이고, 따라서 북한 지역도 대한민국의 영토에 속한다면 북한 주민은 당연히 외국인이 아니라 대한민국의 국민이다. 그렇다면 헌법이 보장한 거주·

이전의 자유에 따라 대한민국 국민은 대한민국 영토 안에서 자유로운 이동이 가능하기 때문에 북한 주민이 남한 지역으로 이주하는 것은 법적으로 전혀 문제되지 않고, 심지어 남한 주민도 북한 지역으로 자유롭게 이동할 수 있어야 한다. 하지만 현실은 그렇지 않다. 국가보안법에 따라 북한 주민이 남한 지역으로 이주하는 것은 '잠입죄'가 되고, 남한 주민이 북한 지역으로 이동하는 것은 '탈출죄'가 되는 것이 법적 현실이다. 북한은 여전히 국가보안법에 따라 국가로 인정받기는커녕 '반국가단체'에 지나지 않아 북한으로부터의 잠입이나 북한으로의 탈출은 금지되고 처벌받기 때문이다. 물론 '남북교류협력에 관한 법률'에 따른 '방문승인'을 받으면 남한주민의 북한방문 또는 북한주민의 남한방문이 가능하지만(동법 제9조) 이것은 원칙적 금지에 대한 예외적 허용을 의미할 뿐이다.

[판례 7-1] 남북합의서의 법적 성격: 헌재 1997. 1. 16. 92헌바6 등, 판례집 9-1, 1, 23~24면

소위 **남북합의서**는 남북관계를 '나라와 나라 사이의 관계가 아닌 통일을 지향하는 과정에서 잠정적으로 형성되는 특수관계' (전문 참조) 임을 전제로 하여 이루어진 합의문서인바, 이는 한민족공동체 내부의 특수관계를 바탕으로 한 당국간의 합의로서 남북당국의 성의있는 이행을 상호 약속하는 일종의 **공동성명 또는 신사협정**에 준하는 성격을 가짐에 불과하다. 따라서 남북합의서의 채택 · 발효 후에도 북한이 여전히 적화통일의 목표를 버리지 않고 각종 도발을 자행하고 있으며 남 · 북한의 정치, 군사적 대결이나 긴장관계가 조금도 해소되지 않고 있음이 엄연한 현실인 이상, 북한의 반국가단체성이나 국가보안법의 필요성에 관하여는 아무런 상황변화가 있었다고 할 수 없다. … 요컨대, 현단계에 있어서의 북한은 조국의 평화적 통일을 위한 **대화와 협력의 동반자임과 동시에** 대남적화노선을 고수하면서 우리 자유민주주의체제의 전복을 획책하고 있는 **반국가단체**라는 성격도 함께 갖고 있음이 엄연한 현실인 점에 비추어, 헌법의 전문과 제4조가 천명하는 자유민주적 기본질서에 입각한 평화적 통일정책을 수립하고 이를 추진하는 법적 장치로서 '남북교류협력에 관한 법률' 등을 제정 · 시행하는 한편, 국가의 안전을 위태롭게 하는 반국가활동을 규제하기 위한 법적 장치로서 국가보안법을 제정 · 시행하고 있는 것으로서, 위 두 법률은 상호 그 입법목적과 규제대상을 달리하고 있는 것이므로 '남북교류협력에 관한 법률' 등이 공포 · 시행되었다 하여 국가보안법의 필요성이 소멸되었다거나 북한의 반국가단체성이 소멸되었다고는 할 수 없다.

북한의 법적 지위에 대한 헌법재판소 판례에 따르면 그 요지는 북한 지역이 대한민국의 영토이므로 북한은 대한민국의 영토를 불법적으로 점유하고 있는 반국가단체이고, 북한 주민은 반국가단체의 구성원이라는 것이다. 다만 북한은 민족통일을 위한 동반자이므로 남한과 북한은 같은 민족(한민족)으로서 '특수한 관계'를 형성하고 있다는 말이다. 영토를 불법적으로 점유하고 있는 반국가단체는 무력을 사용하여 점령할 수 있고, 반국가단체가 점유하고 있는 빼앗긴 영토는 군대를 동원하여 강제로 회복할 수 있다. 하지만 헌법은 통일의 대원칙을 '평화'로 규정함으로써(헌법 제4조: 평화통일조항) 비록 북한이 반국가단체이기는 하지만 통일의 방식은 반드시 평화적이어야 함을 선언하고 있다. 평화통일에 관한 헌법의 규정을 조금 더 확장시켜보면 북한은 단지 민족통일을 위한 동반자적 지위를 넘어 대한민국과 대등한 지위를 가진 하나의 독립된 국가(주권국가)로 해석될 여지도 있다. 실제로 북한은 국제법질서에 따르면 유엔에 가입된 독립된 국가로 인정받고 있다. 북한이 하나의 독립된 국가라면 북한은 다른 나라와 마찬가지로 '외국'이고, 북한 주민은 '외국인'이며 북한 지역은 '외국의 영토', 즉 북한의 영토가 된다. 따라서 북한 주민이 한국에 입국하거나 남한 주민이 북한에 입국하기 위해서는 출입국관리법에 따른 여권과 사증(비자)이 필요하게 된다(제2장 참조). 그리고 북한 주민이 대한민국의 국민이 되기 위해서는 다른 외국인과 마찬가지로 국적법에 따른 귀화의 절차를 거쳐야 한다(제1장 참조).

북한 주민이 중국 등 제3국(라오스/태국 등)을 거쳐 한국으로 입국하면 "북한이탈주민"으로 별도의 귀화 절차 없이 곧바로 한국 국적을 취득하고 있는 법적 현실을 고려할 때 사실상 북한 주민은 외국인이 아니라 국민으로 간주되고 있음을 확인할 수 있다.[1] 매년 북한을 이탈하여 한국에 입국하는 북한 주민의 숫자는 1999년에 100명 선을 넘어섰고, 2002년에 1,000명을 초과하기 시작하였으며 2006년에는 2,000명을 상회하기 시작했다(아래 [표 7-1] 참조). 2009년 3,000명에 육박하던 북한이탈주민의 숫자는 점차 감소하는 추세에 있고, 2019년에 1,047명을 기록하였다. 누적되는 북한

1) 북한 주민을 대한민국 국민으로 보는 경우에 재외국민을 보호하도록 요구하고 있는 헌법의 요청(헌법 제2조 제2항)에 따라 중국이나 러시아 등 외국에 체류하는 북한이탈주민의 보호를 위하여 '북한이탈주민의 보호 및 정착지원에 관한 법률'이 제정되었다고 보는 견해도 있다. 한명진(2020), 7면 참조. 하지만 북한이탈주민법이 북한 주민을 재외국민으로 전제하고 있다고 보기에는 어려움이 있기 때문에 재외국민의 보호에 관한 헌법규정을 북한이탈주민지원법의 근거로 삼기에는 무리가 있다고 판단된다.

이탈주민의 숫자가 증가함에 따라 남한에 입국한 북한이탈주민 총수는 2007년에 1만 명, 2010년에 2만 명, 2016년에 3만 명을 넘어섰다. 2020년 6월 말을 기준으로 한국에 입국한 총 북한이탈주민은 33,670명이고, 이 가운데 70퍼센트가 조금 넘는 비율은 여성이 차지한다. 탈북여성에 대한 특별한 배려가 필요한 이유가 여기에 있다.

결론적으로 이론적 측면에서는 북한 주민이 대한민국 국민인지 아니면 외국인인지에 대한 논란은 여전히 계속되고 있음에도 불구하고 현실의 측면에서 북한 주민은 당연히 대한민국 국민으로 전제되어 별도의 절차 없이 대한민국 국민으로 자연스럽게 편입되고 있는 것이다. 하지만 북한이탈주민이 국내에 입국하여 자연스럽게 대한민국 국민으로 인정받는다고 해도 국제법적으로 북한이탈주민은 제3국에 난민신청을 하는 경우에 복수국적자(한국과 북한의 이중국적자)로 인정되어 난민으로 인정받기 어려울 수 있다는 문제점이 제기된다.[2)]

[표 7-1] 북한이탈주민 현황 (단위: 명)

연도	2006	2007	2008	2009	2010	2011	2012	2013	2014	2015	2016	2017	2018	2019	2020*	합계
전체	2,028	2,554	2,803	2,914	2,402	2,706	1,502	1,514	1,397	1,276	1,418	1,127	1,137	1,047	147	33,670
남성	515	573	608	662	591	795	404	369	305	251	299	188	168	845	41	9,404
여성	1,513	1,981	2,195	2,252	1,811	1,911	1,098	1,145	1,092	1,025	1,119	939	969	202	106	33,670

자료: 통일부 웹사이트(www.unikorea.go.kr).
*2020년은 6월 말 기준.

2) 류지성(2017), 141면 참조.

Ⅱ. 북한이탈주민의 보호 및 정착지원에 관한 법률

1. 개 념

1997년에 제정된 '북한이탈주민의 보호 및 정착지원에 관한 법률'(이하 '북한이탈주민법'으로 약칭)[3]에 따르면 북한이탈주민은 "군사분계선 이북지역에 주소, 직계가족, 배우자, 직장 등을 두고 있는 사람으로서 북한을 벗어난 후 외국 국적을 취득하지 아니한 사람"으로 정의된다(동법 제2조 제1호). 따라서 북한을 이탈한 북한 주민 가운데 이미 외국 국적을 취득한 사람은 북한이탈주민에 포함되지 않는다.[4] 북한이탈주민으로 북한이탈주민법에 따른 보호를 받기 위해서는 보호를 받겠다는 의사(귀순의사)를 표시해야만 한다(동법 제3조). 또한 북한이탈주민은 ① 항공기 납치, 마약거래, 테러, 집단살해 등 국제형사범죄자, ② 살인 등 중대한 비정치적 범죄자, ③ 위장탈출 혐의자, ④ 체류국에 10년 이상 생활 근거지를 두고 있는 사람, ⑤ 국내 입국 후 3년이 지나서 보호신청한 사람, ⑥ 그 밖에 보호대상자로 정하는 것이 부적당하다고 대통령령으로 정하는 사람[5]은 북한이탈주민법에 따른 보호대상자가 될 수 없다(동법 제9조 제1항). 다만 ① 본인의 의사에 반하여 체류국에서 억류되거나 감금되는 등의 사유로 자유로운 활동이 불가능했다고 인정되는 경우, ② 국내에 입국하는 과정에서 체류국의 수용시설 등에 장기간 구금되는 등의 사정이 있었던 경우, ③ 체류국에서 은둔하거

3) 북한이탈주민지원법의 제정과 개정 과정에 대한 자세한 설명은 한명진(2020), 9면 이하 참조.

4) 북한이탈주민법에 따르면 거짓이나 그 밖의 부정한 방법으로 이 법에 따른 보호 및 지원을 받거나 다른 사람으로 하여금 보호 및 지원을 받게 한 자는 5년 이하의 징역 또는 5천만원 이하의 벌금에 처해진다(동법 제33조 제1항). 이와 관련하여 대법원은 북한이탈주민이 외국 국적 보유 사실을 숨긴 채 북한이탈주민인 것처럼 허위진술을 하여 북한이탈주민법에 따른 보호와 지원을 받은 경우에 이와 같은 범죄행위에 해당한다고 본다. 대판 2015. 10. 29. 2014도5939 참조: "북한이탈주민법의 입법 목적과 규정 내용에 비추어, 북한 지역을 벗어난 후 외국의 국적을 취득한 사람뿐만 아니라 북한을 벗어나기 전에 이미 외국 국적을 취득하고 북한을 벗어난 후 외국 국적을 그대로 보유하고 있는 사람은 북한이탈주민법의 적용대상인 북한이탈주민에 해당하지 않으므로, 이러한 사람이 외국 국적 보유 사실을 숨긴 채 마치 북한 공민권자인 것처럼 허위진술을 하여 북한이탈주민법에 의한 보호 및 지원을 받은 때에는 같은 법 제33조 제1항에서 정한 거짓이나 그 밖의 부정한 방법으로 보호 및 지원을 받은 때에 해당한다."

5) 북한이탈주민법 시행령 제16조에 따르면 ① 보호대상자로 결정할 경우 정치적 · 외교적으로 대한민국에 중대한 어려움을 발생시킬 것으로 예상되는 사람, ② 제12조의3에 따른 조사 및 임시보호조치의 기간 중 다른 사람의 신변안전에 중대한 위해를 초래할 우려가 있는 폭력행위를 하거나 시설을 파손한 사람, ③ 북한을 이탈한 후 제3국에서 합법적인 체류자격을 획득한 사람은 보호대상자로 정하는 것이 부적당한 사람에 해당한다.

나 도피하는 등의 사정으로 정상적 또는 안정적인 생활이 불가능했다고 인정되는 경우, 또는 ④ 이에 준하는 사정으로서 통일부장관이 인정하는 경우 중 하나에 해당하면 체류국에 10년 이상 생활 근거지를 두고 있는 사람도 보호대상자가 될 수 있고, ① 외부와 차단된 시설에 거주하거나 질병 등의 사유로 자유로운 활동이 불가능했다고 인정되는 경우 또는 ② 이에 준하는 사정으로서 통일부장관이 인정하는 경우에는 국내 입국 후 3년이 지나서 보호신청한 사람도 보호대상자가 될 수 있다(동법 시행령 제16조 제2항). 어쨌든 모든 북한이탈주민이 자동적으로 북한이탈주민법에 따른 '보호대상자'가 되는 것은 아니고, 보호대상자로 결정받지 못한 북한이탈주민은 그 법적 지위가 확정되지 못한다는 문제점이 발생한다.[6] 또한 보호대상자로 결정받지 못한 사람이 그러한 결정에 이의를 제기할 수 있는 절차가 보장되어 있지 않은 것도 문제점으로 지적될 수 있다. 아무튼 보호대상자로 결정되었는지 여부와 상관없이 북한이탈주민의 법적 지위를 명시하는 규정이 필요할 것으로 보인다. 더불어 보호결정을 받지 못한 북한이탈주민의 강제추방을 금지하는 명시적 규정도 필수적이다.

2. 보호의 내용

북한이탈주민법에 따라 보호대상자로 결정이 되면 정착지원시설에서 보호(동법 제11조)를 받고, 학력이나 자격을 인정받을 수 있으며 사회적응교육이나 직업훈련을 받을 수 있을 뿐만 아니라 취업보호, 영농정착지원, 세제혜택을 받을 수 있다. 또한 주거지원(동법 제20조), 정착금 지원(동법 제21조), 교육지원(동법 제24조), 의료급여(동법 제25조) 등의 다양한 지원을 받을 수도 있다.

우선 절차적인 측면에서 북한이탈주민이 북한이탈주민법에 따른 보호를 받으려면 재외공관이나 그 밖의 행정기관의 장에게 보호를 직접 신청해야 한다(동법 제7조 제1항). 보호신청을 받은 재외공관 등은 통일부장관과 국가정보원장에게 통보하고(동조 제2항), 통보를 받은 국가정보원장은 보호신청자에 대하여 보호결정 등을 위하여 필요한 조사 및 일시적인 신변안전조치 등 임시보호조치를 한 후 그 결과를 통일부장관에게 통보해야 한다(동조 제3항). 조사결과를 통보받은 통일부장관은 **북한이탈주민 대책**

6) 류지성(2017), 141면 이하 참조.

협의회의 심의를 거쳐 보호 여부를 결정할 수 있다(동법 제8조).

북한이탈주민은 보호결정을 받으면 제일 먼저 정착지원시설(하나원)에서 12주 동안 400시간의 '사회적응훈련'을 받는다. 사회적응훈련에는 심리안정, 한국사회에 대한 이해 증진, 진로지도 상담, 기초직업 훈련 등이 포함된다. 정착지원시설을 퇴소하면 5년 동안 거주지 보호를 받게 된다.

보호대상자의 정착 여건 및 생계유지능력 등을 고려하여 '정착금'이나 그에 상응하는 물품이 지급될 수 있는데(동법 제21조 제1항) 정착금은 우선 **기본금**으로 1인 세대 기준으로 800만 원(2인 세대 1,400만 원, 3인 세대 1,900만 원, 4인 세대 2,400만 원, 7인 세대 이상 3,900만 원)이 지급되고, 직업훈련, 자격증 취득, 취업 등에 대한 **장려금**으로 최대 2,510만 원, 노령, 장애, 장기치료, 한부모, 제3국출생자녀양육 등을 이유로 하는 **가산금**으로 최대 1,540만 원이 지급된다. 또한 정착금 지원 제도에 따라 고용지원금, 취업장려금, 주거지원금 잔액, 지방거주 장려금이 지급되고 있다. ① **고용지원금**은 북한이탈주민을 고용한 사업주에게 임금의 50퍼센트 범위(월 최대 50만 원, 분기별 최대 150만 원)에서 분기별로 지원하는 금액을 말한다. 2014년 11월 29일 이전에 입국한 북한이탈주민에게만 해당한다. ② **취업장려금**은 북한이탈주민의 직업능력 및 경제적 기반의 마련을 위하여 거주지보호기간(5년) 중 장려금 지급사유가 발생하는 때 일시불로 지급하는 금액으로 직업훈련 및 자격취득 장려금을 포함한다. ③ **주거지원금 잔액**은 북한이탈주민에게 지급되는 주거지원금 중 주택계약 시 임대보증금을 지급하고 남은 금액이 있는 경우에 거주지보호기간(하나원 퇴소로부터 5년)이 종료된 후 해당 북한이탈주민 본인의 신청에 의하여 일시불로 지급되는 금액을 말한다. ④ **지방거주 장려금**은 보호대상자가 정착지원시설로부터 수도권(서울, 인천, 경기)이 아닌 지역의 거주지로 전입하여 2년 동안 수도권으로 거주지를 이동하지 않은 경우에 지급되는 금액(주거지원금의 10퍼센트 또는 20퍼센트)을 말한다. 그 밖에도 장애가산금(중증 1540원, 경증 360만 원), 장기치료가산금(최대 9개월 × 80만원), 제3국출생자녀양육 가산금(최대 2명까지 자녀 1인당 400만 원), 한부모가정아동보호 가산금(13세 미만 보호아동 세대별 360만 원), 고령가산금(60세 이상 720만 원)이 지원된다. 한편 주거지원으로 임대 아파트를 알선하고, 주거지원금으로 1인 세대 기준으로 1,600만 원이 지급된다.

'학력인정'과 관련하여 북한이탈주민이 북한이나 외국에서 이수한 학교 교육의 과정에 상응하는 학력은 한국에서 인정받을 수 있다(동법 제13조). 한편 북한이탈주민에 대한 교육지원은 중·고등학교에 입학 또는 편입하는 경우와 대학에 입학 또는 편입하는 경우로 구분된다. 중·고등학교의 경우에는 입학금과 수업료, 학교운영지원비 및 기숙사 사용료 등 전액을 정부에서 지원하고, 국·공립대학의 경우에는 입학금, 수업료 등 전액을 정부에서 지원하며 사립대학의 경우에는 입학금의 전액과 수업료의 반액을 남북하나재단이 보조한다.

학력과 함께 자격도 인정받을 수 있는데 북한이탈주민이 북한이나 외국에서 취득한 자격에 상응하는 자격 또는 그 자격의 일부는 한국에서 인정받을 수 있다(동법 제14조). 또한 직업훈련을 희망하는 보호대상자 또는 보호대상자였던 사람에 대해서는 직업훈련이 실시될 수 있다(동법 제16조 제1항). 동법 시행령에 따르면 직업훈련을 받는 보호대상자에게는 직업훈련기간 동안에 '직업훈련수당'이 지급된다(동시행령 제32조의2). 그리고 보호대상자가 정착지원시설로부터 그의 거주지로 전입한 후 최초로 취업한 날부터 3년간은 '취업보호'가 실시된다(동법 제17조 제1항). 취업보호대상자를 고용한 사업주에 대해서는 그 취업보호대상자 임금의 2분의 1 범위에서 '고용지원금'이 지급될 수 있다(동조 제3항).

한편 영농을 희망하는 북한이탈주민에 대해서는 영농 정착을 위한 행정적, 재정적 지원이 제공될 수 있고(동법 제17조의3), 북한이탈주민을 채용하는 기업에 대해서는 예산의 범위에서 재정지원을 하거나 조세 관련 법률에서 세금이 감면될 수도 있다(동법 제17조의4). 그리고 북한에서의 자격이나 경력이 있는 사람 등 북한이탈주민으로서 공무원으로 채용하는 것이 필요하다고 인정되는 사람에 대해서는 북한을 벗어나기 전의 자격·경력 등을 고려하여 국가공무원 또는 지방공무원으로 '특별임용'이 될 수도 있다(동법 제18조 제1항). 특히 북한의 군인이었던 보호대상자가 국군에 편입되기를 희망하는 경우에는 북한을 벗어나기 전의 계급, 직책 및 경력을 고려하여 국군으로 특별임용이 될 수 있다(동조 제2항).

그 밖에도 보호대상자가 군사분계선 이남지역(남한)에 가족관계 등록이 되어 있지 않은 경우에는 본인의 의사에 따라 등록기준지를 정하여 서울가정법원에 '가족관계 등록 창설'의 허가를 신청해야만 한다(동법 제19조 제1항). 또한 남한에서 가족관계 등록을 창설한 사람 중 북한에 배우자를 둔 사람은 그 배우자가 남한에 거주하는지 불명확한 경우에 이혼을 청구할 수 있다(동법 제19조의2 제1항). 이때 가족관계 등록을 창설한 사람의 가족관계등록부에 배우자로 기록된 사람은 '재판상 이혼'의 당사자가 될 수 있다(동조 제2항). 그리고 북한이탈주민 중 정착지원시설의 소재지를 기준으로 하여 주민등록번호를 부여받은 사람은 거주지의 시장 · 군수 · 구청장 또는 특별자치도지사에게 자신의 주민등록번호 정정을 한 번만 신청할 수 있다(동법 제19조의3 제1항).

거주지보호에는 지역적응교육, 정착도우미 제도, 보호담당관 제도가 포함되고, 보호담당관 제도에는 거주지보호담당관, 신변보호담당관, 취업보호담당관이 포함된다. 신변보호담당관 제도는 북한이탈주민에 대한 보호보다 감시가 주된 역할을 하고 있다는 비판이 제기된다.7)

[표 7-2] 북한이탈주민에 대한 지원 제도

유형	기본금	장려금	가산금(1개 사유만 인정)
정착금	-1인 세대: 800만 원 -2인 세대: 1,400만 원 -3인 세대: 1,900만 원 -4인 세대: 2,400만 원	최대 2,510만 원 - 직업훈련 - 자격증 취득 - 취업	최대 1,540만 원 - 노령: 720만 원 - 장애: 1,540만 원(1급), 1,080원(2~3급), 360만 원(4~5급) - 장기치료: 월 80만 원 (최대 9개월) - 한부모: 360만 원 - 제3국출생자녀양육: 400만 원(자녀 1명당, 2인까지 지급)
주거지원	주택알선	주거지원금	
	임대아파트 알선	임대보증금 지원 -1인 세대: 1,600만 원 -2~4인 세대: 2,000만 원	
취업지원	직업훈련	고용지원금	취업보호담당관
	훈련수당 지급	급여의 50% (최대 50만원, 최대 4년)	전국 65개 지원센터에서 65명의 취업보호당당관이

7) 강은영/이태정/정상우(2020), 123면 참조.

			취업상담 · 알선
사회복지	생계급여	의료보호	연금특례
	국민기초생활 수급권자	의료급여 1종 수급권자	50~60세 가입특례
교육지원	특례 입학 및 편입	학비지원	
	대학진학 희망자 특례	중 · 고 및 국립 대학: 전액	사립 대학: 반액 보조
거주지 보호	지역적응교육	정착도우미	보호담당관
	- 2019년 현재 25개소 - 초기집중교육(50시간)	- 2005년 1월부터 시행 - 최초거주지 전입자	- 거주지보호담당관 - 신변호보담당관(약 900명 경찰관) - 지역협의회

[표 7-3] 장려금의 유형

유형	지급기준	2005. 5. 1. ~ 2013. 4. 30. 사회진출자	2013. 4. 30. 이후 사회진출자
직업훈련 장려금	500시간 미만	미지급	미지급
	500시간	120만 원	120만 원
	500 ~ 1,220시간	120시간당 20만 원 (최대 240만 원)	120시간당 20만 원 (최대 240만 원)
직업훈련 추가장려금	1년 과정	200만 원	200만 원
자격취득 장려금	1회 한정	200만 원	200만 원
취업 장려금	6개월 ~ 1년 미만	250만 원	수도권/지방 200/250만 원
	1년차	550만 원	수도권/지방 450/550만 원
	2년차	600만 원	수도권/지방 550/650만 원
	3년차	650만 원	수도권/지방 650/750만 원
총액(직업훈련추가장려금 제외)		2,240만 원	수도권/지방 2,010/2,300만 원

Ⅲ. 북한이탈주민의 인권 보호를 위한 논의

1. 조사 단계

보호결정을 위한 조사단계에서 '임시보호조치'(동법 제7조 제3항)에 따라 '임시보호시설'에 수용되는데 이 과정에서 발생하는 여러 가지 형태의 인권침해가 문제될 수 있다. 북한이탈주민법 시행령에 따르면 조사단계에서는 ① 출생지 · 직업 · 가족관계 · 외국국적 취득 여부 등 보호신청자가 북한이탈주민에 해당하는지를 확인하는 데 필요한 사항, ② 북한이탈의 동기 · 과정, 북한이탈 후 정황 및 입국경위와 범죄경력 등 보호신청자가 보호대상자로 결정되지 못하는 사유에 해당하는지를 확인하는 데 필요한 사항에 대하여 조사를 받는다(동시행령 제12조 제1항). 조사의 방법으로는 대면조사, 현장조사, 시료채취 등이 활용될 수 있는데 특히 국가정보원장은 조사를 위해 필요한 경우에 보호신청자에 질문할 수 있고, 보호신청자의 동의를 받아 혼인증명서, 자녀출생증명서 등 보호신청자의 신분과 가족관계 등을 입증할 수 있는 서류나 지문 또는 얼굴 등에 대한 정보를 제공받을 수 있다(동조 제2항). 또한 관계 행정기기관의 장에게 조사를 위해 필요한 정보의 제공을 요청할 수도 있다. 조사는 원칙적으로 본인의 동의를 받아 이루어지는 과정이지만 조사의 주체가 국가정보원이라는 점에서 사실상 수사 과정처럼 운용될 가능성이 있다는 문제점이 꾸준히 제기되고 있다.[8)]

---

8) 대법원은 탈북민으로 가장한 중국 국적의 화교에 대한 국가정보원의 수사과정에서 변호인이 신청한 접견권을 국가정보원이 불허한 사건과 관련하여 다음과 같이 불법성을 인정하였다. 대판 2018. 12. 27. 2016다266736: "북한에서 태어나고 자란 중국 국적의 화교인 갑이 대한민국에 입국한 후 국가정보원장이 북한이탈주민의 보호 및 정착지원에 관한 법률에 따라 설치 · 운영하는 임시보호시설인 중앙합동신문센터에 수용되어 조사를 받았는데, 변호사인 을 등이 갑에 대한 변호인 선임을 의뢰받고 9차례에 걸쳐 갑에 대한 변호인접견을 신청하였으나, 국가정보원장과 국가정보원 소속 수사관이 을 등의 접견신청을 모두 불허하였고, 이에 을 등이 국가를 상대로 변호인 접견교통권 침해를 이유로 손해배상을 구한 사안에서, 을 등이 갑에 대한 접견을 신청하였을 당시 갑은 국가보안법위반(간첩) 등의 혐의로 수사를 받는 피의자의 지위에 있었는데, 당시 갑이 국가정보원 수사관에게 접견을 신청한 변호사를 만나고 싶지 않다고 진술하였으나, 갑은 북한에서 자라 처음 대한민국에 입국하여 곧바로 중앙합동신문센터에 수용되었고 누구와도 접촉이 금지되었던 점 등의 사정에 비추어 보면, 갑의 진술은 접견교통권 등 변호인의 조력을 받을 권리의 의미와 범위에 대하여 제대로 인식한 상태에서 자발적이고 진정한 의사로 이루어졌다고 보기 어렵고, 따라서 국가정보원장이나 국가정보원 수사관이 변호인인 을 등의 갑에 대한 접견교통신청을 허용하지 않은 것은 변호인의 접견교통권을 침해한 위법한 직무행위에 해당하므로, 국가는 을 등이 입은 정신적 손해를 배상할 책임이 있다."

2. 정착지원시설 수용 단계

또한 정착지원시설 안에서 생활하는 동안에도 다양한 인권침해가 발생할 수 있다. 북한이탈주민은 조사를 거쳐 보호대상자로 결정되면 정착지원시설에 12주 동안 수용되어 정착과 적응에 필요한 교육을 받게 된다. 정착지원시설은 통일부장관이 설치 · 운영하는데 정착지원시설의 보호와 수용이 사실상 교정시설의 수용처럼 운영될 가능성도 배제할 수 없다.

3. 거주지 보호 단계

거주지 보호의 주된 내용으로 이루어지는 신변보호의 과정에서도 인권침해가 발생할 수 있다. 보호대상자가 거주지로 전입한 후 그의 신변안전을 위하여 통일부장관은 국방부장관이나 경찰청장에게 협조를 요청할 수 있는데 신변보호에 필요한 사항은 통일부장관이 국방부장관, 국가정보원장 및 경찰청장과 협의하여 결정한다(동법 제22조의2 제1항 및 제2항).[9] 보호대상자에 대한 신변보호기간은 원칙적으로 5년이지만 통일부장관은 보호대상자의 의사, 신변보호의 지속 필요성 등을 고려하여 북한이탈주민대책협의회의 심의를 거쳐 그 기간을 연장할 수 있다(동조 제3항). 북한이탈주민법 시행령에 따르면 국가정보원장은 정착지원시설에서 보호를 받는 보호대상자가 그 정착지원시설로부터 그의 거주지로 전입하려는 경우 그 사실을 통일부장관에게 알려야 한다(동시행령 제42조 제2항). 신변보호가 본인의 의사에 따라 결정되지 않는다는 점, 보호기간의 연장에서도 본인의 의사가 결정적이지 않다는 점, 신변보호의 내용이 보호기관에 의하여 결정된다는 점 등을 고려할 때 보호라는 이름으로 감시가 진행될 수 있는 인권침해의 가능성이 여전히 남아 있다고 보인다.[10]

4. 탈북아동

2020년 6월 말을 기준으로 전체 탈북민 3만3천6백여 명 가운데 19세 이하는 5

9) 신변보호제도에 대한 자세한 내용은 이발래/최희(2018), 289면 이하 참조.

10) 신변보호담당 인력의 부족 등 북한이탈주민에 대한 신변보호제도의 문제점에 대해서는 송은희/장명선(2018), 77면 이하 참조.

천명을 넘는다(아래 [표 7-2] 참조). 대략 15퍼센트 가량의 탈북민은 아동이라는 뜻이다. 탈북하여 중국 등 제3국을 떠도는 탈북아동뿐만 아니라 한국에 입국한 탈북아동에 대한 특별한 보호가 필요한 이유가 여기에 있다. 이에 따라 탈북아동에 대한 의식주와 보건 등 생존에 필요한 기본적 지원이 요구된다. 한편 북한이탈주민법에 따르면 탈북아동을 포함한 보호대상자는 그의 나이, 수학능력, 그 밖의 교육 여건 등을 고려하여 교육을 받을 수 있는 필요한 지원을 받을 수 있다(동법 제24조 제1항). 또한 예산의 범위에서 북한이탈주민을 대상으로 초·중등교육을 실시하는 학교의 운영에 필요한 경비가 지원될 수도 있다(동조 제2항).

[표 7-4] 연령별 탈북민 현황(2020년 6월 말 현재) (단위: 명)

구분	0~9세	10~19세	20~29세	30~39세	40~49세	50~59세	60세 이상	합계
남	651	1,696	2,614	2,142	1,376	572	341	9,392
여	645	2,103	6,951	7,521	4,578	1,453	994	24,245
합계	1,296	3,766	9,565	9,663	5,954	2,025	1,335	33,637

자료: 통일부 웹사이트(www.unikorea.go.kr).

5. 사회적 기본권

2019년 여름 탈북 모자가 생활고를 비관하며 스스로 목숨을 끊어 세상을 놀라게 하였으며 3개월쯤 뒤 국가인권위원회는 북한이탈주민에 대한 사회안전망의 구축을 위해 노력하겠다는 의견을 표시하였다. 북한이탈주민에게 보장되어야 할 사회적 기본권과 관련하여 우선 보호대상자와 그 가족에게는 「의료급여법」에서 정하는 바에 따라 의료급여를 실시할 수 있다(북한이탈주민법 제25조 제1항). 또한 「국민건강보험법」의 적용대상자의 경제적 능력 등을 고려하여 국민건강보호법에 따라 부담하여야 하는 보험료의 일부를 지원할 수도 있다(동조 제2항). 한편 북한이탈주민법에 따른 보호가 종료된 사람 중 생활이 어려운 사람에게는 본인이 「국민기초생활 보장법」 제21조에 따라 특별자치시장·특별자치도지사·시장·군수·구청장(같은 법 제7조 제1항 제4호의 교육급여인 경우에는 특별시 · 광역시 · 특별자치시 · 도 · 특별자치도의 교육감)에게 신청하는 경우 5년의 범위에서 국민기초생활 보장법이나 주거급여법 또는 의료급여법에 따른 생계급여, 주거급여, 의료급여, 교육급여, 해산급여, 장제급여, 자활급여에 따른 보호를 할 수 있다(동법 제26조).[11] 하지만 의료급여나 생활보호는 국가나 지방자치단체의 의무가 아니라는 점에 주목해야 한다. 한편 보호결정 당시 50세 이상 60세 미만인 보호대상자는 60세가 되기 전에 가입기간이 5년 이상 10년 미만이 되는 사람은 60세가 되는 날, 60세가 된 후에 가입기간이 5년 이상이 되는 사람은 가입자 자격을 상실한 날부터 국민연금을 받을 수 있다(동법 제26조의2).[12]

6. 차 별

북한이탈주민에 대한 차별도 사회적 문제로 지적될 수 있다. 북한이탈주민이 국민이라면 출신지역을 이유로 한 차별에 해당하고, 북한이탈주민이 외국인이라면 국적(출신국가)을 이유로 한 차별에 해당하게 된다. 국가인권위원회법은 지역이나 국적에 따른 차별을 금지하고 있으므로 북한이탈주민이 차별을 받은 경우에 국가인권위원회에 진정하여 구제를 받을 수 있다.

Ⅳ. 통일시대의 거울로서 탈북민

북한을 이탈하여 한국에 입국한 북한주민을 '탈북민'이나 '새터민'으로 부른다. 무슨 명칭으로 부르든 북한이탈주민을 하나의 집단으로 묶어 지칭하는 명칭은 이미 그 자체로 다른 국민과의 구분(구별)을 의미한다. 굳이 배제나 불리한 대우가 없어도 구분은 그것만으로도 차별이 될 수 있다.[13] 북한주민의 법적 지위를 국민으로 볼 것인

---

11) 생활보호의 기간을 5년으로 한정하고 있는 것에 대한 비판으로는 전호성(2018), 149면 참조.

12) 북한이탈주민에게 적용되는 국민연금제도의 문제점에 대해서는 민기채/고혜진(2018), 229면 참조.

13) 북한이탈주민에 대한 차별이 존재한다는 점이 분명한 사실인 이상 탈북 사실 등 이들의 개인정보에 대한 보호는 특별히 중요한 의미를 갖는다. 이와 관련하여 대법원은 "국가가 북한을 이탈하여 귀순한 주민들에 관한 정보를 공개함에 있어서는 … 헌법과 법률의 취지, 탈북주민의 불안정한 신분상의 지위 및 정서적 불안감, 북한 내 가족 등에 대한 위해의 우려 기타 제반 사정을 감안하여 그 신원은 물론 탈북경위 등 공표의 내용과 그 절차 및 시기 등 여러 면에서 일반적인 행정

지, 아니면 외국인으로 볼 것인지에 관한 논란을 차치하면 일단 한국에 입국한 북한주민도 국민이므로 다른 국민과 동등한 대우를 받을 필요가 있다. 하지만 그들의 말투나 분위기에서 보여주는 미묘한 차이가 그들을 구분하고 차별하는 기제로 작동하고 있는 것이 현실이다.[14] 탈북하여 한국에 입국한 북한주민과 공존해야 하는 삶의 현실은 미래의 언젠가 이루어질 통일 시대의 모습을 미리 앞당겨 보여주는 거울과도 같다. 지금 북한이탈주민과 공생하는 연습을 하는 것은 통일시대를 준비하는 우리 모두가 경험해야 할 과제인 것이다.

정보 등의 공개 때보다 훨씬 엄격한 기준에 의하여야 하고, 합리적인 보호기준에 미치지 못한 경우에는 그 정당성을 인정할 수 없다"고 하여 북한이탈주민에 관한 정보의 공개에서 반드시 고려해야 할 사항을 제시하였다. 그러면서 북한이탈주민이 북한을 이탈하여 남한으로 들어온 후 귀순사실 및 신원의 비공개 요청을 하였음에도 경찰이 언론에 그의 인적 사항과 탈북경로, 인원구성, 탈북수단, 북한 내 지위 등을 포함한 관련 자료를 제공하여 보도되도록 하자 북한이탈주민이 국가를 상대로 위자료를 청구한 사안에서 "경찰의 정보공개행위는 정보를 공개함으로써 얻을 수 있는 공공의 이익을 감안하더라도 침해당한 북한이탈주민의 이익이 훨씬 무거우므로 정당성을 인정할 수 없다"는 이유로 국가의 위자료 지급책임을 인정하였고, "국가의 신원보호조치 불이행으로 북한이탈주민의 북한 내 가족들에 대한 피해 우려가 한층 커졌을 것이라는 점은 경험칙에 부합하므로 실제로 그러한 위해가 발생하였는지 등에 대한 증명이 없더라도 이를 위자료 참작사유로 삼을 수 있다."고 설시하였다. 대판 2012. 4. 26. 2011다53164 참조.

14) 북한이탈주민이 보여주는 차이의 문제를 다른 관점에서 바라보는 견해도 있다. 즉 북한이탈주민은 다른 정치체제와 문화에서 생활하던 사람들이기 때문에 '민족적 동질성'이라는 관점보다는 '다문화주의'의 관점에서 북한이탈주민의 통합을 이해해야 한다는 견해로 서유경(2013), 16면 이하 참조.

참고문헌

강은영/이태정/정상우(2020), 인권의 시각에서 바라본 북한이탈주민 신변보호제도, ≪법과 사회≫(법과사회이론학회), 제63호(2020), 121~149면.

류지성(2017), 북한이탈주민지원법의 주요 논점에 관한 연구, ≪서울법학≫(서울시립대학교 법학연구소), 제25권 제3호(2017), 119~158면.

민기채/고혜진(2018), 북한이탈주민 사회적 수급권의 법적 쟁점, ≪입법과 정책≫(국회입법조사처), 제10권 제1호(2018), 215~234면.

박현식/이옥진(2017), 북한이탈주민의 헌법상 사회적 기본권 실현을 위한 북한이탈주민의 보호 및 정착지원에 관한 법률 개정 논의-정착지원에 대한 욕구조사를 바탕으로-, ≪법학연구≫(한국법학회), 제17권 제1호(2017), 279~299면.

서유경(2013), 현행 북한이탈주민 지원정책의 두 가지 근본문제와 다문화주의적 사회통합 해법, ≪대한정치학회보≫(대한정치학회), 제21권 제2호(2013), 301~327면.

송은희/설진배/장명선(2018), 북한이탈주민 신변보호 체계에 관한 연구, ≪한국과 국제사회≫(한국정치사회연구소), 제2권 제2호(2018), 63~68면.

이발래/최희(2018), 경찰의 북한이탈주민 신변보호에 대한 적절성 여부에 관한 고찰, ≪법이론실무연구≫(한국법이론실무학회), 제6권 제1호(2018), 283~303면.

전호성(2018), 통일대비, 사회보장권적 기본권차원의 「북한이탈주민의 보호 및 정착지원에 관한 법」에 대한 문제제기-법 제26조항을 중심으로, ≪사회복지법제연구≫(사회복지법제학회), 제9권 제3호(2018), 133~155면.

한명진(2020), 북한이탈주민의 사회통합을 위한 법정책적 고찰-'북한이탈주민의 보호 및 정착지원에 관한 법률'의 내용을 중심으로-, ≪공법학연구≫(한국비교공법학회), 제21권 제1호(2020), 3~31면.

CHAPTER 8 재외동포는 국민인가?

- Ⅰ. 재외동포와 재외국민의 구분
- Ⅱ. 재외동포법
- Ⅲ. 디아스포라의 민족성원권과 특별한 대우

제 8 장

재외동포는 국민인가?

– 재외동포법

대한제국 혹은 일제강점 시절 많은 한국인이 유학생으로 혹은 돈을 벌기 위해 혹은 강제로 징용되어 일본으로 건너갔다. 해방이 되고 대부분의 재일 한국인이 한반도로 돌아왔지만 귀국하지 않은 재일 한국인은 '재일동포'로 지금까지도 일본에 거주하고 있다. 19세기말부터 많은 수의 한국인들이 기근을 피하여 혹은 항일독립운동을 위하여 중국의 동북지역인 만주에 이주하여 정착하였고, 해방이 된 이후에도 돌아오지 않은 한국인들은 '조선족'으로 불리며 동북3성에 속하는 지린성(吉林省), 헤이룽장성(黑竜江省), 랴오닝성(遼寧省)에 조선족 밀집지역을 형성하여 자신들의 언어와 문화를 지키면서 살아가고 있다. 비슷한 시기에 러시아 연해주로 이주한 한국인들은 러시아가 공산화되고 1930년대에 중앙아시아 지역으로 강제로 이주되었고, 소련 붕괴 후에는 독립국가연합에 속한 국가들에서 '고려인'으로 불리며 살고 있다. 이처럼 재일동포, 재중동포, 재러동포, 재미동포 등으로 불리는 재외동포는 한국인의 혈통을 가지면서 외국에 살고 있는데 그들 가운데 많은 수는 해당 국가의 국적을 취득하였지만 일부는 해당 국가의 영주권만 가진 채 한국 국적을 유지하고 있는 경우도 있다. 외국으로 이주하여 이제는 외국 국적을 취득하였거나 외국 국적을 취득하지는 않았어도 주된 거주지를 외국에 두고 있는 한국인들은 여전히 국민으로 인정할 수 있을까?

Ⅰ. 재외동포와 재외국민의 구분

한국 국적을 가진 사람으로 외국에 거주하거나 체류하는 사람을 '재외국민'이라고 부른다. 따라서 재외국민은 기본적으로 국민의 범주에 포함되는 사람들로 외국의 영주권을 취득하여 사실상 주거지가 외국에 있는 국민뿐만 아니라 단기 또는 장기로 외국에 체류지나 주거지를 두고 있는 국민을 포함한다. 한동안 외국의 영주권을 가진 재외국민들이 주민등록이 말소되어 선거권을 행사하지 못했는데 헌법재판소의 헌법불합치결정으로 현재는 재외국민도 선거권을 행사할 수 있게 되었다(아래 [판례 8-1] 및 [판례 8-2] 참조). 공직선거법에 따르면 주민등록이 되어 있지 아니하고 재외선거인명부에 올라 있지 아니한 사람으로서 외국에서 투표하려는 선거권자는 대통령선거와 임기만료에 따른 비례대표국회의원선거를 실시하는 때마다 해당 선거의 선거일 전 60일까지(재외선거인 등록신청기한) ① 공관을 직접 방문하여 서면으로 신청하는 방법, ② 관할구역을 순회하는 공관에 근무하는 직원에게 직접 서면으로 신청하는 방법, ③ 우편 또는 전자우편을 이용하거나 중앙선거관리위원회 홈페이지를 통하여 신청하는 방법 중 하나의 방법으로 중앙선거관리위원회에 재외선거인 등록신청을 하면 선거권을 행사할 수 있다(동법 제218조의5 제1항).[1]

[판례 8-1] 재외국민의 선거권 제한: 헌재 2007. 6. 28. 2004헌마644 등, 판례집 19-1, 859

선거권의 제한은 불가피하게 요청되는 개별적 · 구체적 사유가 존재함이 명백할 경우에만 정당화될 수 있고, 막연하고 추상적인 위험이나 국가의 노력에 의해 극복될 수 있는 기술상의 어려움이나 장애 등을 사유로 그 제한이 정당화될 수 없다. 북한주민이나 조총련계 재일동포가 선거에 영향을 미칠 가능성, 선거의 공정성, 선거기술적 이유 등은 재외국민등록제도나 재외국민 거소신고제도, 해외에서의 선거운동방법에 대한 제한이나 투표자 신분확인제도, 정보기술의 활용 등을 통해 극복할 수 있으며, 나아가 납세나 국방의무와 선거권 간의 필연적 견련관계도 인정되지 않는다는 점 등에 비추어 볼 때, 단지 주민등록이 되어 있는지 여부에 따라 선거인명부에 오를 자격을 결정하여 그에 따라 선거권 행사 여부가 결정되도록 함으로써 엄연히 대한민국의 국민임에도 불구하고 주민등록법상 주민등록을 할 수 없는 재외국민의 선거권 행사를 전면적으로 부정하고 있는 공직선거법 제37조 제1항은 어떠한 정당한 목적도 찾기 어려우므로 헌법 제37조 제2항에 위반하여 재외국민의 선거권과 평등권을 침해하고 보통선거원칙에도 위반된다.

---

1) 재외국민의 정치참여 현실에 대한 분석으로 임채완/김혜련(2015), 123면 이하 참조.

[판례 8-2] 재외국민의 선거권 행사를 위한 등록신청제도: 헌재 2014. 7. 24. 2009헌마 256 등, 판례집 26-2상, 173

① 지역구국회의원은 국민의 대표임과 동시에 소속지역구의 이해관계를 대변하는 역할을 하고 있다. 전국을 단위로 선거를 실시하는 대통령선거와 비례대표국회의원 선거에 투표하기 위해서는 국민이라는 자격만으로 충분한 데 반해, 특정한 지역구의 국회의원선거에 투표하기 위해서는 '해당 지역과의 관련성'이 인정되어야 한다. 주민등록과 국내거소신고를 기준으로 지역구국회의원 선거권을 인정하는 것은 해당 국민의 지역적 관련성을 확인하는 합리적인 방법이다. 따라서 선거권조항과 재외선거인 등록신청조항이 재외선거인의 임기만료 지역구국회의원 선거권을 인정하지 않은 것이 재외선거인의 선거권을 침해하거나 보통선거원칙에 위배된다고 볼 수 없다.

② 입법자는 재외선거제도를 형성하면서, 잦은 재 · 보궐선거는 재외국민으로 하여금 상시적인 선거체제에 직면하게 하는 점, 재외 재 · 보궐선거의 투표율이 높지 않을 것으로 예상되는 점, 재 · 보궐선거 사유가 확정될 때마다 전 세계 해외 공관을 가동하여야 하는 등 많은 비용과 시간이 소요된다는 점을 종합적으로 고려하여 재외선거인에게 국회의원의 재 · 보궐선거권을 부여하지 않았다고 할 것이고, 이와 같은 선거제도의 형성이 현저히 불합리하거나 불공정하다고 볼 수 없다. 따라서 재외선거인 등록신청조항은 재외선거인의 선거권을 침해하거나 보통선거원칙에 위배된다고 볼 수 없다.

③ 재외선거인의 등록신청서에 따라 재외선거인명부를 작성하는 방법은 해당 선거에서 투표할 권리가 있는지 확인함으로써 투표의 혼란을 막고, 선거권이 있는 재외선거인을 재외선거인명부에 등록하기 위한 합리적인 방법이다. 따라서 재외선거인 등록신청조항이 재외선거권자로 하여금 선거를 실시할 때마다 재외선거인 등록신청을 하도록 규정한 것이 재외선거인의 선거권을 침해한다고 볼 수 없다.

④ 입법자가 선거 공정성 확보의 측면, 투표용지 배송 등 선거기술적인 측면, 비용 대비 효율성의 측면을 종합적으로 고려하여, 인터넷투표방법이나 우편투표방법을 채택하지 아니하고 원칙적으로 공관에 설치된 재외투표소에 직접 방문하여 투표하는 방법을 채택한 것이 현저히 불공정하고 불합리하다고 볼 수는 없으므로, 재외선거 투표절차조항은 재외선거인의 선거권을 침해하지 아니한다.

⑤ 헌법 제72조의 중요정책 국민투표와 헌법 제130조의 헌법개정안 국민투표는 대의기관인 국회와 대통령의 의사결정에 대한 국민의 승인절차에 해당한다. 대의기관의 선출주체가 곧 대의기관의 의사결정에 대한 승인주체가 되는 것은 당연한 논리적 귀결이다. 재외선거인은 대의기관을 선출할 권리가 있는 국민으로서 대의기관의 의사결정에 대해 승인할 권리가 있으므로, 국민투표권자에는 재외선거인이 포함된

> 다고 보아야 한다. 또한, 국민투표는 선거와 달리 국민이 직접 국가의 정치에 참여하는 절차이므로, 국민투표권은 대한민국 국민의 자격이 있는 사람에게 반드시 인정되어야 하는 권리이다. 이처럼 국민의 본질적 지위에서 도출되는 국민투표권을 추상적 위험 내지 선거기술상의 사유로 배제하는 것은 헌법이 부여한 참정권을 사실상 박탈한 것과 다름없다. 따라서 국민투표법조항은 재외선거인의 국민투표권을 침해한다.

반면에 외국 국적을 가진 사람이지만 혈통적으로 한국인의 혈통을 가진 사람, 즉 한민족에 속하는 사람을 '재외동포'라고 부른다. 대표적인 재외동포로는 재일동포(조선인), 재중동포(조선족), 재미동포, 고려인[2] 등을 들 수 있다. 결론부터 말하면 재외동포는 국적으로만 보면 명백하게 외국인이다. 하지만 재외동포는 혈통적으로 한국인이기 때문에 외모가 한국인과 유사하고, 한국인의 언어와 문화도 그들에게 매우 익숙하다.

「재외동포재단법」에 따라 설치된 재외동포재단의 통계에 따르면 전세계에 흩어진 재외동포의 숫자는 750만 명에 육박한다. 다만 「재외동포재단법」에 따른 재외동포는 ① 대한민국 국민으로서 외국에 장기체류하거나 외국의 영주권을 취득한 사람 및 ② 국적에 관계없이 한민족(韓民族)의 혈통을 지닌 사람으로서 외국에서 거주 · 생활하는 사람을 의미하여 재외국민의 일부가 재외동포에 포함되고 있다. 1999년에 제정된 '재외동포의 출입국과 법적 지위에 관한 법률'(이하 '재외동포법'으로 약칭)[3]도 재외동포의 개념에 ① 재외국민(대한민국의 국민으로서 외국의 영주권을 취득한 자 또는 영주할 목적으로 외국에 거주하고 있는 자)과 ② 외국국적동포[대한민국의 국적을 보유하였던 자(대한민국정부 수립 전에 국외로 이주한 동포를 포함한다) 또는 그 직계비속으로서 외국국적을 취득한 자 중 대통령령으로 정하는 자]를 모두 포함시키고 있다(동법 제2조). 1948년 8월 15일 대한민국 정부 수립 전에 국외로 이주한 동포를 외국국적동포의 범위에서 배제한 이전의 재외동포법은 평등원칙을 위반하여 헌법에 불합치한다는 결정을 받아(아래 [판례 8-3] 참조) 2004년 법률이 개정되어 현재는 대한민국 정부 수립 전에 국외로 이주한 동포도 외국국적동포의 범위에 포함되고 있다. 또한 재외동포법 시행령

---

2) 고려인은 1860년대 러시아 연해주로 이주하여 정착하다가 1937년부터 약 20년 동안 구소련 정부에 의하여 중앙아시아 지역으로 강제로 이주당한 한국인들을 지칭한다. 자세한 설명은 이승우(2020), 56면 이하 참조.

3) 재외동포법의 제정과 개정의 역사에 대해서는 최경옥(2018), 7면 이하 참조.

에 따라 외국국적동포의 직계비속은 이전에는 '부모 또는 조부모의 일방이 대한민국의 국적을 보유하였던 자'로 규정되어 3세대 후손까지만으로 한정되었지만 현재는 단순하게 '직계비속'으로 규정되어 4세대 이후의 후손도 외국국적동포에 포함될 수 있게 되었다. 하지만 외국국적동포는 여전히 '외국국적을 취득한 자'로 한정되기 때문에 외국국적을 취득하지 않은 무국적 재외동포(예컨대 정식 국적이 아닌 '조선적'을 가지고 있다고 주장하는 재일동포)는 여전히 재외동포법의 적용을 받을 수 없다는 문제점이 있다.

[표 8-1] 재외동포 현황 (단위: 명)

아시아지역	아메리카지역	유럽지역	중동지역	아프리카지역	합계
3,878,804	2,892,349	687,059	24,498	10,877	7,493,587

자료: 재외동포재단 웹사이트(www.okf.or.kr).

[판례 8-3] 재외동포의 범위에서 정부수립 이전에 이주한 동포의 제외: 헌재 2001. 11. 29. 99헌마494, 판례집 13-2, 714

재외동포법은 외국국적동포 등에게 광범한 혜택을 부여하고 있는바, 이 사건 심판대상규정은 대한민국 정부수립 이전에 국외로 이주한 동포와 그 이후 국외로 이주한 동포를 구분하여 후자에게는 위와 같은 혜택을 부여하고 있고, 전자는 그 적용대상에서 제외하고 있다. 그런데, **정부수립 이후 이주동포**와 **정부수립 이전 이주동포**는 이미 대한민국을 떠나 그들이 거주하고 있는 외국의 국적을 취득한 우리의 동포라는 점에서 같고, 국외로 이주한 시기가 대한민국 정부수립 이전인가 이후인가는 결정적인 기준이 될 수 없는데도, 정부수립 이후 이주동포(주로 재미동포, 그 중에서도 시민권을 취득한 재미동포 1세)의 요망사항은 재외동포법에 의하여 거의 완전히 해결된 반면, 정부수립 이전 이주동포(주로 중국동포 및 구 소련동포)는 재외동포법의 적용대상에서 제외됨으로써 그들이 절실히 필요로 하는 출입국기회와 대한민국 내에서의 취업기회를 차단당하였고, 사회경제적 또는 안보적 이유로 거론하는 우려도, 당초 재외동포법의 적용범위에 정부수립 이전 이주동포도 포함시키려 하였다가 제외시킨 입법과정에 비추어 보면 엄밀한 검증을 거친 것이라고 볼 수 없으며, 또한 재외동포법상 외국국적동포에 대한 정의규정에는 일응 중립적인 과거국적주의를 표방하고, 시행령으로 일제시대 독립운동을 위하여 또는 일제의 강제징용이나 수탈을 피하기 위해 조국을 떠날 수밖에 없었던 중국동포나 구 소련동포가 대부분인 대한민국 정부

수립 이전에 이주한 자들에게 외국국적 취득 이전에 대한민국의 국적을 명시적으로 확인받은 사실을 입증하도록 요구함으로써 이들을 재외동포법의 수혜대상에서 제외한 것은 정당성을 인정받기 어렵다. 요컨대, 이 사건 심판대상규정이 청구인들과 같은 정부수립 이전 이주동포를 재외동포법의 적용대상에서 제외한 것은 **합리적 이유 없이 정부수립 이전 이주동포를 차별하는 자의적인 입법**이어서 헌법 제11조의 평등원칙에 위배된다.

2년마다 외교부가 제공하는 좀 더 구체적 통계를 보면 전체 재외동포 가운데 45퍼센트에 가까운 숫자는 일본과 중국에 거주하고, 35퍼센트 가까이는 미국에 거주하여 이 세 개 지역에 거주하는 재외동포가 80퍼센트에 이른다(아래 [표 8-2] 참조). 전체 재외동포 가운데 재외국민은 대략 40퍼센트인 270만 명 정도, 외국국적동포는 대략 60퍼센트인 480만 정도를 차지하고 있다(아래 [표 8-3] 참조).

[표 8-2] 재외동포 전체 현황

		2013	2015	2017	2019	백분율(%)
총계		7,012,917	7,184,872	7,430,688	7,493,587	100
동북 아시아	일본	893,129	855,725	818,626	824,977	11.01
	중국	2,573,928	2,585,993	2,548,030	2,461,386	32.85
	소계	3,467,057	3,441,718	3,366,656	3,286,363	43.86
남아시아태평양		485,836	510,633	557,791	592,441	7.91
북미	미국	2,091,432	2,238,989	2,492,252	2,546,982	33.99
	캐나다	205,993	224,054	240,942	241,750	3.23
	소계	2,297,425	2,463,043	2,733,194	2,788,732	37.21
중남미		111,156	105,243	106,794	103,617	1.38
유럽		615,847	627,089	630,693	687,059	9.17
아프리카		10,548	11,583	10,853	10,877	0.15
중동		25,048	25,563	24,707	24,498	0.33

자료: 외교부 〈재외동포현황〉(2019).

[표 8-3] 재외동포 유형별 현황 (단위: 명)

유형		재외국민				외국국적 동포	총계
		영주권자	일반체류자	유학생	소계		
총계		1,031,782	1,362,175	293,157	2,687,114	4,806,473	7,493,587
동북아시아	일본	361,351	71,058	17,050	449,459	375,518	824,977
	중국	7,582	246,618	53,714	307,914	2,153,472	2,461,386
	소계	368,933	317,676	70,764	757,373	2,528,990	3,286,363
남아시아 태평양		96,619	351,682	77,054	525,355	67,086	592,441
북미	미국	426,643	560,566	77,717	1,064,926	1,482,056	2,546,982
	캐나다	54,107	26,262	26,774	107,143	134,607	241,750
	소계	480,750	586,828	104,491	1,172,069	1,616,663	2,788,732
중남미		53,244	10,699	511	64,454	39,163	103,617
유럽		30,569	65,377	36,763	132,709	554,350	687,059
아프리카		1,555	8,584	588	10,727	150	10,877
중동		112	21,329	2,986	24,427	71	24,498

자료: 외교부 〈재외동포현황〉(2019).

Ⅱ. 재외동포법

1948년 정부수립 이후에 재외동포와 관련된 정책은 시대의 흐름에 따라 꾸준히 변화되어 왔다.[4] 마침내 1999년 재외동포법이 제정됨으로써 재외동포 관련 정책이 비로소 법제화되기에 이른다. 이보다 앞서 1996년 대통령훈령인 '재외동포정책위원회 규정'에 따라 재외동포에 관한 정책에 대한 종합적 심의 · 조정 및 효율적 지원 · 추진을 위하여 국무총리 소속으로 '재외동포정책위원회'가 설치되어 있다.[5]

4) 재외동포정책의 변화에 대해서는 김용찬(2018), 6면 이하 참조. 한편 재외동포정책에 대한 평가는 윤인진(2013), 6면 이하 참조.

5) 재외동포에 관한 정책을 전담하는 기구의 설치가 필요하다는 견해로 노영돈(2018), 48면 이하

1. 출입국 및 체류

대한민국 안에서 활동하려는 재외동포에게는 '**재외동포(F-4) 체류자격**'이 부여된다(동법 제5조 제1항). 하지만 ① i) 현역·상근예비역·보충역 또는 대체역으로 복무를 마치거나 마친 것으로 보게 되는 경우, ii) 전시근로역에 편입된 경우, iii) 병역면제처분을 받은 경우 중 어느 하나에도 해당하지 않는 상태에서 대한민국 국적을 이탈하거나 상실하여 외국인이 된 남성의 경우 또는 ② 대한민국의 안전보장, 질서유지, 공공복리, 외교관계 등 대한민국의 이익을 해칠 우려가 있는 경우에는 재외동포자격을 부여하지 않을 수 있다(동조 제2항). 병역기피의 목적으로 국적을 포기했을 것으로 의심되거나 국익을 해칠 위험이 예상되는 재외동포는 재외동포 체류자격을 부여받을 수 없는 것이다. '재외동포법 시행령'에 따라 재외동포 체류자격의 취득요건과 활동범위에 대해서는 '출입국관리법 시행령' 제12조 및 제23조가 준용된다(동시행령 제4조 제4항). 이에 따라 '출입국관리법 시행령' 제12조에 따른 별표1의2 장기체류자격 제26호 재외동포 체류자격 취득요건은 '재외동포의 출입국과 법적 지위에 관한 법률' 제2조 제2호에 해당하는 사람이지만 단순노무행위 등 출입국관리법 시행령 제23조 제3항에 각호에서 규정한 취업활동에 종사하려는 사람은 제외된다. 출입국관리법 시행령 제23조 제3항에 따르면 ① 단순노무행위를 하는 경우, ② 선량한 풍속이나 그 밖의 사회질서에 반하는 행위를 하는 경우, ③ 그 밖에 공공의 이익이나 국내 취업질서 등을 유지하기 위하여 그 취업을 제한할 필요가 있다고 인정되는 경우에는 재외동포 체류자격을 가지고 있는 사람도 취업활동의 제한을 받게 된다. 요약하면 재외동포에게는 단순노무행위 등에 종사하지 않는 한 원칙적으로 '재외동포 체류자격'이라는 특별한 체류자격이 부여되는 것이다.

재외동포 체류자격으로 국내에 입국한 외국국적동포가 재외동포법을 적용받기 위해서는 대한민국 안에 거소를 정하고 그 거소를 관할하는 지방출입국·외국인관서의 장에게 '**국내거소신고**'를 해야 한다(동법 제6조 제1항). 국내거소신고를 한 외국국적동포에게는 '국내거소신고번호'가 부여되고, '외국국적동포 국내거소신고증'이 발급된다. 국내거소신고증은 법령에 규정된 각종 절차와 거래관계 등에서 주민등록증, 주민

참조.

등록표 등본 · 초본, 외국인등록증 또는 외국인등록 사실증명이 필요한 경우에 이것들을 대신할 수 있다(동법 제9조).[6] 재외동포 체류자격에 따라 체류할 수 있는 기간은 최장 3년이다(동법 제10조 제1항). 재외동포가 3년의 체류기간을 초과하여 국내에 계속 체류하려면 체류기간 연장허가를 받아야 한다.

한편 18세 이상의 외국국적동포는 ① 출생 당시에 대한민국 국민이었던 사람으로서 가족관계등록, 폐쇄등록부 또는 제적에 등재되어 있는 사람 및 그 직계비속, ② 국내에 주소를 둔 대한민국 국민 또는 별표1의3 영주(F-5) 제5호에 해당하는 사람의 8촌 이내의 혈족 또는 4촌 이내의 인척으로부터 초청을 받은 사람, ③ 「국가유공자 등 예우 및 지원에 관한 법률」 제4조에 따른 국가유공자와 그 유족 등에 해당하거나 「독립유공자 예우에 관한 법률」 제4조에 따른 독립유공자와 그 유족 또는 그 가족에 해당하는 사람, ④ 대한민국에 특별한 공로가 있거나 대한민국의 국익 증진에 기여한 사람, ⑤ 유학(D-2) 체류자격으로 1학기 이상 재학중인 사람의 부모 및 배우자, ⑥ 국내 외국인의 체류질서유지를 위하여 법무부장관이 정하는 기준 및 절차에 따라 자진하여 출국한 사람, ⑦ 앞의 ①부터 ⑥까지의 규정에 해당하지 않는 사람으로서 법무부장관이 정하여 고시하는 한국어시험, 추첨 등의 절차에 따라 선정된 사람에 해당하면 **방문취업(H-2) 체류자격**을 취득할 수 있다. 방문취업 체류자격을 취득한 사람은 우선 방문, 친척과의 일시 동거, 관광, 요양, 견학, 친선경기, 비영리 문화예술활동, 회의 참석, 학술자료 수집, 시장조사 · 업무연락 · 계약 등 상업적 용무, 그 밖에 이와 유사한 목적의 활동을 할 수 있다. 또한 한국표준산업분류표에 따른 산업 분야 중 ① 작물 재배업, ② 축산업, ③ 작물재배 및 축산 관련 서비스업, ④ 연근해 어업, ⑤ 양식 어업, ⑥ 천일염 생산 및 암염 채취업, ⑦ 제조업(상시 사용하는 근로자 수가 300명 미만이거나 자본금이 80억원 이하인 경우로 한정), ⑧ 하수, 폐수 및 분뇨 처리업, ⑨ 폐기물 수집 운반 처리 및 원료재생업, ⑩ 건설업(발전소 · 제철소 · 석유화학 건설현장의 건

6) 대법원은 외국국적동포의 국내거소신고에 대하여 외국인등록과 마찬가지로 주민등록과 같은 법적 효력을 인정하고 있다. 대판 2019. 4. 11. 2015다254507: "재외동포의 출입국과 법적 지위에 관한 법률(이하 '재외동포법'이라 한다)에 따르면, 국내거소신고나 거소이전신고를 한 외국국적동포는 출입국관리법에 따른 외국인등록과 체류지 변경신고를 한 것으로 간주한다(제10조 제4항). 따라서 국내거소신고를 한 외국국적동포에 대해서는 출입국관리법 제88조의2 제2항이 적용되므로, 외국국적동포가 재외동포법에 따라 마친 국내거소신고와 거소이전신고에 대해서도 … 외국인등록과 마찬가지로 주택임대차법 제3조 제1항에서 주택임대차의 대항요건으로 정하는 주민등록과 같은 법적 효과가 인정된다."

설업체 중 업종이 산업 · 환경설비 공사인 경우는 제외), ⑪ 육지동물 및 애완동물 도매업, ⑫ 기타 산업용 농산물 도매업, ⑬ 생활용품 도매업, ⑭ 기계장비 및 관련 물품 도매업, ⑮ 재생용 재료 수집 및 판매업, ⑯ 기타 생활용품 소매업, ⑰ 기타 상품 전문 소매업, ⑱ 무점포 소매업, ⑲ 육상 여객 운송업, ⑳ 냉장 및 냉동 창고업(내륙에 위치한 업체에 한정), ㉑ 호텔업(관광진흥법에 따른 호텔업은 1등급 · 2등급 및 3등급의 호텔업으로 한정), ㉒ 여관업, ㉓ 한식 음식점업, ㉔ 외국인 음식점업, ㉕ 기타 간이 음식점업, ㉖ 서적, 잡지 및 기타 인쇄물 출판업, ㉗ 음악 및 기타 오디오물 출판업, ㉘ 사업시설 유지관리 서비스업, ㉙ 건축물 일반 청소업, ㉚ 산업설비, 운송장비 및 공공장소 청소업, ㉛ 여행사 및 기타 여행보조 서비스업, ㉜ 사회복지 서비스업, ㉝ 자동차 종합 수리업, ㉞ 자동차 전문 수리업, ㉟ 모터사이클 수리업, ㊱ 욕탕업, ㊲ 산업용 세탁업, ㊳ 개인 간병 및 유사 서비스업, ㊴ 가구 내 고용활동에서 취업활동을 할 수 있다. 정리하면 거의 40개에 이르는 다양한 산업 분야가 망라되어 있지만 사실은 농 · 축산 · 어업, 제조업, 건설업의 노동자, 상점, 여관 · 호텔, 음식점의 직원, 청소업체나 자동차수리업체에 고용된 노동자, 간병인, 가사도우미와 같은 이른바 '3D업종'에서 단순노무행위를 제공하는 취업활동을 할 수 있음을 확인할 수 있다. 재외동포 체류자격으로는 단순노무행위가 불가능하기 때문에 방문취업 체류자격을 통해 외국국적동포의 단순노무행위가 가능하도록 허용하고 있는 것으로 보인다.7)

2020년 4월말 기준으로 국내에 체류중인 재외동포 체류자격자는 4십6만4천여 명이고, 방문취업 체류자격자는 2십1만4천여 명이다(아래 [표 8-4] 참조). 이 가운데 거소신고를 한 재외동포는 4십6만3천여 명으로 중국계 한국인(조선족)이 제일 많은 3십4만7천여 명을 차지하고, 방문취업 체류자격을 가진 외국국적 동포는 2십1만4천여 명으로 마찬가지로 중국계 한국인이 가장 많은 1십8만3천여 명을 치지한다. 우리가 흔히 '조선족'이라고 부르는 재외동포가 주변에서 활동하고 있는 것을 쉽게 목격하게 되는 이유가 바로 그들이 재외동포법에 따른 재외동포 체류자격이나 방문취업 체류자격을 받을 수 있는 데 있다.8)

7) 방문취업 체류자격을 얻어 단순노무행위에 종사하고 있는 외국국적동포의 현실에 대해서는 이형노(2019), 1660면 이하 참조.

8) 중국 국민이면서 한민족의 정체성을 가지고 살아가고 있는 조선족의 정체성에 대한 이론적 분석으로 김영술(2019), 92면 이하 참조.

[표 8-4] 재외동포 체류자격(F-4) 및 방문취업 체류자격(H-2) 입국 현황 (단위: 명)

연도	2011	2012	2013	2014	2015	2016	2017	2018	2019	2020.4.
재외동포	190,212	227,836	280,130	349,137	405,948	468,337	515,587	565,636	579,522	85,011
방문취업	295,464	245,471	230,739	278,600	259,484	229,300	251,674	258,067	250,655	37,017

자료: 법무부 출입국 · 외국인정책본부, 〈출입국 · 외국인정책 통계연보〉 2011~2020.

[표 8-5] 재외동포 체류자격(F-4) 및 방문취업 체류자격(H-2) 체류 현황 (단위: 명)

연도	2011	2012	2013	2014	2015	2016	2017	2018	2019	2020.4.
재외동포	136,702	189,508	235,953	289,427	328,187	372,533	415,121	444,880	464,152	464,560
방문취업	303,368	238,765	240,178	282,670	285,342	254,950	238,880	250,381	226,322	214,856

자료: 법무부 출입국 · 외국인정책본부, 〈출입국 · 외국인정책 통계연보〉 및 〈출입국 · 외국인정책 통계월보〉 2011~2020.

[표 8-6] 방문취업 등록외국인 및 외국국적동포 거소신고 현황 (단위: 명)

연도	2011	2012	2013	2014	2015	2016	2017	2018	2019	2020.4.
재외동포	135,020	187,616	233,269	286,414	324,786	368,862	411,337	441,107	459,996	462,718
방문취업	300,554	235,147	235,182	279,291	282,995	250,005	225,455	246,189	223,513	214,854

자료: 법무부 출입국 · 외국인정책본부, 〈출입국 · 외국인정책 통계연보〉 및 〈출입국 · 외국인정책 통계월보〉 2011~2020.

[표 8-7] 외국국적동포 거소신고 국적별 현황 (단위: 명)

연도	2011	2012	2013	2014	2015	2016	2017	2018	2019	2020.4
총계	135,020	187,616	233,269	286,414	324,786	368,862	411,337	441,107	459,996	462,718

중국	72,870	115,731	157,443	206,047	238,582	272,663	307,292	330,394	343,886	347,249
미국	40,421	44,135	44,707	45,893	46,100	45,369	44,414	44,147	44,559	43,781
러시아	–	2,462	3,679	4,413	7,669	14,669	20,192	23,876	26,190	26,439
캐나다	11,273	12,886	13,470	14,472	15,250	15,795	15,777	15,746	15,776	15,540
우즈베키스탄	–	–	–	–	–	–	8,876	10,482	11,681	11,789
카자흐스탄	–	–	–	–	–	–	–	–	5,185	5,258
호주	3,222	3,693	3,910	4,234	4,459	4,544	4,556	4,545	–	–
뉴질랜드	1,422	1,725	1,953	2,136	2,282	2,359	–	–	–	–
독일	788	–	–	–	–	–	–	–	–	–
기타	5,024	6,984	8,113	9,219	10,444	13,463	10,230	11,917	12,719	12,662

자료: 법무부 출입국 · 외국인정책본부, 〈출입국 · 외국인정책 통계연보〉 및 〈출입국 · 외국인정책 통계월보〉 2011~2020.

[표 8-8] 방문취업 체류자격 국적별 현황 (단위: 명)

연도	2011	2012	2013	2014	2015	2016	2017	2018	2019	2020.4
총계	303,368	238,765	240,178	282,670	285,342	254,950	238,880	250,381	226,322	214,854
중국	293,132	227,797	228,049	267,768	268,123	232,578	212,215	220,606	194,826	183,750
우즈베키스탄	7,610	8,950	10,223	12,386	14,106	16,955	18,641	19,693	20,281	20,119
카자흐스탄	465	584	702	1,054	1,509	3,030	5,032	6,696	7,762	7,577
우크라이나	–	–	–	–	–	–	–	–	1,511	1,657
키르기	–	–	–	–	–	1,146	1,455	–	1,680	1,486

스스탄										
타지 키스탄	–	–	–	–	–	–	–	–	127	125
투르크 메니스탄	–	–	–	–	–	–	–	–	119	123
러시아	1,932	1,031	564	332	105	–	–	–	–	–
기타	229	403	640	1,130	1,499	1,241	1,537	3,386	16	17

자료: 법무부 출입국 · 외국인정책본부, 〈출입국 · 외국인정책 통계연보〉 및 〈출입국 · 외국인정책 통계월보〉 2011~2020.

2. 거 래

국내거소신고를 한 외국국적동포는 대한민국 안에서 부동산을 취득 · 보유 · 이용 및 처분하는 경우에 원칙적으로 대한민국 국민과 동등한 권리를 갖는다(동법 제11조 제1항). 또한 주민등록을 한 재외국민과 국내거소신고를 한 외국국적동포는 예금 · 적금의 가입, 이율의 적용, 입금과 출금 등 국내 금융기관을 이용하는 경우에 원칙적으로 대한민국 국민과 동등한 권리를 가진다(동법 제12조 제1항). 그리고 재외국민이 외국에 거주하기 전부터 소유하고 있던 국내 부동산을 매각하거나 수용으로 처분하였을 경우 그 매각 또는 처분 대금, 외국에서 국내로 수입하거나 국내에 지급한 지급수단을 수출하거나 외국에 지급하는 경우에 '외국환거래법' 제15조와 제17조를 적용할 때 재외국민은 외국국적동포와 동등한 대우를 받는다(동법 제13조 제1항).

3. 건강보험 등

주민등록을 한 재외국민과 국내거소신고를 한 외국국적동포가 90일 이상 대한민국 안에 체류하는 경우에는 건강보험을 적용받을 수 있다(동법 제14조). 또한 외국국적동포는 '국가유공자의 예우 및 지원에 관한 법률' 또는 '독립유공자예우에 관한 법률'에 따른 보훈급여금을 받을 수도 있다(동법 제16조).

Ⅲ. 디아스포라의 민족성원권과 특별한 대우

외국의 영주권을 가진 재외국민과 달리 외국 국적을 가진 재외동포는 엄밀하게 말하면 외국인이다. 다만 재외동포는 한국인의 혈통을 가졌기 때문에, 그리고 한국어와 한국문화에 익숙하기 때문에 공익적 목적을 위하여 그들을 같은 민족의 구성원으로서 외국인이 아니라 한국인과 유사하게 대우해야 할 필요성도 존재한다. 평등은 상대적 평등으로 차이가 없는 동일한 대상을 동등하게 대우하고, 차이가 있는 상이한 대상을 차등적으로 대우하도록 요구한다. 더욱이 차이가 없는 동일한 대상을 차등적으로 대우하거나 차이가 있는 상이한 대상을 동등하게 대우한다고 하더라도 거기에 합리적 근거가 존재한다면 차별적 대우는 정당화될 수 있다. 따라서 상대적 평등을 의미하는 평등의 관점에서 기본적으로 외국인인 재외동포를 다른 외국인과 구별하여 차이를 인정하거나 또는 양자 사이에 차이가 없더라도 차등적 대우를 하는 것에 합리적 근거가 존재한다면 재외동포와 다른 외국인의 차별적 대우는 정당화될 수 있다. 특히 이러한 재외동포에 대한 우대를 헌법에 명시하는 이른바 "헌법적 민족주의"는 재외동포에 대한 우대에서 발생할 수 있는 평등원칙 위반의 문제를 해결할 수 있는 하나의 대안이 될 수 있다.[9] 전세계에 흩어져 민족의 정체성을 공유하며 살아가는 한민족 디아스포라인 재외동포에 대한 우대를 헌법적으로 정당화하는 것은 그들에게 한민족의 성원이라는 권리(민족성원권)를 인정하는 것을 의미한다.[10]

9) 헌법적 민족주의에 기초하여 시민권(시티즌십, citizenship)이라는 용어에 대응하는 '민족성원권(에스니즌십, ethnizenship)'이라는 용어의 사용을 통해 동일한 혈통에 속하는 외국인을 우대하는 정책에 대해서는 이철우(2019), 46면 이하 참조.

10) 외국국적동포에 대한 포용정책을 헌법적 가치의 구현이라는 측면에서 이해하기도 한다. 황택환(2020), 12면 이하 참조.

참고문헌

김영술(2019), 국내 거주 조선족의 민족 정체성과 국가 정체성 형성과 변화 연구, ≪동북아연구≫(조선대학교 동북아연구소), 제34권 제2호(2019), 73~106면.

김용찬(2018), 재외동포정책의 역사적 평가와 과제, ≪민족연구≫(한국민족연구원), 제72호(2018), 4~28면.

노영돈(2018), 재외동포정책 전담기구 신설에 관하여, ≪성균관법학≫(성균관대학교 법학연구원), 제30권 제2호(2018), 39~66면.

윤인진(2013), 재외동포정책의 목표와 주진체계의 재정립, ≪민족연구≫(한국민족연구원), 제54호(2013), 4~22면.

이승우(2019), 한국 내 고려인동포의 법적 지위와 개선방안안, ≪재외한인연구≫(재외한인학회), 제47호(2019), 55~90면.

이철우(2019), 재외동포정책과 초국가적 민족의 헌법적 정초, ≪유럽연구≫(한국유럽학회), 제37권 제4호(2019), 29~78면.

이형노(2019), 방문취업(H2) 제도에 대한 외국국적동포 고용실태조사, ≪인문사회21≫(아시아문화학술원), 제10권 제5호(2019), 1655~1667면.

임채완/김혜련(2018), 한국 재외동포의 국내 정치참여와 현지 정치력 신장, ≪대한정치학회보≫(대한정치학회), 제23권 제1호(2015), 117~137면.

최경옥(2018), 재외동포법의 문제점과 해결방안, ≪서울법학≫(서울시립대학교 법학연구소), 제26권 제1호(2018), 1~33면.

황택환(2020), 이민정책과 헌법적 가치, ≪법조≫(법조협회), 제69권 제2호(2020), 7~52면.

CHAPTER 9 외국인과 범죄

제 9 장

외국인과 범죄

취업비자로 입국하여 수년 동안 한국에서 공사장 일용노동자로 일하던 조선족 남성이 2012년 4월 공장에서 퇴근하던 이십대 여성을 납치하여 자신의 집에서 성폭행하려다 그 여성이 저항하자 그녀를 살해한 뒤 시신을 심하게 훼손하였다. 언론은 대대적으로 이 사건을 보도하였고, 조선족에 대한 여론은 급속도로 악화되었다. 몇 년 뒤 조선족 조직폭력배 소탕작전을 사실적으로 그린 〈범죄도시〉라는 영화는 청소년관람불가임에도 불구하고 7백만 명에 가까운 관객을 동원하였는데 실제 사건을 영화화했다고는 하지만 수많은 관객들에게 조선족에 대한 부정적 이미지를 분명하게 각인시켰다. 언론의 보도나 영화를 통해 인식된 조선족처럼 언론 등의 매체를 통해 대중에게 전달되는 외국인의 범죄는 마치 외국인이 범죄발생의 근본적이고 핵심적인 원인일 것이라는 막연한 추정을 만들어낸다. 실제로 외국인은 범죄발생의 근본적이고 핵심적인 원인일까?

Ⅰ. 외국인 범죄의 현실

2019년에 발간된 〈범죄백서〉(법무연수원)에 따르면 2018년의 경우 외국인 범죄자의 숫자는 34,830명에 이르고 있다(아래 [표 9-11] 참조).[1] 이 가운데 형법에 열거된

1) 외국인의 범죄와 관련하여 형법은 외국인이 외국에서, 즉 대한민국 영역 바깥에서 ① 내란의 죄, ② 외환의 죄, ③ 국기에 관한 죄, ④ 통화에 관한 죄, ⑤ 유가증권, 우표와 인지에 관한 죄, ⑥ 문서에 관한 죄 중 제225조 내지 제230조, ⑦ 인장에 관한 죄 중 제238조의 죄를 범한 경우에는 대한민국 형법을 적용한다고 규정한다(동법 제5조). 이러한 죄 외의 범죄를 외국인이 대한민국 영역 바깥에서 대한민국이나 대한민국 국민에게 저지른 경우에도 원칙적으로 대한민국 형법이 적용되지만 행위지의 법률에 의하여 범죄를 구성하지 않거나 소추 또는 형의 집행을 면제할 경우에는 예외적으로 대한민국 형법이 적용되지 않는다(동법 제6조). 따라서 "형법 제5조, 제6조의 각 규정에 의하면, 외국인이 외국에서 죄를 범한 경우에는 형법 제5조 제1호 내지 제7호에 열

범죄를 의미하는 형법범죄와 형법 외의 법률에 열거된 범죄인 특별법범죄의 비율은 대략 1 : 1 정도가 된다. 2018년에 발생한 범죄건수가 1,738,190건이고, 검거건수가 1,466,406건이며 검거된 인원이 1,749,459명이므로(아래 [표 9-2] 참조) 외국인 범죄자는 전체 검거인원의 2퍼센트 정도밖에 되지 않는다. 더욱이 전체 인구 가운데 대략 5퍼센트 정도가 국내에 체류하는 외국인이므로 외국인의 범죄비율은 국민의 범죄비율에 비해 비교적 낮다는 것을 확인할 수 있다. 그럼에도 불구하고 외국인의 증가가 빈번한 범죄발생으로 이어질 것이라는 우려는 어떻게 형성된 것일까? 내국인범죄보다 외국인범죄가 언론에 기사화되어 보도되는 비율이 높다는 연구결과가 흥미롭다.[2] 심지어 추방의 위험성을 감수하면서까지 범죄를 저지를 가능성이 낮아 불법체류 외국인의 범죄율은 낮을 것이라는 가설이 오히려 타당해 보이기까지 한다.[3] 전체 외국인범죄 가운데 형법범죄 중에서는 폭행죄, 절도죄, 사기죄, 상해죄 순으로 많은 비중을 차지하고 있으며 특별법범죄 중에서는 도로교통법 위반 범죄가 가장 많은 비중을 차지한다. 외국인 범죄의 원인은 내국인 범죄의 원인과 마찬가지로 개인적, 경제적, 사회문화적 원인 등으로 다양하게 존재할 수 있다.[4]

[표 9-1] 외국인 범죄 현황 (단위: 명, %)

	2014		2015		2016		2017		2018	
	인원	비율	인원	비율	인원	비율	인원	비율	인원	비율
합계	30,930	100	37,928	100	43,463	100	36,277	100	34,830	100
형법범죄	16,729	54.1	20,024	52.8	20,370	46.9	19,003	52.4	18,850	54.1
- 절도	1,783	5.8	2,306	6.1	2,817	6.5	2,906	8.0	2,933	8.4

거된 죄를 범한 때와 형법 제5조 제1호 내지 제7호에 열거된 죄 이외에 대한민국 또는 대한민국 국민에 대하여 죄를 범한 때에만 대한민국 형법이 적용되어 우리나라에 재판권이 있게 되고, 여기서 '대한민국 또는 대한민국 국민에 대하여 죄를 범한 때'란 대한민국 또는 대한민국 국민의 법익이 직접적으로 침해되는 결과를 야기하는 죄를 범한 경우를 의미한다."(대판 2011. 8. 25. 2011도6507)

2) 외국인 범죄에 대한 보도 현황에 대해서는 박상조/박순관(2016), 161면 이하; 허경미(2016), 359면 이하 참조.

3) 불법체류 외국인의 범죄율이 낮을 것이라는 가설에 대해서는 신동일(2010), 290면 이하 참조.

4) 외국인 범죄의 원인에 대해서는 이경섭(2020), 124면 이하 참조.

- 사기	2,101	6.8	2,944	7.8	2,805	6.5	2,548	7.0	2,916	8.4
- 횡령	317	1.0	415	1.1	579	1.3	648	1.8	714	2.0
- 강도	75	0.2	119	0.3	89	0.2	66	0.2	54	0.2
- 성폭력	613	2.0	749	2.0	798	1.8	950	2.6	987	2.8
- 폭행	4,313	13.9	5,353	14.1	5,784	13.3	5,423	14.9	5,327	15.3
- 상해	3,179	10.3	3,047	8.0	2,612	6.0	2,196	6.1	1,923	5.5
- 도박·복표	650	2.1	850	2.2	575	1.3	460	1.3	419	1.2
- 기타	3,698	12.0	4,241	11.2	4,311	9.9	3,806	10.5	3,587	10.3
특별법 범죄	14,201	45.9	17,904	47.2	23,093	53.1	17,274	47.6	15,980	45.9
- 관세법	63	0.2	75	0.2	65	0.1	87	0.2	64	0.2
- 도로교통법	4,997	16.2	7,288	19.2	9,029	20.8	6,248	17.2	4681	13.4
- 외국환거래법	1,042	3.4	704	1.9	415	1.0	221	0.6	290	0.8
- 교통사고특례법	1,641	5.3	1,958	5.2	2,024	4.7	1,850	5.1	2,123	6.1
- 기타 특별법	6,458	20.9	7,879	20.8	11,560	26.6	8,868	24.4	8,822	25.3

자료: 법무연수원, 〈범죄백서〉(2020).

[표 9-2] 한국의 범죄발생 현황

연도	발생건수	범죄율	검거건수	검거율	검거인원
2009	2,168,185	4,356.1	1,936,637	89.3	2,288,423

2010	1,917,300	3,795.5	1,625,241	84.8	1,780,917
2011	1,902,720	3,750.4	1,499,675	78.8	1,727,176
2012	1,934,410	3,796.8	1,488,756	77.0	1,896,191
2013	1,996,389	3,903.7	1,536,442	77.0	1,907,721
2014	1,933,835	3,767.6	1,518,792	78.5	1,879,548
2015	2,020,731	3,921.5	1,638,549	81.1	1,948,966
2016	2,008,290	3,884.8	1,691,370	84.2	2,020,196
2017	1,824,876	3,524.4	1,556,963	85.3	1,861,796
2018	1,738,190	3,353.9	1,466,406	84.4	1,749,459

* 범죄율: 인구 10만 명당 범죄 발생건수
** 검거율: 발생건수 대비 검거건수
자료: 법무부연수원, 〈범죄백서〉(2020).

Ⅱ. 성매매의 경우

한국에서 성매매는 불법이다. '성매매알선 등 행위의 처벌에 관한 법률'(이하 '성매매처벌법'으로 약칭)에 따르면 성매매는 "불특정인을 상대로 금품이나 그 밖의 재산상의 이익을 수수하거나 수수하기로 약속하고 성교행위나 구강, 항문 등 신체의 일부 또는 도구를 이용한 유사 성교행위를 하거나 그 상대방이 되는 것"으로 정의된다(동법 제2조 제1항 제1호). 이러한 성매매는 금지된다(동법 제4조 제1호). 다만 성매매 피해자의 성매매만 처벌되지 않을 뿐이고, 다른 성매매는 범죄로 취급되어 처벌된다.

[법령 9-1] 성매매 피해자: 성매매처벌법 제2조 제4호
"성매매피해자"란 다음 각 목의 어느 하나에 해당하는 사람을 말한다.
가. 위계, 위력, 그밖에 이에 준하는 방법으로 성매매를 강요당한 사람

나. 업무관계, 고용관계, 그 밖의 관계로 인하여 보호 또는 감독하는 사람에 의하여 「마약류관리에 관한 법률」 제2조에 따른 마약 · 향정신성의약품 또는 대마(이하 "마약등"이라 한다)에 중독되어 성매매를 한 사람
다. 청소년, 사물을 변별하거나 의사를 결정할 능력이 없거나 미약한 사람 또는 대통령령으로 정하는 중대한 장애가 있는 사람으로서 성매매를 하도록 알선 · 유인된 사람
라. 성매매 목적의 인신매매를 당한 사람

그리고 성매매를 알선, 권유, 유인, 강요하는 행위, 성매매의 장소를 제공하는 행위, 성매매에 제공되는 사실을 알면서 자금, 토지, 건물을 제공하는 행위도 금지된다(동조 제2호). 또한 성매매 목적의 인신매매와 성을 파는 행위를 하게 할 목적으로 다른 사람을 고용 · 모집하거나 성매매가 행하여진다는 사실을 알고 직업을 소개 · 알선하는 행위 및 성매매 등 행위와 그 행위가 행하여지는 업소에 대한 광고행위도 금지된다(동조 제3호에서 제5호).

[법령 9-2] 성매매 목적의 인신매매: 성매매처벌법 제2조 제1항 제3호

"성매매 목적의 인신매매"란 다음 각 목의 어느 하나에 해당하는 행위를 하는 것을 말한다.

가. 성을 파는 행위 또는 「형법」 제245조에 따른 음란행위를 하게 하거나, 성교행위 등 음란한 내용을 표현하는 사진 · 영상물 등의 촬영 대상으로 삼을 목적으로 위계(僞計), 위력(威力), 그밖에 이에 준하는 방법으로 대상자를 지배 · 관리하면서 제3자에게 인계하는 행위
나. 가목과 같은 목적으로 「청소년 보호법」 제2조 제1호에 따른 청소년(이하 "청소년"이라 한다), 사물을 변별하거나 의사를 결정할 능력이 없거나 미약한 사람 또는 대통령령으로 정하는 중대한 장애가 있는 사람이나 그를 보호 · 감독하는 사람에게 선불금 등 금품이나 그 밖의 재산상의 이익을 제공하거나 제공하기로 약속하고 대상자를 지배 · 관리하면서 제3자에게 인계하는 행위
다. 가목 및 나목의 행위가 행하여지는 것을 알면서 가목과 같은 목적이나 전매를 위하여 대상자를 인계받는 행위
라. 가목부터 다목까지의 행위를 위하여 대상자를 모집 · 이동 · 은닉하는 행위

헌법재판소는 성매매뿐만 아니라 이를 알선하거나 권유하는 행위 등을 금지하고, 이러한 금지를 위반한 경우 처벌하는 법률조항에 대해서 여러 차례 합헌으로 결정한 바 있다.

[판례 9-1] 성매매의 금지와 처벌: 헌재 2016. 3. 31. 2013헌가2

심판대상조항은 성매매를 형사처벌하여 성매매 당사자의 성적 자기결정권, 사생활의 비밀과 자유 및 성판매자의 직업선택의 자유를 제한하고 있다.

그런데 개인의 성행위 그 자체는 사생활의 내밀영역에 속하고 개인의 성적 자기결정권의 보호대상에 속한다고 할지라도, 그것이 외부에 표출되어 사회의 건전한 성풍속을 해칠 때에는 법률의 규제를 받아야 하는 것이다. 외관상 강요되지 않은 자발적인 성매매행위도 인간의 성을 상품화함으로써 성판매자의 인격적 자율성을 침해할 수 있고, 성매매산업이 번창하는 것은 자금과 노동력의 정상적인 흐름을 왜곡하여 산업구조를 기형화시키는 점에서 사회적으로 매우 유해한 것이다. 성매매는 그 자체로 폭력적, 착취적 성격을 가진 것으로 경제적 대가를 매개로 하여 경제적 약자인 성판매자의 신체와 인격을 지배하는 형태를 띠므로 대등한 당사자 사이의 자유로운 거래 행위로 볼 수 없고, 인간의 성을 상품화하여 성범죄가 발생하기 쉬운 환경을 만드는 등 사회 전반의 성풍속과 성도덕을 허물어뜨린다. 성매매를 형사처벌함에 따라 성매매 집결지를 중심으로 한 성매매 업소와 성판매 여성이 감소하는 추세에 있고, 성구매사범 대부분이 성매매처벌법에 따라 성매매가 처벌된다는 사실을 안 후 성구매를 자제하게 되었다고 응답하고 있는 점 등에 비추어 보면, 성매매를 형사처벌함으로써 사회 전반의 건전한 성풍속 및 성도덕을 확립하려는 심판대상조항의 입법목적은 정당하고 수단의 적절성도 인정된다.

한편, 성매매에 대한 수요는 성매매 시장을 형성, 유지, 확대하는 주요한 원인인바, 우리 사회는 잘못된 접대문화 등으로 인하여 성매매에 대한 관대한 인식이 팽배해 있으며, 성매매 집결지를 중심으로 한 전통적인 유형의 성매매뿐만 아니라 산업형(겸업형) 성매매, 신 · 변종 성매매 등 다양한 유형의 성매매 시장이 활성화되어 있고, 불법 체류자나 이주 노동자들의 성매매, 청소년 · 노인의 성매매 등 성매매의 양상도 점차 복잡해지고 있다. 이러한 상황에서 성매매에 대한 지속적인 수요를 억제하지 않는다면, 성인뿐만 아니라 청소년이나 저개발국의 여성들까지 성매매 시장에 유입되어 그 규모가 비약적으로 확대될 우려가 있고, 재범방지 교육이나 성매매 예방교육 등이 형사처벌과 유사하거나 더 높은 효과를 갖는다고 볼 수 없으므로 성구매자에 대한 형사처벌이 과도하다고 볼 수 없다.

성매매 공급이 확대되거나 쉽게 접근할 수 있는 길을 열어줄 위험과 불법적인 조건으로 성매매를 유도할 가능성이 있는 점 등을 고려할 때 성판매자도 형사처벌의 대상에 포함시킬 필요성이 인정된다. 사회구조적 요인이 성매매 종사에 영향을 미칠 수는 있으나 이는 성매매에만 국한된 특유한 문제라고 볼 수 없고, 만약 이들에게 책임을 묻기 어려운 사정이 있는 경우에는 성매매피해자로 인정되어 형사처벌의 대상에서 제외될 수 있는 가능성도 존재하는 점, 형사처벌 외에 보호사건으로 처리될 수도 있는 점, 성매매피해자 등의 보호, 피해 회복 및 자립·자활을 지원하기 위하여 법적, 제도적 장치가 마련되어 있는 점 등에 비추어 성판매자에 대한 형사처벌도 과도하다고 볼 수 없다. 또한 나라별로 다양하게 시행되는 성매매에 대하여 정책의 효율성을 판단하는 것도 쉽지 않으므로, 전면적 금지정책에 기초하여 성매매 당사자 모두를 형사처벌하도록 한 입법을 침해최소성에 어긋난다고 볼 수 없다.

자신의 성 뿐만 아니라 타인의 성을 고귀한 것으로 여기고 이를 수단화하지 않는 것은 모든 인간의 존엄과 평등이 전제된 공동체의 발전을 위한 기본전제가 되는 가치관이므로, 사회 전반의 건전한 성풍속과 성도덕이라는 공익적 가치는 개인의 성적 자기결정권 등 기본권 제한의 정도에 비해 결코 작다고 볼 수 없어 법익균형성원칙에도 위배되지 아니한다. 따라서 심판대상조항은 개인의 성적 자기결정권, 사생활의 비밀과 자유, 직업선택의 자유를 침해하지 아니한다.

[판례 9-2] 성매매 알선행위의 금지와 처벌: 헌재 2016. 9. 29. 2015헌바65; 2019. 11. 28. 2017헌바514

① 성매매 알선행위를 영업으로 하는 경우, 수익을 극대화하는 과정에서 비자발적 성매매 및 착취, 위력행사 등 불법행위가 발생할 가능성이 높고, 호객행위나 성매매 광고 등 성매매를 외부적으로 드러내어 사회의 건전한 성풍속을 해치므로, 성매매 영업알선은 단순한 성매매 행위 자체와는 구별되는 중한 불법성 및 처벌의 필요성이 인정된다. 또한 자금과 노동력의 정상적인 흐름을 왜곡하여 산업구조를 기형화시키는바, 영업으로 성매매 알선을 하는 행위를 형사적 제재가 아닌 방법으로 규제할 경우에는 충분한 위하력을 가지기 어렵고 성매매 산업의 확대를 막기도 어렵다. 특히 성매매 당사자의 자발적인 의사에 의한 경우만을 알선한다 하더라도, 성매매 영업알선은 그 자체로 인간의 성 및 인격에 대한 착취적 성격을 가지고, 성에 대한 인식을 왜곡하여 성범죄가 발생하기 쉬운 환경을 만들므로, 이를 여타 성매매 유인, 권유 등의 행위와 함께 처벌하고 있다하더라도 과도한 기본권제한으로 볼 수 없다. 따라서 이 사건 알선조항은 과잉금지원칙에 위배되어 직업선택의 자유를 침해하지 아니한다.

② 이 사건 몰수조항(성매매 영업알선 범죄로 인하여 얻은 재산을 몰수·추징하는 법률조항 중 '알선' 부분)과 관련 규정의 문언, 입법취지 등을 종합하여 볼 때, 이 사건 몰수조항의 '성매매 영업알선행위로 인하여 얻은 이익'이라 함은 성매매 영업알선행위로 말미암아 실제로 취득한 이익으로서 알선행위에 포함되거나 이에 부수한 행위로 인한 일체의 수익을 의미한다고 해석된다. 성매매 손님들에게 주류 등을 제

공한 행위도 성매매 알선행위에 포함되거나 이에 부수한 행위로 평가된다면 '그 범죄로 인하여 얻은 금품이나 그 밖의 재산'에 해당하는 것으로서 추징액에서 이를 공제할 것은 아니다. 따라서 이 사건 몰수조항은 죄형법정주의 명확성원칙에 위배되지 아니한다.

[판례 9-3] 유사성교행위의 불명확성 여부: 헌재 2018. 12. 27. 2017헌바519

심판대상조항(성매매를 알선하는 행위를 처벌하는 법률조항)이 유사성교행위를 '구강·항문 등 신체의 일부 또는 도구를 삽입하는 행위'로 규정하지 않고, '구강, 항문 등 신체의 일부 또는 도구를 이용한' 유사성교행위라고 규정하고 있는 것은 구강·항문으로의 삽입행위 이외에 경제적 대가를 매개로 성판매자의 신체와 인격을 지배할 수 있는 다양한 형태의 성매매를 규율하기 위한 것이고, 대법원도 유사성교행위의 정의와 그 판단기준을 제시하고 있으며, 성매매의 행위 태양도 다양하게 변화하는 성매매영업의 실태 등을 고려하면, 심판대상조항 중 '유사성교행위'의 의미는 구강·항문 등 신체 내부로의 삽입행위 내지 적어도 성교와 유사한 것으로 볼 수 있는 정도의 성적 만족을 얻기 위한 신체접촉행위로 해석될 수 있다고 할 것이므로, 심판대상조항은 죄형법정주의 명확성원칙에 위반되지 아니한다.

[판례 9-4] 성매매 권유행위의 명확성원칙 위반 여부: 헌재 2017. 9. 28. 2016헌바376

심판대상조항(성매매를 권유하는 행위를 처벌하는 법률조항)은 성매매를 하는 행위와는 별도의 구성요건으로 '권유'의 행위태양을 통하여 성매매를 용이하게 하는 행위를 처벌하고 있다. '권유'의 사전적 의미, 성매매처벌법의 입법취지, 관련조항, 법원의 해석·적용 등을 종합적으로 살펴보면, 심판대상조항에서 말하는 '권유'란 상대방이 실제 성매매행위에 나아갈 것을 요하지는 아니하나, 성교행위나 유사 성교행위가 이루어지기 위한 조건을 어느 정도 구체적으로 제시하면서 상대방이 성을 판매 또는 구매하도록 의사를 형성·확대하는 데 영향을 미치는 일체의 행위를 의미한다. 이러한 해석은 건전한 상식과 통상적인 법감정을 가진 사람이라면 누구나 파악할 수 있고, 법집행기관의 자의적인 법해석이나 법집행도 배제되어 있다고 볼 수 있으므로 심판대상조항은 죄형법정주의의 명확성원칙에 위반되지 아니한다.

한편 대중문화예술 사업자 또는 대중문화예술 제작물 스태프가 그 직위를 이용하여 대중문화예술인에게 대중문화예술 용역과 관련된 이익의 제공이나 약속 또는 불이익의 위협을 통하여 성매매처벌법이 금지하는 행위를 알선, 권유 또는 유인하는 행위를 하는 것은 금지된다(대중문화예술산업발전법 제16조 제1항). 또한 대중문화예술 사업자 또는 대중문화예술 제작물 스태프가 폭행이나 협박으로 성매매처벌법이 금지하는 행위를 강요하는 것도 금지된다(동조 제2항). 이러한 금지를 위반한 경우에 처벌된다(동법 제39조 제2항 및 제3항). 그럼에도 불구하고 호텔이나 유흥업소에서 노래나 악기 연주 등과 같은 공연예술활동을 하는 외국인에게 발급되는 예술 · 흥행비자(E-6)로 입국한 외국인이 자의 혹은 타의로 성판매자가 되는 경우가 발생하고 있다. 예술 · 흥행 체류자격을 가진 외국인 입국자의 숫자는 2019년의 경우 5천4백여 명을 상회하고 있기 때문에(아래 [표 9-3] 참조) 이와 관련된 대책이 필요할 것으로 보인다.

[표 9-3] 예술 · 흥행(E-6) 체류자격 입국자 현황

2011	2012	2013	2014	2015	2016	2017	2018	2019	2020.6.
29,143	35,907	36,904	39,260	4,596	3,996	3,765	4,570	5,436	1,299

자료: 법무부 출입국 · 외국인정책본부, 〈출입국 · 외국인정책 통계월보〉 2011년~2020년 각 월호.

Ⅲ. 외국인 수용자

1. 현 황

2018년을 기준으로 교정시설에 수용된 외국인은 총 2,079명이고, 이 가운데 이미 형이 확정되어 복역하고 있는 기결수는 1,338명, 아직 형이 확정되지 않아 구금된 채 수사나 재판을 받고 있는 미결수는 741명이다(아래 [표 9-4] 참조). 국적별로는 중국 국적의 수용자가 압도적으로 높은 비율을 차지하고 있다(아래 [표 9-5] 참조). '형의 집행 및 수용자의 처우에 관한 법률'(이하 '형집행법'으로 약칭)에 따르면 "수용자"는 수형자, 미결수용자, 사형확장자 등 법률과 적법한 절차에 따라 교도소, 구치소 및 그 지소와 같은 교정시설에 수용된 사람으로 정의된다(동법 제2조 제1호). 여기서 "수형자"는 징역형, 금고형 또는 구류형의 선고를 받아 그 형이 확정되어 교정시설에 수용된 사람과 벌금 또는 과료를 완납하지 않아 노역장 유치명령을 받고 교정시설에 수용

된 사람을 뜻한다(동조 제2호). 그리고 "미결수용자"는 형사피의자 또는 형사피고인으로서 체포되거나 구속영장의 집행을 받아 교정시설에 수용된 사람을 의미한다(동조 제3호). 마지막으로 "사형확정자"는 사형의 선고를 받고 그 형이 확정되어 교정시설에 수용된 사람을 말한다(동조 제4호). 어쨌든 외국인 수용자나 수형자는 내국인 수용자나 수형자보다 교정시설에서 상대적으로 더 많은 어려움을 겪고 있는 것으로 추정된다.[5)]

2. 형집행법과 외국인 수용자에 대한 처우

형집행법은 '차별금지원칙'을 명확하게 선언하고 있다. 다시 말해 "수용자는 합리적인 이유 없이 성별, 종교, 장애, 나이, 사회적 신분, 출신지역, 출신국가, 출신민족, 용모 등 신체조건, 병력, 혼인 여부, 정치적 의견 및 성적 지향 등을 이유로 차별받지 아니한다"고 규정되어 있는 것이다(동법 제5조). 따라서 국적에 따른 차별을 포함하는 출신국가에 따른 차별은 금지되므로 외국인 수용자에 대한 차별은 원칙적으로 금지된다. 따라서 19세 이상의 수형자는 '교도소'에, 19세 미만의 수형자는 '소년교도소'에, 미결수용자는 '구치소'에, 사형확정자는 '교도소 또는 구치소'에 구분되어 수용되어야 한다는 '구분수용의 원칙'(동법 제11조 제1항)은 외국인에게도 동일하게 적용되어야 한다. 또한 남성과 여성은 분리되어 수용해야 한다는 '분리수용의 원칙'(동법 제13조 제1항)도 외국인에게 차별없이 적용되어야 한다. 그리고 수용자는 독거실 부족 등 시설여건이 충분하지 않거나 수용자의 생명 또는 신체의 보호, 정서적 안정을 위하여 필요하거나 수형자의 교화 또는 건전한 사회복귀를 위한 필요한 경우가 아니면 원칙적으로 '독거수용'해야 한다는 원칙(동법 제14조)도 외국인에게 동일하게 적용되어야 한다.

[표 9-4] 외국인 수용자 범죄유형별 현황 (단위: 명, %)

연도 \ 죄명		합계	절도	사기 횡령	강도	살인	폭행 상해	강간	마약류	기타
2014	합계	1,271 (100)	51 (4.0)	170 (13.4)	103 (8.1)	263 (20.7)	103 (8.1)	110 (8.7)	118 (9.3)	353 (27.8)

5) 외국인 수용자와 관련된 교정시설의 개선점에 대해서는 최준(2013), 106면 이하 참조.

	기결	770 (100)	15 (1.9)	95 (12.3)	83 (10.8)	223 (29.0)	42 (5.5)	69 (9.0)	67 (8.7)	176 (22.9)
	미결	501 (100)	36 (7.2)	75 (15.0)	20 (4.0)	40 (8.0)	61 (12.2)	41 (8.2)	51 (10.2)	177 (35.3)
2015	합계	1,884 (100)	82 (4.4)	351 (18.6)	104 (5.5)	284 (15.1)	119 (6.3)	130 (6.9)	205 (10.9)	609 (32.3)
	기결	1,123 (100)	24 (2.1)	209 (18.6)	82 (7.3)	235 (20.9)	61 (5.4)	81 (7.2)	117 (10.4)	314 (28.1)
	미결	761 (100)	58 (7.6)	142 (18.6)	22 (2.9)	49 (6.5)	58 (7.6)	49 (6.4)	88 (11.6)	295 (38.8)
2016	합계	1,997 (100)	148 (7.4)	353 (17.7)	98 (4.9)	299 (15.0)	160 (8.0)	136 (6.8)	245 (12.3)	558 (27.9)
	기결	1,232 (100)	69 (5.6)	203 (16.5)	82 (6.7)	248 (20.1)	88 (7.1)	101 (8.2)	149 (12.1)	292 (23.7)
	미결	765 (100)	79 (10.3)	150 (19.6)	16 (2.1)	51 (6.7)	72 (9.4)	35 (4.6)	96 (12.5)	266 (34.8)
2017	합계	2,096 (100)	168 (8.0)	511 (24.4)	88 (4.2)	310 (14.8)	121 (5.8)	137 (6.5)	131 (6.3)	630 (30.0)
	기결	1,320 (100)	85 (6.4)	284 (21.5)	77 (5.8)	269 (20.4)	51 (3.9)	94 (7.1)	115 (8.7)	345 (26.2)
	미결	776 (100)	83 (10.7)	227 (29.3)	11 (1.4)	41 (5.3)	70 (9.0)	43 (5.5)	16 (2.1)	285 (36.7)
2018	합계	2,079 (100)	186 (9.0)	611 (29.4)	82 (3.9)	266 (12.8)	114 (5.5)	153 (7.4)	255 (12.2)	412 (19.8)
	기결	1,338 (100)	93 (7.0)	384 (28.7)	68 (5.1)	229 (17.1)	54 (4.0)	101 (7.5)	126 (9.4)	283 (21.2)
	미결	741 (100)	93 (12.6)	227 (30.6)	14 (1.9)	37 (5.0)	60 (8.1)	52 (7.0)	129 (17.4)	129 (17.4)

자료: 법무연수원, 〈범죄백서〉.

[표 9-5] 외국인 수용자 국적별 현황 (단위: 명, %)

국적 연도				중국			미국			일본			기타		
		기결	미결	소계	기결	미결	소계	기결	미결	소계	기결	미결	소계	기결	미결
합계	15,068	9,722	5,346	9,485	6,267	3,218	505	293	212	117	87	30	4,961	3,075	1,886

	(100)			(62.9)			(3.4)			(0.7)			(33.0)		
2009	1,611 (100)	1,155	456	978 (60.7)	761	217	35 (2.2)	23	12	19 (1.2)	14	5	579 (35.9)	357	222
2010	1,250 (100)	911	339	679 (54.3)	510	169	41 (3.3)	22	19	17 (1.4)	17	–	513 (41.0)	362	151
2011	1,198 (100)	848	350	694 (57.9)	488	206	36 (3.0)	24	12	16 (1.3)	14	2	452 (37.7)	322	130
2012	1,132 (100)	769	363	705 (62.3)	482	223	50 (4.4)	30	20	6 (0.5)	4	2	371 (32.8)	253	118
2013	1,222 (100)	773	449	757 (61.9)	488	269	50 (4.1)	30	20	4 (0.3)	3	1	411 (33.6)	252	159
2014	1,271 (100)	770	501	832 (65.5)	492	340	58 (4.6)	34	24	7 (0.6)	4	3	374 (29.4)	240	134
2015	1,884 (100)	1,123	761	1,300 (69.0)	800	500	64 (3.4)	35	29	7 (0.4)	6	1	513 (27.2)	282	231
2016	1,997 (100)	1,232	765	1,329 (66.5)	852	477	65 (3.3)	37	28	9 (0.5)	8	1	594 (29.7)	335	259
2017	2,096 (100)	1,320	776	1,334 (63.6)	903	431	61 (2.9)	35	26	12 (0.6)	8	4	689 (32.9)	374	315
2018	2,079 (100)	1,338	741	1,148 (55.2)	805	343	65 (3.1)	37	28	11 (0.5)	7	4	855 (41.2)	489	366

자료: 법무연수원, 〈범죄백서〉.

Ⅳ. 맺는 말

외국인의 범죄율이 내국인(국민)의 범죄율보다 높기 때문에 외국인을 예비적 범죄자로 취급하는 태도는 외국인의 범죄를 선정적으로 보도하는 언론의 보도 경향이 만들어낸 허상일 수 있다. 오히려 외국인에 대한 혐오의 증가로 외국인을 대상으로 하는 범죄가 증가하고 있는 것이 현실이다. 따라서 국민에게 인정되고 있는 범죄피해자 지원제도를 외국인에게까지 확대할 필요성이 제기된다.[6] 같은 맥락에서 헌법이 보장하는 '범죄피해자구조청구권'(헌법 제30조)의 주체를 외국인에게까지 확대하자는 주장[7]도 설득력이 있어 보인다. 인간의 보편적 경험에 따르면 누구나 외국에 거주할 때

6) 김지원/강동욱(2019), 177면 이하; 최영신(2019), 131면 이하 참조.

오히려 심리적으로 위축되어 있을 뿐만 아니라 범죄를 저질렀을 때 발생할 추방의 두려움으로 범죄를 감행할 용기를 내기 어렵다는 것을 인정하지 않을 수 없을 것이다. 외국인이 범죄를 저지를 가능성이 없다고 말할 수는 없더라도 적어도 외국인이 범죄의 온상이라는 편견은 온당해 보이지 않는다.

7) 방승주(2015), 179면 이하 참조.

참고문헌

김지원/강동욱(2019), 국내 체류 외국인에 대한 범죄피해자지원제도에 관한 연구, ≪법학논총≫, 제36권 제4호(2019), 161~188면.

노성훈(2013), 외국인의 증가와 범죄에 대한 두려움: 집단위협이론을 중심으로, ≪형사정책연구≫(한국형사정책연구원), 제24권 제3호(2013), 151~184면.

박상조/박승관(2016), 외국인 범죄에 대한 언론 보도가 외국인 우범자 인식의 형성에 미치는 영향, ≪한국언론학보≫(한국언론학회), 제60권 제3호(2016), 145~177면.

방승주(2015), 범죄피해자구조청구권의 기본권주체, ≪유럽헌법연구≫(유럽헌법학회), 제19호(2015), 155~191면.

신동일(2010), 외국인, 외국인 범죄, 그리고 합리적 형사정책, ≪형사정책연구≫(한국형사정책연구원), 제21권 제4호(2010), 275~300면.

이경섭(2020), 외국인 범죄 특성 분석에 관한 연구, ≪한국범죄정보연구≫(한국사회안전범죄정보학회), 제6권 제1호(2020), 12~135면.

최영신(2019), 외국인 범죄피해자 지원 실태 및 개선방안 : 범죄피해자지원센터를 중심으로, ≪피해자학연구≫(한국피해자학회), 제27권 제2호(2019), 111~136면.

최 준(2013), 외국인범죄와 외국인수용자 처우의 과제, ≪교정복지연구≫(한국교정복지학회), 제31호(2013), 85~114면.

허경미(2016), 미디어의 외국인 강력범죄에 대한 보도태도 연구, ≪한국경찰학연구≫(한국경찰연구학회), 제15권 제3호(2016), 351~374면.

현석환(2017), 국내 체류외국인의 범죄 실태와 대응책에 관한 연구, ≪한국사회안전학회지≫(한국사회안전학회), 제12권 제1호(2017), 66~81면.

CHAPTER 10 외국인과 다문화

Ⅰ. 한류와 민족문화

Ⅱ. 문화다원주의와 문화적 다양성

Ⅲ. 문화적 공존과 문화적 권리

제 10 장

외국인과 다문화

외국인의 빈번한 입국과 장기간의 체류로 발생하는 영향은 다양하다. 무엇보다도 외국인의 삶의 배경이 되고 있는 특정한 문화가 한국 문화 속으로 유입되면서 두 개의 문화가 충돌을 일으킨다. 충돌한 두 개의 문화가 상호 영향을 미치면서 각각의 문화는 변화를 경험하게 되는데 경우에 따라서는 하나의 문화가 다른 문화를 완전히 몰아낼 수도 있다. 한국인의 입장에서 가장 우려되는 것은 아마도 외국 문화의 영향으로 한국 문화가 설 자리를 잃어버리는 것이다. 근대화와 함께 몰려들어온 서구 문화로 인해 한국의 전통 문화가 그 영역을 상실하고 있는 현실은 이러한 상황을 웅변적으로 보여준다. 어차피 국제적 이동과 교류가 빈번하고 광범위하게 이루어지는 현대 사회에서 한국의 고유한 문화가 존재할 수 있는지에 대한 의문이 제기될 수도 있지만 오랜 역사와 전통을 자랑하는 한국은 나름대로 고유하고 독특한 문화를 가지고 있음은 부인할 수 없다. 여기서 우리의 문화를 간직하면서도 외국의 문화를 받아들일 수 있는 관용의 태도가 요구된다.

Ⅰ. 한류와 민족문화

1. 민족문화에 대한 강조의 필요성

외국인들이 한국에 입국하는 이유 가운데 하나는 무엇보다도 한류(韓流)에 대한 직접 경험의 욕구일 것이다.[1] 이른바 '케이팝(K-pop)'으로 불리는 한국 대중가요가 외국인들의 취향을 사로잡으면서 한국의 대중가수들이 세계 가요시장에서 중요한 위치를 차지해 가고 있다. 봉준호 감독의 영화 〈기생충〉은 칸영화제에서 대상인 황금종려

1) 한류의 의미에 대한 자세한 설명은 서은숙(2009), 165면 이하 참조.

상을 수상했을 뿐만 아니라 아카데미영화제에서도 작품상을 포함하여 4개 부문에서 트로피를 가져감으로써 한국 문화의 우수성을 세계에 알렸다. 한류는 음악과 영화를 넘어 드라마, 음식, 패션, 화장품 등 문화 전반으로 확장되어가고 있다. 문화는 인간의 정신활동이 외부에 표출되는 모든 창조적인 행위를 의미한다. 인간이라는 보편적 특성에 기반을 둔 문화도 존재하지만 특수한 역사와 전통을 배경으로 하는 문화도 존재한다. 대한민국도 특수한 역사와 전통을 배경으로 하는 문화를 가지고 있는데 특히 단일민족 또는 민족의 순수성을 강조하는 '민족문화'를 가지고 있다. 한류를 민족문화라고 강변할 수는 없지만 특수한 역사와 전통을 배경으로 형성된 한국적 정서와 감성을 담고 있는 한류를 민족문화와 무관하다고 말하는 것도 전적으로 타당한 것은 아니다. 헌법도 민족문화와 전통문화를 강조하고 있다(헌법 제9조).[2] 민족문화와 전통문화에 대한 강조는 외국문화의 영향으로 점점 사라져가는 한국문화에 대한 특별한 배려를 의미할 수도 있다. 또한 통일을 지향하는 남북관계에서 민족문화는 통일을 위한 정신적 기초를 작동할 수도 있다.[3]

2. 민족문화의 가능성과 폐쇄성

혈통을 중심으로 하는 민족문화는 혈통의 순수성(순혈주의)이 유지되는 경우에만 의미를 가진다. 한국은 오랫동안 혈통의 순수성이 유지된 단일민족국가임을 자부심으로 삼았다. 하지만 수많은 외침을 받은 한민족의 혈통적 순수성이 도대체 가능한지에

---

2) 헌법재판소는 헌법에 표현된 "전통"과 "전통문화"를 다음과 같이 이해한다. 헌재 2005. 2. 3. 2001헌가9, 판례집 17-1, 1, 17~18면: "헌법 전문과 헌법 제9조에서 말하는 '전통', '전통문화'란 역사성과 시 대성을 띤 개념으로 이해하여야 한다. 과거의 어느 일정 시점에서 역사적으로 존재하였다는 사실만으로 모두 헌법의 보호를 받는 전통이 되는 것은 아니다. 전통이란 과거와 현재를 다 포함하고 있는 문화적 개념이다. 만약 전통의 근거를 과거에만 두는 복고주의적 전통개념을 취한다면 시대적으로 특수한 정치적 · 사회적 이해관계를 전통이라는 이름 하에 보편적인 문화양식으로 은폐 · 강요하는 부작용을 낳기 쉬우며, 현재의 사회구조에 걸맞는 규범 정립이나 미래지향적 사회발전을 가로막는 장애요소로 기능하기 쉽다. … 따라서 우리 헌법에서 말하는 '전통', '전통문화'란 오늘날의 의미로 재해석된 것이 되지 않으면 안 된다. 그리고 오늘날의 의미를 포착함에 있어서는 헌법이념과 헌법의 가치질서가 가장 중요한 척도의 하나가 되어야 할 것임은 두 말할 나위가 없고 여기에 인류의 보편가치, 정의와 인도의 정신 같은 것이 아울러 고려되어야 할 것이다."

3) 민족문화와 전통문화를 강조하고 있는 헌법 제9조에 대한 해석론에 대해서는 김선택(2010), 19면 이하 참조.

대한 근본적인 의문도 있고, 그것이 가능하다고 하더라도 여전히 자부심이 될 수 있는지에 대한 의문도 제기된다. 혈통의 순수성에 대한 지나친 자부심은 다른 혈통을 가진 민족에 대한 불필요한 비하를 강화할 수도 있기 때문이다. 자칫 혈통의 순수성만 강조하다 보면 민족이나 인종이 다른 사람들 사이의 결혼을 순수성을 해치는 위험한 행위로 평가절하할 수도 있다. 더욱이 혈통적으로 한민족에 속하지만 다른 문화권에서 자란 사람들에게 단지 혈통을 이유만으로 민족문화를 강요할 수 있을지도 의문이다.

Ⅱ. 문화다원주의와 문화적 다양성

1. 문화다원주의

자신이 속한 민족의 고유한 문화에 대한 자부심은 결코 부끄러운 것이 아니다. 하지만 이러한 자부심이 다른 민족의 고유한 문화에 대한 비하나 경멸로 이어지는 것은 매우 부끄러운 일이다. 그것은 이른바 '국수주의'에 기초하여 다른 문화에 대한 배타적 태도를 의미하기 때문이다. 이러한 문화적 배타성이 서로 충돌하면 무력충돌이나 전쟁의 가능성도 배제할 수 없다. 문화의 핵심적 부분을 차지하는 종교를 이유로 벌인 수많은 전쟁은 이러한 사실을 증명하고, 지금도 세계 곳곳에서는 종교적 갈등이 무력충돌로 이어지고 있는 것이 현실이다. 어떻게 보면 민족문화는 해당 민족의 생명과도 같기 때문에 문화적 배타성으로 자존심을 다친 다른 민족문화의 구성원들은 동일하게 문화적 배타성으로 대응할 수 있고, 그 과정에서 무력의 동원도 가능하기 때문이다. 여기서 이러한 극단적 상황을 피하기 위하여 다른 민족문화에 대한 상호 인정과 존중이 필요하다. 이러한 태도를 '문화다원주의'로 부를 수 있는데 문화다원주의는 문화적 우월성과 배타성을 기반으로 하는 문화제국주의에 반대하면서 다른 문화에 대한 인정과 존중을 요구한다.[4] 자신의 문화에 대한 자부심을 인정받으려면 다른 문화에 대한 자부심도 반드시 인정해야만 하기 때문이다.

---

4) 이러한 맥락에서 문화다원주의와 대비되어 세계화(globalization)라는 이름으로 등장한 문화제국주의에 대한 비판으로 김미경(2010), 212면 이하 참조.

2. 이민자의 문화에 대한 인정과 존중

문화다원주의는 한국으로 이주한 외국인들의 민족문화에 대한 인정과 존중을 요구한다. 경제적 필요 등을 이유로 불가피하게 한국으로 이주한 외국인은 자신의 민족문화를 선택할 수 있는 권리를 가져야 한다. 물론 한국으로 이주한 외국인이 한국문화를 선택할 수 있는 권리도 분명히 있다. 사실 모든 사람은 '문화에 대한 선택권'을 가진다. 단지 교육과 경험을 통한 사회화 과정에서 특정한 문화의 집중적 세례를 피할 수 없을 뿐이다. 만약 문화를 선택할 수 있는 여건과 환경이 주어진다면 누구에게나 문화에 대한 선택권은 보장되어야 한다. 중요한 것은 문화선택의 전제로서 '문화적 다양성'이 보장되어야 한다는 점이다.[5] 문화다양성협약(Convention for the Protection and Promotion of the Diversity of Cultural Expression, 2005)에 따르면 '문화적 다양성(cultural diversity)'은 "집단이나 사회의 문화가 표현되는 다양한 방식(the manifold ways in which the cultures of groups and societies find expression)"을 의미한다. 따라서 문화적 다양성은 문화적 표현의 다양성을 통해 인류의 문화적 유산이 표현되고(expressed) 증진되며(augmented) 전달되는(transmitted) 다양한 방식을 통해서뿐만 아니라 예술적 창작(creation), 생산(production), 보급(dissemination), 유통(distribution), 향유(enjoyment)의 다양한 양식을 통해서도 확인된다고 한다. 외국인이 귀화하여 대한민국의 국적을 선택한다고 해서 문화영역에서까지 대한민국의 민족문화를 선택한다는 의미는 아니다. 귀화를 통한 국적의 선택과 변경이 곧바로 특정한 문화에 대한 선택과 포기로 이어지는 것은 아니기 때문이다. 따라서 외국인의 귀화를 통해 외국인이 한국의 민족문화에 흡수되는 '동화(assimilation)'를 목표로 삼는 것은 지양될 필요가 있다. 오히려 귀화한 외국인이 자신의 민족문화를 지키면서도 한국의 민족문화와 조화롭게 살아갈 수 있는 '통합(integration)'이 귀화의 목표가 되어야 한다.[6]

---

5) 문화적 다양성의 개념과 내용에 대해서는 서헌제(2008), 213면 이하 참조.
6) 이러한 맥락에서 외국인 정책에 대한 기본입장을 동화주의와 다문화주의로 구분하는 이론은 매우 흥미롭다. 라소영/엄석진(2019), 26면 이하 참조.

Ⅲ. 문화적 공존과 문화적 권리

외국인도 국민과 마찬가지로 인간이라는 점에서 인권의 주체가 된다. 흔히 '인간의 권리'를 의미하는 인권은 '국민의 권리'와 구분되어 외국인은 국민만이 향유하는 국민의 권리의 주체가 되지 못한다고 한다. 하지만 인간의 권리인지 국민의 권리인지가 불분명한 권리도 존재한다. 일반적으로 참정권은 국민의 권리로 분류되지만 정치적 권리에 포함되는 참정권이 반드시 국민에게만 한정되어야 하는지에 대해서는 논란이 있을 수 있다. 경제적 약자에게 보장되어야 하는 사회적 기본권도 외국인이 주체가 될 수 있으며 논란이 가장 많은 경제적 기본권의 경우에도 외국인에게 인정되어야 하는 경우도 존재한다. 따라서 가능하면 모든 권리는 외국인에게도 인정되는 인권으로 이해될 필요가 있다. 굳이 외국인이 그러한 권리를 향유하는 것에 대한 제한이 필요하다면 합리적인 범위 안에서 제한하는 것이 타당하다. 외국인이라고 해도 일정한 권리의 주체에서 처음부터 배제할 것이 아니라 일단은 권리의 주체에 포함시키면서도 과도한 제한으로 권리침해가 되지 않는 범위 안에서 외국인의 권리를 제한할 필요가 있는 것이다. 특히 외국인의 문화적 권리를 보장한다는 측면에서 그들의 문화를 창조하고 향유하면서 유지시킬 수 있는 권리가 인정되고 존중되어야 한다. 유네스코(UNESCO)의 '문화다양성선언(Universal Declaration on Cultural Diversity, 2001)'도 문화적 다양성에 대한 보장을 인권으로 인정하고 있다.[7] 이렇게 문화를 인권의 관점에서 이해한다면[8] 다른 모든 인권이 그렇듯이 서로의 인권이 조화롭게 균형있게 실현될 수 있는 테두리 안에서 국민과 외국인의 문화적 권리가 공존할 수 있을 것이다.

---

7) 유네스코 문화다양성선언 제4조: 문화적 다양성의 보호는 인간의 존엄성과 분리될 수 없는 윤리적 명령이다. 문화적 다양성에 대한 보장은 인권과 기본적 자유, 특히 소수자에 속하는 사람들의 권리와 문화적 고유성을 가진 원주민의 권리에 대한 약속을 포함한다. 누구도 국제법에 의해 보장된 인권을 침해하거나 그 범위를 제한하기 위하여 문화적 다양성을 인용할 수는 없다(The defence of cultural diversity is an ethical imperative, inseparable from respect for human dignity. It implies a commitment to human rights and fundamental freedoms, in particular the rights of persons belonging to minorities and those of indigenous peoples. No one may invoke cultural diversity to infringe upon human rights guaranteed by international law, nor to limit their scope).

8) 문화다원주의의 관점에서 인권을 이해하는 '다문화적 인권'의 개념과 내용에 대해서는 양천섭(2011), 6면 이하; 임운택(2013), 38면 이하 참조.

참고문헌

김선택(2010), 다문화사회와 헌법, ≪헌법학연구≫(한국헌법학회), 제16권 제2호(2010), 1~41면.

김미경(2010), 세계화, 세방화, 다문화－아래로부터의 세계화를 위한 제언, ≪인문연구≫(영남대학교 인문과학연구소), 제59호(2010), 207~252면.

라소영/엄석진(2019), 한국 외국인 정책의 가치 지향성 분석: 중앙정부를 중심으로, ≪다문화와 평화〉(성결대학교 다문화평화연구소), 제13권 제2호(2019), 23~43면.

문성준(2019), 한류 영상물과 중국인들, ≪한국방송학보≫(한국방송학회), 제33권 제5호(2019), 61~85면.

서은숙(2009), 다문화시대 한류의 정체성과 방향, ≪인문콘텐트≫(인문콘텐츠학회), 제14호(2009), 157~184면.

서헌제(2008), 문화다양성협약에 대한 법리적 연구－문화상품의 국제교역과 문화권을 중심으로, ≪중앙법학≫(중앙법학회), 제10집 제2호(2008), 211~247면.

양천수(2011), 다문화적 인권의 가능성－기초법학의 관점에서, ≪법과 정책연구≫(한국법청책학회), 제11권 제2호(2011), 369~393면.

오미영(2014), 미국 내 한류 수용에 대한 탐색적 연구－미 서부지역 한국어 동호회 회원들에 대한 심층인터뷰를 중심으로, ≪미디어 경제와 문화≫(SBS), 제12권 제3호(2014), 46~92면.

임운택(2013), 이주노동자의 인권보호를 위한 이론적 논의와 국제적 실천의 시사점－문화다양성과 인권의 관점에서, ≪산업노동연구≫(한국산업노동학회), 제19권 제2호(2013), 33~66면.

부 록

1. 국적법
2. 출입국관리법
3. 난민법
4. 다문화가족지원법
5. 재한외국인 처우 기본법
6. 외국인근로자의 고용 등에 관한 법률
7. 재외동포의 출입국과 법적 지위에 관한 법률
8. 북한이탈주민의 보호 및 정착지원에 관한 법률

국적법

(2019.12.31. 법률 제16851호로 일부개정)

제1조(목적)
이 법은 대한민국의 국민이 되는 요건을 정함을 목적으로 한다.

제2조(출생에 의한 국적 취득)
① 다음 각 호의 어느 하나에 해당하는 자는 출생과 동시에 대한민국 국적(國籍)을 취득한다.
1. 출생 당시에 부(父)또는 모(母)가 대한민국의 국민인 자
2. 출생하기 전에 부가 사망한 경우에는 그 사망 당시에 부가 대한민국의 국민이었던 자
3. 부모가 모두 분명하지 아니한 경우나 국적이 없는 경우에는 대한민국에서 출생한 자

② 대한민국에서 발견된 기아(棄兒)는 대한민국에서 출생한 것으로 추정한다.

제3조(인지에 의한 국적 취득)
① 대한민국의 국민이 아닌 자(이하 "외국인"이라 한다)로서 대한민국의 국민인 부 또는 모에 의하여 인지(認知)된 자가 다음 각 호의 요건을 모두 갖추면 법무부장관에게 신고함으로써 대한민국 국적을 취득할 수 있다.
1. 대한민국의 「민법」상 미성년일 것
2. 출생 당시에 부 또는 모가 대한민국의 국민이었을 것

② 제1항에 따라 신고한 자는 그 신고를 한 때에 대한민국 국적을 취득한다.
③ 제1항에 따른 신고 절차와 그밖에 필요한 사항은 대통령령으로 정한다.

제4조(귀화에 의한 국적 취득)
① 대한민국 국적을 취득한 사실이 없는 외국인은 법무부장관의 귀화허가(歸化許可)를 받아 대한민국 국적을 취득할 수 있다.
② 법무부장관은 귀화허가 신청을 받으면 제5조부터 제7조까지의 귀화 요건을 갖추었는지를 심사한 후 그 요건을 갖춘 사람에게만 귀화를 허가한다.
③ 제1항에 따라 귀화허가를 받은 사람은 법무부장관 앞에서 국민선서를 하고 귀화증서를 수여받은 때에 대한민국 국적을 취득한다. 다만, 법무부장관은 연령, 신체적 · 정신적 장애 등으로 국민선서의 의미를 이해할 수 없거나 이해한 것을 표현할 수 없다고 인정되는 사람에게는 국민선서를 면제할 수 있다.
④ 법무부장관은 제3항 본문에 따른 국민선서를 받고 귀화증서를 수여하는 업무와 같은 항 단서에 따른 국민선서의 면제 업무를 대통령령으로 정하는 바에 따라 지방출입국 · 외국인관서의 장에게 대행하게 할 수 있다.
⑤ 제1항부터 제4항까지에 따른 신청절차, 심사, 국민선서 및 귀화증서 수여와 그 대행 등에 관하여 필요한 사항은 대통령령으로 정한다.

제5조(일반귀화 요건)
외국인이 귀화허가를 받기 위해서는 제6조나 제7조에 해당하는 경우 외에는 다음 각 호의 요건을 갖추어야 한다.
1. 5년 이상 계속하여 대한민국에 주소가 있을 것
1의2. 대한민국에서 영주할 수 있는 체류자격을 가지고 있을 것
2. 대한민국의 「민법」상 성년일 것
3. 법령을 준수하는 등 법무부령으로 정하는 품행 단정의 요건을 갖출 것
4. 자신의 자산(資産)이나 기능(技能)에 의하거나 생계를 같이하는 가족에 의존하여 생계를 유지할 능력이 있을 것
5. 국어능력과 대한민국의 풍습에 대한 이해 등 대한민국 국민으로서의 기본 소양(素養)을 갖추고 있을 것
6. 귀화를 허가하는 것이 국가안전보장 · 질서유지 또는 공공복리를 해치지 아니한다고 법무부장관이 인정할 것

제6조(간이귀화 요건)
① 다음 각 호의 어느 하나에 해당하는 외국인으로서 대한민국에 3년 이상 계속하여 주소가 있는 사람은 제5조 제1호 및 제1호의2의 요건을 갖추지 아니하여도 귀화허가를 받을 수 있다.
1. 부 또는 모가 대한민국의 국민이었던 사람
2. 대한민국에서 출생한 사람으로서 부 또는 모가 대한민국에서 출생한 사람
3. 대한민국 국민의 양자(養子)로서 입양 당시 대한민국의 「민법」상 성년이었던 사람

② 배우자가 대한민국의 국민인 외국인으로서 다음 각 호의 어느 하나에 해당하는 사람은 제5조 제1호 및 제1호의2의 요건을 갖추지 아니하여도 귀화허가를 받을 수 있다.
1. 그 배우자와 혼인한 상태로 대한민국에 2년 이상 계속하여 주소가 있는 사람
2. 그 배우자와 혼인한 후 3년이 지나고 혼인한 상태로 대한민국에 1년 이상 계속하여 주소가 있는 사람

3. 제1호나 제2호의 기간을 채우지 못하였으나, 그 배우자와 혼인한 상태로 대한민국에 주소를 두고 있던 중 그 배우자의 사망이나 실종 또는 그밖에 자신에게 책임이 없는 사유로 정상적인 혼인 생활을 할 수 없었던 사람으로서 제1호나 제2호의 잔여기간을 채웠고 법무부장관이 상당(相當)하다고 인정하는 사람
4. 제1호나 제2호의 요건을 충족하지 못하였으나, 그 배우자와의 혼인에 따라 출생한 미성년의 자(子)를 양육하고 있거나 양육하여야 할 사람으로서 제1호나 제2호의 기간을 채웠고 법무부장관이 상당하다고 인정하는 사람

제7조(특별귀화 요건)

① 다음 각 호의 어느 하나에 해당하는 외국인으로서 대한민국에 주소가 있는 사람은 제5조 제1호 · 제1호의2 · 제2호 또는 제4호의 요건을 갖추지 아니하여도 귀화허가를 받을 수 있다.

1. 부 또는 모가 대한민국의 국민인 사람. 다만, 양자로서 대한민국의 「민법」상 성년이 된 후에 입양된 사람은 제외한다.
2. 대한민국에 특별한 공로가 있는 사람
3. 과학 · 경제 · 문화 · 체육 등 특정 분야에서 매우 우수한 능력을 보유한 사람으로서 대한민국의 국익에 기여할 것으로 인정되는 사람

② 제1항 제2호 및 제3호에 해당하는 사람을 정하는 기준 및 절차는 대통령령으로 정한다.

제8조(수반 취득)

① 외국인의 자(子)로서 대한민국의 「민법」상 미성년인 사람은 부 또는 모가 귀화허가를 신청할 때 함께 국적 취득을 신청할 수 있다.

② 제1항에 따라 국적 취득을 신청한 사람은 부 또는 모가 대한민국 국적을 취득한 때에 함께 대한민국 국적을 취득한다.

③ 제1항에 따른 신청절차와 그밖에 필요한 사항은 대통령령으로 정한다.

제9조(국적회복에 의한 국적 취득)

① 대한민국의 국민이었던 외국인은 법무부장관의 국적회복허가(國籍回復許可)를 받아 대한민국 국적을 취득할 수 있다.

② 법무부장관은 국적회복허가 신청을 받으면 심사한 후 다음 각 호의 어느 하나에 해당하는 사람에게는 국적회복을 허가하지 아니한다.

1. 국가나 사회에 위해(危害)를 끼친 사실이 있는 사람
2. 품행이 단정하지 못한 사람
3. 병역을 기피할 목적으로 대한민국 국적을 상실하였거나 이탈하였던 사람
4. 국가안전보장 · 질서유지 또는 공공복리를 위하여 법무부장관이 국적회복을 허가하는 것이 적당하지 아니하다고 인정하는 사람

③ 제1항에 따라 국적회복허가를 받은 사람은 법무부장관 앞에서 국민선서를 하고 국적회복증서를 수여받은 때에 대한민국 국적을 취득한다. 다만, 법무부장관은 연령, 신체적 · 정신적 장애 등으로 국민선서의 의미를 이해할 수 없거나 이해한 것을 표현할 수 없다고 인정되는 사람에게는 국민선서를 면제할 수 있다.

④ 법무부장관은 제3항 본문에 따른 국민선서를 받고 국적회복증서를 수여하는 업무와 같은 항 단서에 따른 국민선서의 면제 업무를 대통령령으로 정하는 바에 따라 재외공관의 장 또는 지방출입국 · 외국인관서의 장에게 대행하게 할 수 있다.

⑤ 제1항부터 제4항까지에 따른 신청절차, 심사, 국민선서 및 국적회복증서 수여와 그 대행 등에 관하여 필요한 사항은 대통령령으로 정한다.

⑥ 국적회복허가에 따른 수반(隨伴) 취득에 관하여는 제8조를 준용(準用)한다.

제10조(국적 취득자의 외국 국적 포기 의무)

① 대한민국 국적을 취득한 외국인으로서 외국 국적을 가지고 있는 자는 대한민국 국적을 취득한 날부터 1년 내에 그 외국 국적을 포기하여야 한다.

② 제1항에도 불구하고 다음 각 호의 어느 하나에 해당하는 자는 대한민국 국적을 취득한 날부터 1년 내에 외국 국적을 포기하거나 법무부장관이 정하는 바에 따라 대한민국에서 외국 국적을 행사하지 아니하겠다는 뜻을 법무부장관에게 서약하여야 한다.

1. 귀화허가를 받은 때에 제6조 제2항 제1호 · 제2호 또는 제7조 제1항 제2호 · 제3호의 어느 하나에 해당하는 사유가 있는 자
2. 제9조에 따라 국적회복허가를 받은 자로서 제7조 제1항 제2호 또는 제3호에 해당한다고 법무부장관이 인정하는 자
3. 대한민국의 「민법」상 성년이 되기 전에 외국인에게 입양된 후 외국 국적을 취득하고 외국에서 계속 거주하다가 제9조에 따라 국적회복허가를 받은 자
4. 외국에서 거주하다가 영주할 목적으로 만 65세 이후에 입국하여 제9조에 따라 국적회복허가를 받은 자
5. 본인의 뜻에도 불구하고 외국의 법률 및 제도

로 인하여 제1항을 이행하기 어려운 자로서 대통령령으로 정하는 자

③ 제1항 또는 제2항을 이행하지 아니한 자는 그 기간이 지난 때에 대한민국 국적을 상실(喪失)한다.

제11조(국적의 재취득)

① 제10조 제3항에 따라 대한민국 국적을 상실한 자가 그 후 1년 내에 그 외국 국적을 포기하면 법무부장관에게 신고함으로써 대한민국 국적을 재취득할 수 있다.

② 제1항에 따라 신고한 자는 그 신고를 한 때에 대한민국 국적을 취득한다.

③ 제1항에 따른 신고 절차와 그밖에 필요한 사항은 대통령령으로 정한다.

제11조의2(복수국적자의 법적 지위 등)

① 출생이나 그밖에 이 법에 따라 대한민국 국적과 외국 국적을 함께 가지게 된 사람으로서 대통령령으로 정하는 사람[이하 "복수국적자"(複數國籍者)라 한다]는 대한민국의 법령 적용에서 대한민국 국민으로만 처우한다.

② 복수국적자가 관계 법령에 따라 외국 국적을 보유한 상태에서 직무를 수행할 수 없는 분야에 종사하려는 경우에는 외국 국적을 포기하여야 한다.

③ 중앙행정기관의 장이 복수국적자를 외국인과 동일하게 처우하는 내용으로 법령을 제정 또는 개정하려는 경우에는 미리 법무부장관과 협의하여야 한다.

제12조(복수국적자의 국적선택의무)

① 만 20세가 되기 전에 복수국적자가 된 자는 만 22세가 되기 전까지, 만 20세가 된 후에 복수국적자가 된 자는 그 때부터 2년 내에 제13조와 제14조에 따라 하나의 국적을 선택하여야 한다. 다만, 제10조 제2항에 따라 법무부장관에게 대한민국에서 외국 국적을 행사하지 아니하겠다는 뜻을 서약한 복수국적자는 제외한다.

② 제1항 본문에도 불구하고 「병역법」 제8조에 따라 병역준비역에 편입된 자는 편입된 때부터 3개월 이내에 하나의 국적을 선택하거나 제3항 각 호의 어느 하나에 해당하는 때부터 2년 이내에 하나의 국적을 선택하여야 한다. 다만, 제13조에 따라 대한민국 국적을 선택하려는 경우에는 제3항 각 호의 어느 하나에 해당하기 전에도 할 수 있다.

③ 직계존속(直系尊屬)이 외국에서 영주(永住)할 목적 없이 체류한 상태에서 출생한 자는 병역의무의 이행과 관련하여 다음 각 호의 어느 하나에 해당하는 경우에만 제14조에 따른 국적이탈신고를 할 수 있다.

1. 현역 · 상근예비역 · 보충역 또는 대체역으로 복무를 마치거나 마친 것으로 보게 되는 경우
2. 전시근로역에 편입된 경우
3. 병역면제처분을 받은 경우

제13조(대한민국 국적의 선택 절차)

① 복수국적자로서 제12조제1항 본문에 규정된 기간 내에 대한민국 국적을 선택하려는 자는 외국 국적을 포기하거나 법무부장관이 정하는 바에 따라 대한민국에서 외국 국적을 행사하지 아니하겠다는 뜻을 서약하고 법무부장관에게 대한민국 국적을 선택한다는 뜻을 신고할 수 있다.

② 복수국적자로서 제12조 제1항 본문에 규정된 기간 후에 대한민국 국적을 선택하려는 자는 외국 국적을 포기한 경우에만 법무부장관에게 대한민국 국적을 선택한다는 뜻을 신고할 수 있다. 다만, 제12조 제3항 제1호의 경우에 해당하는 자는 그 경우에 해당하는 때부터 2년 이내에는 제1항에서 정한 방식으로 대한민국 국적을 선택한다는 뜻을 신고할 수 있다.

③ 제1항 및 제2항 단서에도 불구하고 출생 당시에 모가 자녀에게 외국 국적을 취득하게 할 목적으로 외국에서 체류 중이었던 사실이 인정되는 자는 외국 국적을 포기한 경우에만 대한민국 국적을 선택한다는 뜻을 신고할 수 있다.

④ 제1항부터 제3항까지의 규정에 따른 신고의 수리(受理) 요건, 신고 절차, 그밖에 필요한 사항은 대통령령으로 정한다.

제14조(대한민국 국적의 이탈 요건 및 절차)

① 복수국적자로서 외국 국적을 선택하려는 자는 외국에 주소가 있는 경우에만 주소지 관할 재외공관의 장을 거쳐 법무부장관에게 대한민국 국적을 이탈한다는 뜻을 신고할 수 있다. 다만, 제12조 제2항 본문 또는 같은 조 제3항에 해당하는 자는 그 기간 이내에 또는 해당 사유가 발생한 때부터만 신고할 수 있다.

② 제1항에 따라 국적 이탈의 신고를 한 자는 법무부장관이 신고를 수리한 때에 대한민국 국적을 상실한다.

③ 제1항에 따른 신고 및 수리의 요건, 절차와 그밖에 필요한 사항은 대통령령으로 정한다.

제14조의2(복수국적자에 대한 국적선택명령)

① 법무부장관은 복수국적자로서 제12조 제1항 또는 제2항에서 정한 기간 내에 국적을 선택하지 아니한 자에게 1년 내에 하나의 국적을 선택할 것을 명하여야 한다.

② 법무부장관은 복수국적자로서 제10조 제2항, 제13조 제1항 또는 같은 조 제2항 단서에 따라 대한민국에서 외국 국적을 행사하지 아니하겠다는 뜻을 서약한 자가 그 뜻에 현저히 반하는 행위를 한 경우에는 6개월 내에 하나의 국적을 선택할 것을 명할 수 있다.
③ 제1항 또는 제2항에 따라 국적선택의 명령을 받은 자가 대한민국 국적을 선택하려면 외국 국적을 포기하여야 한다.
④ 제1항 또는 제2항에 따라 국적선택의 명령을 받고도 이를 따르지 아니한 자는 그 기간이 지난 때에 대한민국 국적을 상실한다.
⑤ 제1항 및 제2항에 따른 국적선택의 절차와 제2항에 따른 서약에 현저히 반하는 행위 유형은 대통령령으로 정한다.

제14조의3(대한민국 국적의 상실결정)
① 법무부장관은 복수국적자가 다음 각 호의 어느 하나의 사유에 해당하여 대한민국의 국적을 보유함이 현저히 부적합하다고 인정하는 경우에는 청문을 거쳐 대한민국 국적의 상실을 결정할 수 있다. 다만, 출생에 의하여 대한민국 국적을 취득한 자는 제외한다.
  1. 국가안보, 외교관계 및 국민경제 등에 있어서 대한민국의 국익에 반하는 행위를 하는 경우
  2. 대한민국의 사회질서 유지에 상당한 지장을 초래하는 행위로서 대통령령으로 정하는 경우
② 제1항에 따른 결정을 받은 자는 그 결정을 받은 때에 대한민국 국적을 상실한다.

제14조의4(복수국적자에 관한 통보의무 등)
① 공무원이 그 직무상 복수국적자를 발견하면 지체 없이 법무부장관에게 그 사실을 통보하여야 한다.
② 공무원이 그 직무상 복수국적자 여부를 확인할 필요가 있는 경우에는 당사자에게 질문을 하거나 필요한 자료의 제출을 요청할 수 있다.
③ 제1항에 따른 통보 절차는 대통령령으로 정한다.

제15조(외국 국적 취득에 따른 국적 상실)
① 대한민국의 국민으로서 자진하여 외국 국적을 취득한 자는 그 외국 국적을 취득한 때에 대한민국 국적을 상실한다.
② 대한민국의 국민으로서 다음 각 호의 어느 하나에 해당하는 자는 그 외국 국적을 취득한 때부터 6개월 내에 법무부장관에게 대한민국 국적을 보유할 의사가 있다는 뜻을 신고하지 아니하면 그 외국 국적을 취득한 때로 소급(遡及)하여 대한민국 국적을 상실한 것으로 본다.
  1. 외국인과의 혼인으로 그 배우자의 국적을 취득하게 된 자
  2. 외국인에게 입양되어 그 양부 또는 양모의 국적을 취득하게 된 자
  3. 외국인인 부 또는 모에게 인지되어 그 부 또는 모의 국적을 취득하게 된 자
  4. 외국 국적을 취득하여 대한민국 국적을 상실하게 된 자의 배우자나 미성년의 자(子)로서 그 외국의 법률에 따라 함께 그 외국 국적을 취득하게 된 자
③ 외국 국적을 취득함으로써 대한민국 국적을 상실하게 된 자에 대하여 그 외국 국적의 취득일을 알 수 없으면 그가 사용하는 외국 여권의 최초 발급일에 그 외국 국적을 취득한 것으로 추정한다.
④ 제2항에 따른 신고 절차와 그밖에 필요한 사항은 대통령령으로 정한다.

제16조(국적상실자의 처리)
① 대한민국 국적을 상실한 자(제14조에 따른 국적이탈의 신고를 한 자는 제외한다)는 법무부장관에게 국적상실신고를 하여야 한다.
② 공무원이 그 직무상 대한민국 국적을 상실한 자를 발견하면 지체 없이 법무부장관에게 그 사실을 통보하여야 한다.
③ 법무부장관은 그 직무상 대한민국 국적을 상실한 자를 발견하거나 제1항이나 제2항에 따라 국적상실의 신고나 통보를 받으면 가족관계등록 관서와 주민등록 관서에 통보하여야 한다.
④ 제1항부터 제3항까지의 규정에 따른 신고 및 통보의 절차와 그밖에 필요한 사항은 대통령령으로 정한다.

제17조(관보 고시)
① 법무부장관은 대한민국 국적의 취득과 상실에 관한 사항이 발생하면 그 뜻을 관보에 고시(告示)하여야 한다.
② 제1항에 따라 관보에 고시할 사항은 대통령령으로 정한다.

제18조(국적상실자의 권리 변동)
① 대한민국 국적을 상실한 자는 국적을 상실한 때부터 대한민국의 국민만이 누릴 수 있는 권리를 누릴 수 없다.
② 제1항에 해당하는 권리 중 대한민국의 국민이었을 때 취득한 것으로서 양도(讓渡)할 수 있는 것은 그 권리와 관련된 법령에서 따로 정한 바가 없으면 3년 내에 대한민국의 국민에게 양도하여야 한다.

제19조(법정대리인이 하는 신고 등)
이 법에 규정된 신청이나 신고와 관련하여 그 신청이나 신고를 하려는 자가 15세 미만이면 법정대리인이 대신하여 이를 행한다.

제20조(국적 판정)
① 법무부장관은 대한민국 국적의 취득이나 보유 여부가 분명하지 아니한 자에 대하여 이를 심사한 후 판정할 수 있다.
② 제1항에 따른 심사 및 판정의 절차와 그밖에 필요한 사항은 대통령령으로 정한다.

제21조(허가 등의 취소)
① 법무부장관은 거짓이나 그 밖의 부정한 방법으로 귀화허가나 국적회복허가 또는 국적보유판정을 받은 자에 대하여 그 허가 또는 판정을 취소할 수 있다.
② 제1항에 따른 취소의 기준 · 절차와 그밖에 필요한 사항은 대통령령으로 정한다.

제21조의2(수수료)
① 이 법에 따른 허가신청, 신고 및 증명서 등의 발급을 받으려는 사람은 법무부령으로 정하는 바에 따라 수수료를 납부하여야 한다.
② 제1항에 따른 수수료는 정당한 사유가 있는 경우 이를 감액하거나 면제할 수 있다.
③ 제1항에 따른 수수료의 금액 및 제2항에 따른 수수료의 감액 · 면제 기준 등에 필요한 사항은 법무부령으로 정한다.

제21조의3(관계 기관 등의 협조)
① 법무부장관은 국적업무 수행에 필요하면 관계 기관의 장이나 관련 단체의 장에게 자료 제출, 사실 조사, 신원 조회, 의견 제출 등의 협조를 요청할 수 있다.
② 법무부장관은 국적업무를 수행하기 위하여 관계 기관의 장에게 다음 각 호의 정보 제공을 요청할 수 있다.
  1. 범죄경력정보
  2. 수사경력정보
  3. 외국인의 범죄처분결과정보
  4. 여권발급정보
  5. 주민등록정보
  6. 가족관계등록정보
  7. 병적기록 등 병역관계정보
  8. 납세증명서
③ 제1항 및 제2항에 따른 협조 요청 또는 정보 제공 요청을 받은 관계 기관의 장이나 관련 단체의 장은 정당한 사유가 없으면 요청에 따라야 한다.

제22조(권한의 위임)
이 법에 따른 법무부장관의 권한은 대통령령으로 정하는 바에 따라 그 일부를 지방출입국 · 외국인관서의 장에게 위임할 수 있다.

출입국관리법

(2020.06.09.법률 제17365호로 일부개정)

제1장 총칙

제1조(목적)
이 법은 대한민국에 입국하거나 대한민국에서 출국하는 모든 국민 및 외국인의 출입국관리를 통한 안전한 국경관리, 대한민국에 체류하는 외국인의 체류관리와 사회통합 등에 관한 사항을 규정함을 목적으로 한다.

제2조(정의)
이 법에서 사용하는 용어의 뜻은 다음과 같다.

1. "국민"이란 대한민국의 국민을 말한다.
2. "외국인"이란 대한민국의 국적을 가지지 아니한 사람을 말한다.
3. "난민"이란 「난민법」 제2조 제1호에 따른 난민을 말한다.
4. "여권"이란 대한민국정부 · 외국정부 또는 권한 있는 국제기구에서 발급한 여권 또는 난민여행증명서나 그밖에 여권을 갈음하는 증명서로서 대한민국정부가 유효하다고 인정하는 것을 말한다.
5. "선원신분증명서"란 대한민국정부나 외국정부가 발급한 문서로서 선원임을 증명하는 것을 말한다.
6. "출입국항"이란 출국하거나 입국할 수 있는 대한민국의 항구 · 공항과 그 밖의 장소로서 대통령령으로 정하는 곳을 말한다.
7. "재외공관의 장"이란 외국에 주재하는 대한민국의 대사(大使), 공사(公使), 총영사(總領事), 영사(領事) 또는 영사업무를 수행하는 기관의 장을 말한다.
8. "선박 등"이란 대한민국과 대한민국 밖의 지역 사이에서 사람이나 물건을 수송하는 선박, 항공기, 기차, 자동차, 그 밖의 교통기관을 말한다.
9. "승무원"이란 선박 등에서 그 업무를 수행하는 사람을 말한다.
10. "운수업자"란 선박 등을 이용하여 사업을 운영하는 자와 그를 위하여 통상 그 사업에 속하는 거래를 대리하는 자를 말한다.

10의2. "지방출입국 · 외국인관서"란 출입국 및 외국인의 체류 관리업무를 수행하기 위하여 법령에 따라 각 지역별로 설치된 관서와 외국인보호소를 말한다.

11. "보호"란 출입국관리공무원이 제46조제1항 각 호에 따른 강제퇴거 대상에 해당된다고 의심할 만한 상당한 이유가 있는 사람을 출국시키기 위하여 외국인보호실, 외국인보호소 또는 그밖에 법무부장관이 지정하는 장소에 인치(引致)하고 수용하는 집행활동을 말한다.
12. "외국인보호실"이란 이 법에 따라 외국인을 보호할 목적으로 지방출입국 · 외국인관서에 설치한 장소를 말한다.
13. "외국인보호소"란 지방출입국 · 외국인관서 중 이 법에 따라 외국인을 보호할 목적으로 설치한 시설로서 대통령령으로 정하는 곳을 말한다.
14. "출입국사범"이란 제93조의2, 제93조의3, 제94조부터 제99조까지, 제99조의2, 제99조의3 및 제100조에 규정된 죄를 범하였다고 인정되는 자를 말한다.
15. "생체정보"란 이 법에 따른 업무에서 본인 일치 여부 확인 등에 활용되는 사람의 지문 · 얼굴 · 홍채 및 손바닥 정맥 등의 개인정보를 말한다. [시행일 2020.12.10]

제3조(국민의 출국)
① 대한민국에서 대한민국 밖의 지역으로 출국(이하 "출국"이라 한다)하려는 국민은 유효한 여권을 가지고 출국하는 출입국항에서 출입국관리공무원의 출국심사를 받아야 한다. 다만, 부득이한 사유로 출입국항으로 출국할 수 없을 때에는 관할 지방출입국 · 외국인관서의 장의 허가를 받아 출입국항이 아닌 장소에서 출입국관리공무원의 출국심사를 받은 후 출국할 수 있다.
② 제1항에 따른 출국심사는 대통령령으로 정하는 바에 따라 정보화기기에 의한 출국심사로 갈음할 수 있다.
③ 법무부장관은 출국심사에 필요한 경우에는 국민의 생체정보를 수집하거나 관계 행정기관이 보유하고 있는 국민의 생체정보의 제출을 요청할 수 있다. [시행일 2020.12.10]
④ 제3항에 따라 협조를 요청받은 관계 행정기관은 정당한 이유 없이 그 요청을 거부해서는 아니 된다.
⑤ 출입국관리공무원은 제3항에 따라 수집하거나 제출받은 생체정보를 출국심사에 활용할 수 있다. [시행일 2020.12.10]
⑥ 법무부장관은 제3항에 따라 수집하거나 제출받은 생체정보를 「개인정보 보호법」에 따라 처리한다. [시행일 2020.12.10]

제4조(출국의 금지)

① 법무부장관은 다음 각 호의 어느 하나에 해당하는 국민에 대하여는 6개월 이내의 기간을 정하여 출국을 금지할 수 있다.

1. 형사재판에 계속(係屬) 중인 사람
2. 징역형이나 금고형의 집행이 끝나지 아니한 사람
3. 대통령령으로 정하는 금액 이상의 벌금이나 추징금을 내지 아니한 사람
4. 대통령령으로 정하는 금액 이상의 국세 · 관세 또는 지방세를 정당한 사유 없이 그 납부기한까지 내지 아니한 사람
5. 그밖에 제1호부터 제4호까지의 규정에 준하는 사람으로서 대한민국의 이익이나 공공의 안전 또는 경제질서를 해칠 우려가 있어 그 출국이 적당하지 아니하다고 법무부령으로 정하는 사람

② 법무부장관은 범죄 수사를 위하여 출국이 적당하지 아니하다고 인정되는 사람에 대하여는 1개월 이내의 기간을 정하여 출국을 금지할 수 있다. 다만, 다음 각 호에 해당하는 사람은 그 호에서 정한 기간으로 한다.

1. 소재를 알 수 없어 기소중지결정이 된 사람 또는 도주 등 특별한 사유가 있어 수사진행이 어려운 사람: 3개월 이내
2. 기소중지결정이 된 경우로서 체포영장 또는 구속영장이 발부된 사람: 영장 유효기간 이내

③ 중앙행정기관의 장 및 법무부장관이 정하는 관계 기관의 장은 소관 업무와 관련하여 제1항 또는 제2항 각 호의 어느 하나에 해당하는 사람이 있다고 인정할 때에는 법무부장관에게 출국금지를 요청할 수 있다.

④ 출입국관리공무원은 출국심사를 할 때에 제1항 또는 제2항에 따라 출국이 금지된 사람을 출국시켜서는 아니 된다.

⑤ 제1항부터 제4항까지에서 규정한 사항 외에 출국금지기간과 출국금지절차에 관하여 필요한 사항은 대통령령으로 정한다.

제4조의2(출국금지기간의 연장)

① 법무부장관은 출국금지기간을 초과하여 계속 출국을 금지할 필요가 있다고 인정하는 경우에는 그 기간을 연장할 수 있다.

② 제4조 제3항에 따라 출국금지를 요청한 기관의 장은 출국금지기간을 초과하여 계속 출국을 금지할 필요가 있을 때에는 출국금지기간이 끝나기 3일 전까지 법무부장관에게 출국금지기간을 연장하여 줄 것을 요청하여야 한다.

③ 제1항 및 제2항에서 규정한 사항 외에 출국금지기간의 연장절차에 관하여 필요한 사항은 대통령령으로 정한다.

제4조의3(출국금지의 해제)

① 법무부장관은 출국금지 사유가 없어졌거나 출국을 금지할 필요가 없다고 인정할 때에는 즉시 출국금지를 해제하여야 한다.

② 제4조 제3항에 따라 출국금지를 요청한 기관의 장은 출국금지 사유가 없어졌을 때에는 즉시 법무부장관에게 출국금지의 해제를 요청하여야 한다.

③ 제1항 및 제2항에서 규정한 사항 외에 출국금지의 해제절차에 관하여 필요한 사항은 대통령령으로 정한다.

제4조의4(출국금지결정 등의 통지)

① 법무부장관은 제4조 제1항 또는 제2항에 따라 출국을 금지하거나 제4조의2 제1항에 따라 출국금지기간을 연장하였을 때에는 즉시 당사자에게 그 사유와 기간 등을 밝혀 서면으로 통지하여야 한다.

② 법무부장관은 제4조의3 제1항에 따라 출국금지를 해제하였을 때에는 이를 즉시 당사자에게 통지하여야 한다.

③ 법무부장관은 제1항에도 불구하고 다음 각 호의 어느 하나에 해당하는 경우에는 제1항의 통지를 하지 아니할 수 있다.

1. 대한민국의 안전 또는 공공의 이익에 중대하고 명백한 위해(危害)를 끼칠 우려가 있다고 인정되는 경우
2. 범죄수사에 중대하고 명백한 장애가 생길 우려가 있다고 인정되는 경우 다만, 연장기간을 포함한 총 출국금지기간이 3개월을 넘는 때에는 당사자에게 통지하여야 한다.
3. 출국이 금지된 사람이 있는 곳을 알 수 없는 경우

제4조의5(출국금지결정 등에 대한 이의신청)

① 제4조 제1항 또는 제2항에 따라 출국이 금지되거나 제4조의2 제1항에 따라 출국금지기간이 연장된 사람은 출국금지결정이나 출국금지기간 연장의 통지를 받은 날 또는 그 사실을 안 날부터 10일 이내에 법무부장관에게 출국금지결정이나 출국금지기간 연장결정에 대한 이의를 신청할 수 있다.

② 법무부장관은 제1항에 따른 이의신청을 받으면 그 날부터 15일 이내에 이의신청의 타당성 여부를 결정하여야 한다. 다만, 부득이한 사유가 있으면 15일의 범위에서 한 차례만 그 기간을 연장할 수 있다.

③ 법무부장관은 제1항에 따른 이의신청이 이유 있다

고 판단하면 즉시 출국금지를 해제하거나 출국금지기간의 연장을 철회하여야 하고, 그 이의신청이 이유 없다고 판단하면 이를 기각하고 당사자에게 그 사유를 서면에 적어 통보하여야 한다.

제4조의6(긴급출국금지)

① 수사기관은 범죄 피의자로서 사형 · 무기 또는 장기 3년 이상의 징역이나 금고에 해당하는 죄를 범하였다고 의심할 만한 상당한 이유가 있고, 다음 각 호의 어느 하나에 해당하는 사유가 있으며, 긴급한 필요가 있는 때에는 제4조 제3항에도 불구하고 출국심사를 하는 출입국관리공무원에게 출국금지를 요청할 수 있다.

1. 피의자가 증거를 인멸할 염려가 있는 때
2. 피의자가 도망하거나 도망할 우려가 있는 때

② 제1항에 따른 요청을 받은 출입국관리공무원은 출국심사를 할 때에 출국금지가 요청된 사람을 출국시켜서는 아니 된다.

③ 수사기관은 제1항에 따라 긴급출국금지를 요청한 때로부터 6시간 이내에 법무부장관에게 긴급출국금지 승인을 요청하여야 한다. 이 경우 검사의 수사지휘서 및 범죄사실의 요지, 긴급출국금지의 사유 등을 기재한 긴급출국금지보고서를 첨부하여야 한다.

④ 법무부장관은 수사기관이 제3항에 따른 긴급출국금지 승인 요청을 하지 아니한 때에는 제1항의 수사기관 요청에 따른 출국금지를 해제하여야 한다. 수사기관이 긴급출국금지 승인을 요청한 때로부터 12시간 이내에 법무부장관으로부터 긴급출국금지 승인을 받지 못한 경우에도 또한 같다.

⑤ 제4항에 따라 출국금지가 해제된 경우에 수사기관은 동일한 범죄사실에 관하여 다시 긴급출국금지 요청을 할 수 없다.

⑥ 그밖에 긴급출국금지의 절차 및 긴급출국금지보고서 작성 등에 필요한 사항은 대통령령으로 정한다.

제5조(국민의 여권 등의 보관)

출입국관리공무원은 위조되거나 변조된 국민의 여권 또는 선원신분증명서를 발견하였을 때에는 회수하여 보관할 수 있다.

제6조(국민의 입국)

① 대한민국 밖의 지역에서 대한민국으로 입국(이하 "입국"이라 한다)하려는 국민은 유효한 여권을 가지고 입국하는 출입국항에서 출입국관리공무원의 입국심사를 받아야 한다. 다만, 부득이한 사유로 출입국항으로 입국할 수 없을 때에는 지방출입국 · 외국인관서의 장의 허가를 받아 출입국항이 아닌 장소에서 출입국관리공무원의 입국심사를 받은 후 입국할 수 있다.

② 출입국관리공무원은 국민이 유효한 여권을 잃어버리거나 그 밖의 사유로 이를 가지지 아니하고 입국하려고 할 때에는 확인절차를 거쳐 입국하게 할 수 있다.

③ 제1항에 따른 입국심사는 대통령령으로 정하는 바에 따라 정보화기기에 의한 입국심사로 갈음할 수 있다.

④ 법무부장관은 입국심사에 필요한 경우에는 국민의 생체정보를 수집하거나 관계 행정기관이 보유하고 있는 국민의 생체정보의 제출을 요청할 수 있다. [시행일 2020.12.10]

⑤ 제4항에 따라 협조를 요청받은 관계 행정기관은 정당한 이유 없이 그 요청을 거부해서는 아니 된다.

⑥ 출입국관리공무원은 제4항에 따라 수집하거나 제출받은 생체정보를 입국심사에 활용할 수 있다. [시행일 2020.12.10]

⑦ 법무부장관은 제4항에 따라 수집하거나 제출받은 생체정보를 「개인정보 보호법」에 따라 처리한다. [시행일 2020.12.10]

제3장 외국인의 입국 및 상륙

제1절 외국인의 입국

제7조(외국인의 입국)

① 외국인이 입국할 때에는 유효한 여권과 법무부장관이 발급한 사증(査證)을 가지고 있어야 한다.

② 다음 각 호의 어느 하나에 해당하는 외국인은 제1항에도 불구하고 사증 없이 입국할 수 있다.

1. 재입국허가를 받은 사람 또는 재입국허가가 면제된 사람으로서 그 허가 또는 면제받은 기간이 끝나기 전에 입국하는 사람
2. 대한민국과 사증면제협정을 체결한 국가의 국민으로서 그 협정에 따라 면제대상이 되는 사람
3. 국제친선, 관광 또는 대한민국의 이익 등을 위하여 입국하는 사람으로서 대통령령으로 정하는 바에 따라 따로 입국허가를 받은 사람
4. 난민여행증명서를 발급받고 출국한 후 그 유효기간이 끝나기 전에 입국하는 사람

③ 법무부장관은 공공질서의 유지나 국가이익에 필요하다고 인정하면 제2항 제2호에 해당하는 사람에 대하여 사증면제협정의 적용을 일시 정지할 수 있다.

④ 대한민국과 수교(修交)하지 아니한 국가나 법무부장관이 외교부장관과 협의하여 지정한 국가의 국민은 제1항에도 불구하고 대통령령으로 정하는 바에 따라 재외공관의 장이나지방출입국·외국인관서의 장이 발급한 외국인입국허가서를 가지고 입국할 수 있다.

제7조의2(허위초청 등의 금지)
누구든지 외국인을 입국시키기 위한 다음 각 호의 어느 하나의 행위를 하여서는 아니 된다.
1. 거짓된 사실의 기재나 거짓된 신원보증 등 부정한 방법으로 외국인을 초청하거나 그러한 초청을 알선하는 행위
2. 거짓으로 사증 또는 사증발급인정서를 신청하거나 그러한 신청을 알선하는 행위

제7조의3(사전여행허가)
① 법무부장관은 공공질서의 유지나 국가이익에 필요하다고 인정하면 다음 각 호의 어느 하나에 해당하는 외국인에 대하여 입국하기 전에 허가(이하 "사전여행허가"라 한다)를 받도록 할 수 있다.
1. 제7조 제2항 제2호 또는 제3호에 해당하는 외국인
2. 다른 법률에 따라 사증 없이 입국할 수 있는 외국인

② 사전여행허가를 받은 외국인은 입국할 때에 사전여행허가서를 가지고 있어야 한다.
③ 사전여행허가서 발급에 관한 기준 및 절차·방법은 법무부령으로 정한다.

제8조(사증)
① 제7조에 따른 사증은 1회만 입국할 수 있는 단수사증(單數査證)과 2회 이상 입국할 수 있는 복수사증(複數査證)으로 구분한다.
② 법무부장관은 사증발급에 관한 권한을 대통령령으로 정하는 바에 따라 재외공관의 장에게 위임할 수 있다.
③ 사증발급에 관한 기준과 절차는 법무부령으로 정한다.

제9조(사증발급인정서)
① 법무부장관은 제7조 제1항에 따른 사증을 발급하기 전에 특히 필요하다고 인정할 때에는 입국하려는 외국인의 신청을 받아 사증발급인정서를 발급할 수 있다.
② 제1항에 따른 사증발급인정서 발급신청은 그 외국인을 초청하려는 자가 대리할 수 있다.
③ 제1항에 따른 사증발급인정서의 발급대상·발급기준 및 발급절차는 법무부령으로 정한다.

제10조(체류자격)
입국하려는 외국인은 다음 각 호의 어느 하나에 해당하는 체류자격을 가져야 한다.
1. 일반체류자격: 이 법에 따라 대한민국에 체류할 수 있는 기간이 제한되는 체류자격
2. 영주자격: 대한민국에 영주(永住)할 수 있는 체류자격

제10조의2(일반체류자격)
① 제10조 제1호에 따른 일반체류자격(이하 "일반체류자격"이라 한다)은 다음 각 호의 구분에 따른다.
1. 단기체류자격: 관광, 방문 등의 목적으로 대한민국에 90일 이하의 기간(사증면제협정이나 상호주의에 따라 90일을 초과하는 경우에는 그 기간) 동안 머물 수 있는 체류자격
2. 장기체류자격: 유학, 연수, 투자, 주재, 결혼 등의 목적으로 대한민국에 90일을 초과하여 법무부령으로 정하는 체류기간의 상한 범위에서 거주할 수 있는 체류자격

② 제1항에 따른 단기체류자격 및 장기체류자격의 종류, 체류자격에 해당하는 사람 또는 그 체류자격에 따른 활동범위는 체류목적, 취업활동 가능 여부 등을 고려하여 대통령령으로 정한다.

제10조의3(영주자격)
① 제10조 제2호에 따른 영주자격(이하 "영주자격"이라 한다)을 가진 외국인은 활동범위 및 체류기간의 제한을 받지 아니한다.
② 영주자격을 취득하려는 사람은 대통령령으로 정하는 영주의 자격에 부합한 사람으로서 다음 각 호의 요건을 모두 갖추어야 한다.
1. 대한민국의 법령을 준수하는 등 품행이 단정할 것
2. 본인 또는 생계를 같이하는 가족의 소득, 재산 등으로 생계를 유지할 능력이 있을 것
3. 한국어능력과 한국사회·문화에 대한 이해 등 대한민국에서 계속 살아가는 데 필요한 기본소양을 갖추고 있을 것

③ 법무부장관은 제2항 제2호 및 제3호에도 불구하고 대한민국에 특별한 공로가 있는 사람, 과학·경영·교육·문화예술·체육 등 특정 분야에서 탁월한 능력이 있는 사람, 대한민국에 일정금액 이상을 투자한 사람 등 대통령령으로 정하는 사람에 대해서는 대통령령으로 정하는 바에 따라 제2항 제2호 및 제3호의 요건의 전부 또는 일부를 완화하거나 면제할 수 있다.
④ 제2항 각 호에 따른 요건의 기준·범위 등에 필요한 사항은 법무부령으로 정한다.

제11조(입국의 금지 등)

① 법무부장관은 다음 각 호의 어느 하나에 해당하는 외국인에 대하여는 입국을 금지할 수 있다.

1. 감염병환자, 마약류중독자, 그밖에 공중위생상 위해를 끼칠 염려가 있다고 인정되는 사람
2. 「총포·도검·화약류 등의 안전관리에 관한 법률」에서 정하는 총포·도검·화약류 등을 위법하게 가지고 입국하려는 사람
3. 대한민국의 이익이나 공공의 안전을 해치는 행동을 할 염려가 있다고 인정할 만한 상당한 이유가 있는 사람
4. 경제질서 또는 사회질서를 해치거나 선량한 풍속을 해치는 행동을 할 염려가 있다고 인정할 만한 상당한 이유가 있는 사람
5. 사리 분별력이 없고 국내에서 체류활동을 보조할 사람이 없는 정신장애인, 국내체류비용을 부담할 능력이 없는 사람, 그밖에 구호(救護)가 필요한 사람
6. 강제퇴거명령을 받고 출국한 후 5년이 지나지 아니한 사람
7. 1910년 8월 29일부터 1945년 8월 15일까지 사이에 다음 각 목의 어느 하나에 해당하는 정부의 지시를 받거나 그 정부와 연계하여 인종, 민족, 종교, 국적, 정치적 견해 등을 이유로 사람을 학살·학대하는 일에 관여한 사람
   가. 일본 정부
   나. 일본 정부와 동맹 관계에 있던 정부
   다. 일본 정부의 우월한 힘이 미치던 정부
8. 제1호부터 제7호까지의 규정에 준하는 사람으로서 법무부장관이 그 입국이 적당하지 아니하다고 인정하는 사람

② 법무부장관은 입국하려는 외국인의 본국(本國)이 제1항 각 호 외의 사유로 국민의 입국을 거부할 때에는 그와 동일한 사유로 그 외국인의 입국을 거부할 수 있다.

제12조(입국심사)

① 외국인이 입국하려는 경우에는 입국하는 출입국항에서 대통령령으로 정하는 바에 따라 여권과 입국신고서를 출입국관리공무원에게 제출하여 입국심사를 받아야 한다. [시행일 2020.12.10]

② 제1항에 관하여는 제6조 제1항 단서 및 같은 조 제3항을 준용한다.

③ 출입국관리공무원은 입국심사를 할 때에 다음 각 호의 요건을 갖추었는지를 심사하여 입국을 허가한다.

1. 여권과 사증이 유효할 것. 다만, 사증은 이 법에서 요구하는 경우만을 말한다.

1의2. 제7조의3 제2항에 따른 사전여행허가서가 유효할 것

2. 입국목적이 체류자격에 맞을 것
3. 체류기간이 법무부령으로 정하는 바에 따라 정하여졌을 것
4. 제11조에 따른 입국의 금지 또는 거부의 대상이 아닐 것

④ 출입국관리공무원은 외국인이 제3항 각 호의 요건을 갖추었음을 증명하지 못하면 입국을 허가하지 아니할 수 있다.

⑤ 출입국관리공무원은 제7조 제2항 제2호 또는 제3호에 해당하는 사람에게 입국을 허가할 때에는 대통령령으로 정하는 바에 따라 체류자격을 부여하고 체류기간을 정하여야 한다.

⑥ 출입국관리공무원은 제1항이나 제2항에 따른 심사를 하기 위하여 선박 등에 출입할 수 있다.

제12조의2(입국 시 생체정보의 제공 등)

① 입국하려는 외국인은 제12조에 따라 입국심사를 받을 때 법무부령으로 정하는 방법으로 생체정보를 제공하고 본인임을 확인하는 절차에 응하여야 한다. 다만, 다음 각 호의 어느 하나에 해당하는 사람은 그러하지 아니하다. [시행일 2020.12.10]

1. 17세 미만인 사람
2. 외국정부 또는 국제기구의 업무를 수행하기 위하여 입국하는 사람과 그 동반 가족
3. 외국과의 우호 및 문화교류 증진, 경제활동 촉진 또는 대한민국의 이익 등을 고려하여 생체정보의 제공을 면제하는 것이 필요하다고 대통령령으로 정하는 사람

② 출입국관리공무원은 외국인이 제1항 본문에 따라 생체정보를 제공하지 아니하는 경우에는 그의 입국을 허가하지 아니할 수 있다. [시행일 2020.12.10]

③ 법무부장관은 입국심사에 필요한 경우에는 관계 행정기관이 보유하고 있는 외국인의 생체정보의 제출을 요청할 수 있다. [시행일 2020.12.10]

④ 제3항에 따라 협조를 요청받은 관계 행정기관은 정당한 이유 없이 그 요청을 거부하여서는 아니 된다.

⑤ 출입국관리공무원은 제1항 또는 제3항에 따라 제공 또는 제출받은 생체정보를 입국심사에 활용할 수 있다. [시행일 2020.12.10]

⑥ 법무부장관은 제1항 또는 제3항에 따라 제공 또는 제출받은 생체정보를 「개인정보 보호법」에 따라

보유하고 관리한다. [시행일 2020.12.10]

제12조의3(선박 등의 제공금지)

① 누구든지 외국인을 불법으로 입국 또는 출국하게 하거나 대한민국을 거쳐 다른 국가에 불법으로 입국하게 할 목적으로 다음 각 호의 행위를 하여서는 아니 된다.

1. 선박 등이나 여권 또는 사증, 탑승권이나 그밖에 출입국에 사용될 수 있는 서류 및 물품을 제공하는 행위
2. 제1호의 행위를 알선하는 행위

② 누구든지 불법으로 입국한 외국인에 대하여 다음 각 호의 행위를 하여서는 아니 된다.

1. 해당 외국인을 대한민국에서 은닉 또는 도피하게 하거나 그러한 목적으로 교통수단을 제공하는 행위
2. 제1호의 행위를 알선하는 행위

제12조의4(외국인의 여권 등의 보관)

① 위조되거나 변조된 외국인의 여권 · 선원신분증명서에 관하여는 제5조를 준용한다.

② 출입국관리공무원은 이 법을 위반하여 조사를 받고 있는 사람으로서 제46조에 따른 강제퇴거 대상자에 해당하는 출입국사범의 여권 · 선원신분증명서를 발견하면 회수하여 보관할 수 있다.

제13조(조건부 입국허가)

① 지방출입국 · 외국인관서의 장은 다음 각 호의 어느 하나에 해당하는 외국인에 대하여는 대통령령으로 정하는 바에 따라 조건부 입국을 허가할 수 있다.

1. 부득이한 사유로 제12조 제3항 제1호의 요건을 갖추지 못하였으나 일정 기간 내에 그 요건을 갖출 수 있다고 인정되는 사람
2. 제11조 제1항 각 호의 어느 하나에 해당된다고 의심되거나 제12조 제3항 제2호의 요건을 갖추지 못하였다고 의심되어 특별히 심사할 필요가 있다고 인정되는 사람
3. 제1호 및 제2호에서 규정한 사람 외에 지방출입국 · 외국인관서의 장이 조건부 입국을 허가할 필요가 있다고 인정되는 사람

② 지방출입국 · 외국인관서의 장은 제1항에 따른 조건부 입국을 허가할 때에는 조건부입국허가서를 발급하여야 한다. 이 경우 그 허가서에는 주거의 제한, 출석요구에 따를 의무 및 그밖에 필요한 조건을 붙여야 하며, 필요하다고 인정할 때에는 1천만원 이하의 보증금을 예치(預置)하게 할 수 있다.

③ 지방출입국 · 외국인관서의 장은 제1항에 따른 조건부 입국허가를 받은 외국인이 그 조건을 위반하였을 때에는 그 예치된 보증금의 전부 또는 일부를 국고(國庫)에 귀속시킬 수 있다.

④ 제2항과 제3항에 따른 보증금의 예치 및 반환과 국고귀속 절차는 대통령령으로 정한다.

제14조(승무원의 상륙허가)

① 출입국관리공무원은 다음 각 호의 어느 하나에 해당하는 외국인승무원에 대하여 선박 등의 장 또는 운수업자나 본인이 신청하면 15일의 범위에서 승무원의 상륙을 허가할 수 있다. 다만, 제11조 제1항 각 호의 어느 하나에 해당하는 외국인승무원에 대하여는 그러하지 아니하다.

1. 승선 중인 선박 등이 대한민국의 출입국항에 정박하고 있는 동안 휴양 등의 목적으로 상륙하려는 외국인승무원
2. 대한민국의 출입국항에 입항할 예정이거나 정박 중인 선박 등으로 옮겨 타려는 외국인승무원

② 출입국관리공무원은 제1항에 따른 신청을 받으면 다음 각 호의 서류를 확인하여야 한다. 다만, 외국과의 협정 등에서 선원신분증명서로 여권을 대신할 수 있도록 하는 경우에는 선원신분증명서의 확인으로 여권의 확인을 대신할 수 있다. [시행일 2020.12.10]

1. 제1항 제1호에 해당하는 외국인승무원이 선원인 경우에는 여권 또는 선원신분증명서
2. 제1항 제2호에 해당하는 외국인승무원이 선원인 경우에는 여권 및 대통령령으로 정하는 서류. 다만, 제7조 제2항 제3호에 해당하는 사람인 경우에는 여권
3. 그 밖의 외국인승무원의 경우에는 여권

③ 출입국관리공무원은 제1항에 따른 허가를 할 때에는 승무원 상륙허가서를 발급하여야 한다. 이 경우 승무원 상륙허가서에는 상륙허가의 기간, 행동지역의 제한 등 필요한 조건을 붙일 수 있다.

④ 제3항 후단에도 불구하고 제1항 제2호에 해당하는 승무원 상륙허가에 관하여는 제12조를 준용한다.

⑤ 지방출입국 · 외국인관서의 장은 승무원 상륙허가를 받은 외국인승무원에 대하여 필요하다고 인정하면 그 상륙허가의 기간을 연장할 수 있다.

⑥ 제3항에 따라 발급받은 승무원 상륙허가서는 그 선박 등이 최종 출항할 때까지 국내의 다른 출입국항에서도 계속 사용할 수 있다.

⑦ 외국인승무원의 지문 및 얼굴에 관한 정보의 제공 등에 관하여는 제12조의2를 준용한다. 다만, 승무원이 선원이고 상륙허가 절차상 지문 및 얼굴에

관한 정보를 제공하는 것이 곤란한 경우에는 그러하지 아니하다.

제14조의2(관광상륙허가)

① 출입국관리공무원은 관광을 목적으로 대한민국과 외국 해상을 국제적으로 순회(巡廻)하여 운항하는 여객운송선박 중 법무부령으로 정하는 선박에 승선한 외국인승객에 대하여 그 선박의 장 또는 운수업자가 상륙허가를 신청하면 3일의 범위에서 승객의 관광상륙을 허가할 수 있다. 다만, 제11조 제1항 각 호의 어느 하나에 해당하는 외국인승객에 대하여는 그러하지 아니하다.

② 출입국관리공무원은 제1항에 따른 상륙허가 신청을 받으면 다음 각 호의 서류를 확인하여야 한다.

1. 외국인승객의 여권
2. 외국인승객의 명부
3. 그밖에 법무부령으로 정하는 서류

③ 제1항에 따른 관광상륙허가의 허가서 및 상륙허가기간의 연장에 관하여는 제14조 제3항 및 제5항을 준용한다. 이 경우 "승무원 상륙허가서"는 "관광상륙허가서"로, "승무원 상륙허가"는 "관광상륙허가"로, "외국인승무원"은 "외국인승객"으로 본다.

④ 제1항에 따른 관광상륙허가를 받으려는 외국인승객의 지문 및 얼굴에 관한 정보 제공 등에 관하여는 제12조의2를 준용한다. 다만, 외국인승객의 관광상륙허가 절차상 지문 및 얼굴에 관한 정보의 제공이 곤란한 경우에는 그러하지 아니하다.

⑤ 제1항부터 제4항까지에서 규정한 사항 외에 관광상륙허가의 기준과 절차에 관하여 필요한 사항은 대통령령으로 정한다.

제15조(긴급상륙허가)

① 출입국관리공무원은 선박 등에 타고 있는 외국인(승무원을 포함한다)이 질병이나 그 밖의 사고로 긴급히 상륙할 필요가 있다고 인정되면 그 선박 등의 장이나 운수업자의 신청을 받아 30일의 범위에서 긴급상륙을 허가할 수 있다.

② 제1항의 경우에는 제14조 제3항 및 제5항을 준용한다. 이 경우 "승무원 상륙허가서"는 "긴급상륙허가서"로, "승무원 상륙허가"는 "긴급상륙허가"로 본다.

③ 선박 등의 장이나 운수업자는 긴급상륙한 사람의 생활비 · 치료비 · 장례비와 그밖에 상륙 중에 발생한 모든 비용을 부담하여야 한다.

제16조(재난상륙허가)

① 지방출입국 · 외국인관서의 장은 조난을 당한 선박 등에 타고 있는 외국인(승무원을 포함한다)을 긴급히 구조할 필요가 있다고 인정하면 그 선박 등의 장, 운수업자, 「수상에서의 수색 · 구조 등에 관한 법률」에 따른 구호업무 집행자 또는 그 외국인을 구조한 선박 등의 장의 신청에 의하여 30일의 범위에서 재난상륙허가를 할 수 있다.

② 제1항의 경우에는 제14조 제3항 및 제5항을 준용한다. 이 경우 "승무원 상륙허가서"는 "재난상륙허가서"로, "승무원 상륙허가"는 "재난상륙허가"로 본다.

③ 재난상륙허가를 받은 사람의 상륙 중 생활비 등에 관하여는 제15조 제3항을 준용한다. 이 경우 "긴급상륙"은 "재난상륙"으로 본다.

제16조의2(난민 임시상륙허가)

① 지방출입국 · 외국인관서의 장은 선박 등에 타고 있는 외국인이 「난민법」 제2조 제1호에 규정된 이유나 그밖에 이에 준하는 이유로 그 생명 · 신체 또는 신체의 자유를 침해받을 공포가 있는 영역에서 도피하여 곧바로 대한민국에 비호(庇護)를 신청하는 경우 그 외국인을 상륙시킬 만한 상당한 이유가 있다고 인정되면 법무부장관의 승인을 받아 90일의 범위에서 난민 임시상륙허가를 할 수 있다. 이 경우 법무부장관은 외교부장관과 협의하여야 한다.

② 제1항의 경우에는 제14조 제3항 및 제5항을 준용한다. 이 경우 "승무원 상륙허가서"는 "난민 임시상륙허가서"로, "승무원 상륙허가"는 "난민 임상륙허가"로 본다.

③ 제1항에 따라 비호를 신청한 외국인의 지문 및 얼굴에 관한 정보의 제공 등에 관하여는 제12조의2를 준용한다.

제4장 외국인의 체류와 출국

제1절 외국인의 체류

제17조(외국인의 체류 및 활동범위)

① 외국인은 그 체류자격과 체류기간의 범위에서 대한민국에 체류할 수 있다.

② 대한민국에 체류하는 외국인은 이 법 또는 다른 법률에서 정하는 경우를 제외하고는 정치활동을 하여서는 아니 된다.

③ 법무부장관은 대한민국에 체류하는 외국인이 정치활동을 하였을 때에는 그 외국인에게 서면으로 그 활동의 중지명령이나 그밖에 필요한 명령을 할 수

있다.

제18조(외국인 고용의 제한)

① 외국인이 대한민국에서 취업하려면 대통령령으로 정하는 바에 따라 취업활동을 할 수 있는 체류자격을 받아야 한다.

② 제1항에 따른 체류자격을 가진 외국인은 지정된 근무처가 아닌 곳에서 근무하여서는 아니 된다.

③ 누구든지 제1항에 따른 체류자격을 가지지 아니한 사람을 고용하여서는 아니 된다.

④ 누구든지 제1항에 따른 체류자격을 가지지 아니한 사람의 고용을 알선하거나 권유하여서는 아니 된다.

⑤ 누구든지 제1항에 따른 체류자격을 가지지 아니한 사람의 고용을 알선할 목적으로 그를 자기 지배하에 두는 행위를 하여서는 아니 된다.

제19조(외국인을 고용한 자 등의 신고의무)

① 제18조 제1항에 따라 취업활동을 할 수 있는 체류자격을 가지고 있는 외국인을 고용한 자는 다음 각 호의 어느 하나에 해당하는 사유가 발생하면 대통령령으로 정하는 바에 따라 15일 이내에 지방출입국 · 외국인관서의 장에게 신고하여야 한다. [시행일 2020.12.10]

1. 외국인을 해고하거나 외국인이 퇴직 또는 사망한 경우
2. 고용된 외국인의 소재를 알 수 없게 된 경우
3. 고용계약의 중요한 내용을 변경한 경우

② 제19조의2에 따라 외국인에게 산업기술을 연수시키는 업체의 장에 대하여는 제1항을 준용한다.

③ 「외국인근로자의 고용 등에 관한 법률」의 적용을 받는 외국인을 고용한 자가 제1항에 따른 신고를 한 경우 그 신고사실이 같은 법 제17조 제1항에 따른 신고사유에 해당하는 때에는 같은 항에 따른 신고를 한 것으로 본다.

④ 제1항에 따라 신고를 받은 지방출입국 · 외국인관서의 장은 그 신고사실이 제3항에 해당하는 경우 지체 없이 외국인을 고용한 자의 소재지를 관할하는 「직업안정법」 제2조의2 제1호에 따른 직업안정기관의 장에게 통보하여야 한다.

제19조의2(외국인의 기술연수활동)

① 법무부장관은 외국에 직접투자한 산업체, 외국에 기술 · 산업설비를 수출하는 산업체 등 지정된 산업체의 모집에 따라 국내에서 기술연수활동을 하는 외국인(이하 "기술연수생"이라 한다)의 적정한 연수활동을 지원하기 위하여 필요한 조치를 하여야 한다.

② 제1항에 따른 산업체의 지정, 기술연수생의 모집 · 입국 등에 필요한 사항은 대통령령으로 정한다.

③ 기술연수생의 연수장소 이탈 여부, 연수 목적 외의 활동 여부, 그밖에 허가조건의 위반 여부 등에 관한 조사 및 출국조치 등 기술연수생의 관리에 필요한 사항은 법무부장관이 따로 정한다.

제19조의3 삭제

제19조의4(외국인유학생의 관리 등)

① 제10조에 따른 체류자격 중 유학이나 연수활동을 할 수 있는 체류자격을 가지고 있는 외국인(이하 "외국인유학생"이라 한다)이 재학 중이거나 연수 중인 학교(「고등교육법」 제2조 각 호에 따른 학교를 말한다. 이하 같다)의 장은 그 외국인유학생의 관리를 담당하는 직원을 지정하고 이를 지방출입국 · 외국인관서의 장에게 알려야 한다.

② 제1항에 따른 학교의 장은 다음 각 호의 어느 하나에 해당하는 사유가 발생하면 대통령령으로 정하는 바에 따라 15일 이내에 지방출입국 · 외국인관서의 장에게 신고(정보통신망에 의한 신고를 포함한다)하여야 한다. [시행일 2020.12.10]

1. 입학하거나 연수허가를 받은 외국인유학생이 매 학기 등록기한까지 등록을 하지 아니하거나 휴학을 한 경우
2. 제적 · 연수중단 또는 행방불명 등의 사유로 외국인유학생의 유학이나 연수가 끝난 경우

③ 외국인유학생의 관리에 필요한 사항은 대통령령으로 정한다.

제20조(체류자격 외 활동)

대한민국에 체류하는 외국인이 그 체류자격에 해당하는 활동과 함께 다른 체류자격에 해당하는 활동을 하려면 대통령령으로 정하는 바에 따라 미리 법무부장관의 체류자격 외 활동허가를 받아야 한다. [시행일 2020.12.10]

제21조(근무처의 변경 · 추가)

① 대한민국에 체류하는 외국인이 그 체류자격의 범위에서 그의 근무처를 변경하거나 추가하려면 대통령령으로 정하는 바에 따라 미리 법무부장관의 허가를 받아야 한다. 다만, 전문적인 지식 · 기술 또는 기능을 가진 사람으로서 대통령령으로 정하는 사람은 근무처를 변경하거나 추가한 날부터 15일 이내에 대통령령으로 정하는 바에 따라 법무부장관에게 신고하여야 한다. [시행일 2020.12.10]

② 누구든지 제1항 본문에 따른 근무처의 변경허가 · 추가허가를 받지 아니한 외국인을 고용하거나 고용을 알선하여서는 아니 된다. 다만, 다른 법률에 따라 고용을 알선하는 경우에는 그러하지 아니하다.

③ 제1항 단서에 해당하는 사람에 대하여는 제18조 제2항을 적용하지 아니한다.

제22조(활동범위의 제한)

법무부장관은 공공의 안녕질서나 대한민국의 중요한 이익을 위하여 필요하다고 인정하면 대한민국에 체류하는 외국인에 대하여 거소(居所) 또는 활동의 범위를 제한하거나 그밖에 필요한 준수사항을 정할 수 있다.

제23조(체류자격 부여)

① 다음 각 호의 어느 하나에 해당하는 외국인이 제10조에 따른 체류자격을 가지지 못하고 대한민국에 체류하게 되는 경우에는 다음 각 호의 구분에 따른 기간 이내에 대통령령으로 정하는 바에 따라 체류자격을 받아야 한다.

1. 대한민국에서 출생한 외국인: 출생한 날부터 90일
2. 대한민국에서 체류 중 대한민국의 국적을 상실하거나 이탈하는 등 그 밖의 사유가 발생한 외국인: 그 사유가 발생한 날부터 60일

② 제1항에 따른 체류자격 부여의 심사기준은 법무부령으로 정한다. [시행일 2020.12.10]

제24조(체류자격 변경허가)

① 대한민국에 체류하는 외국인이 그 체류자격과 다른 체류자격에 해당하는 활동을 하려면 대통령령으로 정하는 바에 따라 미리 법무부장관의 체류자격 변경허가를 받아야 한다. [시행일 2020.12.10]

② 제31조 제1항 각 호의 어느 하나에 해당하는 사람으로서 그 신분이 변경되어 체류자격을 변경하려는 사람은 신분이 변경된 날부터 30일 이내에 법무부장관의 체류자격 변경허가를 받아야 한다.

③ 제1항에 따른 체류자격 변경허가의 심사기준은 법무부령으로 정한다. [시행일 2020.12.10]

제25조(체류기간 연장허가)

① 외국인이 체류기간을 초과하여 계속 체류하려면 대통령령으로 정하는 바에 따라 체류기간이 끝나기 전에 법무부장관의 체류기간 연장허가를 받아야 한다. [시행일 2020.12.10]

② 제1항에 따른 체류기간 연장허가의 심사기준은 법무부령으로 정한다. [시행일 2020.12.10]

제25조의2(결혼이민자에 대한 특칙)

① 법무부장관은 「가정폭력범죄의 처벌 등에 관한 특례법」 제2조 제1호의 가정폭력을 이유로 법원의 재판, 수사기관의 수사 또는 그 밖의 법률에 따른 권리구제 절차가 진행 중인 대한민국 국민의 배우자인 외국인이 체류기간 연장허가를 신청한 경우에는 그 권리구제 절차가 종료할 때까지 체류기간 연장을 허가할 수 있다.

② 법무부장관은 제1항에 따른 체류 연장기간 만료 이후에도 피해 회복 등을 위하여 필요하다고 인정하는 경우 체류기간 연장허가를 할 수 있다.

제25조의3(성폭력피해자에 대한 특칙)

① 법무부장관은 「성폭력범죄의 처벌 등에 관한 특례법」 제2조 제1항의 성폭력범죄를 이유로 법원의 재판, 수사기관의 수사 또는 그 밖의 법률에 따른 권리구제 절차가 진행 중인 외국인이 체류기간 연장허가를 신청한 경우에는 그 권리구제 절차가 종료할 때까지 체류기간 연장을 허가할 수 있다.

② 법무부장관은 제1항에 따른 체류 연장기간 만료 이후에도 피해 회복 등을 위하여 필요하다고 인정하는 경우 체류기간 연장을 허가할 수 있다.

제25조의4(아동학대피해자에 대한 특칙)

① 법무부장관은 「아동학대범죄의 처벌 등에 관한 특례법」 제2조 제4호의 아동학대범죄를 이유로 법원의 재판, 수사기관의 수사 또는 그 밖의 법률에 따른 권리구제 절차가 진행 중인 외국인 아동 및 「아동복지법」 제3조 제3호의 보호자(아동학대행위자는 제외한다)가 체류기간 연장허가를 신청한 경우에는 그 권리구제 절차가 종료할 때까지 체류기간 연장을 허가할 수 있다.

② 법무부장관은 제1항에 따른 체류 연장기간 만료 이후에도 피해 회복 등을 위하여 필요하다고 인정하는 경우 체류기간 연장을 허가할 수 있다.

제26조(허위서류 제출 등의 금지)

누구든지 제20조, 제21조, 제23조부터 제25조까지, 제25조의2, 제25조의3 및 제25조의4에 따른 허가 신청과 관련하여 다음 각 호의 어느 하나에 해당하는 행위를 해서는 아니 된다.

1. 위조 · 변조된 문서 등을 입증자료로 제출하거나 거짓 사실이 적힌 신청서 등을 제출하는 등 부정한 방법으로 신청하는 행위
2. 제1호의 행위를 알선 · 권유하는 행위

제27조(여권 등의 휴대 및 제시)

① 대한민국에 체류하는 외국인은 항상 여권 · 선원신분증명서 · 외국인입국허가서 · 외국인등록증 또는 상륙허가서(이하 "여권 등"이라 한다)를 지니고 있어야 한다. 다만, 17세 미만인 외국인의 경우에는 그러하지 아니하다.

② 제1항 본문의 외국인은 출입국관리공무원이나 권한 있는 공무원이 그 직무수행과 관련하여 여권 등의 제시를 요구하면 여권 등을 제시하여야 한다.

제28조(출국심사)
① 외국인이 출국할 때에는 유효한 여권을 가지고 출국하는 출입국항에서 출입국관리공무원의 출국심사를 받아야 한다.
② 제1항의 경우에 출입국항이 아닌 장소에서의 출국심사에 관하여는 제3조 제1항 단서를 준용한다.
③ 제1항과 제2항의 경우에 위조되거나 변조된 외국인의 여권 · 선원신분증명서에 관하여는 제5조를 준용한다.
④ 제1항과 제2항의 경우에 선박 등의 출입에 관하여는 제12조 제6항을 준용한다.
⑤ 외국인의 출국심사에 관하여는 제3조 제2항을 준용한다.
⑥ 출입국관리공무원은 제12조의2 제1항 또는 제3항에 따라 제공 또는 제출받은 생체정보를 출국심사에 활용할 수 있다. [시행일 2020.12.10]

제29조(외국인 출국의 정지)
① 법무부장관은 제4조 제1항 또는 제2항 각 호의 어느 하나에 해당하는 외국인에 대하여는 출국을 정지할 수 있다.
② 제1항의 경우에 제4조 제3항부터 제5항까지와 제4조의2부터 제4조의5까지의 규정을 준용한다. 이 경우 "출국금지"는 "출국정지"로 본다.

제29조의2(외국인 긴급출국정지)
① 수사기관은 범죄 피의자인 외국인이 제4조의6 제1항에 해당하는 경우에는 제29조 제2항에도 불구하고 출국심사를 하는 출입국관리공무원에게 출국정지를 요청할 수 있다.
② 제1항에 따른 외국인의 출국정지에 관하여는 제4조의6 제2항부터 제6항까지의 규정을 준용한다. 이 경우 "출국금지"는 "출국정지"로, "긴급출국금지"는 "긴급출국정지"로 본다.

제30조(재입국허가)
① 법무부장관은 제31조에 따라 외국인등록을 하거나 그 등록이 면제된 외국인이 체류기간 내에 출국하였다가 재입국하려는 경우 그의 신청을 받아 재입국을 허가할 수 있다. 다만, 영주자격을 가진 사람과 재입국허가를 면제하여야 할 상당한 이유가 있는 사람으로서 법무부령으로 정하는 사람에 대하여는 재입국허가를 면제할 수 있다.
② 제1항에 따른 재입국허가는 한 차례만 재입국할 수 있는 단수재입국허가와 2회 이상 재입국할 수 있는 복수재입국허가로 구분한다.
③ 외국인이 질병이나 그 밖의 부득이한 사유로 제1항에 따라 허가받은 기간 내에 재입국할 수 없는 경우에는 그 기간이 끝나기 전에 법무부장관의 재입국허가기간 연장허가를 받아야 한다.
④ 법무부장관은 재입국허가기간 연장허가에 관한 권한을 대통령령으로 정하는 바에 따라 재외공관의 장에게 위임할 수 있다.
⑤ 재입국허가 및 그 기간의 연장허가와 재입국허가의 면제에 관한 기준과 절차는 법무부령으로 정한다.

제5장 외국인의 등록 및 사회통합 프로그램

제1절 외국인의 등록

제31조(외국인등록)
① 외국인이 입국한 날부터 90일을 초과하여 대한민국에 체류하려면 대통령령으로 정하는 바에 따라 입국한 날부터 90일 이내에 그의 체류지를 관할하는 지방출입국 · 외국인관서의 장에게 외국인등록을 하여야 한다. 다만, 다음 각 호의 어느 하나에 해당하는 외국인의 경우에는 그러하지 아니하다.
1. 주한외국공관(대사관과 영사관을 포함한다)과 국제기구의 직원 및 그의 가족
2. 대한민국정부와의 협정에 따라 외교관 또는 영사와 유사한 특권 및 면제를 누리는 사람과 그의 가족
3. 대한민국정부가 초청한 사람 등으로서 법무부령으로 정하는 사람

② 제1항에도 불구하고 같은 항 각 호의 어느 하나에 해당하는 외국인은 본인이 원하는 경우 체류기간 내에 외국인등록을 할 수 있다.
③ 제23조에 따라 체류자격을 받는 사람으로서 그 날부터 90일을 초과하여 체류하게 되는 사람은 제1항 각 호 외의 부분 본문에도 불구하고 체류자격을 받는 때에 외국인등록을 하여야 한다.
④ 제24조에 따라 체류자격 변경허가를 받는 사람으로서 입국한 날부터 90일을 초과하여 체류하게 되는 사람은 제1항 각 호 외의 부분 본문에도 불구하고 체류자격 변경허가를 받는 때에 외국인등록을 하여야 한다.
⑤ 지방출입국 · 외국인관서의 장은 제1항부터 제4항까지의 규정에 따라 외국인등록을 한 사람에게는 대통령령으로 정하는 방법에 따라 개인별로 고유한 등록번호(이하 "외국인등록번호"라 한다)를 부여하여야 한다.

제32조(외국인등록사항)
제31조에 따른 외국인등록사항은 다음과 같다.
1. 성명, 성별, 생년월일 및 국적
2. 여권의 번호 · 발급일자 및 유효기간
3. 근무처와 직위 또는 담당업무
4. 본국의 주소와 국내 체류지
5. 체류자격과 체류기간
6. 제1호부터 제5호까지에서 규정한 사항 외에 법무부령으로 정하는 사항

제33조(외국인등록증의 발급 등)
① 제31조에 따라 외국인등록을 받은 지방출입국 · 외국인관서의 장은 대통령령으로 정하는 바에 따라 그 외국인에게 외국인등록증을 발급하여야 한다. 다만, 그 외국인이 17세 미만인 경우에는 발급하지 아니할 수 있다.
② 제1항 단서에 따라 외국인등록증을 발급받지 아니한 외국인이 17세가 된 때에는 90일 이내에 체류지 관할 지방출입국 · 외국인관서의 장에게 외국인등록증 발급신청을 하여야 한다.
③ 영주자격을 가진 외국인에게 발급하는 외국인등록증(이하 "영주증"이라 한다)의 유효기간은 10년으로 한다.
④ 영주증을 발급받은 사람은 유효기간이 끝나기 전까지 영주증을 재발급받아야 한다.
⑤ 제4항에 따른 영주증의 재발급 절차 등에 필요한 사항은 대통령령으로 정한다.

제33조의2(영주증 재발급에 관한 특례 등)
① 제33조에도 불구하고 이 법(법률 제15492호 출입국관리법 일부개정법률을 말한다. 이하 이 조에서 같다) 시행 당시 종전의 규정에 따라 영주자격을 가진 사람은 다음 각 호의 구분에 따른 기간 내에 체류지 관할 지방출입국 · 외국인관서의 장에게 영주증을 재발급받아야 한다.
1. 이 법 시행 당시 영주자격을 취득한 날부터 10년이 경과한 사람: 이 법 시행일부터 2년 이내
2. 이 법 시행 당시 영주자격을 취득한 날부터 10년이 경과하지 아니한 사람: 10년이 경과한 날부터 2년 이내
② 체류지 관할 지방출입국 · 외국인관서의 장은 제1항 각 호에 해당하는 사람에게 영주증 재발급 신청기한 등이 적힌 영주증 재발급 통지서를 지체 없이 송부하여야 한다. 다만, 소재불명 등으로 영주증 재발급 통지서를 송부하기 어려운 경우에는 관보에 공고하여야 한다.
③ 제33조 제3항에도 불구하고 이 법 시행 당시 종전의 규정에 따라 영주자격을 가진 사람의 영주증은 제1항에 따라 영주증을 재발급받기 전까지 유효한 것으로 본다.
④ 제1항에 따른 영주증의 재발급 절차 등에 필요한 사항은 대통령령으로 정한다.

제33조의3(외국인등록증 등의 채무이행 확보수단 제공 등의 금지)
누구든지 다음 각 호의 어느 하나에 해당하는 행위를 하여서는 아니 된다.
1. 외국인의 여권이나 외국인등록증을 취업에 따른 계약 또는 채무이행의 확보수단으로 제공받거나 그 제공을 강요 또는 알선하는 행위
2. 제31조 제5항에 따른 외국인등록번호를 거짓으로 생성하여 자기 또는 다른 사람의 재물이나 재산상의 이익을 위하여 사용하거나 이를 알선하는 행위
3. 외국인등록번호를 거짓으로 생성하는 프로그램을 다른 사람에게 전달하거나 유포 또는 이를 알선하는 행위
4. 다른 사람의 외국인등록증을 부정하게 사용하거나 자기의 외국인등록증을 부정하게 사용한다는 사정을 알면서 다른 사람에게 제공하는 행위 또는 이를 각각 알선하는 행위
5. 다른 사람의 외국인등록번호를 자기 또는 다른 사람의 재물이나 재산상의 이익을 위하여 부정하게 사용하거나 이를 알선하는 행위

제34조(외국인등록표 등의 작성 및 관리)
① 제31조에 따라 외국인등록을 받은 지방출입국 · 외국인관서의 장은 등록외국인기록표를 작성 · 비치하고, 외국인등록표를 작성하여 그 외국인이 체류하는 시(「제주특별자치도 설치 및 국제자유도시 조성을 위한 특별법」 제10조에 따른 행정시를 포함하며, 특별시와 광역시는 제외한다. 이하 같다) · 군 · 구(자치구가 아닌 구를 포함한다. 이하 이 조, 제36조 및 제37조에서 같다) 및 읍 · 면 · 동의 장에게 보내야 한다.
② 시 · 군 · 구 및 읍 · 면 · 동의 장은 제1항에 따라 외국인등록표를 받았을 때에는 그 등록사항을 외국인등록대장에 적어 관리하여야 한다.
③ 등록외국인기록표, 외국인등록표 및 외국인등록대장의 작성과 관리에 필요한 사항은 대통령령으로 정한다.

제35조(외국인등록사항의 변경신고)
제31조에 따라 등록을 한 외국인은 다음 각 호의 어느 하나에 해당하는 사항이 변경되었을 때에는 대통령령

으로 정하는 바에 따라 15일 이내에 체류지 관할 지방출입국 · 외국인관서의 장에게 외국인등록사항 변경신고를 하여야 한다. [시행일 2020.12.10]

1. 성명, 성별, 생년월일 및 국적
2. 여권의 번호, 발급일자 및 유효기간
3. 제1호 및 제2호에서 규정한 사항 외에 법무부령으로 정하는 사항

제36조(체류지 변경의 신고)

① 제31조에 따라 등록을 한 외국인이 체류지를 변경하였을 때에는 대통령령으로 정하는 바에 따라 전입한 날부터 15일 이내에 새로운 체류지의 시 · 군 · 구 또는 읍 · 면 · 동의 장이나 그 체류지를 관할하는 지방출입국 · 외국인관서의 장에게 전입신고를 하여야 한다. [시행일 2020.12.10]

② 외국인이 제1항에 따른 신고를 할 때에는 외국인등록증을 제출하여야 한다. 이 경우 시 · 군 · 구 또는 읍 · 면 · 동의 장이나 지방출입국 · 외국인관서의 장은 그 외국인등록증에 체류지 변경사항을 적은 후 돌려주어야 한다.

③ 제1항에 따라 전입신고를 받은 지방출입국 · 외국인관서의 장은 지체 없이 새로운 체류지의 시 · 군 · 구 또는 읍 · 면 · 동의 장에게 체류지 변경 사실을 통보하여야 한다.

④ 제1항에 따라 직접 전입신고를 받거나 제3항에 따라 지방출입국 · 외국인관서의 장으로부터 체류지 변경통보를 받은 시 · 군 · 구 또는 읍 · 면 · 동의 장은 지체 없이 종전 체류지의 시 · 군 · 구 또는 읍 · 면 · 동의 장에게 체류지 변경신고서 사본을 첨부하여 외국인등록표의 이송을 요청하여야 한다.

⑤ 제4항에 따라 외국인등록표 이송을 요청받은 종전 체류지의 시 · 군 · 구 또는 읍 · 면 · 동의 장은 이송을 요청받은 날부터 3일 이내에 새로운 체류지의 시 · 군 · 구 또는 읍 · 면 · 동의 장에게 외국인등록표를 이송하여야 한다.

⑥ 제5항에 따라 외국인등록표를 이송받은 시 · 군 · 구 또는 읍 · 면 · 동의 장은 신고인의 외국인등록표를 정리하고 제34조 제2항에 따라 관리하여야 한다.

⑦ 제1항에 따라 전입신고를 받은 시 · 군 · 구 또는 읍 · 면 · 동의 장이나 지방출입국 · 외국인관서의 장은 대통령령으로 정하는 바에 따라 그 사실을 지체 없이 종전 체류지를 관할하는 지방출입국 · 외국인관서의 장에게 통보하여야 한다.

제37조(외국인등록증의 반납 등)

① 제31조에 따라 등록을 한 외국인이 출국할 때에는 출입국관리공무원에게 외국인등록증을 반납하여야 한다. 다만, 다음 각 호의 어느 하나에 해당하는 경우에는 그러하지 아니하다.

1. 재입국허가를 받고 일시 출국하였다가 그 허가기간 내에 다시 입국하려는 경우
2. 복수사증 소지자나 재입국허가 면제대상 국가의 국민으로서 일시 출국하였다가 허가된 체류기간 내에 다시 입국하려는 경우
3. 난민여행증명서를 발급받고 일시 출국하였다가 그 유효기간 내에 다시 입국하려는 경우

② 제31조에 따라 등록을 한 외국인이 국민이 되거나 사망한 경우 또는 제31조 제1항 각 호의 어느 하나에 해당하게 된 경우(같은 조 제2항에 따라 외국인등록을 한 경우는 제외한다)에는 대통령령으로 정하는 바에 따라 외국인등록증을 반납하여야 한다.

③ 지방출입국 · 외국인관서의 장은 제1항이나 제2항에 따라 외국인등록증을 반납받으면 대통령령으로 정하는 바에 따라 그 사실을 지체 없이 체류지의 시 · 군 · 구 및 읍 · 면 · 동의 장에게 통보하여야 한다.

④ 지방출입국 · 외국인관서의 장은 대한민국의 이익을 위하여 필요하다고 인정하면 제1항 각 호의 어느 하나에 해당하는 외국인의 외국인등록증을 일시 보관할 수 있다.

⑤ 제4항의 경우 그 외국인이 허가된 기간 내에 다시 입국하였을 때에는 15일 이내에 지방출입국 · 외국인관서의 장으로부터 외국인등록증을 돌려받아야 하고, 그 허가받은 기간 내에 다시 입국하지 아니하였을 때에는 제1항에 따라 외국인등록증을 반납한 것으로 본다. [시행일 2020.12.10]

제37조의2(외국인등록사항의 말소)

① 지방출입국 · 외국인관서의 장은 제31조에 따라 등록을 한 외국인이 다음 각 호의 어느 하나에 해당하는 경우에는 제32조에 따른 외국인등록사항을 말소할 수 있다.

1. 제37조 제1항 또는 제2항에 따라 외국인등록증을 반납한 경우
2. 출국 후 재입국허가기간(재입국허가를 면제받은 경우에는 면제받은 기간 또는 체류허가기간) 내에 입국하지 아니한 경우
3. 그밖에 출입국관리공무원이 직무수행 중 제1호 또는 제2호에 준하는 말소 사유를 발견한 경우

② 제1항에 따른 외국인등록사항의 말소 절차에 관하여 필요한 사항은 대통령령으로 정한다.

제38조(생체정보의 제공 등)
① 다음 각 호의 어느 하나에 해당하는 외국인은 법무부령으로 정하는 바에 따라 생체정보를 제공하여야 한다. [시행일 2020.12.10]
1. 다음 각 목의 어느 하나에 해당하는 사람으로서 17세 이상인 사람
가. 제31조에 따라 외국인등록을 하여야 하는 사람(같은 조 제2항에 따라 외국인등록을 하려는 사람은 제외한다)
나. 「재외동포의 출입국과 법적 지위에 관한 법률」 제6조에 따라 국내거소신고를 하려는 사람
2. 이 법을 위반하여 조사를 받거나 그밖에 다른 법률을 위반하여 수사를 받고 있는 사람
3. 신원이 확실하지 아니한 사람
4. 제1호부터 제3호까지에서 규정한 사람 외에 법무부장관이 대한민국의 안전이나 이익 또는 해당 외국인의 안전이나 이익을 위하여 특히 필요하다고 인정하는 사람
② 지방출입국 · 외국인관서의 장은 제1항에 따른 생체정보의 제공을 거부하는 외국인에게는 체류기간 연장허가 등 이 법에 따른 허가를 하지 아니할 수 있다. [시행일 2020.12.10]
③ 법무부장관은 제1항에 따라 제공받은 생체정보를 「개인정보 보호법」에 따라 보유하고 관리한다. [시행일 2020.12.10]

제38조의2(생체정보의 공동이용)
① 법무부장관은 관계 기관이 선박 등의 탑승권 발급, 출입국항의 보호구역 진입 및 선박 등의 탑승 등의 업무를 위하여 요청하는 경우에는 이 법에 따라 수집 · 처리한 생체정보를 제공할 수 있다.
② 제1항에 따라 생체정보를 제공받은 기관은 그 생체정보를 「개인정보 보호법」에 따라 처리하여야 한다. [시행일 2020.12.10.]

제2절 사회통합 프로그램

제39조(사회통합 프로그램)
① 법무부장관은 대한민국 국적, 영주자격 등을 취득하려는 외국인의 사회적응을 지원하기 위하여 교육, 정보 제공, 상담 등의 사회통합 프로그램(이하 "사회통합 프로그램"이라 한다)을 시행할 수 있다.
② 법무부장관은 사회통합 프로그램을 효과적으로 시행하기 위하여 필요한 전문인력 및 시설 등을 갖춘 기관, 법인 또는 단체를 사회통합 프로그램 운영기관으로 지정할 수 있다.
③ 법무부장관은 대통령령으로 정하는 바에 따라 사회통합 프로그램의 시행에 필요한 전문인력을 양성할 수 있다.
④ 국가와 지방자치단체는 다음 각 호의 경비의 전부 또는 일부를 예산의 범위에서 지원할 수 있다.
1. 제2항에 따라 지정된 운영기관의 업무 수행에 필요한 경비
2. 제3항에 따른 전문인력 양성에 필요한 경비
⑤ 사회통합 프로그램의 내용 및 개발, 운영기관의 지정 · 관리 및 지정 취소, 그밖에 사회통합 프로그램의 운영에 필요한 사항은 대통령령으로 정한다.

제40조(사회통합 프로그램 이수자에 대한 우대)
법무부장관은 사증 발급, 체류 관련 각종 허가 등을 할 때에 이 법 또는 관계 법령에서 정하는 바에 따라 사회통합 프로그램 이수자를 우대할 수 있다.

제41조(사회통합 자원봉사위원)
① 법무부장관은 외국인의 사회통합을 지원하기 위하여 법무부령으로 정하는 바에 따라 지방출입국 · 외국인관서에 사회통합 자원봉사위원(이하 "사회통합위원"이라 한다)을 둘 수 있다.
② 사회통합위원은 다음 각 호의 직무를 수행한다.
1. 외국인 및 고용주 등의 법 준수를 위한 홍보활동
2. 외국인이 한국사회의 건전한 사회구성원으로 정착하기 위한 체류 지원
3. 영주자격 및 국적을 취득하려는 자에 대한 지원
4. 그밖에 대한민국 국민과 국내 체류 외국인의 사회통합을 위하여 법무부장관이 정하는 사항
③ 사회통합위원은 명예직으로 하되 직무수행에 필요한 비용의 전부 또는 일부를 지급할 수 있다.
④ 사회통합위원의 위촉 및 해촉, 정원, 자치 조직, 비용의 지급, 그밖에 필요한 사항은 법무부령으로 정한다.

제42조 삭제
제43조 삭제
제44조 삭제
제45조 삭제

제6장 강제퇴거 등

제1절 강제퇴거의 대상자

제46조(강제퇴거의 대상자)
① 지방출입국 · 외국인관서의 장은 이 장에 규정된

절차에 따라 다음 각 호의 어느 하나에 해당하는 외국인을 대한민국 밖으로 강제퇴거시킬 수 있다.

1. 제7조를 위반한 사람
2. 제7조의2를 위반한 외국인 또는 같은 조에 규정된 허위초청 등의 행위로 입국한 외국인
3. 제11조 제1항 각 호의 어느 하나에 해당하는 입국금지 사유가 입국 후에 발견되거나 발생한 사람
4. 제12조 제1항 · 제2항 또는 제12조의3을 위반한 사람
5. 제13조 제2항에 따라 지방출입국 · 외국인관서의 장이 붙인 허가조건을 위반한 사람
6. 제14조 제1항, 제14조의2 제1항, 제15조 제1항, 제16조 제1항 또는 제16조의2 제1항에 따른 허가를 받지 아니하고 상륙한 사람
7. 제14조 제3항(제14조의2 제3항에 따라 준용되는 경우를 포함한다), 제15조 제2항, 제16조 제2항 또는 제16조의2 제2항에 따라 지방출입국 · 외국인관서의 장 또는 출입국관리공무원이 붙인 허가조건을 위반한 사람
8. 제17조 제1항 · 제2항, 제18조, 제20조, 제23조, 제24조 또는 제25조를 위반한 사람
9. 제21조 제1항 본문을 위반하여 허가를 받지 아니하고 근무처를 변경 · 추가하거나 같은 조 제2항을 위반하여 외국인을 고용 · 알선한 사람
10. 제22조에 따라 법무부장관이 정한 거소 또는 활동범위의 제한이나 그 밖의 준수사항을 위반한 사람

10의2. 제26조를 위반한 외국인

11. 제28조 제1항 및 제2항을 위반하여 출국하려고 한 사람
12. 제31조에 따른 외국인등록 의무를 위반한 사람

12의2. 제33조의3을 위반한 외국인

13. 금고 이상의 형을 선고받고 석방된 사람
14. 그밖에 제1호부터 제10호까지, 제10호의2, 제11호, 제12호, 제12호의2 또는 제13호에 준하는 사람으로서 법무부령으로 정하는 사람

② 영주자격을 가진 사람은 제1항에도 불구하고 대한민국 밖으로 강제퇴거되지 아니한다. 다만, 다음 각 호의 어느 하나에 해당하는 사람은 그러하지 아니하다.

1. 「형법」 제2편 제1장 내란의 죄 또는 제2장 외환의 죄를 범한 사람
2. 5년 이상의 징역 또는 금고의 형을 선고받고 석방된 사람 중 법무부령으로 정하는 사람
3. 제12조의3 제1항 또는 제2항을 위반하거나 이를 교사(敎唆) 또는 방조(幇助)한 사람

제47조(조사)

출입국관리공무원은 제46조 제1항 각 호의 어느 하나에 해당된다고 의심되는 외국인(이하 "용의자"라 한다)에 대하여는 그 사실을 조사할 수 있다.

제48조(용의자에 대한 출석요구 및 신문)

① 출입국관리공무원은 제47조에 따른 조사에 필요하면 용의자의 출석을 요구하여 신문(訊問)할 수 있다.

② 출입국관리공무원이 제1항에 따라 신문을 할 때에는 다른 출입국관리공무원을 참여하게 하여야 한다.

③ 제1항에 따른 신문을 할 때에는 용의자가 한 진술은 조서(調書)에 적어야 한다.

④ 출입국관리공무원은 제3항에 따른 조서를 용의자에게 읽어 주거나 열람하게 한 후 오기(誤記)가 있고 없음을 물어야 하고, 용의자가 그 내용에 대한 추가 · 삭제 또는 변경을 청구하면 그 진술을 조서에 적어야 한다.

⑤ 조서에는 용의자로 하여금 간인(間印)한 후 서명 또는 기명날인(記名捺印)하게 하고, 용의자가 서명 또는 기명날인할 수 없거나 이를 거부할 때에는 그 사실을 조서에 적어야 한다.

⑥ 국어가 통하지 아니하는 사람이나 청각장애인 또는 언어장애인의 진술은 통역인에게 통역하게 하여야 한다. 다만, 청각장애인이나 언어장애인에게는 문자로 묻거나 진술하게 할 수 있다.

⑦ 용의자의 진술 중 국어가 아닌 문자나 부호가 있으면 이를 번역하게 하여야 한다.

제49조(참고인에 대한 출석요구 및 진술)

① 출입국관리공무원은 제47조에 따른 조사에 필요하면 참고인에게 출석을 요구하여 그의 진술을 들을 수 있다.

② 참고인의 진술에 관하여는 제48조 제2항부터 제7항까지의 규정을 준용한다.

제50조(검사 및 서류 등의 제출요구)

출입국관리공무원은 제47조에 따른 조사에 필요하면 용의자의 동의를 받아 그의 주거 또는 물건을 검사하거나 서류 또는 물건을 제출하도록 요구할 수 있다.

제51조(보호)

① 출입국관리공무원은 외국인이 제46조 제1항 각 호의 어느 하나에 해당된다고 의심할 만한 상당한 이유가 있고 도주하거나 도주할 염려가 있으면 지방출입국 · 외국인관서의 장으로부터 보호명령서를 발급받아 그 외국인을 보호할 수 있다.

② 제1항에 따른 보호명령서의 발급을 신청할 때에는 보호의 필요성을 인정할 수 있는 자료를 첨부하여 제출하여야 한다.
③ 출입국관리공무원은 외국인이 제46조 제1항 각 호의 어느 하나에 해당된다고 의심할 만한 상당한 이유가 있고 도주하거나 도주할 염려가 있는 긴급한 경우에 지방출입국 · 외국인관서의 장으로부터 보호명령서를 발급받을 여유가 없을 때에는 그 사유를 알리고 긴급히 보호할 수 있다.
④ 출입국관리공무원은 제3항에 따라 외국인을 긴급히 보호하면 즉시 긴급보호서를 작성하여 그 외국인에게 내보여야 한다.
⑤ 출입국관리공무원은 제3항에 따라 외국인을 보호한 경우에는 48시간 이내에 보호명령서를 발급받아 외국인에게 내보여야 하며, 보호명령서를 발급받지 못한 경우에는 즉시 보호를 해제하여야 한다.

제52조(보호기간 및 보호장소)
① 제51조에 따라 보호된 외국인의 강제퇴거 대상자 여부를 심사 · 결정하기 위한 보호기간은 10일 이내로 한다. 다만, 부득이한 사유가 있으면 지방출입국 · 외국인관서의 장의 허가를 받아 10일을 초과하지 아니하는 범위에서 한 차례만 연장할 수 있다.
② 보호할 수 있는 장소는 외국인보호실, 외국인보호소 또는 그밖에 법무부장관이 지정하는 장소(이하 "보호시설"이라 한다)로 한다.

제53조(보호명령서의 집행)
출입국관리공무원이 보호명령서를 집행할 때에는 용의자에게 보호명령서를 내보여야 한다.

제54조(보호의 통지)
① 출입국관리공무원은 용의자를 보호한 때에는 국내에 있는 그의 법정대리인 · 배우자 · 직계친족 · 형제자매 · 가족 · 변호인 또는 용의자가 지정하는 사람(이하 "법정대리인 등"이라 한다)에게 3일 이내에 보호의 일시 · 장소 및 이유를 서면으로 통지하여야 한다. 다만, 법정대리인 등이 없는 때에는 그 사유를 서면에 적고 통지하지 아니할 수 있다.
② 출입국관리공무원은 제1항에 따른 통지 외에 보호된 사람이 원하는 경우에는 긴급한 사정이나 그 밖의 부득이한 사유가 없으면 국내에 주재하는 그의 국적이나 시민권이 속하는 국가의 영사에게 보호의 일시 · 장소 및 이유를 통지하여야 한다.

제55조(보호에 대한 이의신청)
① 보호명령서에 따라 보호된 사람이나 그의 법정대리인등은 지방출입국 · 외국인관서의 장을 거쳐 법무부장관에게 보호에 대한 이의신청을 할 수 있다.
② 법무부장관은 제1항에 따른 이의신청을 받은 경우 지체 없이 관계 서류를 심사하여 그 신청이 이유 없다고 인정되면 결정으로 기각하고, 이유 있다고 인정되면 결정으로 보호된 사람의 보호해제를 명하여야 한다.
③ 법무부장관은 제2항에 따른 결정에 앞서 필요하면 관계인의 진술을 들을 수 있다.

제56조(외국인의 일시보호)
① 출입국관리공무원은 다음 각 호의 어느 하나에 해당하는 외국인을 48시간을 초과하지 아니하는 범위에서 외국인보호실에 일시보호할 수 있다.
  1. 제12조 제4항에 따라 입국이 허가되지 아니한 사람
  2. 제13조 제1항에 따라 조건부 입국허가를 받은 사람으로서 도주하거나 도주할 염려가 있다고 인정할 만한 상당한 이유가 있는 사람
  3. 제68조 제1항에 따라 출국명령을 받은 사람으로서 도주하거나 도주할 염려가 있다고 인정할 만한 상당한 이유가 있는 사람
② 출입국관리공무원은 제1항에 따라 일시보호한 외국인을 출국교통편의 미확보, 질병, 그 밖의 부득이한 사유로 48시간 내에 송환할 수 없는 경우에는 지방출입국 · 외국인관서의 장의 허가를 받아 48시간을 초과하지 아니하는 범위에서 한 차례만 보호기간을 연장할 수 있다.

제56조의2(피보호자의 긴급이송 등)
① 지방출입국 · 외국인관서의 장은 천재지변이나 화재, 그 밖의 사변으로 인하여 보호시설에서는 피난할 방법이 없다고 인정되면 보호시설에 보호되어 있는 사람(이하 "피보호자"라 한다)을 다른 장소로 이송할 수 있다.
② 지방출입국 · 외국인관서의 장은 제1항에 따른 이송이 불가능하다고 판단되면 외국인의 보호조치를 해제할 수 있다.

제56조의3(피보호자 인권의 존중 등)
① 피보호자의 인권은 최대한 존중하여야 하며, 국적, 성별, 종교, 사회적 신분 등을 이유로 피보호자를 차별하여서는 아니 된다.
② 남성과 여성은 분리하여 보호하여야 한다. 다만, 어린이의 부양 등 특별한 사정이 있는 경우에는 그러하지 아니하다.
③ 지방출입국 · 외국인관서의 장은 피보호자가 다음 각 호의 어느 하나에 해당하는 외국인인 경우에는 특별히 보호하여야 한다.

1. 환자
2. 임산부
3. 노약자
4. 19세 미만인 사람
5. 제1호부터 제4호까지에 준하는 사람으로서 지방출입국 · 외국인관서의 장이 특별히 보호할 필요가 있다고 인정하는 사람

④ 제3항에 따른 보호를 위한 특별한 조치 및 지원에 관한 구체적인 사항은 법무부령으로 정한다.

제56조의4(강제력의 행사)

① 출입국관리공무원은 피보호자가 다음 각 호의 어느 하나에 해당하면 그 피보호자에게 강제력을 행사할 수 있고, 다른 피보호자와 격리하여 보호할 수 있다. 이 경우 피보호자의 생명과 신체의 안전, 도주의 방지, 시설의 보안 및 질서유지를 위하여 필요한 최소한도에 그쳐야 한다.

1. 자살 또는 자해행위를 하려는 경우
2. 다른 사람에게 위해를 끼치거나 끼치려는 경우
3. 도주하거나 도주하려는 경우
4. 출입국관리공무원의 직무집행을 정당한 사유 없이 거부 또는 기피하거나 방해하는 경우
5. 제1호부터 제4호까지에서 규정한 경우 외에 보호시설 및 피보호자의 안전과 질서를 현저히 해치는 행위를 하거나 하려는 경우

② 제1항에 따라 강제력을 행사할 때에는 신체적인 유형력(有形力)을 행사하거나 경찰봉, 가스분사용총, 전자충격기 등 법무부장관이 지정하는 보안장비만을 사용할 수 있다.

③ 제1항에 따른 강제력을 행사하려면 사전에 해당 피보호자에게 경고하여야 한다. 다만, 긴급한 상황으로 사전에 경고할 만한 시간적 여유가 없을 때에는 그러하지 아니하다.

④ 출입국관리공무원은 제1항 각 호의 어느 하나에 해당하거나 보호시설의 질서유지 또는 강제퇴거를 위한 호송 등을 위하여 필요한 경우에는 다음 각 호의 보호장비를 사용할 수 있다.

1. 수갑
2. 포승
3. 머리보호장비
4. 제1호부터 제3호까지에서 규정한 사항 외에 보호시설의 질서유지 또는 강제퇴거를 위한 호송 등을 위하여 특별히 필요하다고 인정되는 보호장비로서 법무부령으로 정하는 것

⑤ 제4항에 따른 보호장비의 사용 요건 및 절차 등에 관하여 필요한 사항은 법무부령으로 정한다.

제56조의5(신체 등의 검사)

① 출입국관리공무원은 보호시설의 안전과 질서유지를 위하여 필요하면 피보호자의 신체 · 의류 및 휴대품을 검사할 수 있다.

② 피보호자가 여성이면 제1항에 따른 검사는 여성 출입국관리공무원이 하여야 한다. 다만, 여성 출입국관리공무원이 없는 경우에는 지방출입국 · 외국인관서의 장이 지명하는 여성이 할 수 있다.

제56조의6(면회 등)

① 피보호자는 다른 사람과 면회, 서신수수 및 전화통화(이하 "면회 등"이라 한다)를 할 수 있다.

② 지방출입국 · 외국인관서의 장은 보호시설의 안전이나 질서, 피보호자의 안전 · 건강 · 위생을 위하여 부득이하다고 인정되는 경우에는 면회 등을 제한할 수 있다.

③ 면회 등의 절차 및 그 제한 등에 관한 구체적인 사항은 법무부령으로 정한다.

제56조의7(영상정보 처리기기 등을 통한 안전대책)

① 지방출입국 · 외국인관서의 장은 피보호자의 자살 · 자해 · 도주 · 폭행 · 손괴나 그밖에 다른 피보호자의 생명 · 신체를 해치거나 보호시설의 안전 또는 질서를 해치는 행위를 방지하기 위하여 필요한 범위에서 영상정보 처리기기 등 필요한 시설을 설치할 수 있다.

② 제1항에 따라 설치된 영상정보 처리기기는 피보호자의 인권 등을 고려하여 필요한 최소한의 범위에서 설치 · 운영되어야 한다.

③ 영상정보 처리기기 등의 설치 · 운영 및 녹화기록물의 관리 등에 필요한 사항은 법무부령으로 정한다.

제56조의8(청원)

① 피보호자는 보호시설에서의 처우에 대하여 불복하는 경우에는 법무부장관이나 지방출입국 · 외국인관서의 장에게 청원(請願)할 수 있다.

② 청원은 서면으로 작성하여 봉(封)한 후 제출하여야 한다. 다만, 지방출입국 · 외국인관서의 장에게 청원하는 경우에는 말로 할 수 있다.

③ 피보호자는 청원을 하였다는 이유로 불리한 처우를 받지 아니한다.

④ 청원의 절차 등에 관하여 필요한 사항은 법무부령으로 정한다.

제56조의9(이의신청 절차 등의 게시)

지방출입국 · 외국인관서의 장은 제55조에 따른 보호에 대한 이의신청, 제56조의6에 따른 면회 등 및 제56조의8에 따른 청원에 관한 절차를 보호시설 안의 잘 보이는 곳에 게시하여야 한다.

제57조(피보호자의 급양 및 관리 등)
제56조의2부터 제56조의9까지에서 규정한 사항 외에 보호시설에서의 피보호자에 대한 급양(給養)이나 관리 및 처우, 보호시설의 경비(警備)에 관한 사항과 그밖에 필요한 사항은 법무부령으로 정한다.

제58조(심사결정)
지방출입국 · 외국인관서의 장은 출입국관리공무원이 용의자에 대한 조사를 마치면 지체 없이 용의자가 제46조제1항 각 호의 어느 하나에 해당하는지를 심사하여 결정하여야 한다.

제59조(심사 후의 절차)
① 지방출입국 · 외국인관서의 장은 심사 결과 용의자가 제46조 제1항 각 호의 어느 하나에 해당하지 아니한다고 인정하면 지체 없이 용의자에게 그 뜻을 알려야 하고, 용의자가 보호되어 있으면 즉시 보호를 해제하여야 한다.
② 지방출입국 · 외국인관서의 장은 심사 결과 용의자가 제46조 제1항 각 호의 어느 하나에 해당한다고 인정되면 강제퇴거명령을 할 수 있다.
③ 지방출입국 · 외국인관서의 장은 제2항에 따라 강제퇴거명령을 하는 때에는 강제퇴거명령서를 용의자에게 발급하여야 한다.
④ 지방출입국 · 외국인관서의 장은 강제퇴거명령서를 발급하는 경우 법무부장관에게 이의신청을 할 수 있다는 사실을 용의자에게 알려야 한다.

제60조(이의신청)
① 용의자는 강제퇴거명령에 대하여 이의신청을 하려면 강제퇴거명령서를 받은 날부터 7일 이내에 지방출입국 · 외국인관서의 장을 거쳐 법무부장관에게 이의신청서를 제출하여야 한다.
② 지방출입국 · 외국인관서의 장은 제1항에 따른 이의신청서를 접수하면 심사결정서와 조사기록을 첨부하여 법무부장관에게 제출하여야 한다.
③ 법무부장관은 제1항과 제2항에 따른 이의신청서 등을 접수하면 이의신청이 이유 있는지를 심사결정하여 그 결과를 지방출입국 · 외국인관서의 장에게 알려야 한다.
④ 지방출입국 · 외국인관서의 장은 법무부장관으로부터 이의신청이 이유 있다는 결정을 통지받으면 지체 없이 용의자에게 그 사실을 알리고, 용의자가 보호되어 있으면 즉시 그 보호를 해제하여야 한다.
⑤ 지방출입국 · 외국인관서의 장은 법무부장관으로부터 이의신청이 이유 없다는 결정을 통지받으면 지체 없이 용의자에게 그 사실을 알려야 한다.

제61조(체류허가의 특례)
① 법무부장관은 제60조 제3항에 따른 결정을 할 때 이의신청이 이유 없다고 인정되는 경우라도 용의자가 대한민국 국적을 가졌던 사실이 있거나 그밖에 대한민국에 체류하여야 할 특별한 사정이 있다고 인정되면 그의 체류를 허가할 수 있다.
② 법무부장관은 제1항에 따른 허가를 할 때 체류기간 등 필요한 조건을 붙일 수 있다.

제62조(강제퇴거명령서의 집행)
① 강제퇴거명령서는 출입국관리공무원이 집행한다.
② 지방출입국 · 외국인관서의 장은 사법경찰관리에게 강제퇴거명령서의 집행을 의뢰할 수 있다.
③ 강제퇴거명령서를 집행할 때에는 그 명령을 받은 사람에게 강제퇴거명령서를 내보이고 지체 없이 그를 제64조에 따른 송환국으로 송환하여야 한다. 다만, 제76조 제1항에 따라 선박 등의 장이나 운수업자가 송환하게 되는 경우에는 출입국관리공무원은 그 선박 등의 장이나 운수업자에게 그를 인도할 수 있다.
④ 제3항에도 불구하고 강제퇴거명령을 받은 사람이 다음 각 호의 어느 하나에 해당하는 경우에는 송환하여서는 아니 된다. 다만, 「난민법」에 따른 난민신청자가 대한민국의 공공의 안전을 해쳤거나 해칠 우려가 있다고 인정되면 그러하지 아니하다.
  1. 「난민법」에 따라 난민인정 신청을 하였으나 난민인정 여부가 결정되지 아니한 경우
  2. 「난민법」 제21조에 따라 이의신청을 하였으나 이에 대한 심사가 끝나지 아니한 경우

제63조(강제퇴거명령을 받은 사람의 보호 및 보호해제)
① 지방출입국 · 외국인관서의 장은 강제퇴거명령을 받은 사람을 여권 미소지 또는 교통편 미확보 등의 사유로 즉시 대한민국 밖으로 송환할 수 없으면 송환할 수 있을 때까지 그를 보호시설에 보호할 수 있다.
② 지방출입국 · 외국인관서의 장은 제1항에 따라 보호할 때 그 기간이 3개월을 넘는 경우에는 3개월마다 미리 법무부장관의 승인을 받아야 한다.
③ 지방출입국 · 외국인관서의 장은 제2항의 승인을 받지 못하면 지체 없이 보호를 해제하여야 한다.
④ 지방출입국 · 외국인관서의 장은 강제퇴거명령을 받은 사람이 다른 국가로부터 입국이 거부되는 등의 사유로 송환될 수 없음이 명백하게 된 경우에는 그의 보호를 해제할 수 있다.
⑤ 지방출입국 · 외국인관서의 장은 제3항 또는 제4항에 따라 보호를 해제하는 경우에는 주거의 제한이

나 그밖에 필요한 조건을 붙일 수 있다.

⑥ 제1항에 따라 보호하는 경우에는 제53조부터 제55조까지, 제56조의2부터 제56조의9까지 및 제57조를 준용한다.

제64조(송환국)

① 강제퇴거명령을 받은 사람은 국적이나 시민권을 가진 국가로 송환된다.

② 제1항에 따른 국가로 송환할 수 없는 경우에는 다음 각 호의 어느 하나에 해당하는 국가로 송환할 수 있다.

1. 대한민국에 입국하기 전에 거주한 국가
2. 출생지가 있는 국
3. 대한민국에 입국하기 위하여 선박 등에 탔던 항(港)이 속하는 국가
4. 제1호부터 제3호까지에서 규정한 국가 외에 본인이 송환되기를 희망하는 국가

③ 삭제

제6절 보호의 일시해제

제65조(보호의 일시해제)

① 지방출입국 · 외국인관서의 장은 직권으로 또는 피보호자(그의 보증인 또는 법정대리인등을 포함한다)의 청구에 따라 피보호자의 정상(情狀), 해제요청사유, 자산, 그 밖의 사항을 고려하여 2천만원 이하의 보증금을 예치시키고 주거의 제한이나 그 밖에 필요한 조건을 붙여 보호를 일시해제할 수 있다.

② 제1항에 따른 보호의 일시해제 청구, 보증금의 예치 및 반환의 절차는 대통령령으로 정한다.

제66조(보호 일시해제의 취소)

① 지방출입국 · 외국인관서의 장은 보호로부터 일시해제된 사람이 다음 각 호의 어느 하나에 해당하면 보호의 일시해제를 취소하고 다시 보호의 조치를 할 수 있다.

1. 도주하거나 도주할 염려가 있다고 인정되는 경우
2. 정당한 사유 없이 출석명령에 따르지 아니한 경우
3. 제1호 및 제2호에서 규정한 사항 외에 일시해제에 붙인 조건을 위반한 경우

② 지방출입국 · 외국인관서의 장은 제1항에 따라 보호의 일시해제를 취소하는 경우 보호 일시해제 취소서를 발급하고 보증금의 전부 또는 일부를 국고에 귀속시킬 수 있다.

③ 제2항에 따른 보증금의 국고 귀속절차는 대통령령으로 정한다.

제66조의2(보호의 일시해제 절차 등의 게시)

지방출입국 · 외국인관서의 장은 제65조 및 제66조에 따른 보호의 일시해제 및 그 취소에 관한 절차를 보호시설 안의 잘 보이는 곳에 게시하여야 한다.

제7절 출국권고 등

제67조(출국권고)

① 지방출입국 · 외국인관서의 장은 대한민국에 체류하는 외국인이 다음 각 호의 어느 하나에 해당하면 그 외국인에게 자진하여 출국할 것을 권고할 수 있다.

1. 제17조와 제20조를 위반한 사람으로서 그 위반 정도가 가벼운 경우
2. 제1호에서 규정한 경우 외에 이 법 또는 이 법에 따른 명령을 위반한 사람으로서 법무부장관이 그 출국을 권고할 필요가 있다고 인정하는 경우

② 지방출입국 · 외국인관서의 장은 제1항에 따라 출국권고를 할 때에는 출국권고서를 발급하여야 한다.

③ 제2항에 따른 출국권고서를 발급하는 경우 발급한 날부터 5일의 범위에서 출국기한을 정할 수 있다.

제68조(출국명령)

① 지방출입국 · 외국인관서의 장은 다음 각 호의 어느 하나에 해당하는 외국인에게는 출국명령을 할 수 있다.

1. 제46조 제1항 각 호의 어느 하나에 해당한다고 인정되나 자기비용으로 자진하여 출국하려는 사람
2. 제67조에 따른 출국권고를 받고도 이행하지 아니한 사람
3. 제89조에 따라 각종 허가 등이 취소된 사람

3의2. 제89조의2 제1항에 따라 영주자격이 취소된 사람. 다만, 제89조의2 제2항에 따라 일반체류자격을 부여받은 사람은 제외한다.

4. 제100조 제1항부터 제3항까지의 규정에 따른 과태료 처분 후 출국조치하는 것이 타당하다고 인정되는 사람
5. 제102조 제1항에 따른 통고처분(通告處分) 후 출국조치하는 것이 타당하다고 인정되는 사람

② 지방출입국 · 외국인관서의 장은 제1항에 따라 출국명령을 할 때에는 출국명령서를 발급하여야 한다.

③ 제2항에 따른 출국명령서를 발급할 때에는 법무부령으로 정하는 바에 따라 출국기한을 정하고 주거

의 제한이나 그밖에 필요한 조건을 붙일 수 있다.
④ 지방출입국·외국인관서의 장은 출국명령을 받고도 지정한 기한까지 출국하지 아니하거나 제3항에 따라 붙인 조건을 위반한 사람에게는 지체 없이 강제퇴거명령서를 발급하여야 한다.

제7장 선박 등의 검색

제69조(선박 등의 검색 및 심사)
① 선박 등이 출입국항에 출·입항할 때에는 출입국관리공무원의 검색을 받아야 한다.
② 선박 등의 장이나 운수업자는 선박 등이 부득이하게 출입국항이 아닌 장소에 출·입항하여야 할 사유가 발생하면 제74조에 따른 출·입항 예정통보서에 그 사유를 소명하는 자료를 첨부하여 미리 지방출입국·외국인관서의 장에게 제출하고 제1항에 따른 검색을 받아야 한다. 다만, 항공기의 불시착, 선박의 조난 등 불의의 사고가 발생하면 지체 없이 그 사실을 지방출입국·외국인관서의 장에게 보고하여 검색을 받아야 한다.
③ 출입국관리공무원은 제1항이나 제2항에 따라 검색을 할 때에는 다음 각 호의 사항을 심사하여야 한다.
1. 승무원과 승객의 출입국 적격 여부 또는 이선(離船) 여부
2. 법령을 위반하여 입국이나 출국을 하려는 사람이 선박 등에 타고 있는지 여부
3. 제72조에 따른 승선허가를 받지 아니한 사람이 있는지 여부
④ 출입국관리공무원은 제1항부터 제3항까지의 규정에 따른 검색과 심사를 할 때에는 선박 등의 장에게 항해일지나 그밖에 필요한 서류의 제출 또는 열람을 요구할 수 있다.
⑤ 출입국관리공무원은 선박 등에 승선 중인 승무원·승객, 그 밖의 출입자의 신원을 확인하기 위하여 이들에게 질문을 하거나 그 신분을 증명할 수 있는 서류 등을 제시할 것을 요구할 수 있다.
⑥ 지방출입국·외국인관서의 장은 선박 등의 검색을 법무부령으로 정하는 바에 따라 서류심사로 갈음하게 할 수 있다.
⑦ 선박 등의 장은 출항검색이 끝난 후 3시간 이내에 출항할 수 없는 부득이한 사유가 생겼을 때에는 지방출입국·외국인관서의 장에게 그 사유를 보고하고 출항 직전에 다시 검색을 받아야 한다.

제70조(내항 선박 등의 검색 등에 대한 준용 규정)
① 대한민국 영역에서 사람이나 물건을 수송하는 선박, 항공기, 그 밖의 교통기관이 불의의 사고나 항해상의 문제 등 특별한 사정으로 외국에 기항(寄港)한 후 입항할 경우에는 선박 등의 검색 및 선박 등의 장이나 운수업자의 책임에 관하여 제7장과 제8장을 준용한다.
② 대한민국에 입국하거나 대한민국으로부터 출국하려는 사람의 환승을 위하여 국내공항 간을 운항하는 항공기에 대해서도 항공기의 검색 및 항공기의 장이나 운수업자의 책임에 관하여 제7장과 제8장을 준용한다. 다만, 제76조 제1항에 따른 송환 의무는 출발지 공항까지로 한정하며, 그 이후 대한민국 밖으로의 송환 의무는 송환 대상 외국인이 환승하기 직전에 탔던 항공기의 장이나 운수업자에게 있다.

제71조(출입국의 정지 등)
① 지방출입국·외국인관서의 장은 제69조 제3항에 따른 심사 결과 위법한 사실을 발견하였을 때에는 관계 승무원 또는 승객의 출국이나 입국을 정지시킬 수 있다.
② 제1항에 따른 출입국의 정지는 위법한 사실의 조사에 필요한 기간에만 할 수 있다.
③ 제2항에 따른 조사를 마친 뒤에도 계속하여 출입국을 금지하거나 정지시킬 필요가 있을 때에는 제4조·제11조 또는 제29조에 따른 법무부장관의 결정을 받아야 한다.
④ 지방출입국·외국인관서의 장은 제1항, 제4조 또는 제29조에 따라 승객이나 승무원의 출국을 금지하거나 정지시키기 위하여 필요하다고 인정하면 선박 등에 대하여 출항의 일시정지 또는 회항(回航)을 명하거나 선박 등에 출입하는 것을 제한할 수 있다.
⑤ 지방출입국·외국인관서의 장은 제4항에 따라 선박 등에 대하여 출항의 일시정지 또는 회항을 명하거나 출입을 제한하는 경우에는 지체 없이 그 사실을 선박 등의 장이나 운수업자에게 통보하여야 한다. 출항의 일시정지·회항명령 또는 출입제한을 해제한 경우에도 또한 같다.
⑥ 제4항에 따른 선박 등의 출항의 일시정지 등은 직무수행에 필요한 최소한의 범위에서 하여야 한다.

제72조(승선허가)
① 출입국항 또는 출입국항이 아닌 장소에 정박하는 선박 등에 출입하려는 사람은 지방출입국·외국인관서의 장의 승선허가를 받아야 한다. 다만, 그 선

박 등의 승무원과 승객 또는 다른 법령에 따라 출입할 수 있는 사람은 그러하지 아니하다.

② 출입국관리공무원 외의 사람이 출입국심사장에 출입하려는 경우에도 제1항과 같다.

제8장 선박 등의 장 및 운수업자의 책임

제73조(운수업자 등의 일반적 의무 등)
선박 등의 장이나 운수업자는 다음 각 호의 사항을 지켜야 한다.

1. 입국이나 상륙을 허가받지 아니한 사람의 입국·상륙 방지
2. 유효한 여권(선원의 경우에는 여권 또는 선원신분증명서를 말한다)과 필요한 사증을 지니지 아니한 사람의 탑승방지
3. 승선허가나 출국심사를 받지 아니한 사람의 탑승방지
4. 이 법에 따른 출국 또는 입국 요건을 갖추지 못하여 선박 등에 탑승하기에 부적당하다고 출입국관리공무원이 통보한 사람의 탑승방지
5. 제1호부터 제4호까지에 규정된 입국·상륙·탑승의 방지를 위하여 출입국관리공무원이 요청하는 감시원의 배치
6. 이 법을 위반하여 출입국을 하려는 사람이 숨어 있는지를 확인하기 위한 선박 등의 검색
7. 선박 등의 검색과 출입국심사가 끝날 때까지 선박 등에 무단출입하는 행위의 금지
8. 선박 등의 검색과 출국심사가 끝난 후 출항하기 전까지 승무원이나 승객의 승선·하선 방지
9. 출입국관리공무원이 선박 등의 검색과 출입국심사를 위한 직무수행에 특히 필요하다고 인정하여 명하는 사항

제73조의2(승객예약정보의 열람 및 제공 등)
① 운수업자는 출입국관리공무원이 다음 각 호의 어느 하나에 해당하는 업무를 수행하기 위하여 예약정보의 확인을 요청하는 경우에는 지체 없이 예약정보시스템을 열람하게 하거나 표준화된 전자문서로 제출하여야 한다. 다만, 법무부령으로 정하는 부득이한 사유로 표준화된 전자문서로 제출할 수 없을 때에는 지체 없이 그 사유를 밝히고 서류로 제출할 수 있다.

1. 제7조 제1항·제7조의2 또는 제12조의3 제1항을 위반하였거나 위반하였다고 의심할 만한 상당한 이유가 있는 사람에 대한 조사
2. 제11조 제1항 각 호의 어느 하나에 해당하거나 해당한다고 의심할 만한 상당한 이유가 있는 사람에 대한 조사

② 제1항에 따라 열람하거나 문서로 제출받을 수 있는 자료의 범위는 다음 각 호로 한정한다.

1. 성명, 국적, 주소 및 전화번호
2. 여권번호, 여권의 유효기간 및 발급국가
3. 예약 및 탑승수속 시점
4. 여행경로와 여행사
5. 동반 탑승자와 좌석번호
6. 수하물(手荷物)
7. 항공권의 구입대금 결제방법
8. 여행출발지와 최종목적지
9. 예약번호

③ 운수업자는 출입국관리공무원이 승객의 안전과 정확하고 신속한 출입국심사를 위하여 탑승권을 발급받으려는 승객에 대한 다음 각 호의 자료를 요청하는 경우에는 지체 없이 표준화된 전자문서로 제출하여야 한다. 다만, 법무부령으로 정하는 부득이한 사유로 표준화된 전자문서로 제출할 수 없을 때에는 지체 없이 그 사유를 밝히고 서류로 제출할 수 있다. [시행일 2020.12.10]

1. 성명, 성별, 생년월일 및 국적
2. 여권번호와 예약번호
3. 출항편, 출항지 및 출항시간
4. 입항지와 입항시간
5. 환승 여부
6. 생체정보

④ 제1항과 제3항에 따라 자료를 열람하거나 문서로 제출하여 줄 것을 요청할 수 있는 출입국관리공무원은 지방출입국·외국인관서의 장이 지정하는 사람으로 한정한다.

⑤ 제4항에 따라 지정된 출입국관리공무원은 제출받은 자료를 검토한 결과 이 법에 따른 출국 또는 입국 요건을 갖추지 못하여 선박등에 탑승하기에 부적당한 사람이 발견된 경우에는 그 사람의 탑승을 방지하도록 선박 등의 장이나 운수업자에게 통보할 수 있다.

⑥ 제4항에 따라 지정된 출입국관리공무원은 직무상 알게 된 예약정보시스템의 자료를 누설하거나 권한 없이 처리하거나 다른 사람의 이용에 제공하는 등 부당한 목적을 위하여 사용하여서는 아니 된다.

⑦ 제1항과 제3항에 따른 자료의 열람과 제출 시기 등에 관한 구체적인 사항은 대통령령으로 정한다.

제74조(사전통보의 의무)
선박 등이 출입국항에 출·입항하는 경우에 그 선박 등의 장이나 운수업자는 지방출입국·외국인관서의 장에게 출·입항 예정일시와 그밖에 필요한 사항을 적은 출·입항 예정통보서를 미리 제출하여야 한다. 다만, 항공기의 불시착이나 선박의 조난 등 불의의 사고가 발생한 경우에는 지체 없이 그 사실을 알려야 한다.

제75조(보고의 의무)
① 출입국항이나 출입국항이 아닌 장소에 출·입항하는 선박 등의 장이나 운수업자는 대통령령으로 정하는 사항을 적은 승무원명부와 승객명부를 첨부한 출·입항보고서를 지방출입국·외국인관서의 장에게 제출하여야 한다.
② 제1항에 따른 출·입항보고서는 표준화된 전자문서로 제출하여야 한다. 다만, 법무부령으로 정하는 부득이한 사유로 표준화된 전자문서로 제출할 수 없을 때에는 지체 없이 그 사유를 밝히고 서류로 제출할 수 있다.
③ 제1항에 따른 출·입항보고서의 제출시기 등 그 절차에 관한 구체적인 사항은 대통령령으로 정한다.
④ 출입국항이나 출입국항이 아닌 장소에 입항하는 선박 등의 장이나 운수업자는 여권(선원의 경우에는 여권 또는 선원신분증명서를 말한다)을 가지고 있지 아니한 사람이 그 선박 등에 타고 있는 것을 알았을 때에는 지체 없이 지방출입국·외국인관서의 장에게 보고하고 그의 상륙을 방지하여야 한다.
⑤ 출입국항이나 출입국항이 아닌 장소에서 출항하는 선박 등의 장이나 운수업자는 다음 각 호의 사항을 지방출입국·외국인관서의 장에게 보고하여야 한다.
  1. 승무원 상륙허가를 받은 승무원 또는 관광상륙허가를 받은 승객이 선박 등으로 돌아왔는지 여부
  2. 정당한 출국절차를 마치지 아니하고 출국하려는 사람이 있는지 여부

제76조(송환의 의무)
① 다음 각 호의 어느 하나에 해당하는 외국인이 탔던 선박 등의 장이나 운수업자는 그의 비용과 책임으로 그 외국인을 지체 없이 대한민국 밖으로 송환하여야 한다.
  1. 제7조 또는 제10조에 따른 요건을 갖추지 아니한 사람
  2. 제11조에 따라 입국이 금지되거나 거부된 사람
  3. 제12조 제4항에 따라 선박 등의 장이나 운수업자의 귀책사유로 입국이 허가되지 아니한 사람
  4. 제14조에 따라 상륙한 승무원 또는 제14조의2에 따라 관광상륙한 승객으로서 그가 타고 있던 선박 등이 출항할 때까지 선박 등으로 돌아오지 아니한 사람
  5. 제46조 제1항 제6호 또는 제7호에 해당하는 사람으로서 강제퇴거명령을 받은 사람
② 지방출입국·외국인관서의 장은 제1항에도 불구하고 외국인의 효과적인 송환을 위하여 필요한 경우에는 그 외국인을 송환할 때까지 선박 등의 장이나 운수업자에게 출입국항에 있는 일정한 장소를 제공할 수 있다. 이 경우 선박 등의 장이나 운수업자는 제공되는 장소 또는 그 장소에 머무르는 외국인의 관리에 관하여 지방출입국·외국인관서의 장의 협조요청이 있는 경우에는 특별한 사유가 없으면 이에 따라야 한다.

제8장의2 난민여행증명서 발급 등

제76조의2 삭제
제76조의3 삭제
제76조의4 삭제
제76조의5(난민여행증명서)
① 법무부장관은 「난민법」에 따른 난민인정자가 출국하려고 할 때에는 그의 신청에 의하여 대통령령으로 정하는 바에 따라 난민여행증명서를 발급하여야 한다. 다만, 그의 출국이 대한민국의 안전을 해칠 우려가 있다고 인정될 때에는 그러하지 아니하다.
② 제1항에 따른 난민여행증명서의 유효기간은 3년으로 한다.
③ 제1항에 따라 난민여행증명서를 발급받은 사람은 그 증명서의 유효기간 만료일까지 횟수에 제한 없이 대한민국에서 출국하거나 대한민국으로 입국할 수 있다. 이 경우 입국할 때에는 제30조에 따른 재입국허가를 받지 아니하여도 된다.
④ 법무부장관은 제3항의 경우 특히 필요하다고 인정되면 3개월 이상 1년 미만의 범위에서 입국할 수 있는 기간을 제한할 수 있다.
⑤ 법무부장관은 제1항에 따라 난민여행증명서를 발급받고 출국한 사람이 질병이나 그 밖의 부득이한 사유로 그 증명서의 유효기간 내에 재입국할 수 없는 경우에는 그의 신청을 받아 6개월을 초과하지 아니하는 범위에서 그 유효기간의 연장을 허가할 수 있다.
⑥ 법무부장관은 제5항에 따른 유효기간 연장허가에

관한 권한을 대통령령으로 정하는 바에 따라 재외 공관의 장에게 위임할 수 있다.

제76조의6(난민인정증명서 등의 반납)

① 「난민법」에 따른 난민인정자는 다음 각 호의 어느 하나에 해당하면 그가 지니고 있는 난민인정증명서나 난민여행증명서를 지체 없이 지방출입국·외국인관서의 장에게 반납하여야 한다.

1. 제59조 제3항, 제68조 제4항 또는 제85조제1항에 따라 강제퇴거명령서를 발급받은 경우
2. 제60조 제5항에 따라 강제퇴거명령에 대한 이의신청이 이유 없다는 통지를 받은 경우
3. 「난민법」에 따라 난민인정결정 취소나 철회의 통지를 받은 경우

② 법무부장관은 제76조의5 제1항에 따라 난민여행증명서를 발급받은 사람이 대한민국의 안전을 해치는 행위를 할 우려가 있다고 인정되면 그 외국인에게 14일 이내의 기간을 정하여 난민여행증명서의 반납을 명할 수 있다.

③ 제2항에 따라 난민여행증명서를 반납하였을 때에는 그 때에, 지정된 기한까지 반납하지 아니하였을 때에는 그 기한이 지난 때에 그 난민여행증명서는 각각 효력을 잃는다.

제76조의7(난민에 대한 체류허가의 특례)

법무부장관은 「난민법」에 따른 난민인정자가 제60조 제1항에 따른 이의신청을 한 경우 제61조 제1항에 규정된 사유에 해당되지 아니하고 이의신청이 이유 없다고 인정되는 경우에도 그의 체류를 허가할 수 있다. 이 경우 제61조 제2항을 준용한다.

제76조의8(난민여행증명서 발급 등 사무의 대행)

법무부장관은 난민여행증명서의 발급 및 재발급에 관한 사무의 일부를 대통령령으로 정하는 바에 따라 난민여행증명서 발급 신청인의 체류지 관할 지방출입국·외국인관서의 장에게 대행하게 할 수 있다.

제76조의9 삭제

제76조의10 삭제

제9장 보칙

제77조(무기 등의 휴대 및 사용)

① 출입국관리공무원은 그 직무를 집행하기 위하여 필요하면 무기 등(「경찰관 직무집행법」 제10조 및 제10조의2부터 제10조의4까지의 규정에서 정한 장비, 장구, 분사기 및 무기를 말하며, 이하 "무기 등"이라 한다)을 지닐 수 있다.

② 출입국관리공무원은 「경찰관 직무집행법」 제10조 및 제10조의2부터 제10조의4까지의 규정에 준하여 무기 등을 사용할 수 있다.

제78조(관계 기관의 협조)

① 출입국관리공무원은 다음 각 호의 조사에 필요하면 관계 기관이나 단체에 자료의 제출이나 사실의 조사 등에 대한 협조를 요청할 수 있다.

1. 제47조에 따른 조사
2. 삭제
3. 출입국사범에 대한 조사

② 법무부장관은 다음 각 호의 직무를 수행하기 위하여 관계 기관에 해당 각 호의 정보 제공을 요청할 수 있다. [시행일 2020.12.10.]

1. 출입국심사(정보화기기를 이용하는 출입국심사에 관하여 외국과의 협정이 있는 경우에는 그 협정에 따른 직무수행을 포함한다): 범죄경력정보·수사경력정보, 여권발급정보·주민등록정보, 가족관계등록 전산정보 또는 환승 승객에 대한 정보
2. 사증 및 사증발급인정서 발급 심사: 범죄경력정보·수사경력정보, 관세사범정보, 여권발급정보·주민등록정보, 사업자의 휴업·폐업 여부에 대한 정보, 납세증명서, 가족관계등록 전산정보 또는 국제결혼 중개업체의 현황 및 행정처분 정보
3. 외국인체류 관련 각종 허가 심사: 범죄경력정보·수사경력정보, 범칙금 납부정보·과태료 납부정보, 여권발급정보·주민등록정보, 외국인의 자동차등록정보, 사업자의 휴업·폐업 여부에 대한 정보, 납세증명서, 외국인의 조세체납정보, 외국인의 국민건강보험 및 노인장기요양보험 관련 체납정보, 외국인의 과태료 체납정보, 가족관계등록 전산정보 또는 국제결혼 중개업체의 현황 및 행정처분 정보, 숙박업소 현황, 관광숙박업소의 현황, 외국인관광 도시민박업소의 현황, 한옥체험업소의 현황, 대통령령으로 정하는 외국인의 소득금액 정보
4. 출입국사범 조사: 범죄경력정보·수사경력정보, 외국인의 범죄처분결과정보, 관세사범정보, 여권발급정보·주민등록정보, 외국인의 자동차등록정보, 납세증명서, 가족관계등록 전산정보 또는 국제결혼 중개업체의 현황 및 행정처분 정보, 숙박업소 현황, 관광숙박업소의 현황, 외국인관광 도시민박업소의 현황, 한옥체험업소의 현황

5. 사실증명서 발급: 여권발급정보 · 주민등록정보 또는 가족관계등록 전산정보

③ 제1항에 따른 협조 요청 또는 제2항에 따른 정보제공 요청을 받은 관계 기관이나 단체는 정당한 이유 없이 요청을 거부하여서는 아니 된다.

④ 제1항에 따라 제출받은 자료 또는 제2항에 따라 제공받은 정보는 「개인정보 보호법」에 따라 보유하고 관리한다.

제79조(허가신청 등의 의무자)

다음 각 호의 어느 하나에 해당하는 사람이 17세 미만인 경우 본인이 그 허가 등의 신청을 하지 아니하면 그의 부모나 그밖에 대통령령으로 정하는 사람이 그 신청을 하여야 한다.

1. 제20조에 따라 체류자격 외 활동허가를 받아야 할 사람
2. 제23조에 따라 체류자격을 받아야 할 사람
3. 제24조에 따라 체류자격 변경허가를 받아야 할 사람
4. 제25조에 따라 체류기간 연장허가를 받아야 할 사람
5. 제31조에 따라 외국인등록을 하여야 할 사람
6. 제35조에 따라 외국인등록사항 변경신고를 하여야 할 사람
7. 제36조에 따라 체류지 변경신고를 하여야 할 사람

제79조의2(각종 신청 등의 대행)

① 외국인, 외국인을 고용한 자, 외국인에게 산업기술을 연수시키는 업체의 장 또는 외국인유학생이 재학 중이거나 연수 중인 학교의 장(이하 "외국인등"이라 한다)은 다음 각 호에 해당하는 업무를 외국인의 체류 관련 신청 등을 대행하는 자(이하 "대행기관"이라 한다)에게 대행하게 할 수 있다.

1. 제9조에 따른 사증발급인정서 발급신청
2. 제19조 제1항(같은 조 제2항에 따라 준용하는 경우를 포함한다)에 따른 신고
3. 제19조의4 제2항에 따른 신고
4. 제20조에 따른 활동허가의 신청
5. 제21조 제1항 본문에 따른 근무처 변경 · 추가 허가의 신청
6. 제21조 제1항 단서에 따른 근무처 변경 · 추가의 신고
7. 제23조 제1항에 따른 체류자격 부여의 신청
8. 제24조에 따른 체류자격 변경허가의 신청
9. 제25조 제1항에 따른 체류기간 연장허가의 신청
10. 그밖에 외국인등의 출입국이나 체류와 관련된 신고 · 신청 또는 서류 수령 업무로서 법무부령으로 정하는 업무

② 대행기관이 되려는 자는 다음 각 호의 요건을 갖추어 법무부장관에게 등록하여야 한다.

1. 변호사 또는 행정사 자격
2. 대행업무에 필요한 교육이수
3. 법인인 경우에는 제1호 및 제2호의 요건을 충족하는 인력을 갖출 것

③ 대행기관은 제1항 각 호의 업무(이하 "대행업무"라 한다)를 하는 경우 법무부령으로 정하는 대행업무처리 표준절차를 준수하여야 한다.

④ 제2항에 따른 대행기관 등록요건의 세부사항이나 등록절차 등 대행기관의 등록에 필요한 사항은 법무부령으로 정한다. [시행일 2020.12.10]

제79조의3(대행기관에 대한 등록취소 등)

① 법무부장관은 대행기관이 다음 각 호의 어느 하나에 해당하는 경우에는 등록취소, 6개월 이내의 대행업무정지 또는 시정명령을 할 수 있다. 다만, 제1호 또는 제2호에 해당하는 경우에는 대행기관의 등록을 취소하여야 한다.

1. 거짓이나 그 밖의 부정한 방법으로 등록한 경우
2. 대행업무정지 기간 중 대행업무를 한 경우
3. 제79조의2 제2항에 따른 등록요건에 미달하게 된 경우
4. 제79조의2 제3항에 따른 대행업무처리 표준절차를 위반한 경우
5. 시정명령을 받고도 이행하지 아니한 경우
6. 외국인등에게 과장 또는 거짓된 정보를 제공하거나 과장 또는 거짓된 정보를 제공하여 업무대행을 의뢰받은 경우
7. 위조 · 변조된 서류 또는 거짓된 사실이 기재된 서류를 작성하거나 제출하는 경우
8. 외국인등이 맡긴 서류를 분실 · 훼손하거나 외국인등의 출입국이나 체류와 관련된 신고 · 신청을 위하여 제출하여야 할 서류의 작성 · 제출을 게을리 하는 등 선량한 관리자의 주의의무를 다하지 아니하는 경우

② 제1항에 따른 행정처분의 세부기준은 법무부령으로 정한다.

③ 법무부장관은 제1항에 따라 대행기관 등록을 취소할 경우에는 청문을 실시하여야 한다. [시행일 2020.12.10]

제80조(사실조사)

① 출입국관리공무원이나 권한 있는 공무원은 이 법

에 따른 신고 또는 등록의 정확성을 유지하기 위하여 제19조 · 제31조 · 제35조 및 제36조에 따른 신고 또는 등록의 내용이 사실과 다르다고 의심할 만한 상당한 이유가 있으면 그 사실을 조사할 수 있다.

② 법무부장관은 다음 각 호에 따른 업무의 수행에 필요하다고 인정하면 출입국관리공무원에게 그 사실을 조사하게 할 수 있다.

1. 제9조에 따른 사증발급인정서의 발급
2. 제20조, 제21조, 제24조 및 제25조에 따른 허가나 제23조에 따른 체류자격 부여
3. 삭제

③ 제1항이나 제2항에 따른 조사를 하기 위하여 필요하면 제1항이나 제2항에 따른 신고 · 등록 또는 신청을 한 자나 그 밖의 관계인을 출석하게 하여 질문을 하거나 문서 및 그 밖의 자료를 제출할 것을 요구할 수 있다.

제81조(출입국관리공무원 등의 외국인 동향조사)

① 출입국관리공무원과 대통령령으로 정하는 관계 기관 소속 공무원은 외국인이 이 법 또는 이 법에 따른 명령에 따라 적법하게 체류하고 있는지와 제46조 제1항 각 호의 어느 하나에 해당되는지를 조사하기 위하여 다음 각 호의 어느 하나에 해당하는 자를 방문하여 질문하거나 그밖에 필요한 자료를 제출할 것을 요구할 수 있다.

1. 외국인
2. 외국인을 고용한 자
3. 외국인의 소속 단체 또는 외국인이 근무하는 업소의 대표자
4. 외국인을 숙박시킨 자

② 출입국관리공무원은 허위초청 등에 의한 외국인의 불법입국을 방지하기 위하여 필요하면 외국인의 초청이나 국제결혼 등을 알선 · 중개하는 자 또는 그 업소를 방문하여 질문하거나 자료를 제출할 것을 요구할 수 있다.

③ 출입국관리공무원은 거동이나 주위의 사정을 합리적으로 판단하여 이 법을 위반하였다고 의심할 만한 상당한 이유가 있는 외국인에게 정지를 요청하고 질문할 수 있다.

④ 제1항이나 제2항에 따라 질문을 받거나 자료 제출을 요구받은 자는 정당한 이유 없이 거부하여서는 아니 된다.

제81조의2(출입국관리공무원의 주재)

법무부장관은 다음 각 호의 업무에 종사하게 하기 위하여 출입국관리공무원을 재외공관 등에 주재하게 할 수 있다.

1. 제7조 제1항에 따른 사증 발급사무
2. 제7조 제4항에 따른 외국인입국허가서 발급사무
3. 외국인의 입국과 관련된 필요한 정보수집 및 연락 업무

제81조의3(외국인의 정보제공 의무)

① 제10조의2 제1항 제1호에 따른 단기체류자격을 가진 외국인(이하 "숙박외국인"이라 한다)은 「감염병의 예방 및 관리에 관한 법률」에 따른 위기경보의 발령 또는 「국민보호와 공공안전을 위한 테러방지법」에 따른 테러경보의 발령 등 법무부령으로 정하는 경우에 한정하여 다음 각 호의 어느 하나에 해당하는 자(이하 "숙박업자"라 한다)가 경영하는 숙박업소에서 머무는 경우 숙박업자에게 여권 등 법무부령으로 정하는 자료를 제공하여야 한다.

1. 「공중위생관리법」에 따라 숙박업으로 신고한 자
2. 「관광진흥법」에 따라 관광숙박업, 외국인관광 도시민박업 및 한옥체험업으로 등록한 자

② 숙박업자는 숙박외국인이 제공한 자료를 숙박한 때 또는 제1항에 따른 경보가 발령된 때부터 12시간 이내에 법무부령으로 정하는 정보통신망(이하 "정보통신망"이라 한다)을 통하여 법무부장관에게 제출하여야 한다. 다만, 통신 장애 등 부득이한 사유로 정보통신망으로 제출할 수 없을 때에는 법무부령으로 정하는 방법으로 제출할 수 있다.

③ 숙박업자는 제2항에 따른 업무를 수행하기 위하여 수집한 자료를 「개인정보 보호법」에 따라 보유하고 관리한다.

④ 법무부장관은 제2항에 따라 제출받은 숙박외국인의 자료를 「개인정보 보호법」에 따라 보유하고 관리한다.

⑤ 제2항에 따른 정보통신망의 설치 · 운영 및 자료제출의 절차 · 방법에 관하여 필요한 사항은 법무부령으로 정한다. [시행일 2020.12.10]

제82조(증표의 휴대 및 제시)

출입국관리공무원이나 권한 있는 공무원은 다음 각 호의 어느 하나에 해당하는 직무를 집행할 때에는 그 권한을 표시하는 증표를 지니고 이를 관계인에게 내보여야 한다

1. 제50조에 따른 주거 또는 물건의 검사 및 서류나 그 밖의 물건의 제출요구
2. 제69조(제70조 제1항 및 제2항에서 준용하는 경우를 포함한다)에 따른 검색 및 심사
3. 제80조와 제81조에 따른 질문이나 그밖에 필요한 자료의 제출요구

4. 제1호부터 제3호까지의 규정에 준하는 직무수행

제83조(출입국사범의 신고)

누구든지 이 법을 위반하였다고 의심되는 사람을 발견하면 출입국관리공무원에게 신고할 수 있다.

제84조(통보의무)

① 국가나 지방자치단체의 공무원이 그 직무를 수행할 때에 제46조 제1항 각 호의 어느 하나에 해당하는 사람이나 이 법에 위반된다고 인정되는 사람을 발견하면 그 사실을 지체 없이 지방출입국 · 외국인관서의 장에게 알려야 한다. 다만, 공무원이 통보로 인하여 그 직무수행 본연의 목적을 달성할 수 없다고 인정되는 경우로서 대통령령으로 정하는 사유에 해당하는 때에는 그러하지 아니하다.

② 교도소 · 소년교도소 · 구치소 및 그 지소 · 보호감호소 · 치료감호시설 또는 소년원의 장은 제1항에 따른 통보대상 외국인이 다음 각 호의 어느 하나에 해당하면 그 사실을 지체 없이 지방출입국 · 외국인관서의 장에게 알려야 한다.

1. 형의 집행을 받고 형기의 만료, 형의 집행정지 또는 그 밖의 사유로 석방이 결정된 경우
2. 보호감호 또는 치료감호 처분을 받고 수용된 후 출소가 결정된 경우
3. 「소년법」에 따라 소년원에 수용된 후 퇴원이 결정된 경우

제85조(형사절차와의 관계)

① 지방출입국 · 외국인관서의 장은 제46조제1항 각 호의 어느 하나에 해당하는 사람이 형의 집행을 받고 있는 중에도 강제퇴거의 절차를 밟을 수 있다.

② 제1항의 경우 강제퇴거명령서가 발급되면 그 외국인에 대한 형의 집행이 끝난 후에 강제퇴거명령서를 집행한다. 다만, 그 외국인의 형 집행장소를 관할하는 지방검찰청 검사장(檢事長)의 허가를 받은 경우에는 형의 집행이 끝나기 전이라도 강제퇴거명령서를 집행할 수 있다.

제86조(신병의 인도)

① 검사는 강제퇴거명령서가 발급된 구속피의자에게 불기소처분을 한 경우에는 석방과 동시에 출입국관리공무원에게 그를 인도하여야 한다.

② 교도소 · 소년교도소 · 구치소 및 그 지소 · 보호감호소 · 치료감호시설 또는 소년원의 장은 제84조 제2항에 따라 지방출입국 · 외국인관서의 장에게 통보한 외국인에 대하여 강제퇴거명령서가 발급되면 석방 · 출소 또는 퇴원과 동시에 출입국관리공무원에게 그를 인도하여야 한다.

제87조(출입국관리 수수료)

① 이 법에 따라 허가 등을 받는 사람은 법무부령으로 정하는 수수료를 내야 한다.

② 법무부장관은 국제관례 또는 상호주의원칙이나 그 밖에 법무부령으로 정하는 사유로 필요하다고 인정하면 제1항에 따른 수수료를 감면할 수 있고, 협정 등에 수수료에 관한 규정이 따로 있으면 그 규정에서 정하는 바에 따른다.

제88조(사실증명의 발급 및 열람)

① 지방출입국 · 외국인관서의 장, 시 · 군 · 구(자치구가 아닌 구를 포함한다. 이하 이 조에서 같다) 및 읍 · 면 · 동 또는 재외공관의 장은 이 법의 절차에 따라 출국 또는 입국한 사실 유무에 대하여 법무부령으로 정하는 바에 따라 출입국에 관한 사실증명을 발급할 수 있다. 다만, 출국 또는 입국한 사실이 없는 사람에 대하여는 특히 필요하다고 인정되는 경우에만 이 법의 절차에 따른 출국 또는 입국 사실이 없다는 증명을 발급할 수 있다.

② 지방출입국 · 외국인관서의 장, 시 · 군 · 구 또는 읍 · 면 · 동의 장은 이 법의 절차에 따라 외국인등록을 한 외국인 및 그의 법정대리인 등 법무부령으로 정하는 사람에게 법무부령으로 정하는 바에 따라 외국인등록 사실증명을 발급하거나 열람하게 할 수 있다.

제88조의2(외국인등록증 등과 주민등록증 등의 관계)

① 법령에 규정된 각종 절차와 거래관계 등에서 주민등록증이나 주민등록등본 또는 초본이 필요하면 외국인등록증이나 외국인등록 사실증명으로 이를 갈음한다.

② 이 법에 따른 외국인등록과 체류지 변경신고는 주민등록과 전입신고를 갈음한다.

제89조(각종 허가 등의 취소 · 변경)

① 법무부장관은 외국인이 다음 각 호의 어느 하나에 해당하면 제8조에 따른 사증발급, 제9조에 따른 사증발급인정서의 발급, 제12조제3항에 따른 입국허가, 제13조에 따른 조건부 입국허가, 제14조에 따른 승무원 상륙허가, 제14조의2에 따른 관광상륙허가 또는 제20조 · 제21조 및 제23조부터 제25조까지의 규정에 따른 체류허가 등을 취소하거나 변경할 수 있다.

1. 신원보증인이 보증을 철회하거나 신원보증인이 없게 된 경우
2. 거짓이나 그 밖의 부정한 방법으로 허가 등을 받은 것이 밝혀진 경우
3. 허가조건을 위반한 경우

4. 사정 변경으로 허가상태를 더 이상 유지시킬 수 없는 중대한 사유가 발생한 경우
5. 제1호부터 제4호까지에서 규정한 경우 외에 이 법 또는 다른 법을 위반한 정도가 중대하거나 출입국관리공무원의 정당한 직무명령을 위반한 경우

② 법무부장관은 제1항에 따른 각종 허가 등의 취소나 변경에 필요하다고 인정하면 해당 외국인이나 제79조에 따른 신청인을 출석하게 하여 의견을 들을 수 있다.

③ 제2항의 경우에 법무부장관은 취소하거나 변경하려는 사유, 출석일시와 장소를 출석일 7일 전까지 해당 외국인이나 신청인에게 통지하여야 한다.

제89조의2(영주자격의 취소 특례)

① 법무부장관은 영주자격을 가진 외국인에 대해서는 제89조 제1항에도 불구하고 다음 각 호의 어느 하나에 해당하는 경우에 한정하여 영주자격을 취소할 수 있다. 다만, 제1호에 해당하는 경우에는 영주자격을 취소하여야 한다.
1. 거짓이나 그 밖의 부정한 방법으로 영주자격을 취득한 경우
2. 「형법」, 「성폭력범죄의 처벌 등에 관한 특례법」 등 법무부령으로 정하는 법률에 규정된 죄를 범하여 2년 이상의 징역 또는 금고의 형이 확정된 경우
3. 최근 5년 이내에 이 법 또는 다른 법률을 위반하여 징역 또는 금고의 형을 선고받고 확정된 형기의 합산기간이 3년 이상인 경우
4. 대한민국에 일정금액 이상 투자 상태를 유지할 것 등을 조건으로 영주자격을 취득한 사람 등 대통령령으로 정하는 사람이 해당 조건을 위반한 경우
5. 국가안보, 외교관계 및 국민경제 등에 있어서 대한민국의 국익에 반하는 행위를 한 경우

② 법무부장관은 제1항에 따라 영주자격을 취소하는 경우 대한민국에 계속 체류할 필요성이 인정되고 일반체류자격의 요건을 갖춘 경우 해당 외국인의 신청이 있는 때에는 일반체류자격을 부여할 수 있다.

③ 제1항에 따라 영주자격을 취소하는 경우에는 제89조 제2항 및 제3항을 준용한다.

제90조(신원보증)

① 법무부장관은 사증발급, 사증발급인정서발급, 입국허가, 조건부 입국허가, 각종 체류허가, 외국인의 보호 또는 출입국사범의 신병인도(身柄引渡) 등과 관련하여 필요하다고 인정하면 초청자나 그 밖의 관계인에게 그 외국인(이하 "피보증외국인"이라 한다)의 신원을 보증하게 할 수 있다.

② 법무부장관은 제1항에 따라 신원보증을 한 사람(이하 "신원보증인"이라 한다)에게 피보증외국인의 체류, 보호 및 출국에 드는 비용의 전부 또는 일부를 부담하게 할 수 있다.

③ 신원보증인이 제2항에 따른 보증책임을 이행하지 아니하여 국고에 부담이 되게 한 경우에는 법무부장관은 신원보증인에게 구상권(求償權)을 행사할 수 있다.

④ 신원보증인이 제2항에 따른 비용을 부담하지 아니할 염려가 있거나 그 보증만으로는 보증목적을 달성할 수 없다고 인정될 때에는 신원보증인에게 피보증외국인 1인당 300만원 이하의 보증금을 예치하게 할 수 있다.

⑤ 신원보증인의 자격, 보증기간, 그밖에 신원보증에 필요한 사항은 법무부령으로 정한다.

제90조의2(불법취업외국인의 출국비용 부담책임)

① 법무부장관은 취업활동을 할 수 있는 체류자격을 가지지 아니한 외국인을 고용한 자(이하 "불법고용주"라 한다)에게 그 외국인의 출국에 드는 비용의 전부 또는 일부를 부담하게 할 수 있다.

② 불법고용주가 제1항에 따른 비용 부담책임을 이행하지 아니하여 국고에 부담이 되게 한 경우에 법무부장관은 그 불법고용주에게 구상권을 행사할 수 있다.

제91조(문서 등의 송부)

① 문서 등의 송부는 이 법에 특별한 규정이 있는 경우를 제외하고는 본인, 가족, 신원보증인, 소속 단체의 장의 순으로 직접 내주거나 우편으로 보내는 방법에 따른다.

② 지방출입국·외국인관서의 장은 제1항에 따른 문서 등의 송부가 불가능하다고 인정되면 송부할 문서 등을 보관하고, 그 사유를 청사(廳舍)의 게시판에 게시하여 공시송달(公示送達)한다.

③ 제2항에 따른 공시송달은 게시한 날부터 14일이 지난 날에 그 효력이 생긴다.

제91조의2(사증발급 및 체류허가 신청문서의 전자화)

① 법무부장관은 각종 발급 및 허가 업무를 효율적으로 처리하기 위하여 다음 각 호의 어느 하나에 해당하는 사항을 신청하려는 자가 제출한 문서 중 법무부령으로 정하는 문서를 「전자문서 및 전자거래 기본법」 제5조 제2항에 따른 전자화문서로 변환하여 보관할 수 있다.
1. 제8조 및 제9조에 따른 사증 및 사증발급인정

서 발급
2. 제20조에 따른 체류자격 외 활동허가
3. 제23조에 따른 체류자격 부여
4. 제24조에 따른 체류자격 변경허가
5. 제25조에 따른 체류기간 연장허가
6. 제31조에 따른 외국인등록
7. 그밖에 법무부장관이 필요하다고 인정하는 사항

② 법무부장관은 제1항에 따른 전자화문서로 변환하는 업무(이하 이 조에서 "전자화업무"라 한다)를 법무부령으로 정하는 시설 및 인력을 갖춘 법인에 위탁하여 수행하게 할 수 있다. 다만, 외국에서 전자화업무를 위탁하는 경우에는 외교부장관과 협의하여야 한다.

③ 제2항에 따라 전자화업무를 위탁받은 법인(이하 "전자화기관"이라 한다)의 임직원 또는 임직원으로 재직하였던 자는 직무상 알게 된 비밀을 다른 사람에게 누설하거나 직무상 목적 외의 용도로 이용하여서는 아니 된다.

④ 법무부장관은 제1항에 따라 문서를 전자화문서로 변환하여 보관하는 때에는 법무부에서 사용하는 전산정보처리조직의 파일에 수록하여 보관한다. 이 경우 파일에 수록된 내용은 해당 문서에 적힌 내용과 같은 것으로 본다.

⑤ 법무부장관은 전자화기관이 제2항에 따른 법무부령으로 정하는 시설 및 인력기준을 충족하지 못하는 경우에는 시정조치를 요구할 수 있으며, 전자화기관이 시정조치 요구에 따르지 아니하는 경우에는 전자화업무의 위탁을 취소할 수 있다. 이 경우 미리 의견을 진술할 기회를 주어야 한다.

⑥ 제1항, 제2항 및 제5항에 따른 전자화업무의 수행방법, 위탁 · 지정 기간 및 절차, 관리 · 감독 등에 필요한 사항은 법무부령으로 정한다.

제92조(권한의 위임 및 업무의 위탁)

① 법무부장관은 이 법에 따른 권한의 일부를 대통령령으로 정하는 바에 따라 지방출입국 · 외국인관서의 장에게 위임할 수 있다.

② 시장(특별시장과 광역시장은 제외한다)은 이 법에 따른 권한의 일부를 대통령령으로 정하는 바에 따라 구청장(자치구가 아닌 구의 구청장을 말한다)에게 위임할 수 있다.

③ 이 법에 따른 법무부장관의 업무는 그 일부를 대통령령으로 정하는 바에 따라 관련 업무를 수행할 수 있는 인력이나 시설을 갖춘 법인이나 단체에 위탁할 수 있다. [시행일 2020.12.10]

제92조의2(선박 등의 운항 허가에 관한 협의)

국토교통부장관 및 해양수산부장관은 출입국항에 여객을 운송하는 선박 등의 운항을 허가할 때에는 출입국심사업무가 원활히 수행될 수 있도록 법무부장관과 미리 협의하여야 한다.

제93조(남북한 왕래 등의 절차)

① 군사분계선 이남지역(이하 "남한"이라 한다)이나 해외에 거주하는 국민이 군사분계선 이북지역(이하 "북한"이라 한다)을 거쳐 출입국하는 경우에는 남한에서 북한으로 가기 전 또는 북한에서 남한으로 온 후에 출입국심사를 한다.

② 외국인의 남북한 왕래절차에 관하여는 법무부장관이 따로 정하는 경우를 제외하고는 이 법의 출입국절차에 관한 규정을 준용한다.

③ 외국인이 북한을 거쳐 출입국하는 경우에는 이 법의 출입국절차에 관한 규정에 따른다.

④ 제1항부터 제3항까지의 규정의 시행에 필요한 사항은 대통령령으로 정한다.

제10장 벌칙

제93조의2(벌칙)

① 다음 각 호의 어느 하나에 해당하는 사람은 7년 이하의 징역에 처한다.
1. 이 법에 따라 보호되거나 일시보호된 사람으로서 다음 각 목의 어느 하나에 해당하는 사람
   가. 도주할 목적으로 보호시설 또는 기구를 손괴하거나 다른 사람을 폭행 또는 협박한 사람
   나. 2명 이상이 합동하여 도주한 사람
2. 이 법에 따른 보호나 강제퇴거를 위한 호송 중에 있는 사람으로서 다른 사람을 폭행 또는 협박하거나 2명 이상이 합동하여 도주한 사람
3. 이 법에 따라 보호 · 일시보호된 사람이나 보호 또는 강제퇴거를 위한 호송 중에 있는 사람을 탈취하거나 도주하게 한 사람

② 다음 각 호의 어느 하나에 해당하는 사람으로서 영리를 목적으로 한 사람은 7년 이하의 징역 또는 7천만원 이하의 벌금에 처한다.
1. 제12조 제1항 또는 제2항에 따라 입국심사를 받아야 하는 외국인을 집단으로 불법입국하게 하거나 이를 알선한 사람
2. 제12조의3 제1항을 위반하여 외국인을 집단으로 불법입국 또는 불법출국하게 하거나 대한

민국을 거쳐 다른 국가로 불법입국하게 할 목적으로 선박 등이나 여권ㆍ사증, 탑승권, 그밖에 출입국에 사용될 수 있는 서류 및 물품을 제공하거나 알선한 사람

3. 제12조의3 제2항을 위반하여 불법으로 입국한 외국인을 집단으로 대한민국에서 은닉 또는 도피하게 하거나 은닉 또는 도피하게 할 목적으로 교통수단을 제공하거나 이를 알선한 사람

제93조의3(벌칙)

다음 각 호의 어느 하나에 해당하는 사람은 5년 이하의 징역 또는 5천만원 이하의 벌금에 처한다.

1. 제12조 제1항 또는 제2항을 위반하여 입국심사를 받지 아니하고 입국한 사람
2. 제91조의2 제3항을 위반하여 직무상 알게 된 비밀을 다른 사람에게 누설하거나 직무상 목적 외의 용도로 이용한 사람
3. 제93조의2 제2항 각 호의 어느 하나에 해당하는 죄를 범한 사람(영리를 목적으로 한 사람은 제외한다)

제94조(벌칙)

다음 각 호의 어느 하나에 해당하는 사람은 3년 이하의 징역 또는 3천만원 이하의 벌금에 처한다.

1. 제3조 제1항을 위반하여 출국심사를 받지 아니하고 출국한 사람
2. 제7조 제1항 또는 제4항을 위반하여 입국한 사람
3. 제7조의2를 위반한 사람
4. 제12조의3을 위반한 사람으로서 제93조의2 제2항 또는 제93조의3 제1호ㆍ제3호에 해당하지 아니하는 사람
5. 제14조 제1항에 따른 승무원 상륙허가 또는 제14조의2 제1항에 따른 관광상륙허가를 받지 아니하고 상륙한 사람
6. 제14조 제3항에 따른 승무원 상륙허가 또는 제14조의2 제3항에 따른 관광상륙허가의 조건을 위반한 사람
7. 제17조 제1항을 위반하여 체류자격이나 체류기간의 범위를 벗어나서 체류한 사람
8. 제18조 제1항을 위반하여 취업활동을 할 수 있는 체류자격을 받지 아니하고 취업활동을 한 사람
9. 제18조 제3항을 위반하여 취업활동을 할 수 있는 체류자격을 가지지 아니한 사람을 고용한 사람
10. 제18조 제4항을 위반하여 취업활동을 할 수 있는 체류자격을 가지지 아니한 외국인의 고용을 업으로 알선ㆍ권유한 사람
11. 제18조 제5항을 위반하여 체류자격을 가지지 아니한 외국인을 자기 지배하에 두는 행위를 한 사람
12. 제20조를 위반하여 체류자격 외 활동허가를 받지 아니하고 다른 체류자격에 해당하는 활동을 한 사람
13. 제21조 제2항을 위반하여 근무처의 변경허가 또는 추가허가를 받지 아니한 외국인의 고용을 업으로 알선한 사람
14. 제22조에 따른 제한 등을 위반한 사람
15. 제23조를 위반하여 체류자격을 받지 아니하고 체류한 사람
16. 제24조를 위반하여 체류자격 변경허가를 받지 아니하고 다른 체류자격에 해당하는 활동을 한 사람
17. 제25조를 위반하여 체류기간 연장허가를 받지 아니하고 체류기간을 초과하여 계속 체류한 사람

17의2. 제26조를 위반한 사람

18. 제28조 제1항이나 제2항을 위반하여 출국심사를 받지 아니하고 출국한 사람
19. 제33조의3을 위반한 사람
20. 제69조(제70조 제1항 및 제2항에서 준용하는 경우를 포함한다)를 위반한 사람

제95조(벌칙)

다음 각 호의 어느 하나에 해당하는 사람은 1년 이하의 징역 또는 1천만원 이하의 벌금에 처한다.

1. 제6조 제1항을 위반하여 입국심사를 받지 아니하고 입국한 사람
2. 제13조 제2항에 따른 조건부 입국허가의 조건을 위반한 사람
3. 제15조 제1항에 따른 긴급상륙허가, 제16조 제1항에 따른 재난상륙허가 또는 제16조의2 제1항에 따른 난민 임시상륙허가를 받지 아니하고 상륙한 사람
4. 제15조 제2항, 제16조 제2항 또는 제16조의2 제2항에 따른 허가조건을 위반한 사람
5. 제18조 제2항을 위반하여 지정된 근무처가 아닌 곳에서 근무한 사람
6. 제21조 제1항 본문을 위반하여 허가를 받지 아니하고 근무처를 변경하거나 추가한 사람 또는 제21조 제2항을 위반하여 근무처의 변경허가 또는 추가허가를 받지 아니한 외국인을 고용한 사람

7. 제31조의 등록의무를 위반한 사람
8. 제51조 제1항 · 제3항, 제56조 또는 제63조 제1항에 따라 보호 또는 일시보호된 사람으로서 도주하거나 보호 또는 강제퇴거 등을 위한 호송 중에 도주한 사람(제93조의2 제1항 제1호 또는 제2호에 해당하는 사람은 제외한다)
9. 제63조 제5항에 따른 주거의 제한이나 그 밖의 조건을 위반한 사람
10. 삭제

제96조(벌칙)
다음 각 호의 어느 하나에 해당하는 사람은 1천만원 이하의 벌금에 처한다.
1. 제71조 제4항(제70조 제1항 및 제2항에서 준용하는 경우를 포함한다)에 따른 출항의 일시정지 또는 회항 명령이나 선박 등의 출입 제한을 위반한 사람
2. 정당한 사유 없이 제73조(제70조 제1항 및 제2항에서 준용하는 경우를 포함한다)에 따른 준수사항을 지키지 아니하였거나 제73조의2 제1항(제70조 제1항 및 제2항에서 준용하는 경우를 포함한다) 또는 제3항(제70조 제1항 및 제2항에서 준용하는 경우를 포함한다)을 위반하여 열람 또는 문서제출 요청에 따르지 아니한 사람
3. 정당한 사유 없이 제75조 제1항(제70조 제1항 및 제2항에서 준용하는 경우를 포함한다) 또는 제2항(제70조 제1항 및 제2항에서 준용하는 경우를 포함한다)에 따른 보고서를 제출하지 아니하거나 거짓으로 제출한 사람

제97조(벌칙)
다음 각 호의 어느 하나에 해당하는 사람은 500만원 이하의 벌금에 처한다.
1. 제18조 제4항을 위반하여 취업활동을 할 수 있는 체류자격을 가지지 아니한 외국인의 고용을 알선 · 권유한 사람(업으로 하는 사람은 제외한다)
2. 제21조 제2항을 위반하여 근무처의 변경허가 또는 추가허가를 받지 아니한 외국인의 고용을 알선한 사람(업으로 하는 사람은 제외한다)
3. 제72조(제70조 제1항 및 제2항에서 준용하는 경우를 포함한다)를 위반하여 허가를 받지 아니하고 선박 등이나 출입국심사장에 출입한 사람
4. 제74조(제70조 제1항 및 제2항에서 준용하는 경우를 포함한다)에 따른 제출 또는 통보 의무를 위반한 사람
5. 제75조 제4항(제70조 제1항 및 제2항에서 준용하는 경우를 포함한다) 및 제5항(제70조 제1항 및 제2항에서 준용하는 경우를 포함한다)에 따른 보고 또는 방지 의무를 위반한 사람
6. 제76조 제1항(제70조 제1항 및 제2항에서 준용하는 경우를 포함한다)에 따른 송환의무를 위반한 사람
7. 제76조의6 제1항을 위반하여 난민인정증명서 또는 난민여행증명서를 반납하지 아니하거나 같은 조 제2항에 따른 난민여행증명서 반납명령을 위반한 사람

제98조(벌칙)
다음 각 호의 어느 하나에 해당하는 사람은 100만원 이하의 벌금에 처한다.
1. 제27조에 따른 여권 등의 휴대 또는 제시 의무를 위반한 사람
2. 제36조 제1항에 따른 체류지 변경신고 의무를 위반한 사람

제99조(미수범 등)
① 제93조의2, 제93조의3 제1호 · 제3호, 제94조 제1호부터 제5호까지 또는 제18호 및 제95조 제1호의 죄를 범할 목적으로 예비하거나 또는 음모한 사람과 미수범은 각각 해당하는 본죄에 준하여 처벌한다.
② 제1항에 따른 행위를 교사하거나 방조한 사람은 정범(正犯)에 준하여 처벌한다.

제99조의2(난민에 대한 형의 면제)
제93조의3 제1호, 제94조 제2호 · 제5호 · 제6호 및 제15호부터 제17호까지 또는 제95조 제3호 · 제4호에 해당하는 사람이 그 위반행위를 한 후 지체 없이 지방출입국 · 외국인관서의 장에게 다음 각 호의 모두에 해당하는 사실을 직접 신고하는 경우에 그 사실이 증명되면 그 형을 면제한다.
1. 「난민법」 제2조 제1호에 규정된 이유로 그 생명 · 신체 또는 신체의 자유를 침해받을 공포가 있는 영역으로부터 직접 입국하거나 상륙한 난민이라는 사실
2. 제1호의 공포로 인하여 해당 위반행위를 한 사실

제99조의3(양벌규정)
법인의 대표자나 법인 또는 개인의 대리인, 사용인, 그 밖의 종업원이 그 법인 또는 개인의 업무에 관하여 다음 각 호의 어느 하나에 해당하는 위반행위를 하면 그 행위자를 벌하는 외에 그 법인 또는 개인에게도 해당 조문의 벌금형을 과(科)한다. 다만, 법인 또는 개인이 그 위반행위를 방지하기 위하여 해당 업무에 관하여 상당한 주의와 감독을 게을리하지 아니한 경우

에는 그러하지 아니하다. [시행일 2020.12.10]
1. 제94조 제3호의 위반행위
2. 제94조 제9호의 위반행위
2의2. 제94조 제10호의 위반행위
3. 제94조 제19호의 위반행위 중 제33조의3 제1호를 위반한 행위
4. 제94조 제20호의 위반행위
5. 제95조 제6호의 위반행위 중 제21조 제2항을 위반하여 근무처의 변경허가 또는 추가허가를 받지 아니한 외국인을 고용하는 행위
6. 제96조 제1호부터 제3호까지의 규정에 따른 위반행위
7. 제97조 제4호부터 제6호까지의 규정에 따른 위반행위

제100조(과태료)
① 다음 각 호의 어느 하나에 해당하는 자에게는 200만원 이하의 과태료를 부과한다.
1. 제19조의 신고의무를 위반한 자
2. 제19조의4 제1항 또는 제2항 각 호의 어느 하나에 해당하는 규정을 위반한 사람
3. 제21조 제1항 단서의 신고의무를 위반한 사람
4. 제33조 제4항 또는 제33조의2 제1항을 위반하여 영주증을 재발급받지 아니한 사람
5. 과실로 인하여 제75조 제1항(제70조 제1항 및 제2항에서 준용하는 경우를 포함한다) 또는 제2항(제70조 제1항 및 제2항에서 준용하는 경우를 포함한다)에 따른 출·입항보고를 하지 아니하거나 출·입항보고서의 국적, 성명, 성별, 생년월일, 여권번호에 관한 항목을 최근 1년 이내에 3회 이상 사실과 다르게 보고한 자

② 다음 각 호의 어느 하나에 해당하는 자에게는 100만원 이하의 과태료를 부과한다.
1. 제35조나 제37조를 위반한 사람
2. 제79조를 위반한 사람
3. 제81조 제4항에 따른 출입국관리공무원의 장부 또는 자료 제출 요구를 거부하거나 기피한 자

③ 다음 각 호의 어느 하나에 해당하는 자에게는 50만원 이하의 과태료를 부과한다. [시행일 2020.2.10]
1. 제33조 제2항을 위반하여 외국인등록증 발급신청을 하지 아니한 사람
1의2. 제81조의3 제1항을 위반하여 여권 등 자료를 제공하지 않은 숙박외국인
1의3. 제81조의3 제2항을 위반하여 숙박외국인의 자료를 제출하지 아니하거나 허위로 제출한 숙박업자
2. 이 법에 따른 각종 신청이나 신고에서 거짓 사실을 적거나 보고한 자(제94조 제17호의2에 해당하는 사람은 제외한다)

④ 제1항부터 제3항까지의 규정에 따른 과태료는 대통령령으로 정하는 바에 따라 지방출입국·외국인관서의 장이 부과·징수한다.

⑤ 법무부장관은 출입국사범의 나이와 환경, 법 위반의 동기와 결과, 과태료 부담능력, 그 밖의 정상을 고려하여 이 법 위반에 따른 과태료를 면제할 수 있다.

제11장 고발과 통고처분

제1절 고발

제101조(고발)
① 출입국사범에 관한 사건은 지방출입국·외국인관서의 장의 고발이 없으면 공소(公訴)를 제기할 수 없다.
② 출입국관리공무원 외의 수사기관이 제1항에 해당하는 사건을 입건(立件)하였을 때에는 지체 없이 관할 지방출입국·외국인관서의 장에게 인계하여야 한다.

제102조(통고처분)
① 지방출입국·외국인관서의 장은 출입국사범에 대한 조사 결과 범죄의 확증을 얻었을 때에는 그 이유를 명확하게 적어 서면으로 벌금에 상당하는 금액(이하 "범칙금"이라 한다)을 지정한 곳에 낼 것을 통고할 수 있다.
② 지방출입국·외국인관서의 장은 제1항에 따른 통고처분을 받은 자가 범칙금(犯則金)을 임시납부하려는 경우에는 임시납부하게 할 수 있다.
③ 지방출입국·외국인관서의 장은 조사 결과 범죄의 정상이 금고 이상의 형에 해당할 것으로 인정되면 즉시 고발하여야 한다.
④ 출입국사범에 대한 조사에 관하여는 제47조부터 제50조까지의 규정을 준용한다. 이 경우 용의자신문조서는 「형사소송법」 제244조에 따른 피의자신문조서로 본다.

제103조(범칙금의 양정기준 등)
① 범칙금의 양정기준(量定基準)은 법무부령으로 정한다.
② 법무부장관은 출입국사범의 나이와 환경, 법 위반

의 동기와 결과, 범칙금 부담능력, 그 밖의 정상을 고려하여 제102조 제1항에 따른 통고처분을 면제할 수 있다.

제104조(통고처분의 고지방법)

통고처분의 고지는 통고서 송달의 방법으로 한다.

제105조(통고처분의 불이행과 고발)

① 출입국사범은 통고서를 송달받으면 15일 이내에 범칙금을 내야 한다.

② 지방출입국 · 외국인관서의 장은 출입국사범이 제1항에 따른 기간에 범칙금을 내지 아니하면 고발하여야 한다. 다만, 고발하기 전에 범칙금을 낸 경우에는 그러하지 아니하다.

③ 출입국사범에 대하여 강제퇴거명령서를 발급한 경우에는 제2항 본문에도 불구하고 고발하지 아니한다.

제106조(일사부재리)

출입국사범이 통고한 대로 범칙금을 내면 동일한 사건에 대하여 다시 처벌받지 아니한다.

난민법

(2016.12.20. 법률 제14408호 일부개정)

제1장 총칙

제1조(목적)
이 법은 「난민의 지위에 관한 1951년 협약」(이하 "난민협약"이라 한다) 및 「난민의 지위에 관한 1967년 의정서」(이하 "난민의정서"라 한다) 등에 따라 난민의 지위와 처우 등에 관한 사항을 정함을 목적으로 한다.

제2조(정의)
이 법에서 사용하는 용어의 뜻은 다음과 같다.

1. "난민"이란 인종, 종교, 국적, 특정 사회집단의 구성원인 신분 또는 정치적 견해를 이유로 박해를 받을 수 있다고 인정할 충분한 근거가 있는 공포로 인하여 국적국의 보호를 받을 수 없거나 보호받기를 원하지 아니하는 외국인 또는 그러한 공포로 인하여 대한민국에 입국하기 전에 거주한 국가(이하 "상주국"이라 한다)로 돌아갈 수 없거나 돌아가기를 원하지 아니하는 무국적자인 외국인을 말한다.
2. "난민으로 인정된 사람"(이하 "난민인정자"라 한다)이란 이 법에 따라 난민으로 인정을 받은 외국인을 말한다.
3. "인도적 체류 허가를 받은 사람"(이하 "인도적 체류자"라 한다)이란 제1호에는 해당하지 아니하지만 고문 등의 비인도적인 처우나 처벌 또는 그 밖의 상황으로 인하여 생명이나 신체의 자유 등을 현저히 침해당할 수 있다고 인정할 만한 합리적인 근거가 있는 사람으로서 대통령령으로 정하는 바에 따라 법무부장관으로부터 체류허가를 받은 외국인을 말한다.
4. "난민인정을 신청한 사람"(이하 "난민신청자"라 한다)이란 대한민국에 난민인정을 신청한 외국인으로서 다음 각 목의 어느 하나에 해당하는 사람을 말한다.
   가. 난민인정 신청에 대한 심사가 진행 중인 사람
   나. 난민불인정결정이나 난민불인정결정에 대한 이의신청의 기각결정을 받고 이의신청의 제기기간이나 행정심판 또는 행정소송의 제기기간이 지나지 아니한 사람
   다. 난민불인정결정에 대한 행정심판 또는 행정소송이 진행 중인 사람
5. "재정착희망난민"이란 대한민국 밖에 있는 난민 중 대한민국에서 정착을 희망하는 외국인을 말한다.
6. "외국인"이란 대한민국의 국적을 가지지 아니한 사람을 말한다.

제3조(강제송환의 금지)
난민인정자와 인도적 체류자 및 난민신청자는 난민협약 제33조 및 「고문 및 그 밖의 잔혹하거나 비인도적 또는 굴욕적인 대우나 처벌의 방지에 관한 협약」 제3조에 따라 본인의 의사에 반하여 강제로 송환되지 아니한다.

제4조(다른 법률의 적용)
난민인정자와 인도적 체류자 및 난민신청자의 지위와 처우에 관하여 이 법에서 정하지 아니한 사항은 「출입국관리법」을 적용한다.

제2장 난민인정 신청과 심사 등

제5조(난민인정 신청)
① 대한민국 안에 있는 외국인으로서 난민인정을 받으려는 사람은 법무부장관에게 난민인정 신청을 할 수 있다. 이 경우 외국인은 난민인정신청서를 지방출입국 · 외국인관서의 장에게 제출하여야 한다.
② 제1항에 따른 신청을 하는 때에는 다음 각 호에 해당하는 서류를 제시하여야 한다.
  1. 여권 또는 외국인등록증. 다만, 이를 제시할 수 없는 경우에는 그 사유서
  2. 난민인정 심사에 참고할 문서 등 자료가 있는 경우 그 자료
③ 난민인정 신청은 서면으로 하여야 한다. 다만, 신청자가 글을 쓸 줄 모르거나 장애 등의 사유로 인하여 신청서를 작성할 수 없는 경우에는 접수하는 공무원이 신청서를 작성하고 신청자와 함께 서명 또는 기명날인하여야 한다.
④ 출입국관리공무원은 난민인정 신청에 관하여 문의하거나 신청 의사를 밝히는 외국인이 있으면 적극적으로 도와야 한다.
⑤ 법무부장관은 난민인정 신청을 받은 때에는 즉시 신청자에게 접수증을 교부하여야 한다.
⑥ 난민신청자는 난민인정 여부에 관한 결정이 확정될 때까지(난민불인정결정에 대한 행정심판이나 행정소송이 진행 중인 경우에는 그 절차가 종결될 때까지) 대한민국에 체류할 수 있다.
⑦ 제1항부터 제6항까지 정한 사항 외에 난민인정 신청의 구체적인 방법과 절차 등 필요한 사항은 법

무부령으로 정한다.

제6조(출입국항에서 하는 신청)

① 외국인이 입국심사를 받는 때에 난민인정 신청을 하려면 「출입국관리법」에 따른 출입국항을 관할하는 지방출입국 · 외국인관서의 장에게 난민인정신청서를 제출하여야 한다.

② 지방출입국 · 외국인관서의 장은 제1항에 따라 출입국항에서 난민인정신청서를 제출한 사람에 대하여 7일의 범위에서 출입국항에 있는 일정한 장소에 머무르게 할 수 있다.

③ 법무부장관은 제1항에 따라 난민인정신청서를 제출한 사람에 대하여는 그 신청서가 제출된 날부터 7일 이내에 난민인정 심사에 회부할 것인지를 결정하여야 하며, 그 기간 안에 결정하지 못하면 그 신청자의 입국을 허가하여야 한다.

④ 출입국항에서의 난민신청자에 대하여는 대통령령으로 정하는 바에 따라 제2항의 기간 동안 기본적인 의식주를 제공하여야 한다.

⑤ 제1항부터 제4항까지 정한 사항 외에 출입국항에서 하는 난민인정 신청의 절차 등 필요한 사항은 대통령령으로 정한다.

제7조(난민인정 신청에 필요한 사항의 게시)

① 지방출입국 · 외국인관서의 장은 출입국관리사무소(이하 "사무소"라 한다), 지방출입국 · 외국인관서 및 관할 출입국항에 난민인정 신청에 필요한 서류를 비치하고 이 법에 따른 접수방법 및 난민신청자의 권리 등 필요한 사항을 게시(인터넷 등 전자적 방법을 통한 게시를 포함한다)하여 누구나 열람할 수 있도록 하여야 한다.

② 제1항에 따른 서류의 비치 및 게시의 구체적인 방법은 법무부령으로 정한다.

제8조(난민인정 심사)

① 제5조에 따른 난민인정신청서를 제출받은 지방출입국 · 외국인관서의 장은 지체 없이 난민신청자에 대하여 면접을 실시하고 사실조사를 한 다음 그 결과를 난민인정신청서에 첨부하여 법무부장관에게 보고하여야 한다.

② 난민신청자의 요청이 있는 경우 같은 성(性)의 공무원이 면접을 하여야 한다.

③ 지방출입국 · 외국인관서의 장은 필요하다고 인정하는 경우 면접과정을 녹음 또는 녹화할 수 있다. 다만, 난민신청자의 요청이 있는 경우에는 녹음 또는 녹화를 거부하여서는 아니 된다.

④ 법무부장관은 지방출입국 · 외국인관서에 면접과 사실조사 등을 전담하는 난민심사관을 둔다. 난민심사관의 자격과 업무수행에 관한 사항은 대통령령으로 정한다.

⑤ 법무부장관은 다음 각 호의 어느 하나에 해당하는 난민신청자에 대하여는 제1항에 따른 심사절차의 일부를 생략할 수 있다.

1. 거짓 서류의 제출이나 거짓 진술을 하는 등 사실을 은폐하여 난민인정 신청을 한 경우
2. 난민인정을 받지 못한 사람 또는 제22조에 따라 난민인정이 취소된 사람이 중대한 사정의 변경 없이 다시 난민인정을 신청한 경우
3. 대한민국에서 1년 이상 체류하고 있는 외국인이 체류기간 만료일에 임박하여 난민인정 신청을 하거나 강제퇴거 대상 외국인이 그 집행을 지연시킬 목적으로 난민인정 신청을 한 경우

⑥ 난민신청자는 난민심사에 성실하게 응하여야 한다. 법무부장관은 난민신청자가 면접 등을 위한 출석요구에도 불구하고 3회 이상 연속하여 출석하지 아니하는 경우에는 난민인정 심사를 종료할 수 있다.

제9조(난민신청자에게 유리한 자료의 수집)

법무부장관은 난민신청자에게 유리한 자료도 적극적으로 수집하여 심사 자료로 활용하여야 한다.

제10조(사실조사)

① 법무부장관은 난민의 인정 또는 제22조에 따른 난민인정의 취소 · 철회 여부를 결정하기 위하여 필요하면 법무부 내 난민전담공무원 또는 지방출입국 · 외국인관서의 난민심사관으로 하여금 그 사실을 조사하게 할 수 있다.

② 제1항에 따른 조사를 하기 위하여 필요한 경우 난민신청자, 그밖에 관계인을 출석하게 하여 질문을 하거나 문서 등 자료의 제출을 요구할 수 있다.

③ 법무부 내 난민전담부서의 장 또는 지방출입국 · 외국인관서의 장은 난민전담공무원 또는 난민심사관이 제1항에 따라 난민의 인정 또는 난민인정의 취소나 철회 등에 관한 사실조사를 마친 때에는 지체 없이 그 내용을 법무부장관에게 보고하여야 한다.

제11조(관계 행정기관 등의 협조)

① 법무부장관은 난민인정 심사에 필요한 경우 관계 행정기관의 장이나 지방자치단체의 장(이하 "관계 기관의 장"이라 한다) 또는 관련 단체의 장에게 자료제출 또는 사실조사 등의 협조를 요청할 수 있다.

② 제1항에 따라 협조를 요청받은 관계 기관의 장이나 관련 단체의 장은 정당한 사유 없이 이를 거부하

여서는 아니 된다.

제12조(변호사의 조력을 받을 권리)

난민신청자는 변호사의 조력을 받을 권리를 가진다.

제13조(신뢰관계 있는 사람의 동석)

난민심사관은 난민신청자의 신청이 있는 때에는 면접의 공정성에 지장을 초래하지 아니하는 범위에서 신뢰관계 있는 사람의 동석을 허용할 수 있다.

제14조(통역)

법무부장관은 난민신청자가 한국어로 충분한 의사표현을 할 수 없는 경우에는 면접 과정에서 대통령령으로 정하는 일정한 자격을 갖춘 통역인으로 하여금 통역하게 하여야 한다.

제15조(난민면접조서의 확인)

난민심사관은 난민신청자가 난민면접조서에 기재된 내용을 이해하지 못하는 경우 난민면접을 종료한 후 난민신청자가 이해할 수 있는 언어로 통역 또는 번역을 하여 그 내용을 확인할 수 있도록 하여야 한다.

제16조(자료 등의 열람 · 복사)

① 난민신청자는 본인이 제출한 자료, 난민면접조서의 열람이나 복사를 요청할 수 있다.

② 출입국관리공무원은 제1항에 따른 열람이나 복사의 요청이 있는 경우 지체 없이 이에 응하여야 한다. 다만, 심사의 공정성에 현저한 지장을 초래한다고 인정할 만한 명백한 이유가 있는 경우에는 열람이나 복사를 제한할 수 있다.

③ 제1항에 따른 열람과 복사의 구체적인 방법과 절차는 대통령령으로 정한다.

제17조(인적사항 등의 공개 금지)

① 누구든지 난민신청자와 제13조에 따라 면접에 동석하는 사람의 주소 · 성명 · 연령 · 직업 · 용모, 그밖에 그 난민신청자 등을 특정하여 파악할 수 있게 하는 인적사항과 사진 등을 공개하거나 타인에게 누설하여서는 아니 된다. 다만, 본인의 동의가 있는 경우는 예외로 한다.

② 누구든지 제1항에 따른 난민신청자 등의 인적사항과 사진 등을 난민신청자 등의 동의를 받지 아니하고 출판물에 게재하거나 방송매체 또는 정보통신망을 이용하여 공개하여서는 아니 된다.

③ 난민인정 신청에 대한 어떠한 정보도 출신국에 제공되어서는 아니 된다.

제18조(난민의 인정 등)

① 법무부장관은 난민인정 신청이 이유 있다고 인정할 때에는 난민임을 인정하는 결정을 하고 난민인정증명서를 난민신청자에게 교부한다.

② 법무부장관은 난민인정 신청에 대하여 난민에 해당하지 아니한다고 결정하는 경우에는 난민신청자에게 그 사유와 30일 이내에 이의신청을 제기할 수 있다는 뜻을 적은 난민불인정결정통지서를 교부한다.

③ 제2항에 따른 난민불인정결정통지서에는 결정의 이유(난민신청자의 사실 주장 및 법적 주장에 대한 판단을 포함한다)와 이의신청의 기한 및 방법 등을 명시하여야 한다.

④ 제1항 또는 제2항에 따른 난민인정 등의 결정은 난민인정신청서를 접수한 날부터 6개월 안에 하여야 한다. 다만, 부득이한 경우에는 6개월의 범위에서 기간을 정하여 연장할 수 있다.

⑤ 제4항 단서에 따라 기간을 연장한 때에는 종전의 기간이 만료되기 7일 전까지 난민신청자에게 통지하여야 한다.

⑥ 제1항에 따른 난민인정증명서 및 제2항에 따른 난민불인정결정통지서는 지방출입국 · 외국인관서의 장을 거쳐 난민신청자나 그 대리인에게 교부하거나 「행정절차법」 제14조에 따라 송달한다.

제19조(난민인정의 제한)

법무부장관은 난민신청자가 난민에 해당한다고 인정하는 경우에도 다음 각 호의 어느 하나에 해당된다고 인정할만한 상당한 이유가 있는 경우에는 제18조 제1항에도 불구하고 난민불인정결정을 할 수 있다.

1. 유엔난민기구 외에 유엔의 다른 기구 또는 기관으로부터 보호 또는 원조를 현재 받고 있는 경우. 다만, 그러한 보호 또는 원조를 현재 받고 있는 사람의 지위가 국제연합총회에 의하여 채택된 관련 결의문에 따라 최종적으로 해결됨이 없이 그러한 보호 또는 원조의 부여가 어떠한 이유로 중지되는 경우는 제외한다.
2. 국제조약 또는 일반적으로 승인된 국제법규에서 정하는 세계평화에 반하는 범죄, 전쟁범죄 또는 인도주의에 반하는 범죄를 저지른 경우
3. 대한민국에 입국하기 전에 대한민국 밖에서 중대한 비정치적 범죄를 저지른 경우
4. 국제연합의 목적과 원칙에 반하는 행위를 한 경우

제20조(신원확인을 위한 보호)

① 출입국관리공무원은 난민신청자가 자신의 신원을 은폐하여 난민의 인정을 받을 목적으로 여권 등 신분증을 고의로 파기하였거나 거짓의 신분증을 행사하였음이 명백한 경우 그 신원을 확인하기 위하여 「출입국관리법」 제51조에 따라 지방출입국 · 외국인관서의 장으로부터 보호명령서를 발급

받아 보호할 수 있다.

② 제1항에 따라 보호된 사람에 대하여는 그 신원이 확인되거나 10일 이내에 신원을 확인할 수 없는 경우 즉시 보호를 해제하여야 한다. 다만, 부득이한 사정으로 신원 확인이 지체되는 경우 지방출입국 · 외국인관서의 장은 10일의 범위에서 보호를 연장할 수 있다.

제21조(이의신청)

① 제18조 제2항 또는 제19조에 따라 난민불인정결정을 받은 사람 또는 제22조에 따라 난민인정이 취소 또는 철회된 사람은 그 통지를 받은 날부터 30일 이내에 법무부장관에게 이의신청을 할 수 있다. 이 경우 이의신청서에 이의의 사유를 소명하는 자료를 첨부하여 지방출입국 · 외국인관서의 장에게 제출하여야 한다.

② 제1항에 따른 이의신청을 한 경우에는 「행정심판법」에 따른 행정심판을 청구할 수 없다.

③ 법무부장관은 제1항에 따라 이의신청서를 접수하면 지체 없이 제25조에 따른 난민위원회에 회부하여야 한다.

④ 제25조에 따른 난민위원회는 직접 또는 제27조에 따른 난민조사관을 통하여 사실조사를 할 수 있다.

⑤ 그밖에 난민위원회의 심의절차에 대한 구체적인 사항은 대통령령으로 정한다.

⑥ 법무부장관은 난민위원회의 심의를 거쳐 제18조에 따라 난민인정 여부를 결정한다.

⑦ 법무부장관은 이의신청서를 접수한 날부터 6개월 이내에 이의신청에 대한 결정을 하여야 한다. 다만, 부득이한 사정으로 그 기간 안에 이의신청에 대한 결정을 할 수 없는 경우에는 6개월의 범위에서 기간을 정하여 연장할 수 있다.

⑧ 제7항 단서에 따라 이의신청의 심사기간을 연장한 때에는 그 기간이 만료되기 7일 전까지 난민신청자에게 이를 통지하여야 한다.

제22조(난민인정결정의 취소 등)

① 법무부장관은 난민인정결정이 거짓 서류의 제출이나 거짓 진술 또는 사실의 은폐에 따른 것으로 밝혀진 경우에는 난민인정을 취소할 수 있다.

② 법무부장관은 난민인정자가 다음 각 호의 어느 하나에 해당하는 경우에는 난민인정결정을 철회할 수 있다.

1. 자발적으로 국적국의 보호를 다시 받고 있는 경우
2. 국적을 상실한 후 자발적으로 국적을 회복한 경우
3. 새로운 국적을 취득하여 그 국적국의 보호를 받고 있는 경우
4. 박해를 받을 것이라는 우려 때문에 거주하고 있는 국가를 떠나거나 또는 그 국가 밖에서 체류하고 있다가 자유로운 의사로 그 국가에 재정착한 경우
5. 난민인정결정의 주된 근거가 된 사유가 소멸하여 더 이상 국적국의 보호를 받는 것을 거부할 수 없게 된 경우
6. 무국적자로서 난민으로 인정된 사유가 소멸되어 종전의 상주국으로 돌아갈 수 있는 경우

③ 법무부장관은 제1항 또는 제2항에 따라 난민인정결정을 취소 또는 철회한 때에는 그 사유와 30일 이내에 이의신청을 할 수 있다는 뜻을 기재한 난민인정취소통지서 또는 난민인정철회통지서로 그 사실을 통지하여야 한다. 이 경우 통지의 방법은 제18조 제6항을 준용한다.

제23조(심리의 비공개)

난민위원회나 법원은 난민신청자나 그 가족 등의 안전을 위하여 필요하다고 인정하면 난민신청자의 신청에 따라 또는 직권으로 심의 또는 심리를 공개하지 아니하는 결정을 할 수 있다.

제24조(재정착희망난민의 수용)

① 법무부장관은 재정착희망난민의 수용 여부와 규모 및 출신지역 등 주요 사항에 관하여 「재한외국인 처우 기본법」 제8조에 따른 외국인정책위원회의 심의를 거쳐 재정착희망난민의 국내 정착을 허가할 수 있다. 이 경우 정착허가는 제18조 제1항에 따른 난민인정으로 본다.

② 제1항에 따른 국내정착 허가의 요건과 절차 등 구체적인 사항은 대통령령으로 정한다.

제3장 난민위원회 등

제25조(난민위원회의 설치 및 구성)

① 제21조에 따른 이의신청에 대한 심의를 하기 위하여 법무부에 난민위원회(이하 "위원회"라 한다)를 둔다.

② 위원회는 위원장 1명을 포함한 15명 이하의 위원으로 구성한다.

③ 위원회에 분과위원회를 둘 수 있다.

제26조(위원의 임명)

① 위원은 다음 각 호의 어느 하나에 해당하는 사람 중에서 법무부장관이 임명 또는 위촉한다.

1. 변호사의 자격이 있는 사람
2. 「고등교육법」 제2조 제1호 또는 제3호에 따른 학교에서 법률학 등을 가르치는 부교수 이상의 직에 있거나 있었던 사람
3. 난민 관련 업무를 담당하는 4급 이상 공무원이거나 이었던 사람
4. 그밖에 난민에 관하여 전문적인 지식과 경험이 있는 사람

② 위원장은 위원 중에서 법무부장관이 임명한다.
③ 위원의 임기는 3년으로 하고, 연임할 수 있다.

제27조(난민조사관)
① 위원회에 난민조사관을 둔다.
② 난민조사관은 위원장의 명을 받아 이의신청에 대한 조사 및 그밖에 위원회의 사무를 처리한다.

제28조(난민위원회의 운영)
제25조부터 제27조까지에서 규정한 사항 외에 위원회의 운영 등에 필요한 사항은 법무부령으로 정한다.

제29조(유엔난민기구와의 교류 · 협력)
① 법무부장관은 유엔난민기구가 다음 각 호의 사항에 대하여 통계 등의 자료를 요청하는 경우 협력하여야 한다.
1. 난민인정자 및 난민신청자의 상황
2. 난민협약 및 난민의정서의 이행 상황
3. 난민 관계 법령(입법예고를 한 경우를 포함한다)

② 법무부장관은 유엔난민기구나 난민신청자의 요청이 있는 경우 유엔난민기구가 다음 각 호의 행위를 할 수 있도록 협력하여야 한다.
1. 난민신청자 면담
2. 난민신청자에 대한 면접 참여
3. 난민인정 신청 또는 이의신청에 대한 심사에 관한 의견 제시

③ 법무부장관 및 난민위원회는 유엔난민기구가 난민협약 및 난민의정서의 이행상황을 점검하는 임무를 원활하게 수행할 수 있도록 편의를 제공하여야 한다.

제4장 난민인정자 등의 처우

제1절 난민인정자의 처우

제30조(난민인정자의 처우)
① 대한민국에 체류하는 난민인정자는 다른 법률에도 불구하고 난민협약에 따른 처우를 받는다.
② 국가와 지방자치단체는 난민의 처우에 관한 정책의 수립 · 시행, 관계 법령의 정비, 관계 부처 등에 대한 지원, 그밖에 필요한 조치를 하여야 한다.

제31조(사회보장)
난민으로 인정되어 국내에 체류하는 외국인은 「사회보장기본법」 제8조 등에도 불구하고 대한민국 국민과 같은 수준의 사회보장을 받는다.

제32조(기초생활보장)
난민으로 인정되어 국내에 체류하는 외국인은 「국민기초생활 보장법」 제5조의2에도 불구하고 본인의 신청에 따라 같은 법 제7조 부터 제15조까지에 따른 보호를 받는다.

제33조(교육의 보장)
① 난민인정자나 그 자녀가 「민법」에 따라 미성년자인 경우에는 국민과 동일하게 초등교육과 중등교육을 받는다.
② 법무부장관은 난민인정자에 대하여 대통령령으로 정하는 바에 따라 그의 연령과 수학능력 및 교육여건 등을 고려하여 필요한 교육을 받을 수 있도록 지원할 수 있다.

제34조(사회적응교육 등)
① 법무부장관은 난민인정자에 대하여 대통령령으로 정하는 바에 따라 한국어 교육 등 사회적응교육을 실시할 수 있다.
② 법무부장관은 난민인정자가 원하는 경우 대통령령으로 정하는 바에 따라 직업훈련을 받을 수 있도록 지원할 수 있다.

제35조(학력인정)
난민인정자는 대통령령으로 정하는 바에 따라 외국에서 이수한 학교교육의 정도에 상응하는 학력을 인정받을 수 있다.

제36조(자격인정)
난민인정자는 관계 법령에서 정하는 바에 따라 외국에서 취득한 자격에 상응하는 자격 또는 그 자격의 일부를 인정받을 수 있다.

제37조(배우자 등의 입국허가)
① 법무부장관은 난민인정자의 배우자 또는 미성년자인 자녀가 입국을 신청하는 경우 「출입국관리법」 제11조에 해당하는 경우가 아니면 입국을 허가하여야 한다.
② 제1항에 따른 배우자 및 미성년자의 범위는 「민법」에 따른다.

제38조(난민인정자에 대한 상호주의 적용의 배제)
난민인정자에 대하여는 다른 법률에도 불구하고 상호주의를 적용하지 아니한다.

제2절 인도적 체류자의 처우

제39조(인도적 체류자의 처우)
법무부장관은 인도적 체류자에 대하여 취업활동 허가를 할 수 있다.

제3절 난민신청자의 처우

제40조(생계비 등 지원)
① 법무부장관은 대통령령으로 정하는 바에 따라 난민신청자에게 생계비 등을 지원할 수 있다.
② 법무부장관은 난민인정 신청일부터 6개월이 지난 경우에는 대통령령으로 정하는 바에 따라 난민신청자에게 취업을 허가할 수 있다.
제41조(주거시설의 지원)
① 법무부장관은 대통령령으로 정하는 바에 따라 난민신청자가 거주할 주거시설을 설치하여 운영할 수 있다.
② 제1항에 따른 주거시설의 운영 등에 필요한 사항은 대통령령으로 정한다.
제42조(의료지원)
법무부장관은 대통령령으로 정하는 바에 따라 난민신청자에게 의료지원을 할 수 있다.
제43조(교육의 보장)
난민신청자 및 그 가족 중 미성년자인 외국인은 국민과 같은 수준의 초등교육 및 중등교육을 받을 수 있다.
제44조(특정 난민신청자의 처우 제한)
제2조 제4호 다목이나 제8조 제5항 제2호 또는 제3호에 해당하는 난민신청자의 경우에는 대통령령으로 정하는 바에 따라 제40조 제1항 및 제41조 부터 제43조까지에서 정한 처우를 일부 제한할 수 있다.

제5장 보칙

제45조(난민지원시설의 운영 등)
① 법무부장관은 제34조, 제41조 및 제42조에서 정하는 업무 등을 효율적으로 수행하기 위하여 난민지원시설을 설치하여 운영할 수 있다.
② 법무부장관은 필요하다고 인정하면 제1항에 따른 업무의 일부를 민간에게 위탁할 수 있다.
③ 난민지원시설의 이용대상, 운영 및 관리, 민간위탁 등에 필요한 사항은 대통령령으로 정한다.
제46조(권한의 위임)
법무부장관은 이 법에 따른 권한의 일부를 대통령령으로 정하는 바에 따라 지방출입국·외국인관서의 장에게 위임할 수 있다.
제46조의2(벌칙 적용에서 공무원 의제)
제25조에 규정된 난민위원회(분과위원회를 포함한다)의 위원 중 공무원이 아닌 위원은 「형법」 제127조 및 제129조부터 제132조까지의 규정을 적용할 때에는 공무원으로 본다.

제6장 벌칙

제47조(벌칙)
다음 각 호의 어느 하나에 해당하는 자는 1년 이하의 징역 또는 1천만원 이하의 벌금에 처한다.
1. 제17조를 위반한 자
2. 거짓 서류의 제출이나 거짓 진술 또는 사실의 은폐로 난민으로 인정되거나 인도적 체류 허가를 받은 사람

다문화가족지원법

(2020.05.19. 법률 제17281호 일부개정)

제1조(목적)
이 법은 다문화가족 구성원이 안정적인 가족생활을 영위하고 사회구성원으로서의 역할과 책임을 다할 수 있도록 함으로써 이들의 삶의 질 향상과 사회통합에 이바지함을 목적으로 한다.

제2조(정의)
이 법에서 사용하는 용어의 뜻은 다음과 같다.

1. "다문화가족"이란 다음 각 목의 어느 하나에 해당하는 가족을 말한다.
   가. 「재한외국인 처우 기본법」 제2조 제3호의 결혼이민자와 「국적법」 제2조부터 제4조까지의 규정에 따라 대한민국 국적을 취득한 자로 이루어진 가족
   나. 「국적법」 제3조 및 제4조에 따라 대한민국 국적을 취득한 자와 같은 법 제2조부터 제4조까지의 규정에 따라 대한민국 국적을 취득한 자로 이루어진 가
2. "결혼이민자 등"이란 다문화가족의 구성원으로서 다음 각 목의 어느 하나에 해당하는 자를 말한다.
   가. 「재한외국인 처우 기본법」 제2조 제3호의 결혼이민자
   나. 「국적법」 제4조에 따라 귀화허가를 받은 자
3. "아동 · 청소년"이란 24세 이하인 사람을 말한다.

제3조(국가와 지방자치단체의 책무)
① 국가와 지방자치단체는 다문화가족 구성원이 안정적인 가족생활을 영위하고 경제 · 사회 · 문화 등 각 분야에서 사회구성원으로서의 역할과 책임을 다할 수 있도록 필요한 제도와 여건을 조성하고 이를 위한 시책을 수립 · 시행하여야 한다.
② 특별시 · 광역시 · 특별자치시 · 도 · 특별자치도 및 시 · 군 · 구(자치구를 말한다. 이하 같다)에는 다문화가족 지원을 담당할 기구와 공무원을 두어야 한다.
③ 국가와 지방자치단체는 이 법에 따른 시책 중 외국인정책 관련 사항에 대하여는 「재한외국인 처우 기본법」 제5조부터 제9조까지의 규정에 따른다.

제3조의2(다문화가족 지원을 위한 기본계획의 수립)
① 여성가족부장관은 다문화가족 지원을 위하여 5년마다 다문화가족정책에 관한 기본계획(이하 "기본계획"이라 한다)을 수립하여야 한다.
② 기본계획에는 다음 각 호의 사항을 포함하여야 한다.

1. 다문화가족 지원 정책의 기본 방향
2. 다문화가족 지원을 위한 분야별 발전시책과 평가에 관한 사항
3. 다문화가족 지원을 위한 제도 개선에 관한 사항

3의2. 다문화가족 구성원의 경제 · 사회 · 문화 등 각 분야에서 활동 증진에 관한 사항

4. 다문화가족 지원을 위한 재원 확보 및 배분에 관한 사항
5. 그밖에 다문화가족 지원을 위하여 필요한 사항

③ 여성가족부장관은 기본계획을 수립할 때에는 미리 관계 중앙행정기관의 장과 협의하여야 한다.
④ 기본계획은 제3조의4에 따른 다문화가족정책위원회의 심의를 거쳐 확정한다. 이 경우 여성가족부장관은 확정된 기본계획을 지체 없이 국회 소관 상임위원회에 보고하고, 관계 중앙행정기관의 장과 특별시장 · 광역시장 · 특별자치시장 · 도지사 · 특별자치도지사(이하 "시 · 도지사"라 한다)에게 알려야 한다.
⑤ 여성가족부장관은 기본계획을 수립하기 위하여 필요하다고 인정하는 경우 관계 기관의 장에게 기본계획의 수립에 필요한 자료의 제출을 요구할 수 있다.
⑥ 제5항에 따라 자료의 제출을 요구받은 관계 기관의 장은 정당한 사유가 없으면 이에 따라야 한다.

제3조의3(연도별 시행계획의 수립 · 시행)
① 여성가족부장관, 관계 중앙행정기관의 장과 시 · 도지사는 매년 기본계획에 따라 다문화가족정책에 관한 시행계획(이하 "시행계획"이라 한다)을 수립 · 시행하여야 한다.
② 관계 중앙행정기관의 장과 시 · 도지사는 전년도의 시행계획에 따른 추진실적 및 다음 연도의 시행계획을 대통령령으로 정하는 바에 따라 매년 여성가족부장관에게 제출하여야 한다.
③ 시행계획의 수립 · 시행 및 추진실적의 평가 등에 필요한 사항은 대통령령으로 정한다.

제3조의4(다문화가족정책위원회의 설치)
① 다문화가족의 삶의 질 향상과 사회통합에 관한 중요 사항을 심의 · 조정하기 위하여 국무총리 소속으로 다문화가족정책위원회(이하 "정책위원회"라 한다)를 둔다.
② 정책위원회는 다음 각 호의 사항을 심의 · 조정한다.

1. 제3조의2에 따른 다문화가족정책에 관한 기본계획의 수립 및 추진에 관한 사항
2. 제3조의3에 따른 다문화가족정책의 시행계획의 수립, 추진실적 점검 및 평가에 관한 사항

3. 다문화가족과 관련된 각종 조사, 연구 및 정책의 분석·평가에 관한 사항
4. 각종 다문화가족 지원 관련 사업의 조정 및 협력에 관한 사항
5. 다문화가족정책과 관련된 국가 간 협력에 관한 사항
6. 그밖에 다문화가족의 사회통합에 관한 중요 사항으로 위원장이 필요하다고 인정하는 사항

③ 정책위원회는 위원장 1명을 포함한 20명 이내의 위원으로 구성하고, 위원장은 국무총리가 되며, 위원은 다음 각 호의 사람이 된다.
1. 대통령령으로 정하는 중앙행정기관의 장
2. 다문화가족정책에 관하여 학식과 경험이 풍부한 사람 중에서 위원장이 위촉하는 사람

④ 정책위원회에서 심의·조정할 사항을 미리 검토하고 대통령령에 따라 위임된 사항을 다루기 위하여 정책위원회에 실무위원회를 둔다.

⑤ 그밖에 정책위원회 및 실무위원회의 구성 및 운영 등에 필요한 사항은 대통령령으로 정한다.

제4조(실태조사 등)

① 여성가족부장관은 다문화가족의 현황 및 실태를 파악하고 다문화가족 지원을 위한 정책수립에 활용하기 위하여 3년마다 다문화가족에 대한 실태조사를 실시하고 그 결과를 공표하여야 한다.

② 여성가족부장관은 제1항에 따른 실태조사를 위하여 관계 공공기관 또는 관련 법인·단체에 대하여 필요한 자료의 제출 등 협조를 요청할 수 있다. 이 경우 자료의 제출 등 협조를 요청받은 관계 공공기관 또는 관련 법인·단체 등은 특별한 사유가 없는 한 이에 협조하여야 한다.

③ 여성가족부장관은 제1항에 따른 실태조사를 실시함에 있어서 외국인정책 관련 사항에 대하여는 법무부장관과, 다문화가족 구성원인 아동·청소년의 교육현황 및 아동·청소년의 다문화가족에 대한 인식 등에 관한 사항에 대하여는 교육부장관과 협의를 거쳐 실시한다.

④ 제1항에 따른 실태조사의 대상 및 방법 등에 필요한 사항은 여성가족부령으로 정한다.

제5조(다문화가족에 대한 이해증진)

① 국가와 지방자치단체는 다문화가족에 대한 사회적 차별 및 편견을 예방하고 사회구성원이 문화적 다양성을 인정하고 존중할 수 있도록 다문화 이해교육을 실시하고 홍보 등 필요한 조치를 하여야 한다.

② 여성가족부장관은 제1항에 따른 조치를 함에 있어 홍보영상을 제작하여 「방송법」 제2조 제3호에 따른 방송사업자에게 배포하여야 한다.

③ 여성가족부장관은 「방송법」 제2조 제3호에 따른 방송사업자(이하 이 조에서 "방송사업자"라 한다)에게 같은 법 제73조 제4항에 따라 대통령령으로 정하는 비상업적 공익광고 편성비율의 범위에서 제2항의 홍보영상을 채널별로 송출하도록 요청할 수 있다.

④ 방송사업자는 제2항의 홍보영상 외에 독자적으로 홍보영상을 제작하여 송출할 수 있다. 이 경우 여성가족부장관에게 필요한 협조 및 지원을 요청할 수 있다.

⑤ 교육부장관과 특별시·광역시·특별자치시·도·특별자치도의 교육감은 「유아교육법」 제2조, 「초·중등교육법」 제2조 또는 「고등교육법」 제2조에 따른 학교에서 다문화가족에 대한 이해를 돕는 교육을 실시하기 위한 시책을 수립·시행하여야 한다. 이 경우 제4조에 따른 실태조사의 결과 중 다문화가족 구성원인 아동·청소년의 교육현황 및 아동·청소년의 다문화가족에 대한 인식 등에 관한 사항을 반영하여야 한다.

⑥ 교육부장관과 특별시·광역시·특별자치시·도·특별자치도의 교육감은 「유아교육법」 제2조 및 「초·중등교육법」 제2조에 따른 학교의 교원에 대하여 대통령령으로 정하는 바에 따라 다문화 이해교육 관련 연수를 실시하여야 한다.

제6조(생활정보 제공 및 교육 지원)

① 국가와 지방자치단체는 결혼이민자 등이 대한민국에서 생활하는데 필요한 기본적 정보(아동·청소년에 대한 학습 및 생활지도 관련 정보를 포함한다)를 제공하고, 사회적응교육과 직업교육·훈련 및 언어소통 능력 향상을 위한 한국어교육 등을 받을 수 있도록 필요한 지원을 할 수 있다.

② 국가와 지방자치단체는 결혼이민자등의 배우자 및 가족구성원이 결혼이민자등의 출신 국가 및 문화 등을 이해하는 데 필요한 기본적 정보를 제공하고 관련 교육을 지원할 수 있다.

③ 국가와 지방자치단체는 제1항 및 제2항에 따른 교육을 실시함에 있어 거주지 및 가정환경 등으로 인하여 서비스에서 소외되는 결혼이민자 등과 배우자 및 그 가족구성원이 없도록 방문교육이나 원격교육 등 다양한 방법으로 교육을 지원하고, 교재와 강사 등의 전문성을 강화하기 위한 시책을 수립·시행하여야 한다.

④ 국가와 지방자치단체는 제3항의 방문교육의 비용을 결혼이민자 등의 가구 소득수준, 교육의 종류

등 여성가족부장관이 정하여 고시하는 기준에 따라 차등 지원할 수 있다.

⑤ 국가와 지방자치단체가 제4항에 따른 비용을 지원함에 있어 비용 지원의 신청, 금융정보 등의 제공, 조사 · 질문 등은 「아이돌봄 지원법」 제22조 부터 제25조까지의 규정을 준용한다.

⑥ 결혼이민자등의 배우자 등 다문화가족 구성원은 결혼이민자 등이 한국어교육 등 사회적응에 필요한 다양한 교육을 받을 수 있도록 노력하여야 한다.

⑦ 그밖에 제1항 및 제2항에 따른 정보제공 및 교육에 필요한 사항은 대통령령으로 정한다.

제7조(평등한 가족관계의 유지를 위한 조치)

국가와 지방자치단체는 다문화가족이 민주적이고 양성평등한 가족관계를 누릴 수 있도록 가족상담, 부부교육, 부모교육, 가족생활교육 등을 추진하여야 한다. 이 경우 문화의 차이 등을 고려한 전문적인 서비스가 제공될 수 있도록 노력하여야 한다.

제8조(가정폭력 피해자에 대한 보호 · 지원)

① 국가와 지방자치단체는 「가정폭력방지 및 피해자보호 등에 관한 법률」에 따라 다문화가족 내 가정폭력을 예방하기 위하여 노력하여야 한다.

② 국가와 지방자치단체는 가정폭력으로 피해를 입은 결혼이민자 등을 보호 · 지원할 수 있다.

③ 국가와 지방자치단체는 가정폭력의 피해를 입은 결혼이민자 등에 대한 보호 및 지원을 위하여 외국어 통역 서비스를 갖춘 가정폭력 상담소 및 보호시설의 설치를 확대하도록 노력하여야 한다.

④ 국가와 지방자치단체는 결혼이민자 등이 가정폭력으로 혼인관계를 종료하는 경우 의사소통의 어려움과 법률체계 등에 관한 정보의 부족 등으로 불리한 입장에 놓이지 아니하도록 의견진술 및 사실확인 등에 있어서 언어통역, 법률상담 및 행정지원 등 필요한 서비스를 제공할 수 있다.

제9조(의료 및 건강관리를 위한 지원)

① 국가와 지방자치단체는 결혼이민자 등이 건강하게 생활할 수 있도록 영양 · 건강에 대한 교육, 산전 · 산후 도우미 파견, 건강검진 등의 의료서비스를 지원할 수 있다.

② 국가와 지방자치단체는 결혼이민자 등이 제1항에 따른 의료서비스를 제공받을 경우 외국어 통역 서비스를 제공할 수 있다.

제10조(아동 · 청소년 보육 · 교육)

① 국가와 지방자치단체는 아동 · 청소년 보육 · 교육을 실시함에 있어서 다문화가족 구성원인 아동 · 청소년을 차별하여서는 아니 된다.

② 국가와 지방자치단체는 다문화가족 구성원인 아동 · 청소년이 학교생활에 신속히 적응할 수 있도록 교육지원대책을 마련하여야 하고, 특별시 · 광역시 · 특별자치시 · 도 · 특별자치도의 교육감은 다문화가족 구성원인 아동 · 청소년에 대하여 학과 외 또는 방과 후 교육 프로그램 등을 지원할 수 있다.

③ 국가와 지방자치단체는 다문화가족 구성원인 18세 미만인 사람의 초등학교 취학 전 보육 및 교육 지원을 위하여 노력하고, 그 구성원의 언어발달을 위하여 한국어 및 결혼이민자등인 부 또는 모의 모국어 교육을 위한 교재지원 및 학습지원 등 언어능력 제고를 위하여 필요한 지원을 할 수 있다.

④ 「영유아보육법」 제10조에 따른 어린이집의 원장, 「유아교육법」 제7조에 따른 유치원의 장, 「초 · 중등교육법」 제2조에 따른 각급 학교의 장, 그밖에 대통령령으로 정하는 기관의 장은 아동 · 청소년 보육 · 교육을 실시함에 있어 다문화가족 구성원인 아동 · 청소년이 차별을 받지 아니하도록 필요한 조치를 하여야 한다.

제11조(다국어에 의한 서비스 제공)

국가와 지방자치단체는 제5조부터 제10조까지의 규정에 따른 지원정책을 추진함에 있어서 결혼이민자 등의 의사소통의 어려움을 해소하고 서비스 접근성을 제고하기 위하여 다국어에 의한 서비스 제공이 이루어지도록 노력하여야 한다.

제11조의2(다문화가족 종합정보 전화센터의 설치 · 운영 등)

① 여성가족부장관은 다국어에 의한 상담 · 통역 서비스 등을 결혼이민자 등에게 제공하기 위하여 다문화가족 종합정보 전화센터(이하 "전화센터"라 한다)를 설치 · 운영할 수 있다. 이 경우 「가정폭력방지 및 피해자보호 등에 관한 법률」 제4조의6 제1항 후단에 따른 외국어 서비스를 제공하는 긴급전화센터와 통합하여 운영할 수 있다.

② 여성가족부장관은 전화센터의 설치 · 운영을 대통령령으로 정하는 기관 또는 단체에 위탁할 수 있다.

③ 여성가족부장관은 전화센터의 설치 · 운영을 위탁할 경우 예산의 범위에서 그에 필요한 비용의 전부 또는 일부를 지원할 수 있다.

④ 전화센터의 설치 · 운영에 필요한 사항은 여성가족부령으로 정한다.

제12조(다문화가족지원센터의 설치 · 운영 등)

① 국가와 지방자치단체는 다문화가족지원센터(이하 "지원센터"라 한다)를 설치 · 운영할 수 있다.

② 국가 또는 지방자치단체는 지원센터의 설치 · 운영

을 대통령령으로 정하는 법인이나 단체에 위탁할 수 있다.

③ 국가 또는 지방자치단체 아닌 자가 지원센터를 설치 · 운영하고자 할 때에는 미리 시 · 도지사 또는 시장 · 군수 · 구청장(자치구의 구청장을 말한다. 이하 같다)의 지정을 받아야 한다.

④ 지원센터는 다음 각 호의 업무를 수행한다.

1. 다문화가족을 위한 교육 · 상담 등 지원사업의 실시
2. 결혼이민자 등에 대한 한국어교육
3. 다문화가족 지원서비스 정보제공 및 홍보
4. 다문화가족 지원 관련 기관 · 단체와의 서비스 연계
5. 일자리에 관한 정보제공 및 일자리의 알선
6. 다문화가족을 위한 통역 · 번역 지원사업
7. 다문화가족 내 가정폭력 방지 및 피해자 연계 지원
8. 그밖에 다문화가족 지원을 위하여 필요한 사업

⑤ 지원센터에는 다문화가족에 대한 교육 · 상담 등의 업무를 수행하기 위하여 관련 분야에 대한 학식과 경험을 가진 전문인력을 두어야 한다.

⑥ 국가와 지방자치단체는 제3항에 따라 지정한 지원센터에 대하여 예산의 범위에서 제4항 각 호의 업무를 수행하는 데에 필요한 비용 및 지원센터의 운영에 드는 비용의 전부 또는 일부를 보조할 수 있다.

⑦ 제1항, 제2항 및 제3항에 따른 지원센터의 설치 · 운영 기준, 위탁 · 지정 기간 및 절차 등에 필요한 사항은 대통령령으로 정하고, 제5항에 따른 전문인력의 기준 등에 필요한 사항은 여성가족부령으로 정한다.

제12조의2(보수교육의 실시)

① 여성가족부장관 또는 시 · 도지사는 지원센터에 두는 전문인력의 자질과 능력을 향상시키기 위하여 보수교육을 실시하여야 한다.

② 제1항에 따른 보수교육의 내용 · 기간 및 방법 등은 여성가족부령으로 정한다.

제12조의3(유사명칭 사용 금지)

이 법에 따른 지원센터가 아니면 다문화가족지원센터 또는 이와 유사한 명칭을 사용하지 못한다.

제13조(다문화가족 지원업무 관련 공무원의 교육)

국가와 지방자치단체는 다문화가족 지원 관련 업무에 종사하는 공무원의 다문화가족에 대한 이해증진과 전문성 향상을 위하여 교육을 실시할 수 있다.

제13조의2(다문화가족지원사업 전문인력 양성)

① 국가 또는 지방자치단체는 다문화가족지원 및 다문화 이해교육 등의 사업 추진에 필요한 전문인력을 양성하는 데 노력하여야 한다.

② 여성가족부장관은 제1항에 따른 전문인력을 양성하기 위하여 대통령령으로 정하는 바에 따라 대학이나 연구소 등 적절한 인력과 시설 등을 갖춘 기관이나 단체를 전문인력 양성기관으로 지정하여 관리할 수 있다.

③ 국가 또는 지방자치단체는 제2항에 따라 지정된 전문인력 양성기관에 대하여 예산의 범위에서 필요한 경비의 전부 또는 일부를 지원할 수 있다.

④ 제2항에 따른 전문인력 양성기관의 지정 기준 및 절차 등은 대통령령으로 정한다.

제14조(사실혼 배우자 및 자녀의 처우)

제5조부터 제12조까지의 규정은 대한민국 국민과 사실혼 관계에서 출생한 자녀를 양육하고 있는 다문화가족 구성원에 대하여 준용한다.

제14조의2(다문화가족 자녀에 대한 적용 특례)

다문화가족이 이혼 등의 사유로 해체된 경우에도 그 구성원이었던 자녀에 대하여는 이 법을 적용한다.

제15조(권한의 위임과 위탁)

① 여성가족부장관은 이 법에 따른 권한의 일부를 대통령령으로 정하는 바에 따라 시 · 도지사 또는 시장 · 군수 · 구청장에게 위임할 수 있다.

② 국가와 지방자치단체는 이 법에 따른 업무의 일부를 대통령령으로 정하는 바에 따라 비영리법인이나 단체에 위탁할 수 있다.

제15조의2(정보 제공의 요청)

① 여성가족부장관 또는 지방자치단체의 장은 이 법의 시행을 위하여 필요한 경우에는 법무부장관에게 다음 각 호의 정보 중 결혼이민자 등의 현황 파악을 위한 정보로서 대통령령으로 정하는 정보의 제공을 요청할 수 있다. 이 경우 지방자치단체의 장은 해당 관할구역의 결혼이민자 등에 관한 정보에 한정하여 요청할 수 있다.

1. 「재한외국인 처우 기본법」 제2조 제3호에 따른 결혼이민자의 외국인 등록 정보
2. 「국적법」 제6조 제2항에 따라 귀화허가를 받은 사람의 귀화허가 신청 정보

② 제1항에 따라 정보의 제공을 요청받은 법무부장관은 정당한 사유가 없으면 이에 따라야 한다.

③ 제1항에 따라 정보를 제공받은 여성가족부장관 또는 지방자치단체의 장은 제공받은 정보를 제12조 제1항 · 제3항에 따른 지원센터에 제공할 수 있다.

제16조(민간단체 등의 지원)

① 국가와 지방자치단체는 다문화가족 지원 사업을 수행하는 단체나 개인에 대하여 필요한 비용의 전부 또는 일부를 보조하거나 그 업무수행에 필요한 행정적 지원을 할 수 있다.

② 국가와 지방자치단체는 결혼이민자 등이 상부상조하기 위한 단체의 구성 · 운영 등을 지원할 수 있다.

제17조(과태료)

① 제12조의3을 위반한 자에게는 300만원 이하의 과태료를 부과한다.

② 제1항에 따른 과태료는 대통령령으로 정하는 바에 따라 여성가족부장관 또는 지방자치단체의 장이 부과 · 징수한다.

재한외국인 처우 기본법

(2017.10.31. 법률 제14974호 일부개정)

제1장 총칙

제1조(목적)
이 법은 재한외국인에 대한 처우 등에 관한 기본적인 사항을 정함으로써 재한외국인이 대한민국 사회에 적응하여 개인의 능력을 충분히 발휘할 수 있도록 하고, 대한민국 국민과 재한외국인이 서로를 이해하고 존중하는 사회 환경을 만들어 대한민국의 발전과 사회통합에 이바지함을 목적으로 한다.

제2조(정의)
이 법에서 사용하는 용어의 정의는 다음과 같다.

1. "재한외국인"이란 대한민국의 국적을 가지지 아니한 자로서 대한민국에 거주할 목적을 가지고 합법적으로 체류하고 있는 자를 말한다.
2. "재한외국인에 대한 처우"란 국가 및 지방자치단체가 재한외국인을 그 법적 지위에 따라 적정하게 대우하는 것을 말한다.
3. "결혼이민자"란 대한민국 국민과 혼인한 적이 있거나 혼인관계에 있는 재한외국인을 말한다.

제3조(국가 및 지방자치단체의 책무)
국가 및 지방자치단체는 제1조의 목적을 달성하기 위하여 재한외국인에 대한 처우 등에 관한 정책의 수립·시행에 노력하여야 한다.

제4조(다른 법률과의 관계)
국가는 재한외국인에 대한 처우 등과 관련되는 다른 법률을 제정 또는 개정하는 경우에는 이 법의 목적에 맞도록 하여야 한다.

제2장 외국인정책의 수립 및 추진 체계

제5조(외국인정책의 기본계획)
① 법무부장관은 관계 중앙행정기관의 장과 협의하여 5년마다 외국인정책에 관한 기본계획(이하 "기본계획"이라 한다)을 수립하여야 한다.
② 기본계획에는 다음 각 호의 사항이 포함되어야 한다.

1. 외국인정책의 기본목표와 추진방향
2. 외국인정책의 추진과제, 그 추진방법 및 추진시기
3. 필요한 재원의 규모와 조달방안
4. 그밖에 외국인정책 수립 등을 위하여 필요하다고 인정되는 사항

③ 법무부장관은 제1항에 따라 수립된 기본계획을 제8조에 따른 외국인정책위원회의 심의를 거쳐 확정하여야 한다.
④ 기본계획의 수립절차 등에 관하여 필요한 사항은 대통령령으로 정한다.
⑤ 법무부장관은 기본계획을 수립함에 있어서 상호주의 원칙을 고려한다.

제6조(연도별 시행계획)
① 관계 중앙행정기관의 장은 기본계획에 따라 소관별로 연도별 시행계획을 수립·시행하여야 한다.
② 지방자치단체의 장은 중앙행정기관의 장이 법령에 따라 위임한 사무에 관하여 당해 중앙행정기관의 장이 수립한 시행계획에 따라 당해 지방자치단체의 연도별 시행계획을 수립·시행하여야 한다.
③ 관계 중앙행정기관의 장은 제2항에 따라 수립된 지방자치단체의 시행계획이 기본계획 및 당해 중앙행정기관의 시행계획에 부합되지 아니하는 경우에는 당해 지방자치단체의 장에게 그 변경을 요청할 수 있고, 당해 지방자치단체가 수립한 시행계획의 이행사항을 기본계획 및 당해 중앙행정기관의 시행계획에 따라 점검할 수 있다.
④ 관계 중앙행정기관의 장은 소관별로 다음 해 시행계획과 지난 해 추진실적 및 평가결과를 법무부장관에게 제출하여야 하며, 법무부장관은 이를 종합하여 제8조에 따른 외국인정책위원회에 상정하여야 한다.
⑤ 그밖에 시행계획의 수립·시행 및 평가 등에 관하여 필요한 사항은 대통령령으로 정한다.

제7조(업무의 협조)
① 법무부장관은 기본계획과 시행계획을 수립·시행하고 이를 평가하기 위하여 필요한 때에는 국가기관·지방자치단체 및 대통령령으로 정하는 공공단체의 장(이하 "공공기관장"이라 한다)에게 관련 자료의 제출 등 필요한 협조를 요청할 수 있다.
② 중앙행정기관 및 지방자치단체의 장은 소관 업무에 관한 시행계획을 수립·시행하고 이를 평가하기 위하여 필요한 때에는 공공기관장에게 관련 자료의 제출 등 필요한 협조를 요청할 수 있다.

제8조(외국인정책위원회)
① 외국인정책에 관한 주요 사항을 심의·조정하기 위하여 국무총리 소속으로 외국인정책위원회(이하 "위원회"라 한다)를 둔다.
② 위원회는 다음 각 호의 사항을 심의·조정한다.

1. 제5조에 따른 외국인정책의 기본계획의 수립에 관한 사항

2. 제6조에 따른 외국인정책의 시행계획 수립, 추진실적 및 평가결과에 관한 사항
3. 제15조에 따른 사회적응에 관한 주요 사항
4. 그밖에 외국인정책에 관한 주요 사항

③ 위원회는 위원장 1인을 포함한 30인 이내의 위원으로 구성하며, 위원장은 국무총리가 되고, 위원은 다음 각 호의 자가 된다.
1. 대통령령으로 정하는 중앙행정기관의 장
2. 외국인정책에 관하여 학식과 경험이 풍부한 자 중에서 위원장이 위촉하는 자

④ 위원회에 상정할 안건과 위원회에서 위임한 안건을 처리하기 위하여 위원회에 외국인정책실무위원회(이하 "실무위원회"라 한다)를 둔다.

⑤ 제1항부터 제4항까지 외에 위원회 및 실무위원회의 구성과 운영에 관하여 필요한 사항은 대통령령으로 정한다.

제9조(정책의 연구 · 추진 등)

① 법무부장관은 기본계획의 수립, 시행계획의 수립 및 추진실적에 대한 평가, 위원회 및 실무위원회의 구성 · 운영 등이 효율적으로 이루어질 수 있도록 다음 각 호의 업무를 수행하여야 한다.
1. 재한외국인, 불법체류외국인 및 제15조에 따른 귀화자에 관한 실태 조사
2. 기본계획의 수립에 필요한 사항에 관한 연구
3. 위원회 및 실무위원회에 부의할 안건에 관한 사전 연구
4. 외국인정책에 관한 자료 및 통계의 관리, 위원회 및 실무위원회의 사무 처리
5. 제15조에 따른 사회적응시책 및 그 이용에 관한 연구와 정책의 추진
6. 그밖에 외국인정책 수립 등에 관하여 필요하다고 인정되는 사항에 관한 연구와 정책의 추진

② 제1항 각 호의 업무를 효율적으로 수행하기 위하여 필요한 사항은 대통령령으로 정한다.

제3장 재한외국인 등의 처우

제10조(재한외국인 등의 인권옹호)

국가 및 지방자치단체는 재한외국인 또는 그 자녀에 대한 불합리한 차별 방지 및 인권옹호를 위한 교육 · 홍보, 그밖에 필요한 조치를 하기 위하여 노력하여야 한다.

제11조(재한외국인의 사회적응 지원)

국가 및 지방자치단체는 재한외국인이 대한민국에서 생활하는 데 필요한 기본적 소양과 지식에 관한 교육 · 정보제공 및 상담 등의 지원을 할 수 있다.

제12조(결혼이민자 및 그 자녀의 처우)

① 국가 및 지방자치단체는 결혼이민자에 대한 국어교육, 대한민국의 제도 · 문화에 대한 교육, 결혼이민자의 자녀에 대한 보육 및 교육 지원, 의료 지원 등을 통하여 결혼이민자 및 그 자녀가 대한민국 사회에 빨리 적응하도록 지원할 수 있다.

② 제1항은 대한민국 국민과 사실혼 관계에서 출생한 자녀를 양육하고 있는 재한외국인 및 그 자녀에 대하여 준용한다.

③ 국가와 지방자치단체는 제1항의 결혼이민자 및 그 자녀와 제2항의 재한외국인 및 그 자녀에 대하여 건강검진을 실시할 수 있다.

제13조(영주권자의 처우)

① 국가 및 지방자치단체는 대한민국에 영구적으로 거주할 수 있는 법적 지위를 가진 외국인(이하 "영주권자"라 한다)에 대하여 대한민국의 안전보장 · 질서유지 · 공공복리, 그밖에 대한민국의 이익을 해치지 아니하는 범위 안에서 대한민국으로의 입국 · 체류 또는 대한민국 안에서의 경제활동 등을 보장할 수 있다.

② 제12조 제1항은 영주권자에 대하여 준용한다.

제14조(난민의 처우)

① 「난민법」에 따른 난민인정자가 대한민국에서 거주하기를 원하는 경우에는 제12조 제1항을 준용하여 지원할 수 있다.

② 국가는 난민의 인정을 받은 재한외국인이 외국에서 거주할 목적으로 출국하려는 경우에는 출국에 필요한 정보제공 및 상담과 그밖에 필요한 지원을 할 수 있다.

제15조(국적취득 후 사회적응)

재한외국인이 대한민국의 국적을 취득한 경우에는 국적을 취득한 날부터 3년이 경과하는 날까지 제12조 제1항에 따른 시책의 혜택을 받을 수 있다.

제16조(전문외국인력의 처우 개선)

국가 및 지방자치단체는 전문적인 지식 · 기술 또는 기능을 가진 외국인력의 유치를 촉진할 수 있도록 그 법적 지위 및 처우의 개선에 필요한 제도와 시책을 마련하기 위하여 노력하여야 한다.

제17조(과거 대한민국국적을 보유하였던 자 등의 처우)

국가 및 지방자치단체는 과거 대한민국의 국적을 보유하였던 자 또는 그의 직계 비속(대한민국의 국적을 보유한 자를 제외한다)으로서 대통령령으로 정하는 자에 대하여 대한민국의 안전보장 · 질서유지 · 공공복

리, 그밖에 대한민국의 이익을 해치지 아니하는 범위 안에서 대한민국으로의 입국 · 체류 또는 대한민국 안에서의 경제활동 등을 보장할 수 있다.

제4장 국민과 재한외국인이 더불어 살아가는 환경 조성

제18조(다문화에 대한 이해 증진)
국가 및 지방자치단체는 국민과 재한외국인이 서로의 역사 · 문화 및 제도를 이해하고 존중할 수 있도록 교육, 홍보, 불합리한 제도의 시정이나 그밖에 필요한 조치를 하기 위하여 노력하여야 한다.

제19조(세계인의 날)
① 국민과 재한외국인이 서로의 문화와 전통을 존중하면서 더불어 살아갈 수 있는 사회 환경을 조성하기 위하여 매년 5월 20일을 세계인의 날로 하고, 세계인의 날부터 1주간의 기간을 세계인주간으로 한다.
② 세계인의 날 행사에 관하여 필요한 사항은 법무부장관 또는 특별시장 · 광역시장 · 도지사 또는 특별자치도지사가 따로 정할 수 있다.

제5장 보칙

제20조(외국인에 대한 민원 안내 및 상담)
① 공공기관장은 재한외국인에게 민원처리절차를 안내하는 업무를 전담하는 직원을 지정할 수 있고, 그 직원으로 하여금 소정의 교육을 이수하도록 할 수 있다.
② 국가는 전화 또는 전자통신망을 이용하여 재한외국인과 그밖에 대통령령으로 정하는 자에게 외국어로 민원을 안내 · 상담하기 위하여 외국인종합안내센터를 설치 · 운영할 수 있다.

제21조(민간과의 협력)
국가 및 지방자치단체는 외국인정책에 관한 사업 중의 일부를 비영리법인 또는 비영리단체에 위탁할 수 있고, 그 위탁한 사업수행에 드는 비용의 일부를 지원하거나 그밖에 필요한 지원을 할 수 있다.

제22조(국제교류의 활성화)
국가 및 지방자치단체는 외국인정책과 관련한 국제기구에 참여하거나 국제회의에 참석하고, 정보교환 및 공동 조사 · 연구 등의 국제협력사업을 추진함으로써 국제교류를 활성화하기 위하여 노력하여야 한다.

제23조(정책의 공표 및 전달)
① 국가 및 지방자치단체는 확정된 외국인정책의 기본계획 및 시행계획 등을 공표할 수 있다. 다만, 위원회 또는 실무위원회에서 국가안전보장 · 질서유지 · 공공복리 · 외교관계 등의 국익을 고려하여 공표하지 아니하기로 하거나 개인의 사생활의 비밀이 침해될 우려가 있는 사항에 대하여는 그러하지 아니하다.
② 국가 및 지방자치단체는 모든 국민 및 재한외국인이 제1항에 따라 공표된 외국인정책의 기본계획 및 시행계획 등을 쉽게 이해하고 이용할 수 있도록 노력하여야 한다.

외국인근로자의 고용 등에 관한 법률

(2020.05.26. 법률 제17326호 일부개정)

제1장 총칙

제1조(목적)
이 법은 외국인근로자를 체계적으로 도입 · 관리함으로써 원활한 인력수급 및 국민경제의 균형 있는 발전을 도모함을 목적으로 한다.

제2조(외국인근로자의 정의)
이 법에서 "외국인근로자"란 대한민국의 국적을 가지지 아니한 사람으로서 국내에 소재하고 있는 사업 또는 사업장에서 임금을 목적으로 근로를 제공하고 있거나 제공하려는 사람을 말한다. 다만, 「출입국관리법」 제18조 제1항에 따라 취업활동을 할 수 있는 체류자격을 받은 외국인 중 취업분야 또는 체류기간 등을 고려하여 대통령령으로 정하는 사람은 제외한다.

제3조(적용 범위 등)
① 이 법은 외국인근로자 및 외국인근로자를 고용하고 있거나 고용하려는 사업 또는 사업장에 적용한다. 다만, 「선원법」의 적용을 받는 선박에 승무(乘務)하는 선원 중 대한민국 국적을 가지지 아니한 선원 및 그 선원을 고용하고 있거나 고용하려는 선박의 소유자에 대하여는 적용하지 아니한다.
② 외국인근로자의 입국 · 체류 및 출국 등에 관하여 이 법에서 규정하지 아니한 사항은 「출입국관리법」에서 정하는 바에 따른다.

제4조(외국인력정책위원회)
① 외국인근로자의 고용관리 및 보호에 관한 주요 사항을 심의 · 의결하기 위하여 국무총리 소속으로 외국인력정책위원회(이하 "정책위원회"라 한다)를 둔다.
② 정책위원회는 다음 각 호의 사항을 심의 · 의결한다.
1. 외국인근로자 관련 기본계획의 수립에 관한 사항
2. 외국인근로자 도입 업종 및 규모 등에 관한 사항
3. 외국인근로자를 송출할 수 있는 국가(이하 "송출국가"라 한다)의 지정 및 지정취소에 관한 사항
4. 그밖에 대통령령으로 정하는 사항

③ 정책위원회는 위원장 1명을 포함한 20명 이내의 위원으로 구성한다.
④ 정책위원회의 위원장은 국무조정실장이 되고, 위원은 기획재정부 · 외교부 · 법무부 · 산업통상자원부 · 고용노동부 · 중소벤처기업부의 차관 및 대통령령으로 정하는 관계 중앙행정기관의 차관이 된다.
⑤ 외국인근로자 고용제도의 운영 및 외국인근로자의 권익보호 등에 관한 사항을 사전에 심의하게 하기 위하여 정책위원회에 외국인력정책실무위원회(이하 "실무위원회"라 한다)를 둔다.
⑥ 정책위원회와 실무위원회의 구성 · 기능 및 운영 등에 필요한 사항은 대통령령으로 정한다.

제5조(외국인근로자 도입계획의 공표 등)
① 고용노동부장관은 제4조 제2항 각 호의 사항이 포함된 외국인근로자 도입계획을 정책위원회의 심의 · 의결을 거쳐 수립하여 매년 3월 31일까지 대통령령으로 정하는 방법으로 공표하여야 한다.
② 고용노동부장관은 제1항에도 불구하고 국내의 실업증가 등 고용사정의 급격한 변동으로 인하여 제1항에 따른 외국인근로자 도입계획을 변경할 필요가 있을 때에는 정책위원회의 심의 · 의결을 거쳐 변경할 수 있다. 이 경우 공표의 방법에 관하여는 제1항을 준용한다.
③ 고용노동부장관은 필요한 경우 외국인근로자 관련 업무를 지원하기 위하여 조사 · 연구사업을 할 수 있으며, 이에 관하여 필요한 사항은 대통령령으로 정한다.

제2장 외국인근로자 고용절차

제6조(내국인 구인 노력)
① 외국인근로자를 고용하려는 자는 「직업안정법」 제2조의2 제1호에 따른 직업안정기관(이하 "직업안정기관"이라 한다)에 우선 내국인 구인 신청을 하여야 한다.
② 직업안정기관의 장은 제1항에 따른 내국인 구인 신청을 받은 경우에는 사용자가 적절한 구인 조건을 제시할 수 있도록 상담 · 지원하여야 하며, 구인 조건을 갖춘 내국인이 우선적으로 채용될 수 있도록 직업소개를 적극적으로 하여야 한다.

제7조(외국인구직자 명부의 작성)
① 고용노동부장관은 제4조 제2항 제3호에 따라 지정된 송출국가의 노동행정을 관장하는 정부기관의 장과 협의하여 대통령령으로 정하는 바에 따라 외국인구직자 명부를 작성하여야 한다. 다만, 송출국가에 노동행정을 관장하는 독립된 정부기관이 없을 경우 가장 가까운 기능을 가진 부서를 정하여 정책위원회의 심의를 받아 그 부서의 장과 협의한다.
② 고용노동부장관은 제1항에 따른 외국인구직자 명

부를 작성할 때에는 외국인구직자 선발기준 등으로 활용할 수 있도록 한국어 구사능력을 평가하는 시험(이하 "한국어능력시험"이라 한다)을 실시하여야 하며, 한국어능력시험의 실시기관 선정 및 선정취소, 평가의 방법, 그밖에 필요한 사항은 대통령령으로 정한다.

③ 한국어능력시험의 실시기관은 시험에 응시하려는 사람으로부터 대통령령으로 정하는 바에 따라 수수료를 징수하여 사용할 수 있다. 이 경우 수수료는 외국인근로자 선발 등을 위한 비용으로 사용하여야 한다.

④ 고용노동부장관은 제1항에 따른 외국인구직자 선발기준 등으로 활용하기 위하여 필요한 경우 기능 수준 등 인력 수요에 부합되는 자격요건을 평가할 수 있다.

⑤ 제4항에 따른 자격요건 평가기관은 「한국산업인력공단법」에 따른 한국산업인력공단(이하 "한국산업인력공단"이라 한다)으로 하며, 자격요건 평가의 방법 등 필요한 사항은 대통령령으로 정한다.

제8조(외국인근로자 고용허가)

① 제6조 제1항에 따라 내국인 구인 신청을 한 사용자는 같은 조 제2항에 따른 직업소개를 받고도 인력을 채용하지 못한 경우에는 고용노동부령으로 정하는 바에 따라 직업안정기관의 장에게 외국인근로자 고용허가를 신청하여야 한다.

② 제1항에 따른 고용허가 신청의 유효기간은 3개월로 하되, 일시적인 경영악화 등으로 신규 근로자를 채용할 수 없는 경우 등에는 대통령령으로 정하는 바에 따라 1회에 한정하여 고용허가 신청의 효력을 연장할 수 있다.

③ 직업안정기관의 장은 제1항에 따른 신청을 받으면 외국인근로자 도입 업종 및 규모 등 대통령령으로 정하는 요건을 갖춘 사용자에게 제7조제1항에 따른 외국인구직자 명부에 등록된 사람 중에서 적격자를 추천하여야 한다.

④ 직업안정기관의 장은 제3항에 따라 추천된 적격자를 선정한 사용자에게는 지체 없이 고용허가를 하고, 선정된 외국인근로자의 성명 등을 적은 외국인근로자 고용허가서를 발급하여야 한다.

⑤ 제4항에 따른 외국인근로자 고용허가서의 발급 및 관리 등에 필요한 사항은 대통령령으로 정한다.

⑥ 직업안정기관이 아닌 자는 외국인근로자의 선발, 알선, 그 밖의 채용에 개입하여서는 아니 된다.

제9조(근로계약)

① 사용자가 제8조 제4항에 따라 선정한 외국인근로자를 고용하려면 고용노동부령으로 정하는 표준근로계약서를 사용하여 근로계약을 체결하여야 한다.

② 사용자는 제1항에 따른 근로계약을 체결하려는 경우 이를 한국산업인력공단에 대행하게 할 수 있다.

③ 제8조에 따라 고용허가를 받은 사용자와 외국인근로자는 제18조에 따른 기간 내에서 당사자 간의 합의에 따라 근로계약을 체결하거나 갱신할 수 있다.

④ 제18조의2에 따라 취업활동 기간이 연장되는 외국인근로자와 사용자는 연장된 취업활동 기간의 범위에서 근로계약을 체결할 수 있다.

⑤ 제1항에 따른 근로계약을 체결하는 절차 및 효력발생 시기 등에 관하여 필요한 사항은 대통령령으로 정한다.

제10조(사증발급인정서)

제9조 제1항에 따라 외국인근로자와 근로계약을 체결한 사용자는 「출입국관리법」 제9조 제2항에 따라 그 외국인근로자를 대리하여 법무부장관에게 사증발급인정서를 신청할 수 있다.

제11조(외국인 취업교육)

① 외국인근로자는 입국한 후에 고용노동부령으로 정하는 기간 이내에 대통령령으로 정하는 기관에서 국내 취업활동에 필요한 사항을 주지(周知)시키기 위하여 실시하는 교육(이하 "외국인 취업교육"이라 한다)을 받아야 한다.

② 사용자는 외국인근로자가 외국인 취업교육을 받을 수 있도록 하여야 한다.

③ 외국인 취업교육의 시간과 내용, 그밖에 외국인 취업교육에 필요한 사항은 고용노동부령으로 정한다.

제12조(외국인근로자 고용의 특례)

① 다음 각 호의 어느 하나에 해당하는 사업 또는 사업장의 사용자는 제3항에 따른 특례고용가능확인을 받은 후 대통령령으로 정하는 사증을 발급받고 입국한 외국인으로서 국내에서 취업하려는 사람을 고용할 수 있다. 이 경우 근로계약의 체결에 관하여는 제9조를 준용한다.

1. 건설업으로서 정책위원회가 일용근로자 노동시장의 현황, 내국인근로자 고용기회의 침해 여부 및 사업장 규모 등을 고려하여 정하는 사업 또는 사업장
2. 서비스업, 제조업, 농업 또는 어업으로서 정책위원회가 산업별 특성을 고려하여 정하는 사업 또는 사업장

② 제1항에 따른 외국인으로서 제1항 각 호의 어느 하나에 해당하는 사업 또는 사업장에 취업하려는 사람은 외국인 취업교육을 받은 후에 직업안정기관

의 장에게 구직 신청을 하여야 하고, 고용노동부장관은 이에 대하여 외국인구직자 명부를 작성·관리하여야 한다.

③ 제6조 제1항에 따라 내국인 구인 신청을 한 사용자는 같은 조 제2항에 따라 직업안정기관의 장의 직업소개를 받고도 인력을 채용하지 못한 경우에는 고용노동부령으로 정하는 바에 따라 직업안정기관의 장에게 특례고용가능확인을 신청할 수 있다. 이 경우 직업안정기관의 장은 외국인근로자의 도입 업종 및 규모 등 대통령령으로 정하는 요건을 갖춘 사용자에게 특례고용가능확인을 하여야 한다.

④ 제3항에 따라 특례고용가능확인을 받은 사용자는 제2항에 따른 외국인구직자 명부에 등록된 사람 중에서 채용하여야 하고, 외국인근로자가 근로를 시작하면 고용노동부령으로 정하는 바에 따라 직업안정기관의 장에게 신고하여야 한다.

⑤ 특례고용가능확인의 유효기간은 3년으로 한다. 다만, 제1항 제1호에 해당하는 사업 또는 사업장으로서 공사기간이 3년보다 짧은 경우에는 그 기간으로 한다.

⑥ 직업안정기관의 장이 제3항에 따라 특례고용가능확인을 한 경우에는 대통령령으로 정하는 바에 따라 해당 사용자에게 특례고용가능확인서를 발급하여야 한다.

⑦ 제1항에 따른 외국인근로자에 대하여는 「출입국관리법」 제21조를 적용하지 아니한다.

⑧ 고용노동부장관은 제1항에 따른 외국인이 취업을 희망하는 경우에는 입국 전에 고용정보를 제공할 수 있다.

제3장 외국인근로자의 고용관리

제13조(출국만기보험·신탁)

① 외국인근로자를 고용한 사업 또는 사업장의 사용자(이하 "사용자"라 한다)는 외국인근로자의 출국 등에 따른 퇴직금 지급을 위하여 외국인근로자를 피보험자 또는 수익자(이하 "피보험자 등"이라 한다)로 하는 보험 또는 신탁(이하 "출국만기보험 등"이라 한다)에 가입하여야 한다. 이 경우 보험료 또는 신탁금은 매월 납부하거나 위탁하여야 한다.

② 사용자가 출국만기보험 등에 가입한 경우 「근로자퇴직급여 보장법」 제8조 제1항에 따른 퇴직금제도를 설정한 것으로 본다.

③ 출국만기보험 등의 가입대상 사용자, 가입방법·내용·관리 및 지급 등에 필요한 사항은 대통령령으로 정하되, 지급시기는 피보험자등이 출국한 때부터 14일(체류자격의 변경, 사망 등에 따라 신청하거나 출국일 이후에 신청하는 경우에는 신청일부터 14일) 이내로 한다.

④ 출국만기보험 등의 지급사유 발생에 따라 피보험자등이 받을 금액(이하 "보험금 등"이라 한다)에 대한 청구권은 「상법」 제662조에도 불구하고 지급사유가 발생한 날부터 3년간 이를 행사하지 아니하면 소멸시효가 완성한다. 이 경우 출국만기보험 등을 취급하는 금융기관은 소멸시효가 완성한 보험금등을 1개월 이내에 한국산업인력공단에 이전하여야 한다.

제13조의2(휴면보험금등관리위원회)

① 제13조 제4항에 따라 이전받은 보험금등의 관리·운용에 필요한 사항을 심의·의결하기 위하여 한국산업인력공단에 휴면보험금등관리위원회를 둔다.

② 제13조 제4항에 따라 이전받은 보험금등은 우선적으로 피보험자등을 위하여 사용되어야 한다.

③ 휴면보험금등관리위원회의 구성 및 운영, 그밖에 필요한 사항은 대통령령으로 정한다.

제14조(건강보험)

사용자 및 사용자에게 고용된 외국인근로자에게 「국민건강보험법」을 적용하는 경우 사용자는 같은 법 제3조에 따른 사용자로, 사용자에게 고용된 외국인근로자는 같은 법 제6조제1항에 따른 직장가입자로 본다.

제15조(귀국비용보험·신탁)

① 외국인근로자는 귀국 시 필요한 비용에 충당하기 위하여 보험 또는 신탁에 가입하여야 한다.

② 제1항에 따른 보험 또는 신탁의 가입방법·내용·관리 및 지급 등에 필요한 사항은 대통령령으로 정한다.

③ 제1항에 따른 보험 또는 신탁의 지급사유 발생에 따라 가입자가 받을 금액에 대한 청구권의 소멸시효, 소멸시효가 완성한 금액의 이전 및 관리·운용 등에 관하여는 제13조 제4항 및 제13조의2를 준용한다.

제16조(귀국에 필요한 조치)

사용자는 외국인근로자가 근로관계의 종료, 체류기간의 만료 등으로 귀국하는 경우에는 귀국하기 전에 임금 등 금품관계를 청산하는 등 필요한 조치를 하여야 한다.

제17조(외국인근로자의 고용관리)

① 사용자는 외국인근로자와의 근로계약을 해지하거

나 그밖에 고용과 관련된 중요 사항을 변경하는 등 대통령령으로 정하는 사유가 발생하였을 때에는 고용노동부령으로 정하는 바에 따라 직업안정기관의 장에게 신고하여야 한다.

② 사용자가 제1항에 따른 신고를 한 경우 그 신고사실이 「출입국관리법」 제19조 제1항 각 호에 따른 신고사유에 해당하는 때에는 같은 항에 따른 신고를 한 것으로 본다.

③ 제1항에 따라 신고를 받은 직업안정기관의 장은 그 신고사실이 제2항에 해당하는 때에는 지체 없이 사용자의 소재지를 관할하는 지방출입국 · 외국인관서의 장에게 통보하여야 한다.

④ 외국인근로자의 적절한 고용관리 등에 필요한 사항은 대통령령으로 정한다.

제18조(취업활동 기간의 제한)

외국인근로자는 입국한 날부터 3년의 범위에서 취업활동을 할 수 있다.

제18조의2(취업활동 기간 제한에 관한 특례)

① 다음 각 호의 외국인근로자는 제18조에도 불구하고 한 차례만 2년 미만의 범위에서 취업활동 기간을 연장받을 수 있다.

1. 제8조 제4항에 따른 고용허가를 받은 사용자에게 고용된 외국인근로자로서 제18조에 따른 취업활동 기간 3년이 만료되어 출국하기 전에 사용자가 고용노동부장관에게 재고용 허가를 요청한 근로자
2. 제12조 제3항에 따른 특례고용가능확인을 받은 사용자에게 고용된 외국인근로자로서 제18조에 따른 취업활동 기간 3년이 만료되어 출국하기 전에 사용자가 고용노동부장관에게 재고용 허가를 요청한 근로자

② 제1항에 따른 사용자의 재고용 허가 요청 절차 및 그밖에 필요한 사항은 고용노동부령으로 정한다.

제18조의3(재입국 취업의 제한)

국내에서 취업한 후 출국한 외국인근로자(제12조제1항에 따른 외국인근로자는 제외한다)는 출국한 날부터 6개월이 지나지 아니하면 이 법에 따라 다시 취업할 수 없다.

제18조의4(재입국 취업 제한의 특례)

① 제18조의3에도 불구하고 다음 각 호의 요건을 모두 갖춘 외국인근로자로서 제18조의2에 따라 연장된 취업활동 기간이 만료되어 출국하기 전에 사용자가 재입국 후의 고용허가를 신청하면 고용노동부장관은 그 외국인근로자에 대하여 출국한 날부터 3개월이 지나면 이 법에 따라 다시 취업하도록 할 수 있다.

1. 제18조 및 제18조의2에 따른 취업활동 기간 중에 사업 또는 사업장 변경을 하지 아니하였을 것(제25조 제1항 제2호에 따라 사업 또는 사업장을 변경한 경우에는 재입국 후의 고용허가를 신청하는 사용자와 취업활동 기간 만료일까지의 근로계약 기간이 1년 이상일 것)
2. 정책위원회가 도입 업종이나 규모 등을 고려하여 내국인을 고용하기 어렵다고 정하는 사업 또는 사업장에서 근로하고 있을 것
3. 재입국하여 근로를 시작하는 날부터 효력이 발생하는 1년 이상의 근로계약을 해당 사용자와 체결하고 있을 것

② 제1항에 따른 재입국 후의 고용허가 신청과 재입국 취업활동에 대하여는 제6조, 제7조 제2항, 제11조를 적용하지 아니한다.

③ 제1항에 따른 재입국 취업은 한 차례만 허용되고, 재입국 취업을 위한 근로계약의 체결에 관하여는 제9조를 준용하며, 재입국한 외국인근로자의 취업활동에 대하여는 제18조, 제18조의2 및 제25조를 준용한다.

④ 제1항에 따른 사용자의 고용허가 신청 절차 및 그밖에 필요한 사항은 고용노동부령으로 정한다.

제19조(외국인근로자 고용허가 또는 특례고용가능확인의 취소)

① 직업안정기관의 장은 다음 각 호의 어느 하나에 해당하는 사용자에 대하여 대통령령으로 정하는 바에 따라 제8조 제4항에 따른 고용허가나 제12조 제3항에 따른 특례고용가능확인을 취소할 수 있다.

1. 거짓이나 그 밖의 부정한 방법으로 고용허가나 특례고용가능확인을 받은 경우
2. 사용자가 입국 전에 계약한 임금 또는 그 밖의 근로조건을 위반하는 경우
3. 사용자의 임금체불 또는 그 밖의 노동관계법 위반 등으로 근로계약을 유지하기 어렵다고 인정되는 경우

② 제1항에 따라 외국인근로자 고용허가나 특례고용가능확인이 취소된 사용자는 취소된 날부터 15일 이내에 그 외국인근로자와의 근로계약을 종료하여야 한다.

제20조(외국인근로자 고용의 제한)

① 직업안정기관의 장은 다음 각 호의 어느 하나에 해당하는 사용자에 대하여 그 사실이 발생한 날부터 3년간 외국인근로자의 고용을 제한할 수 있다.

1. 제8조 제4항에 따른 고용허가 또는 제12조 제3

항에 따른 특례고용가능확인을 받지 아니하고 외국인근로자를 고용한 자
2. 제19조 제1항에 따라 외국인근로자의 고용허가나 특례고용가능확인이 취소된 자
3. 이 법 또는 「출입국관리법」을 위반하여 처벌을 받은 자
4. 그밖에 대통령령으로 정하는 사유에 해당하는 자

② 고용노동부장관은 제1항에 따라 외국인근로자의 고용을 제한하는 경우에는 그 사용자에게 고용노동부령으로 정하는 바에 따라 알려야 한다.

제21조(외국인근로자 관련 사업)
고용노동부장관은 외국인근로자의 원활한 국내 취업활동 및 효율적인 고용관리를 위하여 다음 각 호의 사업을 한다.
1. 외국인근로자의 출입국 지원사업
2. 외국인근로자 및 그 사용자에 대한 교육사업
3. 송출국가의 공공기관 및 외국인근로자 관련 민간단체와의 협력사업
4. 외국인근로자 및 그 사용자에 대한 상담 등 편의 제공 사업
5. 외국인근로자 고용제도 등에 대한 홍보사업
6. 그밖에 외국인근로자의 고용관리에 관한 사업으로서 대통령령으로 정하는 사업

제4장 외국인근로자의 보호

제22조(차별 금지)
사용자는 외국인근로자라는 이유로 부당하게 차별하여 처우하여서는 아니 된다.

제22조의2(기숙사의 제공 등)
① 사용자가 외국인근로자에게 기숙사를 제공하는 경우에는 「근로기준법」 제100조에서 정하는 기준을 준수하고, 건강과 안전을 지킬 수 있도록 하여야 한다.
② 사용자는 제1항에 따라 기숙사를 제공하는 경우 외국인근로자와 근로계약을 체결할 때에 외국인근로자에게 다음 각 호의 정보를 사전에 제공하여야 한다. 근로계약 체결 후 다음 각 호의 사항을 변경하는 경우에도 또한 같다.
1. 기숙사의 구조와 설비
2. 기숙사의 설치 장소
3. 기숙사의 주거 환경
4. 기숙사의 면적
5. 그밖에 기숙사 설치 및 운영에 필요한 사항

③ 제2항에 따른 기숙사 정보 제공의 기준 등에 필요한 사항은 대통령령으로 정한다.

제23조(보증보험 등의 가입)
① 사업의 규모 및 산업별 특성 등을 고려하여 대통령령으로 정하는 사업 또는 사업장의 사용자는 임금체불에 대비하여 그가 고용하는 외국인근로자를 위한 보증보험에 가입하여야 한다.
② 산업별 특성 등을 고려하여 대통령령으로 정하는 사업 또는 사업장에서 취업하는 외국인근로자는 질병 · 사망 등에 대비한 상해보험에 가입하여야 한다.
③ 제1항 및 제2항에 따른 보증보험, 상해보험의 가입방법 · 내용 · 관리 및 지급 등에 필요한 사항은 대통령령으로 정한다.

제24조(외국인근로자 관련 단체 등에 대한 지원)
① 국가는 외국인근로자에 대한 상담과 교육, 그밖에 대통령령으로 정하는 사업을 하는 기관 또는 단체에 대하여 사업에 필요한 비용의 일부를 예산의 범위에서 지원할 수 있다.
② 제1항에 따른 지원요건 · 기준 및 절차 등에 관하여 필요한 사항은 대통령령으로 정한다.

제24조의2(외국인근로자 권익보호협의회)
① 외국인근로자의 권익보호에 관한 사항을 협의하기 위하여 직업안정기관에 관할 구역의 노동자단체와 사용자단체 등이 참여하는 외국인근로자 권익보호협의회를 둘 수 있다.
② 외국인근로자 권익보호협의회의 구성 · 운영 등에 필요한 사항은 고용노동부령으로 정한다.

제25조(사업 또는 사업장 변경의 허용)
① 외국인근로자(제12조 제1항에 따른 외국인근로자는 제외한다)는 다음 각 호의 어느 하나에 해당하는 사유가 발생한 경우에는 고용노동부령으로 정하는 바에 따라 직업안정기관의 장에게 다른 사업 또는 사업장으로의 변경을 신청할 수 있다.
1. 사용자가 정당한 사유로 근로계약기간 중 근로계약을 해지하려고 하거나 근로계약이 만료된 후 갱신을 거절하려는 경우
2. 휴업, 폐업, 제19조 제1항에 따른 고용허가의 취소, 제20조 제1항에 따른 고용의 제한, 제22조의2를 위반한 기숙사의 제공, 사용자의 근로조건 위반 또는 부당한 처우 등 외국인근로자의 책임이 아닌 사유로 인하여 사회통념상 그 사업 또는 사업장에서 근로를 계속할 수 없게 되었다고 인정하여 고용노동부장관이 고

시한 경우
3. 그밖에 대통령령으로 정하는 사유가 발생한 경우
4. 삭제

② 사용자가 제1항에 따라 사업 또는 사업장 변경 신청을 한 후 재취업하려는 외국인근로자를 고용할 경우 그 절차 및 방법에 관하여는 제6조 · 제8조 및 제9조를 준용한다.

③ 제1항에 따른 다른 사업 또는 사업장으로의 변경을 신청한 날부터 3개월 이내에 「출입국관리법」 제21조에 따른 근무처 변경허가를 받지 못하거나 사용자와 근로계약이 종료된 날부터 1개월 이내에 다른 사업 또는 사업장으로의 변경을 신청하지 아니한 외국인근로자는 출국하여야 한다. 다만, 업무상 재해, 질병, 임신, 출산 등의 사유로 근무처 변경허가를 받을 수 없거나 근무처 변경신청을 할 수 없는 경우에는 그 사유가 없어진 날부터 각각 그 기간을 계산한다.

④ 제1항에 따른 외국인근로자의 사업 또는 사업장 변경은 제18조에 따른 기간 중에는 원칙적으로 3회를 초과할 수 없으며, 제18조의2제1항에 따라 연장된 기간 중에는 2회를 초과할 수 없다. 다만, 제1항 제2호의 사유로 사업 또는 사업장을 변경한 경우는 포함하지 아니한다.

제5장 보칙

제26조(보고 및 조사 등)

① 고용노동부장관은 필요하다고 인정하면 사용자나 외국인근로자 또는 제24조 제1항에 따라 지원을 받는 외국인근로자 관련 단체에 대하여 보고, 관련 서류의 제출이나 그밖에 필요한 명령을 할 수 있으며, 소속 공무원으로 하여금 관계인에게 질문하거나 관련 장부 · 서류 등을 조사하거나 검사하게 할 수 있다.

② 제1항에 따라 조사 또는 검사를 하는 공무원은 그 신분을 표시하는 증명서를 지니고 이를 관계인에게 내보여야 한다.

제26조의2(관계 기관의 협조)

① 고용노동부장관은 중앙행정기관 · 지방자치단체 · 공공기관 등 관계 기관의 장에게 이 법의 시행을 위하여 다음 각 호의 자료 제출을 요청할 수 있다.
1. 업종별 · 지역별 인력수급 자료
2. 외국인근로자 대상 지원사업 자료

② 제1항에 따라 자료의 제출을 요청받은 기관은 정당한 사유가 없으면 요청에 따라야 한다.

제27조(수수료의 징수 등)

① 제9조 제2항에 따라 사용자와 외국인근로자의 근로계약 체결(제12조 제1항 각 호 외의 부분 후단, 제18조의4 제3항 및 제25조 제2항에 따라 근로계약 체결을 준용하는 경우를 포함한다. 이하 이 조에서 같다)을 대행하는 자는 고용노동부령으로 정하는 바에 따라 사용자로부터 수수료와 필요한 비용을 받을 수 있다.

② 고용노동부장관은 제21조에 따른 외국인근로자 관련 사업을 하기 위하여 필요하면 고용노동부령으로 정하는 바에 따라 사용자로부터 수수료와 필요한 비용을 받을 수 있다.

③ 제27조의2 제1항에 따라 외국인근로자의 고용에 관한 업무를 대행하는 자는 고용노동부령으로 정하는 바에 따라 사용자로부터 수수료와 필요한 비용을 받을 수 있다.

④ 다음 각 호의 어느 하나에 해당하는 자가 아닌 자는 근로계약 체결의 대행이나 외국인근로자 고용에 관한 업무의 대행 또는 외국인근로자 관련 사업을 하는 대가로 어떠한 금품도 받아서는 아니 된다.
1. 제9조 제2항에 따라 사용자와 외국인근로자의 근로계약 체결을 대행하는 자
2. 제27조의2 제1항에 따라 외국인근로자의 고용에 관한 업무를 대행하는 자
3. 제21조에 따른 고용노동부장관의 권한을 제28조에 따라 위임 · 위탁받아 하는 자

제27조의2(각종 신청 등의 대행)

① 사용자 또는 외국인근로자는 다음 각 호에 따른 신청이나 서류의 수령 등 외국인근로자의 고용에 관한 업무를 고용노동부장관이 지정하는 자(이하 "대행기관"이라 한다)에게 대행하게 할 수 있다.
1. 제6조 제1항에 따른 내국인 구인 신청(제25조 제2항에 따라 준용하는 경우를 포함한다)
2. 제18조의2에 따른 사용자의 재고용 허가 요청
3. 제18조의4 제1항에 따른 재입국 후의 고용허가 신청
4. 제25조 제1항에 따른 사업 또는 사업장 변경 신청
5. 그밖에 고용노동부령으로 정하는 외국인근로자 고용 등에 관한 업무

② 제1항에 따른 대행기관의 지정요건, 업무범위, 지정절차 및 대행에 필요한 사항은 고용노동부령으로 정한다.

제27조의3(대행기관의 지정취소 등)
① 고용노동부장관은 대행기관이 다음 각 호의 어느 하나에 해당하는 경우에는 고용노동부령으로 정하는 바에 따라 지정취소, 6개월 이내의 업무정지 또는 시정명령을 할 수 있다.
1. 거짓이나 그 밖의 부정한 방법으로 지정을 받은 경우
2. 지정요건에 미달하게 된 경우
3. 지정받은 업무범위를 벗어나 업무를 한 경우
4. 그밖에 선량한 관리자의 주의를 다하지 아니하거나 업무처리 절차를 위배한 경우
② 고용노동부장관은 제1항에 따라 대행기관을 지정취소할 경우에는 청문을 실시하여야 한다.

제28조(권한의 위임 · 위탁)
고용노동부장관은 이 법에 따른 권한의 일부를 대통령령으로 정하는 바에 따라 지방고용노동관서의 장에게 위임하거나 한국산업인력공단 또는 대통령령으로 정하는 자에게 위탁할 수 있다. 다만, 제21조 제1호의 사업은 한국산업인력공단에 위탁한다.

제6장 벌칙

제29조(벌칙)
다음 각 호의 어느 하나에 해당하는 자는 1년 이하의 징역 또는 1천만원 이하의 벌금에 처한다.
1. 제8조 제6항을 위반하여 외국인근로자의 선발, 알선, 그 밖의 채용에 개입한 자
2. 제16조를 위반하여 귀국에 필요한 조치를 하지 아니한 사용자
3. 제19조 제2항을 위반하여 근로계약을 종료하지 아니한 사용자
4. 제25조에 따른 외국인근로자의 사업 또는 사업장 변경을 방해한 자
5. 제27조 제4항을 위반하여 금품을 받은 자

제30조(벌칙)
다음 각 호의 어느 하나에 해당하는 자는 500만원 이하의 벌금에 처한다.
1. 제13조 제1항 전단을 위반하여 출국만기보험등에 가입하지 아니한 사용자
2. 제23조에 따른 보증보험 또는 상해보험에 가입하지 아니한 자

제31조(양벌규정)
법인의 대표자나 법인 또는 개인의 대리인, 사용인, 그 밖의 종업원이 그 법인 또는 개인의 업무에 관하여 제29조 또는 제30조의 위반행위를 하면 그 행위자를 벌하는 외에 그 법인 또는 개인에게도 해당 조문의 벌금형을 과(科)한다. 다만, 법인 또는 개인이 그 위반행위를 방지하기 위하여 해당 업무에 관하여 상당한 주의와 감독을 게을리하지 아니한 경우에는 그러하지 아니하다.

제32조(과태료)
① 다음 각 호의 어느 하나에 해당하는 자에게는 500만원 이하의 과태료를 부과한다.
1. 제9조 제1항을 위반하여 근로계약을 체결할 때 표준근로계약서를 사용하지 아니한 자
2. 제11조 제2항을 위반하여 외국인근로자에게 취업교육을 받게 하지 아니한 사용자
3. 제12조 제3항에 따른 특례고용가능확인을 받지 아니하고 같은 조 제1항에 따른 사증을 발급받은 외국인근로자를 고용한 사용자
4. 제12조 제4항을 위반하여 외국인구직자 명부에 등록된 사람 중에서 채용하지 아니한 사용자 또는 외국인근로자가 근로를 시작한 후 직업안정기관의 장에게 신고를 하지 아니하거나 거짓으로 신고한 사용자
5. 제13조 제1항 후단을 위반하여 출국만기보험등의 매월 보험료 또는 신탁금을 3회 이상 연체한 사용자
6. 제15조 제1항을 위반하여 보험 또는 신탁에 가입하지 아니한 외국인근로자
7. 제17조 제1항을 위반하여 신고를 하지 아니하거나 거짓으로 신고한 사용자
8. 제20조 제1항에 따라 외국인근로자의 고용이 제한된 사용자로서 제12조 제1항에 따른 사증을 발급받은 외국인근로자를 고용한 사용자
9. 제26조 제1항에 따른 명령을 따르지 아니하여 보고를 하지 아니하거나 거짓으로 보고한 자, 관련 서류를 제출하지 아니하거나 거짓으로 제출한 자, 같은 항에 따른 질문 또는 조사 · 검사를 거부 · 방해하거나 기피한 자
10. 제27조 제1항 · 제2항 또는 제3항에 따른 수수료 및 필요한 비용 외의 금품을 받은 자
② 제1항에 따른 과태료는 대통령령으로 정하는 바에 따라 고용노동부장관이 부과 · 징수한다.

재외동포의 출입국과 법적 지위에 관한 법률

(2020.02.04. 법률 제16917호로 일부개정)

제1호(목적)
이 법은 재외동포(在外同胞)의 대한민국에의 출입국과 대한민국 안에서의 법적 지위를 보장함을 목적으로 한다.

제2조(정의)
이 법에서 "재외동포"란 다음 각 호의 어느 하나에 해당하는 자를 말한다.

1. 대한민국의 국민으로서 외국의 영주권(永住權)을 취득한 자 또는 영주할 목적으로 외국에 거주하고 있는 자(이하 "재외국민"이라 한다)
2. 대한민국의 국적을 보유하였던 자(대한민국정부 수립 전에 국외로 이주한 동포를 포함한다) 또는 그 직계비속(直系卑屬)으로서 외국국적을 취득한 자 중 대통령령으로 정하는 자(이하 "외국국적동포"라 한다)

제3조(적용 범위)
이 법은 재외국민과 「출입국관리법」 제10조에 따른 체류자격 중 재외동포 체류자격(이하 "재외동포체류자격"이라 한다)을 가진 외국국적동포의 대한민국에의 출입국과 대한민국 안에서의 법적 지위에 관하여 적용한다.

제3조의2(다른 법률과의 관계)
재외동포체류자격을 가진 외국국적동포의 대한민국에의 출입국과 대한민국 안에서의 법적 지위에 관하여 이 법에서 정하지 아니한 사항은 「출입국관리법」에 따른다.

제4조(정부의 책무)
정부는 재외동포가 대한민국 안에서 부당한 규제와 대우를 받지 아니하도록 필요한 지원을 하여야 한다.

제5조(재외동포체류자격의 부여)
① 법무부장관은 대한민국 안에서 활동하려는 외국국적동포에게 신청에 의하여 재외동포체류자격을 부여할 수 있다.
② 법무부장관은 외국국적동포에게 다음 각 호의 어느 하나에 해당하는 사유가 있으면 제1항에 따른 재외동포체류자격을 부여하지 아니한다. 다만, 법무부장관이 필요하다고 인정하는 경우에는 제1호에 해당하는 외국국적동포가 41세가 되는 해 1월 1일부터 부여할 수 있다.

1. 다음 각 목의 어느 하나에 해당하지 아니한 상태에서 대한민국 국적을 이탈하거나 상실하여 외국인이 된 남성의 경우
   가. 현역 · 상근예비역 · 보충역 또는 대체역으로 복무를 마치거나 마친 것으로 보게 되는 경우
   나. 전시근로역에 편입된 경우
   다. 병역면제처분을 받은 경우
2. 대한민국의 안전보장, 질서유지, 공공복리, 외교관계 등 대한민국의 이익을 해칠 우려가 있는 경우

③ 법무부장관은 제1항과 제2항에 따라 재외동포체류자격을 부여할 때에는 대통령령으로 정하는 바에 따라 외교부장관과 협의하여야 한다.
④ 재외동포체류자격의 취득요건과 재외동포체류자격을 취득한 자의 활동 범위는 대통령령으로 정한다.

제6조(국내거소신고)
① 재외동포체류자격으로 입국한 외국국적동포는 이 법을 적용받기 위하여 필요하면 대한민국 안에 거소(居所)를 정하여 그 거소를 관할하는 지방출입국 · 외국인관서의 장에게 국내거소신고를 할 수 있다.
② 제1항에 따라 신고한 국내거소를 이전한 때에는 14일 이내에 그 사실을 신거소(新居所)가 소재한 시 · 군 · 구(자치구가 아닌 구를 포함한다. 이하 이 조 및 제7조에서 같다) 또는 읍 · 면 · 동의 장이나 신거소를 관할하는 지방출입국 · 외국인관서의 장에게 신고하여야 한다.
③ 제2항에 따라 거소이전 신고를 받은 지방출입국 · 외국인관서의 장은 신거소가 소재한 시 · 군 · 구 또는 읍 · 면 · 동의 장에게, 시 · 군 · 구 또는 읍 · 면 · 동의 장은 신거소를 관할하는 지방출입국 · 외국인관서의 장에게 각각 이를 통보하여야 한다.
④ 국내거소신고서의 기재 사항, 첨부 서류, 그밖에 신고의 절차에 관하여 필요한 사항은 대통령령으로 정한다.

제7조(국내거소신고증의 발급 등)
① 지방출입국 · 외국인관서의 장은 제6조에 따라 국내거소신고를 한 외국국적동포에게 국내거소신고번호를 부여하고, 외국국적동포 국내거소신고증을 발급한다.

1. 삭제
2. 삭제

② 제1항의 국내거소신고증에는 다음 각 호의 사항을 적는다.

1. 국내거소신고번호
2. 성명

3. 성별
4. 생년월일
5. 국적
6. 거주국
7. 대한민국 안의 거소 등

③ 지방출입국·외국인관서의 장은 대통령령으로 정하는 바에 따라 국내거소신고대장과 그 밖의 관계 서류를 작성하여 보존하여야 한다.

④ 제1항에 따라 국내거소신고증을 발급받은 후 분실·훼손(毁損)하거나 그밖에 대통령령으로 정하는 사유로 재발급을 받으려는 자는 지방출입국·외국인관서의 장에게 재발급 신청을 하여야 한다.

⑤ 지방출입국·외국인관서의 장, 시·군·구 또는 읍·면·동의 장은 제6조에 따라 국내거소신고를 한 사실이 있는 자에게는 법무부령으로 정하는 바에 따라 국내거소신고 사실증명을 발급하거나 열람하게 할 수 있다.

⑥ 제1항과 제4항에 따른 국내거소신고증의 발급·재발급 및 제5항에 따른 국내거소신고 사실증명의 발급을 신청하는 자는 법무부령으로 정하는 수수료를 내야 한다.

제8조(국내거소신고증의 반납)
외국국적동포가 국내거소신고증을 지닐 필요가 없게 된 때에는 대통령령으로 정하는 바에 따라 지방출입국·외국인관서의 장에게 국내거소신고증을 반납하여야 한다.

제9조(주민등록 등과의 관계)
법령에 규정된 각종 절차와 거래관계 등에서 주민등록증, 주민등록표 등본·초본, 외국인등록증 또는 외국인등록 사실증명이 필요한 경우에는 국내거소신고증이나 국내거소신고 사실증명으로 그에 갈음할 수 있다.

제10조(출입국과 체류)
① 재외동포체류자격에 따른 체류기간은 최장 3년까지로 한다.

② 법무부장관은 제1항에 따른 체류기간을 초과하여 국내에 계속 체류하려는 외국국적동포에게는 대통령령으로 정하는 바에 따라 체류기간 연장허가를 할 수 있다. 다만, 제5조 제2항 각 호의 어느 하나에 해당하는 사유가 있는 경우에는 그러하지 아니하다.

③ 국내거소신고를 한 외국국적동포가 체류기간 내에 출국하였다가 재입국하는 경우에는 「출입국관리법」 제30조에 따른 재입국허가가 필요하지 아니하다.

④ 대한민국 안의 거소를 신고하거나 그 이전신고(移轉申告)를 한 외국국적동포에 대하여는 「출입국관리법」 제31조에 따른 외국인등록과 같은 법 제36조에 따른 체류지변경신고를 한 것으로 본다.

⑤ 재외동포체류자격을 부여받은 외국국적동포의 취업이나 그 밖의 경제활동은 사회질서 또는 경제안정을 해치지 아니하는 범위에서 자유롭게 허용된다.

제11조(부동산거래 등)
① 국내거소신고를 한 외국국적동포는 「부동산 거래신고 등에 관한 법률」 제9조 제1항 제1호에 따른 경우 외에는 대한민국 안에서 부동산을 취득·보유·이용 및 처분할 때에 대한민국의 국민과 동등한 권리를 갖는다. 다만, 「부동산 거래신고 등에 관한 법률」 제3조 제1항 및 제8조에 따른 신고를 하여야 한다.

② 국내거소신고를 한 외국국적동포가 「부동산 실권리자명의 등기에 관한 법률」의 시행 전에 명의신탁(名義信託) 약정(約定)에 따라 명의수탁자(名義受託者) 명의(名義)로 등기하거나 등기하도록 한 부동산에 관한 물권(物權)을 이 법 시행 후 1년 이내에 「부동산 실권리자명의 등기에 관한 법률」 제11조 제1항 및 제2항에 따라 실명(實名)으로 등기하거나 매각처분 등을 한 경우에는 같은 법 제12조 제1항 및 제2항을 적용하지 아니한다.

제12조(금융거래)
주민등록을 한 재외국민과 국내거소신고를 한 외국국적동포는 예금·적금의 가입, 이율의 적용, 입금과 출금 등 국내 금융기관을 이용할 때 「외국환거래법」 상의 거주자인 대한민국 국민과 동등한 권리를 갖는다. 다만, 자본거래의 신고 등에 관한 「외국환거래법」 제18조의 경우에는 그러하지 아니하다.

제13조(외국환거래)
재외국민이 다음 각 호의 어느 하나에 해당하는 지급수단을 수출하거나 외국에 지급하는 경우 「외국환거래법」 제15조와 제17조를 적용할 때 재외국민은 외국국적동포와 동등한 대우를 받는다.

1. 외국에 거주하기 전부터 소유하고 있던 국내 부동산을 매각하거나 수용으로 처분하였을 경우 그 매각 또는 처분대금
2. 외국에서 국내로 수입(輸入)하거나 국내에 지급한 지급수단

제14조(건강보험)
주민등록을 한 재외국민과 국내거소신고를 한 외국국적동포가 90일 이상 대한민국 안에 체류하는 경우에는 건강보험 관계 법령으로 정하는 바에 따라 건강보험을 적용받을 수 있다.

제15조 삭제

제16조(국가유공자 · 독립유공자와 그 유족의 보훈급여금)

외국국적동포는 「국가유공자 등 예우 및 지원에 관한 법률」 또는 「독립유공자예우에 관한 법률」에 따른 보훈급여금을 받을 수 있다.

제17조(과태료)

① 제6조 제2항을 위반하여 국내거소의 이전 사실을 신고하지 아니한 자에게는 200만원 이하의 과태료를 부과한다.

② 제8조를 위반하여 국내거소신고증을 반납하지 아니한 자에게는 100만원 이하의 과태료를 부과한다.

③ 제1항이나 제2항에 따른 과태료는 대통령령으로 정하는 바에 따라 지방출입국 · 외국인관서의 장이 부과하고 징수한다.

④ 삭제

⑤ 삭제

⑥ 삭제

북한이탈주민의 보호 및 정착지원에 관한 법률

(2020.12.08. 법률 제17565호 일부개정)

제1조(목적)
이 법은 군사분계선 이북지역에서 벗어나 대한민국의 보호를 받으려는 군사분계선 이북지역의 주민이 정치, 경제, 사회, 문화 등 모든 생활 영역에서 신속히 적응·정착하는 데 필요한 보호 및 지원에 관한 사항을 규정함을 목적으로 한다.

제2조(정의)
이 법에서 사용하는 용어의 뜻은 다음과 같다.

1. "북한이탈주민"이란 군사분계선 이북지역(이하 "북한"이라 한다)에 주소, 직계가족, 배우자, 직장 등을 두고 있는 사람으로서 북한을 벗어난 후 외국 국적을 취득하지 아니한 사람을 말한다.
2. "보호대상자"란 이 법에 따라 보호 및 지원을 받는 북한이탈주민을 말한다.
3. "정착지원시설"이란 보호대상자의 보호 및 정착지원을 위하여 제10조 제1항에 따라 설치·운영하는 시설을 말한다.
4. "보호금품"이란 이 법에 따라 보호대상자에게 지급하거나 빌려주는 금전 또는 물품을 말한다.

제3조(적용범위)
이 법은 대한민국의 보호를 받으려는 의사를 표시한 북한이탈주민에 대하여 적용한다.

제4조(기본원칙)
① 대한민국은 보호대상자를 인도주의에 입각하여 특별히 보호한다.
② 대한민국은 외국에 체류하고 있는 북한이탈주민의 보호 및 지원 등을 위하여 외교적 노력을 다하여야 한다.
③ 보호대상자는 대한민국의 자유민주적 법질서에 적응하여 건강하고 문화적인 생활을 할 수 있도록 노력하여야 한다.
④ 통일부장관은 북한이탈주민에 대한 보호 및 지원 등을 위하여 북한이탈주민의 실태를 파악하고, 그 결과를 정책에 반영하여야 한다.

제4조의2(국가의 책무)
① 국가는 보호대상자의 성공적인 정착을 위하여 보호대상자의 보호·교육·취업·주거·의료 및 생활보호 등의 지원을 지속적으로 추진하고 이에 필요한 재원을 안정적으로 확보하기 위하여 노력하여야 한다.
② 국가는 제1항에 따라 보호대상자에 대한 지원시책을 마련하는 경우 아동·청소년·여성·노인·장애인 등에 대하여 특별히 배려·지원하도록 노력하여야 한다.

제4조의3(기본계획 및 시행계획)
① 통일부장관은 제6조에 따른 북한이탈주민 대책협의회의 심의를 거쳐 보호대상자의 보호 및 정착지원에 관한 기본계획(이하 "기본계획"이라 한다)을 3년마다 수립·시행하여야 한다.
② 기본계획에는 다음 각 호의 사항이 포함되어야 한다.

1. 보호대상자의 보호 및 정착에 필요한 교육에 관한 사항
2. 보호대상자의 직업훈련, 고용촉진 및 고용유지에 관한 사항
3. 보호대상자에 대한 정착지원시설의 설치·운영 및 주거지원에 관한 사항
4. 보호대상자에 대한 의료지원 및 생활보호 등에 관한 사항
5. 보호대상자의 사회통합 및 인식개선에 관한 사항
6. 그밖에 보호대상자의 보호, 정착지원 및 고용촉진 등을 위하여 통일부장관이 필요하다고 인정하는 사항

③ 통일부장관은 관계 중앙행정기관의 장과 협의하여 기본계획에 따른 연도별 시행계획(이하 "시행계획"이라 한다)을 수립·시행하여야 한다.
④ 통일부장관은 기본계획 및 시행계획을 수립하고자 할 경우에 제22조 제3항에 따른 실태조사의 결과를 반영하여야 한다.
⑤ 통일부장관은 시행계획의 추진성과를 매년 정기적으로 분석하고 그 결과를 기본계획과 시행계획에 반영하여야 한다.
⑥ 통일부장관은 제5항에 따른 추진성과를 분석하기 위하여 관계 중앙행정기관의 장 또는 지방자치단체의 장에게 관련 자료의 제출을 요청할 수 있다. 이 경우 관계 중앙행정기관의 장 또는 지방자치단체의 장은 특별한 사유가 없으면 이에 협조하여야 한다.

제5조(보호기준 등)
① 보호대상자에 대한 보호 및 지원 기준은 나이, 성별, 세대 구성, 학력, 경력, 자활 능력, 건강 상태 및 재산 등을 고려하여 합리적으로 정하여야 한다.
② 이 법에 따른 보호 및 정착지원은 원칙적으로 개인을 단위로 하되, 필요하다고 인정하는 경우에는

대통령령으로 정하는 바에 따라 세대를 단위로 할 수 있다.

③ 보호대상자를 정착지원시설에서 보호하는 기간은 1년 이내로 하고, 거주지에서 보호하는 기간은 5년으로 한다. 다만, 특별한 사유가 있는 경우에는 제6조에 따른 북한이탈주민 대책협의회의 심의를 거쳐 그 기간을 단축하거나 연장할 수 있다.

제6조(북한이탈주민 대책협의회)

① 북한이탈주민에 관한 정책을 협의·조정하고 보호대상자의 보호 및 정착지원에 관한 다음 각 호의 사항을 심의하기 위하여 통일부에 북한이탈주민 대책협의회(이하 "협의회"라 한다)를 둔다.

1. 제5조 제3항 단서에 따른 보호 및 정착지원 기간의 단축 또는 연장에 관한 사항

1의2. 제4조의3에 따른 기본계획 및 시행계획의 수립·시행에 관한 사항

2. 제8조 제1항 본문에 따른 보호 여부의 결정에 관한 사항

3. 제17조의2 제2항에 따른 취업보호의 중지 또는 종료에 관한 사항

3의2. 제22조의2 제3항 단서에 따른 거주지에서의 신변보호기간 연장에 관한 사항

4. 제27조 제1항에 따른 보호 및 정착지원의 중지 또는 종료에 관한 사항

5. 제32조 제2항 전단에 따른 시정 등의 조치에 관한 사항

6. 그밖에 보호대상자의 보호 및 정착지원에 관하여 대통령령으로 정하는 사항

② 협의회는 위원장 1명을 포함한 25명 이내의 위원으로 구성한다.

③ 위원장은 통일부차관이 되며, 협의회의 업무를 총괄한다.

④ 제1항부터 제3항까지에서 규정한 사항 외에 협의회의 구성 및 운영에 필요한 사항은 대통령령으로 정한다.

제7조(보호신청 등)

① 북한이탈주민으로서 이 법에 따른 보호를 받으려는 사람은 재외공관이나 그 밖의 행정기관의 장(각급 군부대의 장을 포함한다. 이하 "재외공관장 등"이라 한다)에게 보호를 직접 신청하여야 한다. 다만, 보호를 직접 신청하지 아니할 수 있는 대통령령으로 정하는 사유가 있는 경우에는 그러하지 아니하다.

② 제1항 본문에 따른 보호신청을 받은 재외공관장 등은 지체 없이 그 사실을 소속 중앙행정기관의 장을 거쳐 통일부장관과 국가정보원장에게 통보하여야 한다.

③ 제2항에 따라 통보를 받은 국가정보원장은 보호신청자에 대하여 보호결정 등을 위하여 필요한 조사 및 일시적인 신변안전조치 등 임시보호조치를 한 후 지체 없이 그 결과를 통일부장관에게 통보하여야 한다.

④ 국가정보원장은 제3항에 따른 조사 및 임시보호조치를 하기 위한 시설(이하 "임시보호시설"이라 한다)을 설치·운영하여야 한다.

⑤ 제3항에 따른 조사 및 임시보호조치의 내용 및 방법과 제4항에 따른 임시보호시설의 설치·운영에 필요한 사항은 대통령령으로 정한다.

제8조(보호 결정 등)

① 통일부장관은 제7조 제3항에 따른 통보를 받으면 협의회의 심의를 거쳐 보호 여부를 결정한다. 다만, 국가안전보장에 현저한 영향을 줄 우려가 있는 사람에 대하여는 국가정보원장이 그 보호 여부를 결정하고, 그 결과를 지체 없이 통일부장관과 보호신청자에게 통보하거나 알려야 한다.

② 제1항 본문에 따라 보호 여부를 결정한 통일부장관은 그 결과를 지체 없이 관련 중앙행정기관의 장을 거쳐 재외공관장 등에게 통보하여야 하고, 통보를 받은 재외공관장 등은 이를 보호신청자에게 즉시 알려야 한다.

제9조(보호 결정의 기준)

① 제8조 제1항 본문에 따라 보호 여부를 결정할 때 다음 각 호의 어느 하나에 해당하는 사람은 보호대상자로 결정하지 아니할 수 있다. [시행일 2021.6.9.]

1. 항공기 납치, 마약거래, 테러, 집단살해 등 국제형사범죄자
2. 살인 등 중대한 비정치적 범죄자
3. 위장탈출 혐의자
4. 체류국(滯留國)에 10년 이상 생활 근거지를 두고 있는 사람(삭제 [시행일 2021.6.9.])
5. 국내 입국 후 3년이 지나서 보호신청한 사람
6. 그밖에 국가안전보장·질서유지·공공복리에 대한 중대한 위해 발생 우려, 보호신청자의 경제적 능력 및 해외체류 여건 등을 고려하여 보호대상자로 정하는 것이 부적당하거나 보호 필요성이 현저히 부족하다고 대통령령으로 정하는 사람

② 제1항 제5호의 경우 북한이탈주민에게 대통령령으로 정하는 부득이한 사정이 있는 경우에는 그러하

지 아니하다. [시행일 2021.6.9.]

③ 통일부장관은 북한이탈주민으로서 제1항 각 호의 어느 하나에 해당하여 보호대상자로 결정되지 아니한 사람에게는 필요한 경우 다음 각 호의 어느 하나에 해당하는 보호 및 지원을 할 수 있다. [시행일 2021.6.9.]

1. 제11조 · 제13조 · 제14조 · 제16조 · 제17조의3 · 제19조 · 제19조의2 · 제20조(이 조 제1항 제5호에 해당하여 보호대상자로 결정되지 아니한 경우만 해당한다) · 제22조 및 제26조의2에 따른 보호 및 특례
2. 그밖에 사회정착에 필요하다고 대통령령으로 정하는 보호 및 지원

④ 제3항에 따른 보호 및 지원에 관하여 필요한 사항은 대통령령으로 정한다.

제10조(정착지원시설의 설치)

① 통일부장관은 보호대상자에 대한 보호 및 정착지원을 위하여 정착지원시설을 설치 · 운영한다. 다만, 제8조 제1항 단서에 따라 국가정보원장이 보호하기로 결정한 사람을 위하여는 국가정보원장이 별도의 정착지원시설을 설치 · 운영할 수 있다.

② 통일부장관 또는 국가정보원장은 제1항에 따라 정착지원시설을 설치하는 경우 보호대상자의 건강하고 쾌적한 생활과 적응활동이 이루어질 수 있도록 숙박시설과 그 밖의 필요한 시설을 갖추어야 한다.

③ 정착지원시설의 종류 및 관리 · 운영 등에 필요한 사항은 대통령령으로 정한다.

제11조(정착지원시설에서의 보호 등)

① 제10조 제1항에 따라 정착지원시설을 설치 · 운영하는 기관의 장은 보호대상자가 거주지로 전출할 때까지 정착지원시설에서 보호하여야 한다.

② 제1항에 따른 기관의 장은 정착지원시설에서 보호받는 보호대상자에게 대통령령으로 정하는 바에 따라 보호금품을 지급할 수 있다.

③ 제1항에 따른 기관의 장은 보호대상자가 정착지원시설에서 보호받고 있는 동안 신원 및 북한이탈동기의 확인, 건강진단, 그밖에 정착지원에 필요한 조치를 할 수 있다.

제12조(등록대장)

① 제10조 제1항에 따라 정착지원시설을 설치 · 운영하는 기관의 장은 제8조 제1항에 따라 보호 결정을 한 때에는 대통령령으로 정하는 바에 따라 보호대상자의 등록기준지, 가족관계, 경력 등 필요한 사항을 기록한 등록대장을 관리 · 보존하여야 한다.

② 통일부장관은 모든 등록대장을 통합하여 관리 · 보존하여야 한다. 이를 위하여 국가정보원장은 제1항에 따라 관리 · 보존하고 있는 등록대장의 기록사항을 통일부장관에게 통보하여야 한다.

제13조(학력 인정)

보호대상자는 대통령령으로 정하는 바에 따라 북한이나 외국에서 이수한 학교 교육의 과정에 상응하는 학력을 인정받을 수 있다.

제14조(자격 인정)

① 보호대상자는 관계 법령에서 정하는 바에 따라 북한이나 외국에서 취득한 자격에 상응하는 자격 또는 그 자격의 일부를 인정받을 수 있다.

② 통일부장관은 자격 인정 신청자에게 대통령령으로 정하는 바에 따라 자격 인정을 위하여 필요한 보수교육 또는 재교육을 실시할 수 있다.

③ 제1항 및 제2항을 시행하기 위하여 필요한 경우 대통령령으로 정하는 바에 따라 자격 인정 여부를 심사하기 위한 위원회를 둘 수 있다.

제15조(사회적응교육 등)

① 통일부장관은 보호대상자가 대한민국에 정착하는데 필요한 기본교육을 실시하여야 한다.

② 통일부장관은 제1항의 기본교육 외에 보호대상자에게 거주지에서 별도의 적응교육을 추가로 실시할 수 있다.

③ 제1항 및 제2항에 따른 교육에 필요한 사항은 대통령령으로 정한다.

제15조의2(지역적응센터의 지정)

① 통일부장관은 제15조 제2항의 거주지 적응교육과 북한이탈주민의 특성을 고려한 심리 및 진로상담 · 생활정보제공 · 취업서비스 안내 및 사회서비스 안내 등을 종합적으로 실시하도록 전문성 있는 기관 · 단체 · 시설을 보호대상자의 거주지를 관할하는 지방자치단체의 장(이하 "지방자치단체장"이라 한다)과 협의하여 지역적응센터로 지정 · 운영할 수 있다.

② 통일부장관은 지역적응센터의 운영에 필요한 경비를 예산의 범위에서 별도로 지원할 수 있다.

제16조(직업훈련)

① 통일부장관은 직업훈련을 희망하는 보호대상자 또는 보호대상자이었던 사람에 대하여 대통령령으로 정하는 바에 따라 직업훈련을 실시할 수 있다.

② 제1항에 따른 직업훈련의 실시기간은 대상자의 직무능력 등을 고려하여 3개월 이상이 되도록 노력하여야 한다.

제17조(취업보호 등)

① 통일부장관은 보호대상자가 정착지원시설로부터

그의 거주지로 전입한 후 대통령령으로 정하는 바에 따라 최초로 취업한 날부터 3년간 취업보호를 실시한다. 다만, 사회적 취약계층, 장기근속자 등 취업보호 기간을 연장할 필요가 있는 경우로서 대통령령으로 정하는 사유에 해당하는 경우에는 1년의 범위에서 취업보호 기간을 연장할 수 있다.
② 제1항에 따른 취업보호 기간은 실제 취업일수를 기준으로 하여 정한다.
③ 통일부장관은 제1항에 따른 보호대상자(이하 "취업보호대상자"라 한다)를 고용한 사업주에 대하여는 대통령령으로 정하는 바에 따라 그 취업보호대상자 임금의 2분의 1의 범위에서 고용지원금을 지급할 수 있다.
④ 사업주가 취업보호대상자를 고용할 때에는 그 취업보호대상자가 북한을 벗어나기 전의 직위, 담당 직무 및 경력 등을 고려하여야 한다.
⑤ 삭제
⑥ 통일부장관은 대통령령으로 정하는 바에 따라 보호대상자의 취업을 알선할 수 있다.

제17조의2(취업보호의 제한)
① 통일부장관은 취업보호대상자가 다음 각 호의 어느 하나에 해당하는 경우에는 제17조 제1항에도 불구하고 대통령령으로 정하는 바에 따라 일정 기간 취업보호를 제한할 수 있다.
1. 취업한 후 정당한 사유 없이 대통령령으로 정하는 기간 동안 근무하지 아니하고 자의로 퇴직한 경우
2. 근무태만, 직무유기 또는 부정행위 등의 사유로 징계에 의하여 면직된 경우
② 통일부장관은 취업보호대상자가 거짓이나 그 밖의 부정한 방법으로 사업주로 하여금 제17조 제3항의 고용지원금을 받게 한 때에는 협의회의 심의를 거쳐 취업보호를 중지하거나 종료할 수 있다.
③ 통일부장관은 제2항에 따라 취업보호를 중지하거나 종료한 때에는 그 사유를 구체적으로 밝혀 해당 취업보호대상자에게 알려야 한다.
④ 통일부장관은 사업주가 거짓이나 그 밖의 부정한 방법으로 제17조 제3항에 따른 고용지원금을 받은 경우 대통령령으로 정하는 바에 따라 그 지급을 제한하거나, 이미 지급받은 금액을 반환하도록 명할 수 있다.

제17조의3(영농 정착지원)
① 통일부장관은 영농(營農)을 희망하는 북한이탈주민에 대하여 영농 정착을 위한 다음 각 호의 행정적·재정적 지원을 할 수 있다.
1. 영농 교육 훈련
2. 농업 현장 실습
3. 영농 자금 지원
4. 그밖에 대통령령으로 정하는 사항
② 제1항에 따른 행정적·재정적 지원의 절차 등 필요한 사항은 통일부령으로 정한다.

제17조의4(세제혜택)
국가 및 지방자치단체는 북한이탈주민을 채용하는 기업에 대하여 예산의 범위에서 재정지원을 하거나 조세 관계 법률에서 정하는 바에 따라 세금을 감면할 수 있다.

제17조의5(우선 구매 등)
통일부장관은 북한이탈주민의 고용과 관련하여 모범이 되는 사업주에 대해서는 대통령령으로 정하는 바에 따라 생산품 우선 구매 등의 지원을 할 수 있다.

제18조(특별임용)
① 북한에서의 자격이나 경력이 있는 사람 등 북한이탈주민으로서 공무원으로 채용하는 것이 필요하다고 인정되는 사람에 대하여는 「국가공무원법」 제28조 제2항 및 「지방공무원법」 제27조 제2항에도 불구하고 북한을 벗어나기 전의 자격·경력 등을 고려하여 국가공무원 또는 지방공무원으로 특별임용할 수 있다.
② 북한의 군인이었던 보호대상자가 국군에 편입되기를 희망하면 북한을 벗어나기 전의 계급, 직책 및 경력 등을 고려하여 국군으로 특별임용할 수 있다.
③ 제1항 및 제2항에 따른 특별임용에 필요한 사항은 대통령령으로 정한다.

제18조의2(공공기관 평가 반영)
① 중앙행정기관·지방자치단체 및 공공기관은 북한이탈주민을 고용하기 위하여 노력하여야 한다.
② 「정부업무평가 기본법」에 따른 중앙행정기관·지방자치단체 및 공공기관의 평가 시 북한이탈주민 고용률을 평가항목에 포함시킬 수 있다.
③ 제2항에 따른 평가의 구체적인 방법 및 절차 등은 중앙행정기관·지방자치단체 및 공공기관의 특수성을 감안하여 대통령령으로 정한다.

제19조(가족관계 등록 창설의 특례)
① 통일부장관은 보호대상자로서 군사분계선 이남지역(이하 "남한"이라 한다)에 가족관계 등록이 되어 있지 아니한 사람에 대하여는 본인의 의사에 따라 등록기준지를 정하여 서울가정법원에 가족관계 등록 창설허가 신청서를 제출하여야 한다.
② 제1항의 가족관계 등록 창설허가 신청서에는 제12조 제1항에 따라 작성된 보호대상자의 등록대장

등본과 가족관계등록부의 기록방법에 준하여 작성한 신분표를 붙여야 한다.

③ 서울가정법원은 제1항에 따라 가족관계 등록 창설허가 신청서를 받은 때에는 지체 없이 허가 여부를 결정하고, 가족관계 등록 창설허가를 한 때에는 해당 등록기준지의 시(구를 두지 아니한 시를 말한다. 이하 이 조에서 같다) · 구 · 읍 · 면의 장에게 가족관계 등록 창설허가 등본을 송부하여야 한다.

④ 시 · 구 · 읍 · 면의 장은 제3항에 따른 가족관계 등록 창설허가 등본을 받은 때에는 지체 없이 가족관계등록부를 작성하여야 하고, 주소지 시장(특별시장 · 광역시장은 제외한다. 이하 같다) · 군수 · 구청장(자치구의 구청장을 말한다. 이하 같다) 또는 특별자치도지사에게 가족관계 기록사항에 관한 증명서를 첨부하여 가족관계 등록 신고사항을 통보하여야 한다.

제19조의2(이혼의 특례)

① 제19조에 따라 가족관계 등록을 창설한 사람 중 북한에 배우자를 둔 사람은 그 배우자가 남한에 거주하는지 불명확한 경우 이혼을 청구할 수 있다.

② 제19조에 따라 가족관계 등록을 창설한 사람의 가족관계등록부에 배우자로 기록된 사람은 재판상 이혼의 당사자가 될 수 있다.

③ 제1항에 따라 이혼을 청구하려는 사람은 배우자가 보호대상자에 해당하지 아니함을 증명하는 통일부장관의 서면을 첨부하여 서울가정법원에 재판상 이혼청구를 하여야 한다.

④ 서울가정법원이 제2항에 따른 재판상 이혼의 당사자에게 송달을 할 때에는 「민사소송법」 제195조에 따른 공시송달(公示送達)로 할 수 있다. 이 경우 첫 공시송달은 실시한 날부터 2개월이 지나야 효력이 생긴다. 다만, 같은 당사자에게 첫 공시송달 후에 하는 공시송달은 실시한 다음 날부터 효력이 생긴다.

⑤ 제4항의 기간은 줄일 수 없다.

제19조의3(주민등록번호 정정의 특례)

① 북한이탈주민 중 정착지원시설의 소재지를 기준으로 하여 주민등록번호를 부여받은 사람은 거주지의 시장 · 군수 · 구청장 또는 특별자치도지사에게 자신의 주민등록번호 정정을 한 번만 신청할 수 있다.

② 제1항에 따른 신청을 받은 시장 · 군수 · 구청장 또는 특별자치도지사는 특별한 사정이 없으면 현 거주지를 기준으로 하여 주민등록번호를 정정하여야 한다.

제20조(주거지원 등)

① 통일부장관은 보호대상자에게 대통령령으로 정하는 바에 따라 주거지원을 할 수 있다.

② 제1항에 따라 주거지원을 받는 보호대상자는 그 주민등록 전입신고를 한 날부터 2년간 통일부장관의 허가를 받지 아니하고는 임대차계약을 해지하거나 그 주거지원에 따라 취득하게 된 소유권, 전세권 또는 임차권(이하 "소유권 등"이라 한다)을 양도하거나 저당권을 설정할 수 없다.

③ 제2항에 따른 소유권 등의 등기신청은 보호대상자를 대리하여 통일부장관이 한다. 이 경우 소유권 등은 양도나 저당권 설정이 금지된다는 사실을 그 등기신청서에 기록하여야 한다.

④ 통일부장관은 보호대상자에게 대통령령으로 정하는 바에 따라 가정과 같은 주거 여건과 보호를 제공하는 공동생활시설을 이용하는 데 필요한 지원을 할 수 있다.

⑤ 국가와 지방자치단체는 보호대상자의 주거생활 안정을 위하여 주택 확보에 적극 노력하여야 한다.

제21조(정착금 등의 지급)

① 통일부장관은 보호대상자의 정착 여건 및 생계유지 능력 등을 고려하여 정착금이나 그에 상응하는 가액의 물품(이하 "정착금품"이라 한다)을 지급할 수 있다. 이 경우 정착금품의 2분의 1을 초과하지 아니하는 범위에서 감액할 수 있다.

② 통일부장관은 보호대상자가 제공한 정보나 가지고 온 장비(재화를 포함한다)의 활용 가치에 따라 등급을 정하여 보로금(報勞金)을 지급할 수 있다.

③ 제1항 및 제2항에 따른 정착금품과 보로금의 지급 및 감액 기준, 절차 등에 관한 사항은 대통령령으로 정한다.

④ 제1항에 따른 정착금은 양도하거나 담보로 제공할 수 없고, 압류할 수 없다.

제21조의2(정착자산 형성의 지원)

① 통일부장관은 보호대상자에게 정착에 필요한 자산을 형성할 수 있도록 재정적 지원과 자산활용에 필요한 교육을 실시할 수 있다.

② 제1항에 따른 지원 대상 · 기준 및 교육에 필요한 사항은 대통령령으로 정한다.

제22조(거주지 보호)

① 통일부장관은 보호대상자가 정착지원시설로부터 그의 거주지로 전입한 후 정착하여 스스로 생활하는 데 장애가 되는 사항을 해결하거나 그밖에 자립 · 정착에 필요한 보호를 할 수 있다.

② 통일부장관은 제1항에 따른 보호 업무를 행정안전부장관과 협의하여 지방자치단체장에게 위임할 수 있다.

③ 통일부장관은 북한이탈주민에 대하여 실태파악을 위한 조사(이하 "실태조사"라 한다)를 실시하여야 한다. 이 경우 실태조사에는 다음 각 호의 사항이 포함되어야 한다.

1. 취학 여부 등 교육현황
2. 취업직종 · 근로형태 · 근속기간 · 임금수준 · 근로조건 등 취업현황
3. 주거현황
4. 의료지원 및 생활보호 현황
5. 소득 · 지출 · 자산 등 가족의 경제상태에 관한 사항
6. 그밖에 거주지 보호를 위하여 통일부장관이 필요하다고 인정하는 사항

④ 통일부장관은 제3항에 따른 실태조사를 실시하기 위하여 관계 중앙행정기관의 장, 지방자치단체의 장 또는 「공공기관의 운영에 관한 법률」에 따른 공공기관의 장에게 관련 자료의 제출 등 협조를 요청할 수 있다. 이 경우 자료의 제출 등 협조를 요청받은 관계 중앙행정기관의 장 등은 특별한 사유가 없으면 이에 협조하여야 한다.

제22조의2(거주지에서의 신변보호)

① 통일부장관은 제22조에 따라 보호대상자가 거주지로 전입한 후 그의 신변안전을 위하여 국방부장관이나 경찰청장에게 협조를 요청할 수 있으며, 협조요청을 받은 국방부장관이나 경찰청장은 이에 협조한다.

② 제1항에 따른 신변보호에 필요한 사항은 통일부장관이 국방부장관, 국가정보원장 및 경찰청장과 협의하여 정한다. 이 경우 해외여행에 따른 신변보호에 관한 사항은 외교부장관과 법무부장관의 의견을 들을 수 있다.

③ 제1항에 따른 신변보호기간은 5년으로 한다. 다만, 통일부장관은 보호대상자의 의사, 신변보호의 지속 필요성 등을 고려하여 협의회 심의를 거쳐 그 기간을 연장할 수 있다.

제22조의3(전문상담사제도 운영)

① 통일부장관은 거주지에 전입한 북한이탈주민에 대한 정신건강 검사 등 전문적 상담서비스를 제공할 수 있는 북한이탈주민 전문상담사제도를 운영할 수 있다.

② 통일부장관은 제1항에 따른 전문상담사의 자질 향상을 위한 보수교육을 실시할 수 있다.

③ 제1항 및 제2항에 따른 전문상담사의 운영방법 및 절차 등에 관한 사항은 통일부령으로 정한다.

제23조(보고 의무)

지방자치단체장은 대통령령으로 정하는 바에 따라 반기(半期)마다 보호대상자의 정착 실태 등을 파악하여 행정안전부장관을 거쳐 통일부장관에게 보고하여야 한다.

제24조(교육지원)

① 통일부장관은 대통령령으로 정하는 바에 따라 보호대상자의 나이, 수학능력(修學能力), 그 밖의 교육 여건 등을 고려하여 보호대상자가 교육을 받을 수 있도록 필요한 지원을 할 수 있다.

② 통일부장관은 예산의 범위에서 대통령령으로 정하는 바에 따라 북한이탈주민을 대상으로 초 · 중등교육을 실시하는 학교의 운영에 필요한 경비를 지원할 수 있다.

③ 통일부장관은 교육부장관과 협의하여 보호대상자의 교육을 위한 전문인력을 확보하고, 보호대상자의 학력 진단 · 평가, 교육정보관리, 교육, 연수 및 학습활동의 지원 등 보호대상자의 교육지원과 지도를 위하여 노력하여야 한다.

제24조의2(북한이탈주민 예비학교의 설립)

① 통일부장관은 탈북 청소년(제3국에서 출생한 북한이탈주민의 자녀로서 부 또는 모와 함께 정착지원시설에 입소한 사람을 포함한다)의 일반학교 진학을 지원하기 위하여 교육부장관과 협의하여 정착지원시설 내에 북한이탈주민 예비학교를 설립 · 운영할 수 있다.

② 제1항에 따른 북한이탈주민 예비학교의 교육기간, 프로그램 운영방법 등에 관한 사항은 대통령령으로 정한다.

제24조의3(공유재산의 대부 · 사용 등에 관한 특례)

① 지방자치단체는 북한이탈주민 또는 그 자녀의 정착지원 을 위하여 필요하다고 인정하는 경우에는 「공유재산 및 물품 관리법」에도 불구하고 공유재산을 북한이탈주민 이나 그 자녀를 대상으로 교육을 실시하는 학교로서 「초 · 중등교육법」 제2조에 따른 학교에 수의(隨意)의 방법으로 대부하거나 사용 · 수익하게 할 수 있다.

② 제1항에 따라 공유재산을 대부 또는 사용 · 수익하는 경우 그 기간은 「공유재산 및 물품 관리법」 제21조 제1항 및 제31조 제1항에도 불구하고 10년 이내로 할 수 있다. 이 경우 그 기간은 갱신할 수 있으며, 갱신기간은 갱신할 때마다 10년을 초과할 수 없다.

제25조(의료급여 등)

① 통일부장관은 보호대상자와 그 가족에게 「의료급여법」에서 정하는 바에 따라 의료급여를 실시할 수 있다.

② 통일부장관은 「국민건강보험법」의 적용대상인 보호대상자의 경제적 능력 등을 고려하여 「국민건강보험법」 제69조에 따라 부담하여야 하는 보험료의 일부를 지원할 수 있다.

③ 제2항에 따른 보호대상자의 범위와 보험료의 지원 범위에 관해서는 대통령령으로 정한다.

제26조(생활보호)

제11조에 따른 보호가 종료된 사람 중 생활이 어려운 사람에게는 본인이 「국민기초생활 보장법」 제21조에 따라 특별자치시장 · 특별자치도지사 · 시장 · 군수 · 구청장(같은 법 제7조 제1항 제4호의 교육급여인 경우에는 특별시 · 광역시 · 특별자치시 · 도 · 특별자치도의 교육감을 말한다)에게 신청하는 경우 「국민기초생활 보장법」 제8조 제2항, 제12조 제3항, 제12조의2, 제12조의3 제2항 및 「주거급여법」 제5조에도 불구하고 5년의 범위에서 다음 각 호에 따른 보호를 할 수 있다.

1. 「국민기초생활 보장법」 제7조 제1항 제1호, 제8조(제2항은 제외한다), 제9조 및 제10조에 따른 생계급여
2. 「국민기초생활 보장법」 제7조 제1항 제2호, 제11조 및 「주거급여법」(제5조는 제외한다)에 따른 주거급여
3. 「국민기초생활 보장법」 제7조 제1항 제3호, 제12조의3(제2항은 제외한다) 및 「의료급여법」에 따른 의료급여
4. 「국민기초생활 보장법」 제7조 제1항 제4호 및 제12조(제3항은 제외한다)에 따른 교육급여
5. 「국민기초생활 보장법」 제7조 제1항 제5호 및 제13조에 따른 해산급여
6. 「국민기초생활 보장법」 제7조 제1항 제6호 및 제14조에 따른 장제급여
7. 「국민기초생활 보장법」 제7조 제1항 제7호 및 제15조에 따른 자활급여

제26조의2(국민연금에 대한 특례)

① 제8조에 따른 보호 결정 당시 50세 이상 60세 미만인 보호대상자는 「국민연금법」 제61조에도 불구하고 다음 각 호의 구분에 따른 날부터 국민연금을 받을 수 있다.

1. 60세가 되기 전에 가입기간이 5년 이상 10년 미만 되는 사람: 60세가 되는 날
2. 60세가 된 후에 가입기간이 5년 이상 되는 사람: 가입자 자격을 상실한 날

② 제1항에 따른 국민연금의 금액은 「국민연금법」 제51조에 따른 기본연금액의 1천분의 250에 해당하는 금액에 같은 법 제52조에 따른 부양가족연금액을 더한 금액으로 한다. 다만, 5년을 초과하는 경우에는 그 초과하는 1년(1년 미만은 1개월을 12분의 1년으로 계산한다)마다 기본연금액의 1천분의 50에 해당하는 금액을 더한다.

③ 보호대상자의 국민연금에 관하여 이 법에 규정된 사항 외에는 「국민연금법」에 따른다.

제26조의3(생업 지원)

국가와 지방자치단체, 그 밖의 공공단체는 소관 공공시설에 편의사업 또는 편의시설의 설치를 허가하거나 위탁하는 경우 이 법에 따른 보호대상자의 신청이 있을 때에는 대통령령으로 정하는 바에 따라 이를 우선적으로 고려하여야 한다.

제26조의4(자금의 대여 등)

보호대상자는 「근로자복지기본법」 제17조에 따른 생활안정자금 지원 및 「국민기초생활 보장법」 제15조에 따른 금품의 지급 또는 대여 시 대상자 선정 및 지원 상한액 등에 있어 특별한 지원을 받을 수 있다.

제27조(보호의 변경)

① 통일부장관은 보호대상자가 다음 각 호의 어느 하나에 해당하는 경우에는 협의회의 심의를 거쳐 보호 및 정착지원을 중지하거나 종료할 수 있다.

1. 1년 이상의 징역 또는 금고의 형을 선고받고 그 형이 확정된 경우
2. 고의로 국가이익에 반하는 거짓 정보를 제공한 경우
3. 사망선고나 실종선고를 받은 경우
4. 북한으로 되돌아가려고 기도한 경우
5. 이 법 또는 이 법에 따른 명령을 위반한 경우
6. 그밖에 대통령령으로 정하는 사유에 해당한 경우

② 지방자치단체장은 제1항에 따른 보호대상자의 보호 및 정착지원의 중지 또는 종료나 제5조제3항단서에 따른 보호 기간의 단축 또는 연장을 행정안전부장관을 거쳐 통일부장관에게 요청할 수 있다.

③ 통일부장관은 제1항에 따라 보호 및 정착지원을 중지 또는 종료하거나 제5조 제3항 단서에 따라 보호 기간을 단축 또는 연장한 경우에는 그 사유를 구체적으로 밝혀 해당 보호대상자에게 알려야 하고, 행정안전부장관과 지방자치단체장에게 그 사실을 통보하여야 한다.

④ 법무부장관은 보호대상자에게 제1항 제1호의 사유가 발생한 경우 즉시 이를 통일부장관에게 통보하여야 한다.
⑤ 통일부장관은 보호대상자에게 보호변경 사유가 있는지를 확인하기 위하여 관계 기관에 자료를 요청할 수 있다. 이 경우 요청을 받은 관계 기관의 장은 특별한 사유가 없는 한 이에 따라야 한다.

제28조
삭제

제29조(비용 부담)
① 이 법에 따른 보호 및 정착지원에 드는 비용은 국가가 부담한다.
② 국가는 제22조 제2항에 따른 보호 업무의 비용을 매년 해당 지방자치단체에 지급하며, 그 부족액을 추가로 지급하거나 초과액을 환수하여야 한다.

제30조(북한이탈주민지원재단)
① 정부는 북한이탈주민에 대한 보호 및 정착지원을 위하여 북한이탈주민지원재단(이하 "재단"이라 한다)을 설립한다.
② 재단은 법인으로 하며, 그 주된 사무소의 소재지에서 설립등기를 함으로써 성립한다.
③ 재단의 정관에는 다음 각 호의 사항을 기재하여야 한다.
  1. 목적
  2. 명칭
  3. 임직원에 관한 사항
  4. 이사회의 운영에 관한 사항
  5. 업무에 관한 사항
  6. 재산 및 회계에 관한 사항
  7. 공고에 관한 사항
  8. 정관의 변경에 관한 사항
  9. 내부규정의 제정 · 개정 및 폐지에 관한 사항
④ 재단은 다음 각 호의 사업을 수행한다.
  1. 북한이탈주민의 생활안정 및 사회적응 지원사업
  2. 북한이탈주민의 취업지원사업
  3. 북한이탈주민에 대한 직업훈련에 필요한 사업
  4. 북한이탈주민에 대한 장학사업
  5. 북한이탈주민에 대한 전문상담인력의 양성과 전문상담사업
  6. 북한이탈주민과 관련된 민간단체 협력사업
  7. 북한이탈주민 지원을 위한 정책개발 및 조사 · 연구사업
  8. 북한이탈주민에 관한 실태조사 및 통계구축 사업
  8의2. 북한이탈주민에 대한 영농정착지원에 관한 사업
  9. 그밖에 통일부장관이 북한이탈주민의 보호 및 정착지원에 필요하다고 인정하여 재단에 위탁하는 사업
⑤ 재단은 이사장 1명을 포함한 10명 이내의 이사와 감사 1명을 두며, 이사장은 북한이탈주민 문제에 관한 학식과 경험이 풍부한 사람 중에서 이사회의 제청으로 통일부장관이 임명하고, 이사와 감사의 임명절차는 대통령령으로 정하는 바에 따른다. 이 경우 이사장, 이사 및 감사의 임기는 3년으로 하되, 1차에 한하여 연임할 수 있다.
⑥ 재단의 사업과 운영에 관한 중요 사항을 심의 · 의결하기 위하여 재단에 이사장 및 이사로 구성하는 이사회를 두며, 이사장은 이사회를 소집하고 이사회의 의장이 된다.
⑦ 정부는 재단의 설립 · 운영에 필요한 경비를 예산의 범위에서 출연 및 보조할 수 있다.
⑧ 재단은 통일부장관의 승인을 받아 제4항의 사업에 필요한 자금을 차입할 수 있다.
⑨ 재단은 필요하다고 인정하는 때에는 통일부장관의 승인을 받아 「기부금품의 모집 및 사용에 관한 법률」에 따라 기부금품을 모집할 수 있다.
⑩ 재단은 다음 각 호의 재원으로 운영한다.
  1. 정부의 출연금 및 보조금
  2. 제8항에 따른 차입금
  3. 제9항에 따른 기부금품
  4. 그 밖의 수익금
⑪ 재단이 해산한 때에 잔여재산은 정관으로 정하는 바에 따라 국가에 귀속된다.
⑫ 통일부장관은 재단을 지도 · 감독한다.
⑬ 재단의 임직원은 이 법에 따른 사업을 수행함에 있어 「형법」 제129조부터 제132조까지의 규정을 적용할 때에는 공무원으로 본다.
⑭ 이 법에 따른 재단이 아닌 자는 북한이탈주민지원재단 또는 이와 유사한 명칭을 사용하여서는 아니 된다.
⑮ 재단에 관하여 이 법에 규정된 것을 제외하고는 「민법」 중 재단법인에 관한 규정을 준용한다.
⑯ 그밖에 재단의 설립 · 구성 · 운영과 지도 · 감독 등에 필요한 사항은 대통령령으로 정한다.

제31조(권한의 위임 · 위탁)
① 이 법에 따른 통일부장관의 권한 중 일부를 대통령령으로 정하는 바에 따라 그 소속 기관의 장이나 지방자치단체장에게 위임할 수 있다.
② 이 법에 따른 통일부장관의 권한 중 일부를 대통령

령으로 정하는 바에 따라 다른 행정기관의 장이나 관련 법인 또는 단체에 위탁할 수 있다.

제32조(이의신청)

① 이 법에 따른 보호 및 지원에 관한 처분에 이의가 있는 보호대상자는 그 처분의 통지를 받은 날부터 90일 이내에 통일부장관에게 서면으로 이의신청을 할 수 있다.

② 통일부장관은 제1항에 따른 이의신청을 받은 때에는 지체 없이 이를 검토하여 처분이 위법 또는 부당하다고 인정되는 경우에는 그 시정이나 그 밖의 필요한 조치를 할 수 있다. 이 경우 미리 협의회의 심의를 거쳐야 한다.

제33조(벌칙)

① 거짓이나 그 밖의 부정한 방법으로 이 법에 따른 보호 및 지원을 받거나 다른 사람으로 하여금 보호 및 지원을 받게 한 자는 5년 이하의 징역 또는 5천만원 이하의 벌금에 처한다.

② 이 법에 따른 업무와 관련하여 알게 된 정보 또는 자료를 정당한 사유 없이 이 법에 따른 업무 외의 목적에 이용한 자는 1년 이하의 징역 또는 1천만원 이하의 벌금에 처한다.

③ 제1항 또는 제2항에 따라 받은 재물이나 재산상의 이익은 몰수한다. 몰수할 수 없을 때에는 그 가액을 추징한다.

④ 제1항의 미수범은 처벌한다.

제34조(과태료)

① 제30조 제14항을 위반하여 북한이탈주민지원재단 또는 이와 유사한 명칭을 사용한 자에게는 500만원 이하의 과태료를 부과한다.

② 제1항에 따른 과태료는 통일부장관이 부과 · 징수한다.

판례색인

사항색인

[저자약력]

고려대학교 법과대학 졸업
고려대학교 대학원 법학과 석사과정 졸업 및 박사과정 수료 (헌법전공)
독일 킬(Kiel)대학교 법과대학 박사과정 (Dr. jur.: 법학박사)
한동대학교 법학부 및 광운대학교 법과대학 교수 역임
헌법재판소 헌법연구위원 역임
(현재) 고려대학교 법학전문대학원(Law School) 교수
국가인권위원회 인권위원(비상임)

[저 서]

「헌법학강의」
「인권법」
「차별금지법」
「사회복지법제와 헌법」
「섹슈얼리티와 법」
「가족의 탄생」
「영화의 미학, 법의 철학」 외 다수의 저서와 논문

외국인법 – 외국인의 이주와 법제도 –

2021년 1월 10일 제1판 인쇄
2021년 1월 20일 제1판 발행

저 자 이 준 일
발행인 임 권 규
발행처 弘 文 社
05855 서울시 송파구 송파대로 167 테라타워 B동 802호
등록 1993. 6. 24. 제1-1543호
TEL: 712-5311(代) FAX: 716-5311

값 25,000원

ISBN 978-89-7770-467-1 93360